edition suhrkamp 2755

Freiheitsgrade kennt man aus der Mechanik. Der Begriff bezeichnet dort die Zahl der voneinander unabhängigen Bewegungsmöglichkeiten eines Körpers. Bei seinem Versuch, den Liberalismus auf die Höhe der Zeit zu bringen, geht Christoph Möllers weder von der politischen Großwetterlage aus noch vom Gegensatz zwischen Individuum und Gemeinschaft. Vielmehr versucht er, Formen einer Ordnung herauszupräparieren, die Bewegungsfreiheit und soziale Varianz ermöglicht. So gerüstet, verspricht er keine Antworten, aber neue Perspektiven auf diverse Phänomene: auf den Begriff der politischen Repräsentation, aber auch die Funktion territorialer Grenzen. Freiheit, so Möllers, ist eine Praxis der Ergebnisoffenheit, die Prozesse ermöglicht, von denen unklar sein muss, wohin sie führen.

Christoph Möllers, geboren 1969, lehrt Öffentliches Recht und Rechtsphilosophie an der Humboldt-Universität zu Berlin und ist Permanent Fellow am Wissenschaftskolleg zu Berlin. Im Suhrkamp Verlag erschien zuletzt *Die Möglichkeit der Normen. Über eine Praxis jenseits von Moralität und Kausalität* (stw 2259).

Christoph Möllers

Freiheitsgrade

Elemente einer
liberalen politischen Mechanik

Suhrkamp

Der Erinnerung an Stephan Leibfried

4. Auflage 2021

Erste Auflage 2020
edition suhrkamp 2755
Originalausgabe

Satz: Satz-Offizin Hümmer GmbH, Waldbüttelbrunn
Druck: C.H. Beck, Nördlingen
Printed in Germany
ISBN 978-3-518-12755-1

Inhalt

Ich wollte herausfinden, ob es möglich ist, weiterhin ehrlich und intelligent ein Liberaler zu sein, und im Fall einer positiven Antwort wissen, welche Art liberaler Überzeugung man heute annehmen sollte.

John Dewey

Aber wenn die Worte ›frei‹ und ›Freiheit‹ auf irgendwas anderes angewendet werden als auf Körper, werden sie missbraucht; denn was sich nicht bewegt, kann nicht behindert werden.

Thomas Hobbes

Freiheit kann, und das kann man heute wissen, nicht durch einen Gegenbegriff definiert werden, sondern nur durch die kognitiven Bedingungen ihrer Möglichkeit.

Niklas Luhmann

Einführung

> Bei historischer Betrachtung wird deutlich, dass jeder Entwurf von Freiheit immer relativ zu den Kräften ist, die zu einer bestimmten Zeit an einem bestimmten Ort zunehmend als unterdrückend empfunden wurden.
>
> *John Dewey*

Das Nachdenken über dieses Buch begann aus dem diffusen Bedürfnis, die gegenwärtige politische Situation zu betrachten, ohne noch einen Text über Orbán, Trump oder das Ende der Demokratie zu verfassen.[1] Mehr interessiert mich die – mitunter mit falscher Selbstverständlichkeit behandelte – Frage, was genau gegen eine solche Politik in einem historischen Augenblick verteidigt werden soll, in dem Mussolinis Feststellung, alle politischen Experimente der Gegenwart seien antiliberal,[2] wieder zutrifft. Demokratische Rechtsstaaten müssen mit ihren Ordnungen im Ganzen auch vielerlei im Einzelnen verteidigen, das sich schwerlich überzeugend verteidigen lässt. Wenn ich versuche zu zeigen, dass es sich lohnt, bei dieser Verteidigung an die liberalen Traditionen anzuknüpfen, so ist dies auch die Übernahme rechter und linker Gegnerbeschreibung. Wenn ich versuche, das liberale Projekt fortzudenken, dann auch, weil der Liberalismus aus einer bloß defensiven Haltung nicht zu retten ist.[3] Das ist keine neue Einsicht, aber eine, die schon einmal dabei geholfen hat, die verbreitete Erwartung seines Endes zu widerlegen.[4] Damit steht das Buch in einer Reihe mit anderen Versuchen, die liberale Tradition gegen ihre allgegenwärtige Diskreditierung neu zu finden oder zu erfinden.[5]

Wie andere wird auch dieses Buch am Dilemma der Geschichtlichkeit politischer Theorie leiden. Setzt man einfach einen eigenen Entwurf als »liberal«, der unter Umständen auch anders heißen und den man eng[6] oder weit[7] fassen kann? Oder sucht man nach historischer Akkuratesse, um die Geschichte des Liberalismus als eine solche beliebiger Umdeutungen[8] oder einer weiten, aber widerspruchsreichen liberalen Ökumene[9] zu beschreiben? Dieses Buch wird den ersten Weg einschlagen, ohne aber die vielfältige Geschichte aus den Augen zu verlieren, aus der es sich bedienen wird. Der Umgang mit dem Begriff Liberalismus ist auch deswegen schwierig, weil er nicht nur historisch, sondern auch kulturell, sowohl diachron als auch synchron, so verschieden gebraucht wird. Richten sich die rechten Kritiker des Liberalismus[10] ebenso gegen amerikanische Linke, die sich »liberals« nennen, wie gegen neoliberale Ökonomen, gegen Bernie Sanders wie gegen Friedrich August von Hayek? Teilen diese beiden gehaltvolle politische Inhalte? Die Frage lässt sich nur beantworten, wenn man das Verhältnis der Liberalismen zur Politik genauer untersucht.

Auch viele Kryptoliberale denunzieren den »Liberalismus«, ohne sich von als liberal angesehenen Positionen loszumachen, etwa der Verteidigung individueller Rechte.[11] Ihnen wäre zu zeigen, dass sich aus dem Liberalismus mehr machen lässt, als sie ahnen. Sie müssten sich aber auch fragen lassen, welche politischen Risiken sie mit ihrer eigenen Inkonsistenz eingehen. Heute gibt es nach meinem Eindruck in westlichen Gesellschaften deutlich mehr in der Sache liberale Bürger und Politikerinnen als solche, die sich einzugestehen bereit wären, dass sie liberal sind. Ob dies eine gute Nachricht ist, ist offen. Die Selbstbeschreibung als antiliberal kann sich auch dann politisch verselbstständigen, wenn sie in der Sache nicht zutrifft.

Ein Problem gibt es aber auch mit denen, die sich zum Liberalismus bekennen. Bei der Beschäftigung mit angeblich liberalen Positionen fällt auf, dass sie häufig an einem Punkt die Debatte beenden, der sich aus ihren Grundbegriffen nicht rechtfertigen lässt: bei einem statischen Konzept individueller Freiheit, bei pauschaler Kritik an der Reichweite des Staates oder in einer linken Variante bei einem allgemeinen Verdacht gegen den Wert wirtschaftlichen Handelns. Die Beobachtung, dass der Liberalismus im Namen der Freiheit bestimmte Formen anstrebt und dann aufhört zu fragen, unter welchen Bedingungen diese Formen noch der Freiheit dienen, ist nicht neu. Er findet sich bei John Stuart Mill, bei der ersten Generation des britischen »neuen Liberalismus«[12] und vielleicht am schönsten in einem kleinen Buch von John Dewey ausbuchstabiert.[13] Auch die nonchalante Feststellung des erzliberalen Kommunitaristen Michael Walzer, in letzter Konsequenz führe der Liberalismus in den demokratischen Sozialismus,[14] entstammt einem angelsächsischen Kontext, der immer offener dafür war, Liberales radikal zu Ende oder ganz anders zu denken.[15]

Liberale reagieren zudem auf die Herausforderungen aktueller Politik häufig damit, sich in eine imaginierte politische Mitte zu setzen – um damit im Ergebnis Politik zu vermeiden.[16] Diese Geste stand bereits am Anfang des politischen Liberalismus. Dabei kann diese Mitte auf ganz unterschiedliche Pole hinweisen. Sie kann die Mitte zwischen rechts und links *in* einem demokratischen System bezeichnen oder die Mitte zwischen Kommunismus und Faschismus *als* liberaldemokratisches System[17] oder die Mitte zwischen sozialistischem und kapitalistischem Wirtschaftssystem.[18] Heute ist die Lage zusätzlich dadurch unübersichtlich, dass sich eine ausdrücklich als liberal bezeichnende Politik jedenfalls im europäischen Kontext häufig als rechtsliberal erweist, ohne dies anzuerkennen, während liberale politische Theorien Liberalismus ebenso implizit mit Linksliberalismus gleichsetzen. Die Zurückweisung der Rechts-links-Unterscheidung dürfte aber, so eine Vermutung, dem Liberalismus politisch im Ganzen nicht guttun.

Die liberalen Traditionen stecken voller Widersprüche – und das ist für eine politische Ideologie gar nicht schlecht. So wird es möglich, das genuin politische Feld der Koalitionsbildung zu betreten, in der Widersprüche zurückgestellt werden können. Sie müssen in Politik aufgelöst werden, deren Inhalte sich nicht einfach aus liberalen Doktrinen ergeben, diese aber auch nicht widerlegen.

Dieses Buch wird keine Erklärungen für die Krise des Liberalismus liefern, sondern eine Folie, vor deren Hintergrund sich Argumente für die Beurteilung der politischen Verhältnisse entwickeln lassen. Es ist kein wissenschaftliches, schon gar kein politikwissenschaftliches Buch, sondern ein politischer Reiseführer, der ein liberales Orientierungsmuster entwirft; der Versuch eines Teilnehmers, sich einen Reim auf die Verhältnisse zu machen, der kohärent genug ist, um durch die politische Landschaft der Gegenwart zu führen. Dies bringt keine starke Anleitung zu richtiger Politik, sondern eine an eigenen liberalen Grundsätzen orientierte Beobachtung, die ihrerseits nicht politisch neutral (dieses liberale Unwort) operiert. Die Traditionen des Liberalismus erwiesen sich im Übrigen bei der Lektüre als so reichhaltig, dass nichts, was sich hier findet, Originalität beanspruchen kann.

Mit diesem Buch schließe ich an eigene Vorüberlegungen an, inhaltlich ist ein Aufsatz zur Lage des liberalen Bürgertums im *Merkur* zu nennen.[19] Wer den Aufsatz gelesen hat, kann dieses Buch als Versuch nehmen, die Position darzulegen, aus der der Aufsatz geschrieben wurde. Die Form dieses Buchs orientiert sich an einem über zehn Jahre alten Band zur Demokratie.[20] Die folgenden Überlegungen sind pessimistischer, weniger didaktisch, erratischer und mögen darin auch die Zeiten reflektieren, in denen der Verfasser lebt. Dass seine Fertigstellung mit einer Pandemie zusammenfiel, hat diese Tendenzen vermutlich verstärkt. Für freiwillige und unfreiwillige Anregungen danke ich herzlich Isabelle Ley, Christian Neumeier, Florian Meinel, Carlos Spoerhase und besonders Anette Fasang und Nils Weinberg. Heinrich Geiselberger schließlich hat sich als Lektor um dieses Projekt noch mehr bemüht als ohnehin üblich.

Zu Konzeption und Lektüre

Dieses Buch muss nicht linear von Anfang bis Ende gelesen werden. Die Querverweise sollen es erleichtern, an verschiedensten Stellen die Lektüre zu beginnen und fortzusetzen. Warum aber seine mosaikhafte Form? Für mich stellt sie die einzige Möglichkeit dar, Probleme in eine äußere Ordnung zu bringen, ohne einen starken systematischen Anspruch zu erheben. Einen solchen könnte ich intellektuell ohnehin nicht einlösen, er würde aber auch der grundlegenden Intuition dieses Buchs entgegenstehen, dass nämlich systematische philosophische Entwürfe politischer Herrschaft nicht in der Lage sind zu verarbeiten, wie Politik funktioniert oder funktionieren sollte.

Dazu versuche ich zunächst, die historische Vielfalt liberaler Entwürfe aufzufächern und für die Gegenwart zu aktualisieren (1.). Es verstand und versteht sich nicht von selbst, was gemeint wird, wenn von »Liberalismus« die Rede ist (1.1). Diese Traditionen des Liberalismus sind widerspruchsreich, und diese Widersprüche begleiten uns bis in die Gegenwart (1.2). Der erste Teil endet mit der Entwicklung eines Konzepts von »Freiheitsgraden« (1.3): Mit diesem aus der Mechanik kommenden Begriff sollen drei Dimensionen der

Freiheitswahrnehmung bezeichnet werden: Freiheit kann sowohl individuell als auch gemeinschaftlich, sowohl rational gerechtfertigt als auch willkürlich, sowohl durch Regeln formalisiert als auch außerhalb einer formalisierten Ordnung wahrgenommen werden. Damit steht der Rekurs auf die Mechanik für einen reduktionistischen Freiheitsbegriff, der Beweglichkeit beschreibt, ohne an eine ausgebaute Theorie der Subjektivität anzuknüpfen – ganz im Sinne des Eingangszitats von Thomas Hobbes, der eben auch ein bedeutender Mechaniker war.[21] Zu bewahren sind von Hobbes der Verzicht auf gesteigerte Erwartungen an die Rationalität innerer Willensbildung und der körperliche Ausgangspunkt aller Arten von Freiheit. Dem aber muss eine Abkehr vom Naturalismus der hobbesschen Formulierung auf dem Fuß folgen. Freiheit knüpft an physische Bewegung unvermeidbar an, sie wird aber unter modernen Bedingungen zu einer »heuristische[n] Konstruktion von Alternativen«,[22] die in manchen Gesellschaften eine größere Rolle spielt als in anderen.[23] Freiheit setzt freiheitsbegünstigende Situationen voraus, die sich gestalten lassen.[24] Das bedeutet nicht, Freiheit, nur weil sie sich nicht beweisen lässt,[25] als Illusion zu verstehen, die es erlaubt, determinierte Abläufe anders nachzuerzählen. Solange sich Kontingenzen auch empirisch aufzeigen lassen, kann von Freiheit in einem beschreibenden Sinn die Rede sein.[26] Mehr ist für eine politische Konzeption von Freiheit nicht nötig. Wenn man bestimmte Ereignisse wie namentlich Revolutionen voraussehen kann, verliert die Kategorie der Freiheit freilich ihre Plausibilität.[27]

Dieser Ansatz soll es ermöglichen, ein bestimmtes Verständnis von Liberalismus mit einem Begriff von Politik zusammenzuführen, der diese nicht auf öffentliche Vernunft reduziert, sondern der verarbeiten kann, dass gemeinschaftliches Handeln eigenen Mechanismen folgt, die sich nicht als

Aggregation individueller Handlungen und ihrer Rechtfertigung verstehen lassen. Politik ist eine Praxis, in der Gemeinschaften ihre eigene Vergemeinschaftung nicht hinnehmen, sondern denaturalisieren: beobachten, bewerten und als veränderbar behandeln (2.).

Das Verhältnis von Politik und Freiheit, das sich aus dem Ansatz der Freiheitsgrade ergibt, auszubuchstabieren ist Gegenstand des zentralen Teils des Buchs (3.). Wenn Freiheit auf so unterschiedliche Arten ausgeübt werden kann, dann ergeben sich daraus zunächst Konsequenzen für einige klassische Elemente der politischen Theorie (3.1). Freiheit besteht dann auch darin, die Form ihrer Inhaberschaft offenzuhalten, also Individuen (3.1.1) und Gemeinschaften (3.1.2) als gestaltbare Einheiten zu verstehen. Dazu gehört auch, die Güterzuordnung samt der ihr zugrunde liegenden Kriterien wie beispielsweise Verdienst zu öffnen (3.1.3). Schließlich relativiert sich damit auch die Bedeutung von Gründen (3.1.4), einem großen Thema zeitgenössischer liberaler Theorie, für die Politik.

Wie politische Vermittlung (3.2) im Angesicht des Anspruchs auf Freiheitlichkeit funktionieren kann, untersuche ich zunächst mit Blick auf ihre räumliche (3.2.1) und ihre zeitliche Dimension (3.2.2). Dem Liberalismus wird nachgesagt, er habe keinen Sinn für örtliche Verwurzelung. Dieser Einwand verflüchtigt sich, wenn man gemeinschaftliche Freiheit individueller Freiheit gleichstellt. Liberale Politik hat allerdings eine charakteristische Vorliebe für eine gegenwartsnahe Lösung von »Sachproblemen«, die sie oft dazu führt, die politische Seite von Politik zu verdrängen. Die zentrale Form politischer Vermittlung in der Moderne wird mit dem Begriff der Öffentlichkeit beschrieben (3.2.3). Ein nicht zu kategorial argumentierender Liberalismus wird die Erwartungen an deren Funktionieren bescheiden formulieren und

Fragmentierung für ein mitunter nützliches, jedenfalls unvermeidliches Phänomen halten. Dass politische Vermittlung nur über ideologische Positionen verläuft (3.2.4), die mit Mitteln von Macht und Gewalt (3.2.5) operieren, wird von liberalen Modellen zu oft mit Schrecken oder normativer Ablehnung zur Kenntnis genommen. Es lässt sich für Politik aber nicht überwinden.

Politik geht nicht in Organisation auf, sie ist allerdings auf eine Form der Organisation, auf Herrschaft (3.4), angewiesen, die, auch wenn sie nicht liberal ist, doch stets durch Normen verfasst wird, ohne welche die Organisation von Ämtern und die Übernahme politischer Verantwortung nicht möglich wären (3.4.1). Für liberale Herrschaft spielt Recht eine herausgehobene Rolle, freilich weniger als eine von außen kommende Begrenzung denn als eine interne Ausdifferenzierung der politischen Organisation (3.4.2). Auch wenn der Liberalismus spätestens seit der zweiten Hälfte des 20. Jahrhunderts seinen Frieden mit der Demokratie gemacht hat, kann er bis heute mit einem operativen Modell wenig anfangen, das sich nicht anders denn als Mehrheitsherrschaft denken lässt. Systematisch zwingend ist das nicht (3.4.3). Ein zentrales politische Problem unserer Zeit liegt im Verhältnis von Demokratie und Kapitalismus. Dass der Liberalismus in dieser Debatte auf der Seite des Kapitalismus steht, wird gerne behauptet, ist aber keineswegs selbstverständlich (3.4.4). Schließlich spiegeln sich die Widersprüche des Liberalismus auch in seinem Verhältnis zur internationalen Politik, etwa darin, dass er die Rechtfertigung für kriegerisches Handeln einerseits zu rationalisieren sucht, diese Ratio aber andererseits mehr Kriegsgründe anzubieten weiß als die klassische Machtpolitik (3.4.5).

Das Buch endet mit praktischen Ausblicken (4.) zur Frage, wie sich Politik heute beschreiben lässt (4.1), wie sich die politische Lagerbildung darstellt (4.2), zwei Exkursen, die die Kategorien des Buchs auf ökologische Fragen und auf die Bedingungen der Pandemie anwenden (4.3, 4.4), und einem kleinen Katechismus dazu, welche praktischen Konsequenzen all dies für ein liberales Politikverständnis heute haben könnte (4.5).

Eine der Thesen dieses Buchs lautet, dass sich der Liberalismus auf linke und rechte Positionen verteilen sollte, statt den Versuch zu unternehmen, diese Unterscheidung zu unterlaufen.[28] Was bedeutet das für die Position des Verfassers? Man könnte sie als sozialliberal bezeichnen in einem doppelten Sinn, der sich nicht direkt auf parteipolitische Größen bezieht. Das Attribut sozialliberal verweist zum einen auf die soziale Gemachtheit von Freiheit, die nicht als natürliches Phänomen behandelt werden kann. Es verweist zum anderen darauf, dass Freiheit von Gemeinschaften in Gemeinschaften wahrgenommen werden kann und diese Formen der Freiheitswahrnehmung nicht abgeleitet oder sekundär sind. Ob ein sozialliberales Modell notwendig auch ein linksliberales impliziert, mag das Publikum beurteilen, falls es denn von Interesse ist (→ 318).

1. Symptome des Liberalen

1. EIN POLITISCHER LIBERALISMUS? Liberalen Theorien wird gerne vorgehalten, sich für »politische Realitäten« nicht zu interessieren,[1] sich mehr damit zu beschäftigen, ob eine Gemeinschaft eine Entscheidung rechtfertigen kann, als wissen zu wollen, wie sich für diese Entscheidung Mehrheiten organisieren lassen. Auch wenn man genauer klären müsste, was in diesem Vorwurf unter »Realität« zu verstehen ist,[2] fällt auf, dass namentlich die im Gefolge von John Rawls als liberal bezeichneten Theorien mehr an begrifflicher Konsistenz denn an der Beobachtung historischer oder politischer Praktiken orientiert sind. Das unterscheidet sie von Vorläufertheorien, etwa bei Montesquieu, Spinoza, Hume, Locke oder Mill. Die Bedeutung politischer Auseinandersetzungen ist in der liberalen Theorie schmal geworden. Politik kommt in ihnen als die Lücke vor, in die »das liberale Regiment der Vernunft«[3] nicht vordringen kann. Sie gilt nicht als der Raum, der Vergemeinschaftung konstituiert. Dies erkennt man auch daran, wen diese Theorien adressieren: weniger Bürgerinnen, die sich politisch in einem Gemeinwesen orientieren wollen,[4] als Verfassunggeber oder Verfassungsrichter, die neue Ordnungen im Ganzen entwerfen oder beurteilen sollen.[5] Ob sich die heutigen Theorien des Liberalismus mit der Logik politischer Prozesse systematisch versöhnen lassen, ist ungewiss. Doch wäre es den Versuch wert, sich nicht damit abzufinden, dass Liberalismus mit Abwesenheit oder Verdrängung von praktischer Politik gleichgesetzt wird. Dazu wäre zunächst zu zeigen, wie schwer es ist, eine liberale Tradition auf den Begriff zu bringen, um anschließend eine Perspektive darauf zu gewinnen, wie diese weiterentwickelt werden könnte.

2. VOM NUTZEN UND NACHTEIL DER GESCHICHTE FÜR DEN LIBERALISMUS. Die Geschichte des Liberalismus ist voller eigenartiger Zuschreibungen. »Liberalismus« wurde erst im Anschluss an die Französische Revolution zum Namen einer politischen Richtung, und zwar einer, die die Revolution weder fortführen noch umkehren wollte.[6] Liberalismus als eine Schule der politischen Theorie zu bezeichnen[7] oder aus einem vorrevolutionären Naturrechtler wie John Locke einen Liberalen zu machen[8] sind Vorstellungen frühestens des späten 19. Jahrhunderts. Vor dieser Theorie entstand die liberale Historiografie, die Geschichtsschreibung immer klar als Anwalt in eigener Sache, als »Willensverstärker« der eigenen politischen Überzeugungen betrieb.[9] Eine erste Variante eines politischen »neuen Liberalismus« entstand als Reaktion auf den starken Individualismus der Vorgängerdoktrin und trat für staatliche Regulierung und allgemeines Wahlrecht ein. Heute ließe sich diese Richtung als sozialdemokratisch bezeichnen. Später wurde dieses Label durch einen zweiten kapitalistischen Neoliberalismus vergessen gemacht, der freilich seinerseits unterschiedliche Strömungen kennt.[10] Die Formel von den »liberalen Demokratien« entstand nach dem Aufkommen des Antiliberalismus der Zwischenkriegszeit.[11] Auch die Vorstellung, Liberalismus sei etwas Angelsächsisches, ist ein historisches Artefakt. Ludwig von Mises beklagte in den zwanziger Jahren die sozialistischen Tendenzen des angelsächsischen Liberalismus,[12] während Herbert Marcuse nur ein paar Jahre später gerade Mises als typische Figur des zeitgenössischen autoritären Liberalismus hervorhob, der den Nationalsozialismus ermöglicht habe.[13] Für den deutschen Liberalen Friedrich Naumann war der Kampf

der Nationalliberalen des Kaiserreichs gegen Sozialisten und Katholiken der politische Sündenfall. Sein eigener, gemeinschaftlich gesinnter Vorschlag für einen Grundrechtskatalog der Weimarer Reichsverfassung stieß aber auch unter Linksliberalen auf Ablehnung und nur bei Carl Schmitt auf Zustimmung.[14]

Es ist wichtig, zumindest einige dieser Volten der Begriffsgeschichte zur Kenntnis zu nehmen, auch wenn dies nicht auf einen historisch korrekten Gebrauch der Bezeichnung verpflichten sollte. Es steht jeder Theorie frei, ihren eigenen Begriff von Liberalismus zu konstruieren und alte Denkfiguren für eine heutige Anwendung auszubeuten, weiterzuentwickeln oder zu verwerfen. Politisch ist es ohnehin zulässig, sich theoretischer Lager hemdsärmelig zu bedienen.[15] Aus dem Blick in die Geschichte des Begriffs folgen selten handfeste Zurechnungen zu politischen Entwicklungen, insofern überfordert sich die moderne Geschichte des Liberalismus, wenn sie diesen für alles Mögliche verantwortlich macht und daraus gar noch konkrete politische Einsichten ziehen will.[16] Doch lehrt die Historiografie zumindest, dass die Behauptung, der Liberalismus sei eine ungebrochene Tradition, die es einfach fortzusetzen oder aufzugeben gelte, nicht zu halten ist.[17] John Dewey stellte fest, eine der Stärken des alten Liberalismus habe darin gelegen, unhistorisch zu sein und dadurch Traditionen zu überwinden, später sei er jedoch selbst dieser Gefahr erlegen und zur Tradition geworden.[18]

3. CHANCEN EINER WIDERSPRÜCHLICHEN TRADITION. Als liberal werden also verschiedenste Doktrinen bezeichnet, die sich nicht auf einen systematischen Nenner bringen lassen.[19] Das muss kein Schaden sein, in dieser Vielfalt könnte politisch eine Stärke liegen. In jedem Fall hat es keine andere politische Theorie im 20. Jahrhundert auf einen solchen

Reichtum begrifflicher Unterscheidungen gebracht wie der Liberalismus, namentlich im Umkreis der Theorien von John Rawls,[20] nicht der Konservativismus, nicht der Nationalismus, nicht der Kommunitarismus oder der Sozialismus, die in ihren anspruchsvolleren Varianten allesamt von liberalen Theorien gelernt haben.[21] Freilich produziert theoretische Komplexität politischen Bedeutungsverlust. Die Theorie erhält ihren Eigenwert, weil sie sich nicht ideologisch reduzieren lässt, umgekehrt wollen sich genuin politische Theorien auf praktische Irrelevanz nicht einlassen und wählen daher die Schlichtheit etwa der konservativen Literatur.[22] Jede Weiterentwicklung liberaler Theorien wird sich wegen dieser Komplexität nicht einfach auf Schlagwörter wie »Freiheit« oder »Individuum« berufen können – und alle liberale Politik wird zumindest die Nachfrage provozieren, was genau an ihren Slogans liberal sein soll.

4. Hat der Liberalismus eine Theorie der Freiheit?

»Der Liberalismus akzeptiert nicht einfach die Freiheit. Der Liberalismus nimmt sich vor, sie in jedem Augenblick herzustellen.«[23] In vielen als liberal bezeichneten Theorien spielt Freiheit nur eine zweitrangige Rolle. Vorläufer wie Spinoza, Hobbes und Hume glaubten nicht an die Freiheit des Willens, sondern verfolgten verschiedene Varianten eines Kausaldeterminismus, den sie mit einer Konzeption äußerer Freiheit zu verbinden suchten. Spinoza schreibt: »[M]enschliche Freiheit besteht lediglich darin, daß sich die Menschen ihres Wollens bewußt und der Ursachen, von denen sie bestimmt werden, unbewußt sind.«[24] Daraus folgt aber nicht die Irrationalität aller Handlungen. Hobbes erkennt den Sinn von Beratung und Debatte auch unter der Geltung der Kausalgesetze an: »[W]enn bestimmt ist, dass eine Sache einer anderen gegenüber ausgewählt werden soll, dann ist auch bestimmt, aus welcher Ursache sie ausgewählt wird, eine Ursache, die zumeist in Verhandlung oder Beratung liegt. Deswegen ist Beratung nicht vergeblich.«[25] Hier entspricht Freiheit physischer Bewegungsfreiheit, die an der Bestimmtheit der Ursachenwelt nichts ändern kann. Für die Altliberalen ist Freiheit ein aus der Antike kommendes Recht auf gleiche Beteiligung an der politischen Gemeinschaft,[26] kein Anspruch auf einen privaten Raum außerhalb der Politik. Montesquieu versteht Freiheit als Abwesenheit von Despotie.[27] Bei Mill dient Freiheit als Mechanismus, der die gesamtgesellschaftliche Wohlfahrt steigern kann, sie ist kein Selbstzweck, sondern Instrument zur Verbesserung kollektiver Zustände. Umgekehrt werden nicht alle Theoretiker, für die Freiheit systematisch zentral ist, ob zu Recht oder zu Unrecht (→ 65), als liberal eingeordnet, etwa Rousseau, Hegel[28] oder Hannah Arendt.[29] Bei Kant, dessen Nähe zu Rousseau in Deutschland gern verheimlicht wird, muss man genau hinschauen und sich fragen, in welchem Sinne seine Rechts- und politische Philosophie als liberal gelten können. Immerhin trifft in ihr das allgemeine Gesetz den Einzelnen mit bemerkenswerter Unerbittlichkeit.[30]

Manches von seinem unklaren Verhältnis zur Freiheit verdankt sich der historisch intimen, aber systematisch nicht zwingenden Beziehung des Liberalismus zum Utilitarismus.[31] Ein Beitrag zu einem empirisch ermittelbaren gesamtgesellschaftlichen Nutzen, wie ihn der Utilitarismus anstrebt, ist etwas anderes als eine Ordnung der Freiheit.[32] In utilitaristischen Modellen können Berechnungen eines gesamtgesellschaftlichen Nutzens individuelle Freiheit konsumieren.[33] Mill stellt in seiner Schrift zum Utilitarismus fest, dass einer Anhängerin seiner Lehre der eigene Nutzen nicht näher stehen dürfe als derjenige der anderen.[34] Die Utilitaristin muss stets an das Ganze denken, im Ergebnis also mehr an die anderen als an sich selbst. Utilitarismus ist damit ohne Freiheit der Einzelnen denkbar. Doch wäre die liberale Tradition ohne den Utilitarismus kaum wiederzuerkennen. Vielleicht werden deswegen sowohl unter Liberalen als auch unter den Kritikern des Liberalismus Freiheit und effiziente Wohlfahrtsvermehrung so oft miteinander verwechselt.

5. EIGENSINN ODER VERNUNFT: WAS IST DIE MUTTER LIBERALER RATIONALITÄT? Hinter liberalen Theorien liegen unterschiedliche Vorstellungen von Rationalität. Mit Humes Theorie verbindet sich ein Konzept von Zweckrationalität, das rationale Aussagen nur über Mittel, nicht über Zwecke erlaubt.[35] Zwecke sind Konsequenzen von Bedürfnissen, die sich ihrerseits nicht rationalisieren lassen.[36] Bei Kant wie bei Mill folgt praktische Rationalität einem Kriterium der Verallgemeinerbarkeit: Die Gründe für meine Handlungen müssen auch für andere gelten. Rationalität ist hier eine Leistung, in der die eigenen Präferenzen in Zusammenhang mit anderen Präferenzen gerechtfertigt werden müssen.[37] Solche unterschiedlichen Konzepte von Rationalität haben verschiedene politische Tendenzen, ohne dass sie sich auf Politik reduzieren ließen. Zweckrationale Modelle dominieren, wenn auch mehr und mehr verfeinert, in der ökonomischen Theorie, sie operieren in »neoliberalen« (→ 2.16) und libertären Entwürfen, in denen Individuen nichts Besseres tun können, als ihre Bedürfnisse zu befriedigen. Kant und Mill verlangen mehr. Beide hatten großen Einfluss auf sozialdemokratische und sozialliberale Gesellschaftsmodelle, die gerade die deutsche Ideengeschichte immer – wenn auch nicht immer prominent – begleiteten.[38] Ihr Denken liegt auch Demokratietheorien zugrunde, die die Leistung von Politik darin erkennen, rationale Gründe zu verarbeiten.[39] In liberalen politischen Theorien finden sich also nicht nur ganz verschiede-

ne Begriffe von Rationalität, diese schaffen auch unterschiedlich intensive normative Bindungen gegenüber den Mitgliedern einer politischen Gemeinschaft.

6. NACHBAR ODER STAAT: VOR WEM SOLLTE SICH DER LIBERALISMUS FÜRCHTEN? Der angelsächsische Liberalismus bei Hume und Adam Smith entwickelte ausgefeilte Modelle des menschlichen Gefühlslebens, die die politischen Theorien dieser Autoren fundierten.[40] Für Hume ist eine grundsätzlich nützliche Handlung auch für diejenigen attraktiv, die konkret nichts von ihr haben.[41] Begehren ist ein liberales Grundgefühl, sei es als Freude an Nützlichkeit oder als Gier nach Reichtum. Das andere liberale Grundgefühl ist die Furcht, namentlich vor körperlicher Gewalt, die eigentlich Vereinzelte in die Vergemeinschaftung treibt. Das ungelöste Problem jeder liberalen Theorie besteht dann darin, wovor man sich mehr zu fürchten hat: vor den anderen,[42] die uns nach dem Leben trachten, oder vor der politischen Gewalt, die sie in Schach halten soll.[43] Die Furcht vor den anderen führt den Präliberalen Hobbes zur starken politischen Ordnung, die Furcht vor dem Totalitarismus führt die Liberale Judith Shklar zur Kritik der ungeteilten Staatsgewalt.[44] Das ist die emotionale Grundambivalenz des Liberalismus.[45] Welches die Institution ist, vor der man sich vor allem fürchten solle, ist auch in der erzliberalen Doktrin der Gewaltenteilung eine offene Frage. Schützt sie vor der Willkür des politischen Gesetzgebers, wie es die amerikanischen Konstitutionalisten glaubten, die Montesquieu studiert hatten?[46] Oder schützt sie, wie heutige Liberale annehmen, vor staatlichen Bürokratien (→ 239)?[47]

7. STEHT DER LIBERALISMUS FÜR ODER GEGEN (DEMOKRATISCHE) POLITIK? Radikale Theorien des Liberalismus

zeigen eine systematische Nähe zum Anarchismus, also zu einem Modell von Selbstbestimmung, das ohne politischen Herrschaftsapparat auskommen will.[48] Aber es wäre historisch und systematisch falsch zu behaupten, liberale Theorien seien per se gegen politische Herrschaft gerichtet. Der Liberalismus ist ein Produkt des modernen Staates,[49] liberale Theorien begleiteten seinen Aufstieg und beziehen sich nolens volens durchgehend auf ihn. Im 19. Jahrhundert waren liberale Parteien die entscheidende politische Stütze des europäischen Nationalismus[50] und Kolonialismus.[51] Allein deswegen gehört Hobbes, dessen Absolutismus aus Individualismus hergeleitet wird,[52] in die liberale Ahnenreihe. Wenn Herrschaftsbegrenzung auch ein zentrales Thema liberaler Theorien war, so diente diese Begrenzung immer dem Zweck, die politische Herrschaft effektiver und präziser auszugestalten. Nichts wäre den liberalen Theorien der Gewaltenteilung fremder als die Vorstellung eines Nullsummenspiels zwischen politischer Herrschaftsfähigkeit und individueller Freiheit. Beide sollen aneinander wachsen (→ 43).[53]

Die Annahme, zwischen *demokratischer* Politik und Liberalismus bestünde notwendig ein Zusammenhang,[54] ist jedoch eine Erfindung des 20. Jahrhunderts.[55] Frühliberale Theorien suchten nach Grenzen monarchischer Herrschaft, gegen die sie aber im Prinzip keinen Einwand erhoben.[56] »Aristokratische Liberale«[57] wehrten sich im 19. Jahrhundert gegen die Einführung eines allgemeinen Wahlrechts, so wie Neoliberale noch nach dem Zweiten Weltkrieg gegen eine Demokratisierung von Staaten des globalen Südens eintraten.[58] Ordoliberale Theorien verbanden sich, religiös inspiriert, mit Modellen autoritärer Staatlichkeit.[59] Von der Form der Legitimation des Staates bis zur Stärke seiner Zugriffsmöglichkeiten finden sich in liberalen Theorien alle möglichen Varianten staatlicher Herrschaftsorganisation. Schließlich lässt sich Liberalismus auch als Modell gesellschaftlicher Selbstorganisation verstehen, das sich nicht vom »Spiel der Realität mit sich selbst lösen darf«, wie Foucault feststellte,[60] und dem viel subtilere Formen der politischen Einflussnahme zur Verfügung stehen als dem Staat, der sich nur auf Befehle und deren zwangsweise Durchsetzung verlassen kann. Der französische Liberale Guizot stellte fest, dass die »wahren Mittel des Regierens nicht in den direkten und sichtbaren Handlungsmitteln der Herrschaft liegen«, sondern »im Schoß der Gesellschaft selbst«.[61]

8. DIE LIEBE DER LIBERALEN ZUM STAAT. Dass liberale politische Theorien kein eindeutiges Verhältnis zur Freiheit pflegen, hat sich ebenso gezeigt (→ 4) wie ihre enge Verbundenheit mit der Entstehung politischer Herrschaft (→ 7). Individualität muss in der liberalen Theorie eben auch vor sozialen Mächten geschützt werden, vor Zünften, Gewerkschaften, Kartellen, Gruppendruck und übergriffigen Nachbarn, da sie sich als unmittelbares und gleiches Gegenüber der Staatsgewalt besser entfalten könnte. Das Misstrauen gegen Institutionen im Raum zwischen Einzelnem und politischer Gewalt, gegen Intermediäre,[62] teilt der Liberalismus mit den Jakobinern. Freiheit bedeutet aus dieser Sicht also Zerstörung sozialer und religiöser Vermittlungsinstanzen – und Schaffung einer Gemeinschaft der Individuen durch politische Herrschaft. Dies ist nicht die ganze Geschichte des Liberalismus: Der präliberale Theoretiker Hobbes lässt sich als Vordenker dieser modernen neuliberalen Staatszentrierung lesen. Dagegen trägt der nachrevolutionäre Modernist Tocqueville ein älteres Erbe weiter, in dem eine funktionierende politische Vergemeinschaftung von der Zugehörigkeit zu Gruppen und Assoziationen abhängt – und zwar sowohl im Feudalismus als auch in der Demokratie. Tocquevilles Beob-

achtung, demokratische Politik hänge von nichtpolitischer Vergemeinschaftung ab, begleitet eine Linie des Liberalismus bis in die Gegenwart,[63] doch für einen anderen Strang ist liberaler Individualismus eigentlich nur als Begleiterscheinung unvermittelter Staatsgewalt denkbar. Die Zerstörung der Intermediäre ist ein alt-neuliberales Projekt, das Hobbes sowohl mit Thatcher als auch mit Robespierre verbindet.[64]

9. POLITIK EINZUGRENZEN BEDEUTET NICHT, SIE ZU BESCHRÄNKEN. Die historische und systematische Verschränkung von Liberalismus und modernem Staat (→ 7) spricht dagegen, jenen mit einer substanziellen Beschränkung politischer Gewalt gleichzusetzen. Liberal ist es eher, die Staatsgewalt als Mittel zu verstehen, um den Bereich der Politik zu formalisieren und dadurch zu kennzeichnen. Indem Politik und Staatsgewalt miteinander gleichgesetzt werden, entsteht ein formell definierter Bereich des Nichtpolitischen.[65] Diese Begrenzung ist nicht mit Beschränkung oder Verkleinerung der Staatsgewalt zu verwechseln. Es geht im Liberalismus um Ausdifferenzierung, also um ein Mehr an Individualität und an Staatsgewalt. Diese führt freilich für den Liberalismus zu einer charakteristischen Verengung von Politik auf Formen und Recht (→ 244). Liberale Theorien propagieren nicht den Vorrang des Individuums über die politische Gemeinschaft, sie sind selten anarchistisch oder kosmopolitisch, sondern sie rechtfertigen mit der unterstellten Zustimmung des Individuums eine moderne Form politischer Herrschaft, die mächtiger ist als alle ihre Vorgänger.

10. BAUT LIBERALE THEORIE AUF DEM »INDIVIDUUM« AUF? Theorie lässt als Theorie Individualität hinter sich. Individuen haben einen Namen und können nicht als Grundlage einer Theorie dienen.[66] Auch liberale Theorien müssen des-

wegen typisierende Modelle von Subjektivität und Handlungsfähigkeit verwenden. Seit Langem fragt die Liberalismuskritik, inwieweit solche Modelle nicht diejenige Art von Subjektivität erst erzeugen, um deren Freiheit es ihnen vermeintlich geht. Wird aus dem freien Individuum der liberalen Theorie nicht praktisch der gleichgeschaltete Konsument, der gehorsame Untertan oder der vom Gewissen terrorisierte Gottesknecht? Innerhalb der liberalen Theoriewelten unterscheidet sich der Bezug auf Freiheit der Einzelnen zudem dramatisch. Für Mill ist durch Individualität ermöglichte Diversität das wichtigste Instrument, um eine Gesellschaft aus dem Trott der Gewohnheit herauszubringen. Diese Individualität ist aber nicht einfach da, sie kann nicht vorausgesetzt werden, sie muss vielmehr durch die Gemeinschaft und zu ihren Gunsten ermöglicht und ertragen werden.[67] Mills Lob des Individualismus ist utilitaristisch, damit aber letztlich kollektivistisch begründet.[68] Er liebt Freiheit und Vielfalt, aber er interessiert sich für Rechte des Einzelnen nur, soweit sie nützlich sind. Dewey spricht von »kollektivem Liberalismus«.[69] Shklar lehnte die Unterstellung absoluter Rechte ab.[70] Wie beim Begriff der Freiheit kommt das Absolute an absoluten Theorien subjektiver Rechte gerade nicht aus der liberalen Tradition.[71] Stattdessen ist individuelle Freiheit in vielen liberalen Modellen mit funktionalen Erwägungen verschlungen. Das Eigentum dient der effizienten Güterverteilung, die Religionsfreiheit dem sozialen Zusammenhalt und die Meinungsfreiheit der Demokratie.

II. GIBT ES AUTORITÄREN LIBERALISMUS? »Autoritärer Liberalismus ist *Liberalismus ohne Demokratie*.«[72] Gibt es einen solchen? Dieser steht politisch sogar am Anfang, denn der erste Politiker, der sich wirkmächtig auf »liberale Ideen« beruft und mit ihnen seinen Griff zur Herrschaft rechtfertigt, ist Napoleon, der damit das Programm einer Restauration der richtig verstandenen Revolution beansprucht.[73] Nehmen wir einige neuere Fälle, um den Begriff zu untersuchen: Zum Ersten hat die bürgerliche Ablehnung des allgemeinen Wahlrechts, die bis ins 20. Jahrhundert fortläuft (→ 7), Ordnungen ermöglicht, in denen ökonomische und politische Freiheitsverteilung auseinanderfielen. Zum Zweiten hat eine Allianz zwischen autoritären Exekutiven und Wirtschaftseliten, denen der Kommunismus als gemeinsamer Feind galt,[74] in der späten Weimarer Republik, in Chile und vielen anderen Ländern autoritäre Ordnungen geschaffen. Man könnte den ersten Fall wegen der Beschränkung des Wahlrechts als autoritäre Ordnung bezeichnen, aber das wirkt im Kontext sich demokratisierender konstitutioneller Monarchien unhistorisch. Man könnte im zweiten Fall unzweifelhaft autoritäre Systeme wegen ihrer Wirtschaftsordnung als liberal bezeichnen. Aber abgesehen von der zweifelhaften Gleichsetzung von Kapitalismus und Liberalismus (→ 16, 276) operieren autoritäre Systeme selten mit allgemeiner Wirtschaftsfreiheit und neigen zur Förderung von Monopolen und Kartellen. Liberal ist beides kaum. Dies gilt auch für den dritten Fall, die oft als autoritär bezeichnete Behandlung südlicher Mitgliedstaaten der Eurozone durch Institutionen wie die Europäische Kommission und Zentralbank.[75] Tatsächlich verdankt sich die viel gescholtene Politik der Austerität aber maßgeblich demokratischen Entscheidungen, namentlich der fehlenden deutschen Bereitschaft, Ländern wie Griechenland mehr zu helfen. Das kann man als politischen Fehler bewerten, aber es bleibt einer mit demokratischer Legitimation.[76] So dient der Begriff des autoritären Liberalismus oft der Polemik gegen den Liberalismus, weniger einer akkuraten Klassifizierung autoritärer Systeme.

12. LIBERALISMUS DER REGEL UND DES EINZELFALLS. Eine wichtige Forderung liberaler Theorien ist die strikte Beachtung allgemeiner Regeln. Von Hobbes über Kant bis zu Hayek soll das allgemeine Gesetz die Erwartungen der Mitglieder einer politischen Gemeinschaft stabilisieren und ihnen Gleichbehandlung garantieren.[77] Doch werden liberale Theorien heute oft gerade mit einem entgegengesetzten normativen Ideal in Verbindung gebracht, dem der Einzelfallgerechtigkeit.[78] Im Verfassungsrecht vieler liberaler Demokratien spielt das Prinzip der Verhältnismäßigkeit eine wichtige Rolle: Die politische Gemeinschaft soll nur so weit in Rechte Einzelner eingreifen dürfen, wie dies *im konkreten Fall* zu rechtfertigen ist, um einen bestimmten Zweck zu erreichen. Mit diesem Argument wird die Rechtfertigung für staatliches Handeln genauer auf einen bestimmten Sachverhalt zugeschnitten, weniger stark von einer allgemeinen Regel definiert und dadurch schwieriger vorhersehbar. Die Idee der Verhältnismäßigkeit ist ein Produkt von Gerichten, die nach Spielräumen zur angemessenen Entscheidung von Einzelfällen suchen.[79] Gerichte sind freilich klassisch liberale Institutionen (→ 245), selbst wenn Theorien des Liberalismus mit der Idee der Einzelfallgerechtigkeit wenig anfangen konnten.[80] Die Zuwendung zum Einzelfall beobachten wir auch in anderen Bereichen, etwa in der Entwicklung von Identitätspolitiken (→ 86, 88). Hinter diesen Widersprüchen steht ein liberales Grunddilemma, eine Theorie der politischen Vergemeinschaftung zu suchen, die von Gemeinschaft absehen will.

13. RECHT ALS LIBERALES ORDNUNGSFORMAT. Recht spielt in vielen liberalen Theorien eine hervorgehobene Rolle. Für die Liberalen des 19. Jahrhunderts dient die rechtlich garantierte Eigentumsordnung als eigentliche Verfassung.[81]

Recht wirkt als Maßstab, der zugleich strikt ist, durchgesetzt werden kann und Spielräume lässt. »Rechtsfreie Räume«, heute ein polemischer Begriff in kritischer Absicht, sind ein wesentliches Element liberaler Theorien, die nach Gegenständen suchen, die nicht geregelt werden sollen: sei es das Innenleben der Einzelnen bei Kant oder die öffentliche Moral bei Mill. Diese Beschränkung von Normativität ist typisch für liberale Theorien (→ 28). Das Bild, das diese sich vom Recht machen, ist freilich nicht völlig zutreffend. Dass sich Innenleben des Subjekts und soziale Praxis einfach trennen oder dass sich öffentliche Moralvorstellungen nicht im Recht abbilden oder durch Recht prägen ließen, dass Institutionen der *rule of law* sich von den politischen Zusammenhängen verselbstständigen könnten, all das ist anfechtbar und wird vielfach angefochten.[82] Die politische Form des Liberalismus kann nicht in Recht aufgehen, doch gehört Recht zur liberalen Form, Politik zu institutionalisieren (→ 244, 247).

14. LIBERALISMUS ALS ANTWORT AUF DIE KONKURRENZ ZWISCHEN RELIGION UND POLITIK? Ein Weg, nach systematischen Gemeinsamkeiten des Liberalismus zu suchen, wendet sich der Religion zu. Liberale Politik reagierte nicht zuletzt auf sich überschneidende normative Ansprüche weltlicher und geistlicher Herrschaft.[83] Religion war einmal der zentrale Bedeutungskonkurrent für Politik. Dabei liegt die Lösung, in deren Schatten der Liberalismus entsteht, nicht darin, beide Ansprüche voneinander zu trennen und verschiedenen Sphären zuzuweisen, in denen sie sich nicht mehr ins Gehege kommen. Sie besteht vielmehr zunächst darin, der weltlichen Herrschaft auch Entscheidungsgewalt über religiöse Fragen einzuräumen. Der absolute Monarch, weder bei Hobbes noch im Absolutismus religiös neutral,[84] ist Herr über die Religion. Dieser Weg steht zu liberalen Modellen

nicht einfach in Widerspruch, vielmehr entwickeln frühliberale Theorien sehr genaue Vorstellungen davon, welche Religionen politisch zuträglich sind: von Hobbes' theologischen Vorgaben für das Funktionieren des Gemeinwesens[85] über die Kritik an Katholizismus und Atheismus in Lockes Toleranzschrift[86] und Rousseaus liberale Theorien prägendes Konzept der Zivilreligion[87] bis zu theonomischen Modellen in liberalen protestantischen Theologieentwürfen des 19. Jahrhunderts.[88] Viele liberale Doktrinen der europäischen Moderne sind antikatholisch und antiorthodox – und schon Hegel bemerkt, dass der Liberalismus in katholischen Ländern nicht funktioniere.[89] Bis hin zu Begriffen wie »Säkularisierung« sind liberale Gesellschaftsentwürfe weniger religiös enthaltsam[90] als schlicht funktional protestantisch, indem Erwartungen an alle Religionen so formuliert werden, dass sie nur von einer erfüllt werden können.[91] Viele liberale Staatsgründungsprojekte brachten mit ihren Vorstellungen von Fortschritt und Modernität keine religiös unschuldigen Begriffe, sondern religiöse Präferenzen zum Ausdruck. Als 1876 die deutschen Nationalliberalen militärische Maßnahmen gegen Marienerscheinungen im Saarland begrüßten, stimmten sie nicht nur einem aggressiven staatlichen Eingriff in die Religionsfreiheit zu, sondern auch einem nicht säkularen nationalprotestantischen politischen Projekt.[92]

15. RÜCKZUG IN DIE PRIVATHEIT ALS LIBERALE TUGEND? Die Trennung zwischen Öffentlichkeit und Privatheit gilt als Kern liberaler Theorien und wird seit Marx an ihnen kritisiert. Zwischen beiden Sphären zu unterscheiden ist aber zunächst nur eine hilfreiche Option der Beschreibung. Der eigentliche Einwand gegen die Begrifflichkeit dürfte weniger in der Unterscheidung selbst als darin liegen, dass in liberalen Theorien das Private das Öffentliche zu konsumieren droht.

Dafür gibt es viele theoretische und praktische Indizien: von der entpolitisierenden Wirkung der Eigentumsrechte, die Arbeitsbedingungen definieren,[93] bis zum neoliberalen Projekt einer Privatisierung staatlicher Aufgaben. Doch ist der Begriff von Öffentlichkeit, der dem Liberalismus entgegengehalten wird, historisch wie systematisch eben auch ein Kind des Liberalismus.[94] Der öffentliche Raum, in dem sich die privaten Akteure begegnen, setzt Privatheit ebenso voraus, wie er sie hinter sich lässt.

16. UNREGULIERTE MÄRKTE ALS LIBERALE FORDERUNG?

Die Selbstverständlichkeit, mit der freie Märkte mit der Theorie des Liberalismus verbunden werden, wurde in den letzten Jahren von vielen ideengeschichtlichen Untersuchungen in Zweifel gezogen.[95] Weder hatte der angelsächsische Liberalismus ein einfaches psychologisches Modell der reinen Nutzenorientierung noch glaubte er selbst an unregulierte Märkte. Sein Aufstieg als Doktrin hängt mit dem Aufstieg des modernen Staates ebenso eng zusammen wie mit der Entstehung des Kapitalismus (→ 7). Frühe Kritik am Kapitalismus kommt nicht nur von sozialistischen, sondern auch von liberalen Theoretikern,[96] soweit sich Sozialismus und Liberalismus im 19. Jahrhundert überhaupt immer sauber trennen lassen.[97] Natürlich hat die liberale Tradition wirkmächtige Argumente für Freihandel und gegen die staatliche Lizenzierung von Gewerben entwickelt. Auf der anderen Seite ist es nicht so, dass moderne Systeme der Wohlfahrtsstaatlichkeit liberalen Konzepten einfach widersprechen. Das Ziel des Aufbaus der Sozialstaatlichkeit bestand nicht allein in karitativer Armutsbekämpfung, die Selbstbestimmung durch Fremdversorgung ersetzt, sondern darin, Selbstbestimmung auch dadurch zu ermöglichen, dass Bedürftige wieder in Märkte integriert werden können.[98] Wohlfahrtsstaatliche Strukturen verliehen Rechte und schufen so eine zugleich regelgeleitete und individualisierte Form. Dass Märkte in solche Institutionen »eingebettet«[99] sein müssen, war dem Liberalismus des 19. Jahrhunderts bekannt.

17. VERGEMEINSCHAFTUNG DER WAHRNEHMUNGEN, NICHT DER WERTE. Eine wichtige Vermutung der liberalen Überlieferung behandelt Vergemeinschaftung nicht als Konsequenz geteilter Normen, sondern als Folge geteilter Wahrnehmungen und koordinierter Handlungsabsichten. Sie entsteht, insoweit Akteure bei ihren Handlungen die Handlungen anderer erkennen und berücksichtigen. Modelle wie das der »unsichtbaren Hand«[100] oder Humes Konzept der Konvention[101] argumentieren so. Mit einem solchen Ausgangspunkt fällt es bis heute vielen liberalen Theoriesträngen schwer, Politik überhaupt als legitimes Phänomen anzuerkennen und zu verstehen, wo auch nur das Problem liegen könnte, für das Politik die Lösung sein sollte (→ 52).[102] Eine Neigung, den Staat vorauszusetzen, aber Politik abzulehnen, findet hier ihre theoretische Rechtfertigung. Zugleich machen solche Ansätze ein Angebot, indem sie soziale Vergemeinschaftung und damit möglicherweise auch Politik nicht ausschließlich als Konsequenz normativer Einstellungen erklären (→ 105).

18. IST LIBERALISMUS EINE THEORIE DES VERSCHWINDENDEN BÜRGERTUMS? Wäre es handlicher, liberale Theorien als Modelle zu verstehen, die auf eine Schicht, eben das Bürgertum, zugeschnitten sind? Liberalismus als Kombination aus »Geldhochmut der Capitalisten und Geisteshochmut der Gelehrten«,[103] als Modell derjenigen, die durch Wissen und Besitz Abstand von den anderen gewinnen können? Der Zusammenhang zwischen Liberalismus und Bürgertum

passt offensichtlich nicht nur auf das europäische 19. und 20. Jahrhundert.[104] Doch ist nicht klar, was aus der historischen Verbindung von bestimmten Interessen einer Schicht mit einer bestimmten Theorie für den Wert dieser Theorie folgen sollte. Natürlich kann man Liberalismus und Bürgertum in einen historischen Zusammenhang stellen, dann behaupten, das bürgerliche Zeitalter sei vorbei,[105] und aus beiden Annahmen den Schluss ziehen, jede Art liberaler Theorie habe sich erledigt.[106] Doch hängt die Geltung einer politischen Theorie nicht vom Fortbestand der gesellschaftlichen Bedingungen ab, in denen sie entstanden ist.[107] Weder verlieren sozialistische Theorien durch die Auflösung der Arbeiterklasse einfach ihren analytischen Wert noch ist es begrifflich sinnlos, sowohl moderne als auch antike politische Gemeinschaften als Demokratien zu bezeichnen, obwohl sie keinerlei Gemeinsamkeiten im gesellschaftlichen Aufbau haben. Dass der politische Liberalismus in der Gefahr steht, sich als Ideologie einer fantasielosen Schicht von Besitzenden zu verstehen, die ihren Status quo absichert, auch wenn sie habituell nicht mehr viel Bürgerliches an sich hat,[108] ist deswegen nicht zu bestreiten; dass der Begriff der Bürgerlichkeit nicht zuletzt von Bewegungen benutzt wird, die den Liberalismus abschaffen wollen, aber ebenso wenig.

1.2 Gegenwärtige Fragen

19. SOLLTE DER LIBERALISMUS NUR GELUNGENE SELBSTBESTIMMUNG ANSTREBEN? Dass das moderne Subjekt ein Produkt des Kapitalismus und seiner neoliberalen Ideologie sei, hört man oft – und es muss nicht falsch sein. Zugleich sind die viel beklagten Ideale der Selbstoptimierung[109] zwar nicht die einzig denkbaren, aber eben auch Formen der Selbstbestimmung. Man kann an dieser Stelle eine normative Unterscheidung einziehen und darauf verweisen, dass Selbstbestimmung nicht übertrieben, verzerrt oder verdinglicht werden sollte. Damit verfehlt man freilich eine liberale Pointe: Die Chance, Dinge zu übertreiben, ist nicht nur der Preis, sondern auch der Lohn der Freiheit, während die Forderung, sein Selbst nur sinnvoll, sozial oder moderat zu entwickeln, diese infrage stellt.

20. ERFÜLLT UNGLEICHHEIT EINE LEGITIME SOZIALE FUNKTION? In liberalen Theorien wird zwischen gebotenen und unerwünschten Formen der Ungleichheit unterschieden, zwischen der formellen politischen Gleichheit und der Gleichheit vor dem Gesetz einerseits und einer der Freiheit entspringenden sozialen Ungleichheit der Mittelverteilung andererseits. Die präliberale Theorie des 18. Jahrhunderts wehrt sich gegen Privilegien, also gegen eine formalisierte Ungleichheit, die der errungenen sozialen Ungleichheit des Marktes ihre Rechtfertigung raubt.[110] Die liberale Politik des 19. Jahrhunderts aber wehrt sich gegen die Einführung des allgemeinen Wahlrechts, also gegen die Einbeziehung der Besitzlosen in Verfahren politischer Selbstbestimmung. Sie beharrt auf einem formellen politischen Privileg des Bürgertums. Auch nachdem der Liberalismus politische Gleichheit akzeptiert

hat, betrachtet er soziale Ungleichheit nicht nur als Defizit, sondern als gesamtgesellschaftlich nützliches Phänomen. Soziale Ungleichheit hält eine Gesellschaft in Bewegung und ermöglicht es ihr, sich weiterzuentwickeln.[111] Soziale Ungleichheit ist gemäß einer liberalen Lesart so lange in Ordnung, ja notwendig, wie sie weder echte Armut noch persönliche Abhängigkeit noch öffentliche Korruption schafft.[112] In diesen drei Fällen wird soziale Ungleichheit zu einer Bedrohung liberaler Freiheit: Armut schließt es aus, am sozialen und politischen Leben teilzunehmen. Persönliche Abhängigkeit schließt es aus, sich als Einzelner frei zu verhalten. In beiden Fällen geht es um soziale Exklusion. Korruption gefährdet die Freiheit des politischen Prozesses und bedroht dadurch die politische Gleichheit (→ 250).

Die Unterscheidung zwischen verschiedenen Formen der Ungleichheit und ihrer unterschiedlichen Rechtfertigung ist eine bedeutende Errungenschaft liberaler Theorien. Es ist nicht zu erkennen, wie man auf sie verzichten könnte. Freiheit entsteht nur dort, wo bestimmte Ungleichheiten zulässig sind. Doch ist dabei nicht zu vergessen, dass die Grenze zwischen akzeptablen und inakzeptablen Formen der Ungleichheit sich permanent verschieben muss. Sie ist keine natürliche, sondern bedarf der Politisierung. Die Frage, welche Formen der Ungleichheit Freiheit wie einschränken, stellt sich immer neu – und ein Mangel liberaler Theorien besteht darin, dass sie an einem bestimmten Punkt aufgehört haben, über diese Erneuerung nachzudenken.[113]

21. LÄSST SICH EINE LIBERALE IDEE DER UNGLEICHHEIT WEITERHIN RECHTFERTIGEN? Soziale Ungleichheit soll in einer liberalen Lesart jedenfalls so lange gerechtfertigt werden können, wie alle genug haben, um an der Gesellschaft teilzunehmen, und die Gelegenheit erhalten, sozial aufzustei-

gen. Heute sehen wir verschiedene Krisen dieser liberalen Rechtfertigung von Ungleichheit.[114] Die *erste* Krise ergibt sich aus den Folgen sozialer Ungleichheit. Es zeigt sich, dass soziale Benachteiligung nicht nur die unteren Teile eines sozialen Tableaus negativ betrifft. Psychische Erkrankungen, Gewalt, Drogenmissbrauch, schwache schulische Leistungen sind in ungleichen Gesellschaften insgesamt stärker verbreitet.[115] Den Preis sozialer Ungleichheit zahlen größere Teile einer Bevölkerung, als offensichtlich ist. Die *zweite* Krise ergibt sich daraus, dass Ungleichheit nicht nur eine Frage der Exklusion von Benachteiligten ist, sondern auch eine der Machtkonzentration bei Oberschichten. Der Reichtum der Reichen hat in den letzten Jahrzehnten mehr zur Ungleichheit beigetragen als die Armut der Armen.[116] Erstere sind so sozial mächtig, dass sie sich nolens volens nicht mehr in einem egalitären politischen Prozess einfangen lassen, weil ihre Entscheidungen so viele andere betreffen. Das Ökonomische setzt sich gegenüber dem Politischen durch. Die *dritte* Krise ergibt sich aus dem Fehlen eines Wettbewerbs, bei dem alle gleichermaßen gewinnen und verlieren können. Wettbewerbe werden heute vielfach so definiert, dass Absicherungen diejenigen, die oben sind, oben halten – und damit die, die unten sind, unten. Statt mit der Tatsache umzugehen, dass gesellschaftlicher Abstieg in einer liberalen Gesellschaft für alle eine unumgängliche Möglichkeit darstellt,[117] wird allen Aufstieg versprochen, dieses Versprechen aber nicht gehalten. Wettbewerb führt zu sozialer Versteinerung, weil die Gewinner ihren Kindern auch nichtmaterielle Vorteile vererben und weil sie untereinander zu eng und erfolgreich vernetzt sind. Diese Krise der Gleichheit ist eine Krise der Meritokratie.[118]

22. WAS BEDEUTET VERDIENST? Wenn wir wüssten, was Verdienst ist, könnten wir Ungleichheit bis zu einem bestimmten Grad rechtfertigen. Es ist schwer, sich eine offene gesellschaftliche Ordnung ohne die Zuweisung von Positionen und Gütern nach Verdienstkriterien vorzustellen. Zugleich ist die Krise von Kriterien wie Verdienst offensichtlich:[119] Sie produzieren keine plausiblen Ergebnisse, wenn eine Person, ihrem Einkommen nach zu urteilen, tausendfach mehr zu leisten beanspruchen müsste als eine andere. Sie neigen zu sozialer Versteinerung, wenn unbestritten gute Institutionen wie exzellente Universitäten dazu beitragen, soziale Kartelle zu bilden. Sie sind ungerecht, weil sie immer Bedingungen der Leistung ausblenden müssen, die nicht fair verteilt sind, und sie schaffen so unter bestimmten Bedingungen ein Mehr an Ungleichheit.[120] Ein Problem des Kapitalismus ist die formelle Vereinheitlichung von Verdienst durch die Zuweisung von Kapital, also die Schaffung eines universalen Kriteriums der Vergleichbarkeit von Leistungen.[121] Dessen Lösung wird nicht darin liegen, auf das Verdienstkriterium zu verzichten, sondern nur darin, es zu diversifizieren, also Gegenwettbewerbe zu schaffen. Dazu muss die Bedeutung von Verdienst symbolisch abgerüstet werden. Verdienst ist keine moralische Kategorie, sondern ein Instrument zur Bewältigung sozialer Differenzierung. Das, was Personen in einem sozial konsentierten Sinne verdient haben mögen, verdanken sie in einem politischen und moralischen Sinne in keinem Fall nur sich selbst (→ 72). Zugleich darf die Vervielfachung von Verdienst aber nicht nur symbolisch sein. Wenn das Pflegepersonal mit Dank überschüttet wird, reagiert es zu Recht mit der Feststellung, dass es davon nichts kaufen kann. Dass hier das Verdienst diversifiziert wird, läuft darauf hinaus, Gruppen symbolischen Lohn zuzuteilen, weil man ihnen den monetären nicht zukommen lassen möchte.[122]

23. DER MERITOKRATISCHE FEHLSCHLUSS. Eine Meritokratie belohnt »Verdienst« mit Erfolg. Wir wissen aber nicht genau, was »Verdienst« bedeutet. Hat das begabte Kind es verdient, in der Schule zu glänzen? Viel schneller werden wir uns darüber einig, was Erfolg ist. So neigen Gemeinschaften dazu, von Erfolg auf Verdienst zu schließen, statt zu fragen, ob und in welcher Hinsicht Erfolg verdient wurde. Dies liegt auch daran, dass diejenigen, die Erfolg haben, mehr Einfluss darauf nehmen können, was als »Verdienst« anerkannt wird.

24. LIBERALE GESELLSCHAFTEN WÜRDE MAN DARAN ERKENNEN, DASS DER STATUS DER OBERKLASSE UNSICHER WÄRE. Liberale Meritokratien müssten akzeptable Unsicherheit produzieren (→ 20), sie produzieren aber oftmals unakzeptable Sicherheit, wenn die Wahrscheinlichkeit des Abstiegs am oberen Ende des sozialen Tableaus deutlich geringer wird als in der Mitte.[123] Nun ist es nicht einfach, Unsicherheit zu bestimmen und mit Folgen zu versehen. Ein Beispiel wäre die relativ geringe Versteuerung von Kapitaleinnahmen, wenn dies mit der Unsicherheit von Börsenkursen begründet wird. Wenn sich diese Kurse mittelfristig besser entwickeln als andere vermeintlich weniger volatile Werte, dann ist diese Rechtfertigung hinfällig. Dies ist aber eben nur ein Beispiel für die Notwendigkeit einer allgemeinen Analyse der Verteilung von Mobilitätsrisiken, auf deren Grundlage eine liberal-egalitäre Verflüssigung möglich werden könnte.

25. GIBT ES EIN SCHLÜSSIGES KONZEPT VON CHANCENGLEICHHEIT? In einer Welt voll geduldeter sozialer Ungleichheit dient das Versprechen der Chancengleichheit mal als politische Aspiration, mal als Placebo, mit dem bestehende Ungleichheiten als zwar illegitim, doch potenziell reformierbar unterstellt werden. Anfragen an eine liberale Rechtferti-

gung der Ungleichheit werden oft mit dem Hinweis auf Chancengleichheit verarbeitet, aber schon lange ist klar, dass es mit Chancengleichheit allein keine gerechte Gesellschaft geben kann.[124] Wann haben zwei Athleten, die gegeneinander antreten, die gleiche Chance? Wenn der eine Athlet gedopt ist und der andere nicht, wird man das als Umstand verstehen, der die Chancengleichheit aufhebt. Wenn ihr unterschiedlicher körperlicher Zustand darauf zurückzuführen ist, wie beide von ihren Eltern ernährt wurden, stellt das die Chancengleichheit nach verbreiteter Auffassung nicht infrage. Das faule, durch Gene und gute Ernährung, aber ohne eigenes Zutun begünstigte sportliche Genie gewinnt »verdient«. Dahinter steckt keine schlüssige Vorstellung von Verdienst. Kann es eine solche geben? Liberale Modelle können auf Kriterien des Verdienstes nicht verzichten, zugleich müssten sie dessen ungleiche Produktionsbedingungen verarbeiten. Schulerfolg hängt von den Eltern, Erfolg im Sport von ungleichen Trainingsbedingungen ab. Der Ansatzpunkt für Chancengleichheit muss daher immer weiter verschoben werden – bis zum Kindergarten, bis zum Elternhaus. In diesem Sinne zu Ende gedacht, hat die liberale Vorstellung eines freien Wettbewerbs ein so stark egalisierendes Potenzial,[125] dass man sie kaum noch mit einem traditionellen Begriff von Liberalismus in Verbindung bringen kann. Eine solche Chancengleichheit gibt es nur auf Grundlage regelmäßiger fundamentaler sozialer Nivellierungen. Die zu Ende gedachte Idee der verdienten Ungleichheit bringt die liberale Position in eine prekäre Lage, weil sich das liberale Ziel eines fairen Wettbewerbs nur mit Mitteln erreichen lässt, die nicht als liberal gelten.

26. LÄSST SICH VON DER KRITIK AM NEOLIBERALISMUS ETWAS ÜBER DEN LIBERALISMUS LERNEN? Als Neoliberalismus können wir heute entweder ein recht präzises politi-

sches Programm bezeichnen, das auf die Privatisierung staatlicher Leistungen, wirtschaftliche Deregulierung und institutionell abgesicherten Freihandel ausgerichtet ist und dessen Höhepunkt schon vor der Pandemie überwunden zu sein schien;[126] oder wir können den Begriff als Chiffre für alles verwenden, was im modernen Kapitalismus schiefläuft und demokratischen Grundsätzen widerspricht. Aber nur wenn das im ersten Sinne verstandene Programm notwendiger Bestandteil der Politik liberaler Demokratien ist, wäre Kritik am Neoliberalismus auch Kritik am Liberalismus. Dass Deregulierung notwendige Implikation einer kapitalistischen Ordnung ist, mag man annehmen oder nicht, dass sie notwendig Teil einer liberalen Theorie wäre, ist nicht zu sehen, zumal historisch das Wachstum staatlicher Regulierung mit dem Aufkommen des politischen Liberalismus zusammenfiel. Natürlich kann man fragen, inwieweit Theorien für die Form ihrer Verwirklichung verantwortlich sind (→ 276). Sozialistische Theorien waren Komplizen kommunistischer Unterdrückung, liberale Theorien kapitalistischer Ausbeutung. Dass sie »anders gemeint« waren, wenn sie es denn waren, hilft über diesen Zusammenhang nicht hinweg. Dennoch liefert eine Kritik am Liberalismus, die per definitionem alles, was sie politisch ablehnt, mit diesem identifiziert, nicht mehr als einen Zirkelschluss.[127]

27. VERNACHLÄSSIGEN LIBERALE THEORIEN DIE GEMEINSCHAFT? Ein Standardvorwurf an liberale Theorien lautet, sie interessierten sich nicht für Gemeinschaften, sondern nur für einen formalisierten Begriff von Gesellschaft, der kulturelle Kontexte ignoriere. Diese Kritik ist zutreffend, wenn sie auf das verkürzte Freiheitsverständnis vieler liberaler Theorien verweist (→ 89).[128] Theorien des Kommunitarismus verstehen sich deswegen oft als Verfeinerungen des

Liberalismus.[129] Doch ist der Hinweis auf die vom Liberalismus vergessene kulturelle Dimension sozialer und politischer Gemeinschaften aus zwei Gründen mit Vorsicht zu behandeln: Zum einen bleibt er häufig leer, insbesondere der Hinweis auf »Kultur« bezeichnet eine Erklärungslücke, kein konkretes Beschreibungsangebot. Zum anderen sind Art und Intensität der Bindungen einer politischen Gemeinschaft ihrerseits Gegenstand einer politischen Auseinandersetzung, ja sie sollen es in einer freien Ordnung sein.[130] Die Liberalität liberaler Theorien besteht darin, sich nur mit den notwendigen Bedingungen politischer Vergemeinschaftung zu begnügen, um die hinreichenden der Gemeinschaft selbst zu überlassen.

28. LIBERALISMUS ALS MODELL ZURÜCKGENOMMENER NORMATIVER BINDUNGEN? In der Betonung von Freiheit, in der Zurückdrängung von Religion, in der Bindung an kontingente Zwecke und in der auf äußerliche Durchsetzbarkeit beschränkten Form des Rechts (→ 13, 255) findet sich bei aller Varianz die Vorstellung zurückgenommener normativer Bindung – oder genauer: eine Differenzierung zwischen allgemeinen politischen Normen, die durchgesetzt werden, und darüber hinausgehenden moralischen oder gemeinschaftlichen Bindungen. Auch hier zeigt sich die Verwandtschaft von Liberalismus und Theorien sozialer Ausdifferenzierung (→ 9, 65).[131] Zwischen Moral, Politik, Recht und Religion zu unterscheiden ist typisch für liberale Theorien, ebenso typisch ist die Figur der Toleranz, eine Art sich abwendender Duldung von Praktiken, für die weder Argumente noch Affekte sprechen mögen, die aber auch nicht weiter stören.[132] Der Schutz abwegiger Meinungen, die Skepsis gegenüber umfassenden Weltanschauungen, die Duldung »brauchbarer Illegalität«[133] oder die Einrichtung unabhängiger Gerichte er-

füllen alle die Funktion, eine Bindung zugleich zu setzen und in ihrer Wirkung zu beschränken. Das aber verbindet sie systematisch mit dem Phänomen der sozialen Ausdifferenzierung, dessen Kern treffend als eine Entwicklung von »Schwellen legitimer Indifferenz« zwischen gesellschaftlichen Teilbereichen beschrieben wurde.[134]

29. BEDARF LIBERALE POLITIK EINES IRONISCHEN UMGANGS MIT VIELDEUTIGKEIT? Besteht ein Zusammenhang zwischen einer liberalen Praxis, die unterschiedliche Lebensformen und Ansichten akzeptiert, und einem Umgang mit Sprache und Bedeutung, der Ironie, Metaphorik und andere Arten der Vieldeutigkeit schätzt und mit ihnen umzugehen weiß?[135] Vielleicht zeigen sich in der Anerkennung von Vieldeutigkeit Spielräume der Freiheit, indem man der Einladung folgt, von der eigenen abweichende Weltdeutungen zu akzeptieren. Politische Bedeutung kann dies nicht gewinnen. Denn auch in einer liberalen Ordnung hängen politische Prozesse von Entscheidungen ab, die Vieldeutigkeit beenden. Die Frage, ob jemand einreisen, wählen oder demonstrieren darf, ist so wenig der Vieldeutigkeit zugänglich wie die, wen er oder sie gewählt hat. Antworten auf diese Fragen sind mit dem wittgensteinschen Spaten zu vergleichen, der sich biegt.[136] So könnte die Freude an der Vieldeutigkeit sich auch als unpolitische Geste gelehrter Distinktionsfähigkeit erweisen.

30. IST EINFACHHEIT SCHWESTER DER FREIHEIT ODER DER DESPOTIE? Vereinfachung gilt zu Recht als Instrument autoritärer Politik: Die Erklärung sozialer Phänomene durch eine einzige Ursache oder die Zurechnung zu einem gemeinschaftlichen Subjekt, mal positiv einem Volk, mal abwertend einer Minderheit, gehören zu den bekannten Techniken des

Autoritarismus. Trotzdem hängt auch jeder Gebrauch von Freiheit individuell wie politisch von Vereinfachung ab. Immer sind Präferenzen und Interessen zu bündeln und auf dieser Grundlage eine Entscheidung zu treffen. Der Schutz von Rechten gründet auf einer vereinfachenden Intuition dessen, was Freiheit bedeuten kann und wie sie zu schützen ist. »Der intellektuelle und politische Reiz von Rechtsansprüchen ist einer wirkmächtiger und autorisierter Vereinfachung.«[137] Dahinter tun sich Abgründe philosophischer oder juridischer Komplexität auf, aber eben auch der Versuch, zu einfachen Kriterien zurückzukehren und Intuitionen der Freiheit, etwa dem Bedürfnis, sich eigenständig und unbeobachtet bewegen zu können, normatives Gewicht zu geben. Damit bleibt das Verhältnis zwischen dem Einfachen und dem Schwierigen schwierig. Es lässt sich nicht einfach auf die Unterscheidung zwischen autoritärer und liberaler Politik abbilden.

31. KÖNNEN LIBERALE THEORIEN DIE UNTERSCHEIDUNG ZWISCHEN RECHTS UND LINKS ÜBERWINDEN? Viele liberale Theorien haben eine technokratische Drift. Am Horizont steht für sie ein Reich der Freiheit durch die fortschrittliche Lösung sachlicher Probleme, in dem politische Auseinandersetzungen wenn nicht verschwunden, so doch eingehegt sind.[138] Historisch hat sich der Liberalismus von Beginn an zwischen rechts und links positioniert, eben als die politische Richtung, die die Französische Revolution weder rückgängig machen wollte wie die Restauration noch fortsetzen wie die Jakobiner (→ 2). Die Weigerung vieler gegenwärtiger Liberalismen, sich in die Unterscheidung von rechts und links einordnen zu lassen, ist also historisch nachvollziehbar, wenn auch systematisch nicht zwingend (→ 310). Heute gibt es rechtsliberale und linksliberale Politik, solche, die Individualität, Eigentum und die Gefahr staatlicher Herrschaft, und solche,

die soziale Reformen, andere Freiheitsrechte und die Gefahr privater Macht hervorhebt – vielleicht gibt es keine andere. Ganz im Gegenteil wirkt die Unterscheidung zwischen rechts und links oft politisch stärker als die liberale Zugehörigkeit. Sie vermag, die liberale Familie wie so viele echte Familien zu zerreißen. Das spricht dafür, dass politische Freiheit durch Unterscheidungen wie die zwischen rechts und links erst ermöglicht wird, so dass ein richtig verstandener Liberalismus darauf achten muss, Leitunterscheidungen im politischen System zu erhalten und nicht zu überwinden.

32. LIBERALISMUS ALS MODELL KLEINTEILIGER SOZIALER VERÄNDERUNG. Wenn konservative Politik an die große Kontinuität und der revolutionäre Republikanismus an die große Zäsur als Format der Politik glaubt, dann ist der Liberalismus die Theorie der kleinen Disruption oder der Reform. Sozialdemokratien haben sich vom Sozialismus durch ihren Reformismus unterschieden und damit ein liberales Element adaptiert. Veränderung ist notwendig, aber diese muss sich mikropolitisch zeigen, als eine Art »frischer Handlung«,[139] als kleiner Riss im dichten Gewebe des Geschehenden.

33. KANN SICH EINE LIBERALE THEORIE DER WAHRHEIT ZWISCHEN KONSENS UND BELIEBIGKEIT BEHAUPTEN? Der zurückgenommene normative Anspruch des Liberalismus (→ 28) findet seine Entsprechung im Umgang mit der Wahrheitsfrage. Die heute als liberal geltende Antwort wirkt ebenso pragmatisch wie politisch anfechtbar: Wahrheitsansprüche sind immer umstritten, aber dennoch unverzichtbar. Der Streit um die Wahrheit ist ein Instrument der Wahrheitssuche.[140] Für den Liberalismus lässt sich die Frage nach der Wahrheit also weder durch Konsens noch durch beliebige

Politisierung von Tatsachenbehauptungen beantworten. Dies ist eine praktisch überzeugende, aber leicht anzufechtende Position, weil der Streit um Wahrheit entweder zum Zweifel an der Wahrheitsfähigkeit oder zur Flucht in Dogmen einlädt.

34. GIBT ES EINE ANTWORT AUF DIE GROSSE OFFENE FRAGE DER LIBERALEN THEORIE? Diese große Frage der liberalen Theorie lautet, ob unsere Freiheit mehr durch private Macht oder durch politische Herrschaft gefährdet ist (→ 6). Wir wissen es nicht, wissen aber doch, dass die Instrumente, die uns vor einer dieser Bedrohungen schützen könnten, geeignet sind, die andere Bedrohung zu verstärken. Nur eine starke Polizeibehörde schützt uns vor dem bösen Nachbarn, zugleich schafft sie die Gewalt einer autoritären Exekutive. Eine unabhängige Kontrolle der Staatsgewalt schützt uns vor der Exekutive, doch können manche sich diese Kontrollen praktisch besser zunutze machen als andere und so ungleiche soziale Macht und damit Unfreiheit schaffen. Wenn Liberalismus einfach nur die politische Theorie ist, die Freiheit schützt, dann wäre damit allein nichts dazu zu sagen, wer diese Freiheit wie gefährdet. Eine allgemeingültige Antwort auf diese Frage gibt es aber nicht. Das Problem vieler liberaler Theorien liegt darin, sich in einer Antwort einzurichten, während sich die Freiheitsgefährdungen schon wieder gewandelt haben.

35. DASS DIE THESE VOM SIEGESZUG DES LIBERALISMUS IHR RECHT HATTE, ZEIGT SICH AN DER THEORETISCHEN EINFALLSLOSIGKEIT DER AUTORITÄREN GEGENBEWEGUNG. Wie auch immer der nächste politische Kampf ausgeht, schon jetzt ist festzustellen, dass rechtsautoritäre Bewegungen kein Jota neu entwickelter politischer Theorien brauchen, um ihn

recht erfolgreich zu führen.[141] Ein wenig Lektüre der Werke Carl Schmitts aus den zwanziger und dreißiger Jahren des 20. Jahrhunderts, verbunden mit austauschbaren Regionalismen und einer ortansässigen Religion, genügen, um das politische Programm von Bannon über Orbán bis Modi zu verstehen. Jede marxistische Sektiererdebatte der siebziger Jahre war theoretisch interessanter[142] – und politisch erfolgloser. Damit ist der Siegeszug der liberalen Politik, an den nach 1989 kurzfristig alle glaubten und über den heute alle lachen,[143] zumindest für die Theorie durchaus zu beobachten. Als Theorie hat der Liberalismus viel geboten, er hat seine politischen Feinde mehr inspiriert als diese ihn. Abweichende neue operative Modelle von Politik sind in den letzten Jahrzehnten nicht entstanden, und auch ohne alles hegelsches Vertrauen in den Sieg der richtigen Begrifflichkeit könnte dieses Defizit die rechtsautoritäre Bewegung auf (vielleicht zu) lange Sicht politisch bedrohen.

36. DER ZUSAMMENHANG ZWISCHEN LIBERALISMUS UND DEMOKRATIE IST DER ALTE NEUE GRUNDKONFLIKT. Die Frage, wie sich Demokratie und Liberalismus zueinander verhalten, war ein zentraler Gegenstand der politischen Auseinandersetzung im 19. Jahrhundert, als sich das liberale Bürgertum mal für die Einbeziehung, mal für den Ausschluss der Massen vom politischen Prozess einsetzte. Im liberal-demokratischen Verfassungsstaat der Nachkriegszeit schien sich die Frage zu erledigen, der Widerspruch zwischen beiden verschwand in der Einheit aus Demokratie und Grundrechten.[144] Heute taucht der Widerspruch zwischen Demokratie und Liberalismus umso dringlicher wieder auf, politisch im Projekt der »illiberalen Demokratie«,[145] theoretisch in radikaler Demokratietheorie oder auch in der demokratischen Kritik an liberalen Projekten wie dem Kapitalis-

mus oder der Privatisierung von Religion. Unter diesen Zweifeln vergessen sowohl die liberalen Kritiker der Demokratie als auch die demokratischen Kritiker des Liberalismus den Umstand, dass sich im Moment weder illiberale Demokratien noch undemokratische liberale Rechtsstaaten (→ 272) auf der Welt entdecken lassen. Wo sind Ordnungen mit freien Wahlen, aber ohne unabhängige, allen offenstehende Gerichte,[146] und wo Ordnungen mit einer unabhängigen Justiz, aber ohne offenen politischen Prozess? Sehr wohl gibt es autoritären Kapitalismus, aber auch auf die Gleichsetzung von Kapitalismus und Liberalismus muss man sich eben weder theoriegeschichtlich noch systematisch einlassen.[147] Insbesondere erweisen sich rechts- und linksautoritäre Ordnungen, wenn sie sich auch auf den Willen des Volkes berufen, nicht als demokratisch (→ 268, 270). Auf die Frage festgenagelt, ob Liberalismus und Demokratie miteinander vereinbar sind, lautet die Antwort unter heutigen Bedingungen: ja. Dies setzt aber ein Verständnis von Liberalismus voraus, das nicht zuletzt mit der Mehrheitsregel seinen Frieden macht (→ 256).

37. IST DER LIBERALISMUS DIE POLITISCHE NEGATION DES »POPULISMUS«? Populismus fungiert heute als Gegenbegriff zu Liberalismus, doch tut sich das liberale Denken mit dieser Gegenüberstellung keinen Gefallen. Ohne Populismen operiert keine Demokratie, deren Willensbildung nie vollständig in habituellen oder juristischen Formen aufgehoben werden kann. Es gibt in jeder Demokratie Exzesse des persönlichen Charismas, und es muss in jeder Demokratie eine Berufung auf den Willen eines Volkes geben, wie immer man diesen begrifflich und institutionell bestimmen will. Die Gegenüberstellung von liberaler Demokratie und Populismus suggeriert, es gebe liberale Ordnungen, also solche,

die »Minderheiten« (→ 86) schützen, die rechtsstaatlich organisiert sind, die auf Sachverstand hören, ohne dass dies von politischen Mehrheiten gedeckt sei. Dies ist nicht der Fall (→ 36). Auch Verfahren, die sich gegenüber Politik wirksam immunisieren sollen, bedürfen einer politischen Grundlage, und eine politische Grundlage muss sich auf Mehrheiten stützen. Aus der richtigen Einsicht, dass Demokratien falsche Entscheidungen treffen können, etwa wenn sie Minderheiten diskriminieren, folgt nicht, dass akzeptable Ordnungen, die Minderheiten schützen, nicht auch auf Mehrheiten angewiesen wären. So gute Gründe eine Theorie des Liberalismus für den Schutz bestimmter individueller Rechte liefern kann, so wenig enthebt das von der Notwendigkeit, die Institutionen, die diesen Schutz leisten sollen, als Institutionen zu verstehen, die der Unterstützung von politischen Mehrheiten bedürfen.

38. SOLLTE DER LIBERALISMUS »NEUTRAL« SEIN? Eine wichtige Figur des liberalen Denkens ist die Neutralität. Liberale Institutionen sollen einen Rahmen stellen, innerhalb dessen sich politische Prozesse abspielen, ein Verfahren, das Fairness garantiert, aber keine bestimmte Entscheidung vorgibt. Der Anspruch auf neutrale Offenheit erinnert an den White Cube, den leeren Ausstellungsraum mit weißen Wänden, der hinter der ausgestellten Kunst zurückzutreten vorgibt.[148] Beides ist nicht plausibel. Eine weiße Wand ist ein möglicher Hintergrund, der die Wahrnehmung von Objekten anders prägt als andere mögliche Hintergründe. Er ist kein Nichthintergrund. Ein ergebnisoffenes politisches oder rechtliches Verfahren ist ein Verfahren, das Entscheidungen produziert, die anders aussehen als die, die in anderen Verfahren produziert würden. Deswegen ist die Verfahrensgestaltung nicht etwa beliebig. Es gibt demokratische und un-

demokratische Wahlen, rechtsstaatliche und kompromittierte Verfahren, aber keines ist gegenüber möglichen Ergebnissen neutral. Dies zu behaupten heißt nur, die Möglichkeit infrage zu stellen, es auf legitime Weise zu verändern. Vom Begriff der Neutralität bleibt nur der Eigenwert nichtpolitischer Kriterien (→ 68).

39. ES GIBT EINE ANTILIBERALE QUERFRONT. Rechter und linker Antiliberalismus wehren sich gegen die Annahme, sie seien sich politisch ähnlich. Ob sie es in der Sache sind, die alte Frage der Totalitarismustheorie, muss nicht weiter interessieren, solange sie de facto Verbündete in der politischen Negation des Liberalismus sind. Auch wenn beide entgegengesetzte politische Ziele haben und sie sich am Ende wechselseitig verfolgen und umbringen, sind sie im Kampf gegen ein liberales Projekt Verbündete. Dass die Kommunisten von den Nationalsozialisten verfolgt wurden, enthebt sie nicht ihrer Verantwortung für das Ende der Weimarer Republik. Zu meinen, man könne seine politischen Ziele verwirklichen, ohne zu beobachten, welche ungewollten Folgen das haben könnte, ist unpolitisch (→ 48).[149]

40. NUR DEM, DER FREIHEIT HAT, WIRD SIE GEGEBEN. In einem bemerkenswerten Text über die Bedeutung der Ungleichheit bei Rousseau bemerkt Judith Shklar: »Gleichheit ist freilich [für Rousseau] nicht genug, um sicherzustellen, dass die Staatsgewalt als Befreiung anerkannt wird. Hohe Dosen staatsbürgerlicher Erziehung und Manipulation durch den großen Gesetzgeber und Zensur werden benötigt, um das bürgerliche Selbst am Leben zu erhalten. Rousseaus Medizin könnte durchaus schlimmer sein als die Krankheit. Doch wäre es abwegig, die psychologische Wahrheit zu übersehen, auf die er hinweist. Er und viele andere Menschen oh-

ne Selbstbewusstsein empfinden väterliche Herrschaft als befreiend. Schutz ist nicht Freiheit, aber er mag sich so anfühlen.«[150] Für Shklar ist der Autoritarismus die folgerichtige Wahl eines bestimmten Geisteszustands, ein legitimes Angebot für unsichere und verängstigte Personen. In einer aus der Therapeutik bekannten Geste sind diejenigen, die der Freiheit am meisten bedürfen, am wenigsten dazu in der Lage, sich auf sie einzulassen. Nur wer schon frei ist, wird sich für eine Ordnung entscheiden, die seine Freiheit schützt.

Wenn an dieser Beobachtung – jenseits begründeter Zweifel an den verwendeten psychologischen Kategorien – etwas dran sein sollte, dann hätte dies Konsequenzen für die Politik des Liberalismus, die Shklar selbst nicht ausspricht. Auf eine spezifische Art wäre der Liberalismus dann selektiv, nicht als eine Ideologie der Reichen, sondern als eine der innerlich Freien, derjenigen, die um ihre Freiheit politisch kämpfen wollen und können. Das liberale Projekt wäre dann in einem stärkeren Sinne parteiisch, als es selbst zuzugeben bereit ist. Es wäre kein allgemein-menschliches Unternehmen, das den Fortschritt, die Vernunft oder eine andere unpolitische Kategorie auf seiner Seite hat, es wäre vielmehr ein Projekt der Freien und der Freiheitsliebenden gegen die anderen. Dies müsste nicht gegen den Liberalismus sprechen. Er wäre dann wie jeder genuin politische Entwurf eben einer, der nicht für alle gemacht ist.

41. FOLGT ETWAS DARAUS, SICH ALS »LIBERAL« ZU BEZEICHNEN? EIN ÜBERGANG ZU DEN FREIHEITSGRADEN. Die Liberalismen aller Art verbindet nur eine Familienähnlichkeit,[151] ein Zusammenhang durch einzelne Eigenschaften, die verschiedene Liberalismen mit einigen, aber nicht mit allen anderen teilen.[152] Damit ist die Bedeutung von »Liberalismus« weder eindeutig noch beliebig. Wenn heute aus einem

liberalen Bekenntnis etwas folgt, dann zunächst politische Gegnerschaft. Diese hat er sich nicht ausgesucht, sie könnte ihm aber helfen, sich selbst zu bestimmen:[153] Der Liberalismus hat, wie gesehen, das politische Privileg, vom Autoritarismus als Gegner bezeichnet zu werden. Nichts dürfte liberaler Praxis mehr helfen als Orbáns Übernahme des Begriffs der illiberalen Demokratie. Zugleich entsteht durch diese angenommene Fremdbezeichnung eine eigene politische Gefahr. Denn wenn Liberalismus nicht mehr ist als der Inbegriff einer Ordnung, die vom Autoritarismus abgelehnt wird, dann gerät er in die Gefahr, zu dem zu werden, was man im deutschen politischen System mit der Großen Koalition verbindet: eine Notgemeinschaft der Systemanhänger. Um politische Spielräume in den Liberalismus einbauen zu können, müsste dessen Freiheitsbegriff überdacht werden. Dies führt uns zum Begriff der Freiheitsgrade.

1.3 Freiheitsgrade und ihre Voraussetzungen

42. FREIHEITSGRADE – EIN BILD AUS DER MECHANIK. In der Mechanik beschreibt der Begriff des »Freiheitsgrads« die Zahl der voneinander unabhängigen Bewegungsmöglichkeiten eines Körpers.[154] Im Folgenden werden unter Freiheitsgraden drei Dimensionen der Freiheitswahrnehmung verstanden, die zwischen den Richtungen individualisiert und gemeinschaftlich, gerechtfertigt und willkürlich sowie formalisiert und informell verlaufen. Politische Freiheitsgrade – und nur um solche Freiheit geht es hier – ergeben sich, wenn nicht nur individuelle, sondern auch gemeinschaftliche, nicht nur gerechtfertigte, sondern auch willkürliche, nicht nur formalisierte, sondern auch informelle Freiheiten wahrgenommen werden. Freiheitsgrade eröffnen divergierende Möglichkeiten, politische Freiheit wahrzunehmen. Die drei Freiheitsgrade und ihre Voraussetzungen sind im Folgenden einzuführen, sie werden im Laufe des Buchs entwickelt und konkretisiert.

Mechanische Metaphern haben in der politischen Theorie aus zwei Gründen keinen guten Ruf. Zum einen scheinen sie ein Selbstverständnis zu beleidigen, das von sozialen Praktiken mehr verlangt als bloß regelhaftes Funktionieren. Diese Kritik begleitet als »mechanistisch« verworfene politische Theorien spätestens seit der romantischen Kritik der Aufklärung, sie scheint heute noch im Leiden an »Quantifizierung« auf oder in exaltierten Modellen von Gemeinschaft und Verständigung. Doch mag man bezweifeln – und dieses Buch ist Ausdruck dieses Zweifels –, ob sich ein Entwurf politischer Freiheit von zu anspruchsvollen Erwartungen an gemeinschaftlichen Freiheitsgebrauch abhängig machen sollte.

Zum anderen könnte die Mechanik schlicht nicht komplex genug sein, um moderne Politik zu beschreiben. Dieser Einwand trifft aber einen metaphorischen Gebrauch mechanischer Begriffe nicht, es wäre im Übrigen auch gar nicht klar, ob es moderne politische Theorien gibt, die die Komplexität der modernen Mechanik tatsächlich erreichen.

Die Metapher der Freiheitsgrade soll dagegen im Folgenden für fünferlei stehen: zum Ersten für ein anspruchsloses Modell politischer Freiheit, das ohne ausgebaute Subjektivität auskommt (→ Zur Lektüre). Zum Zweiten für drei Dimensionen von Freiheit, die je unabhängig voneinander wahrgenommen werden können (→ 43 ff.). Zum Dritten für die unterschiedlichen Orientierungen, die sich auf diesen drei Achsen einschlagen lassen. Diese schließen sich zwar im konkreten Fall aus, sind aber auf die je andere Möglichkeit angewiesen: die individuelle auf die gemeinschaftliche, die begründete auf die willkürliche, die in einer Form aufgehobene auf die informelle und umgekehrt (→ 43 ff.). Zum Vierten steht das Bild für die Feststellung, dass politische Freiheiten stets Strukturen voraussetzen, die ihrerseits nicht beliebig beweglich sind (→ 46). Zum Fünften schließlich für die Eigengesetzlichkeit politischer Prozesse, die sich nicht einfach in der analytischen Moralistik der zeitgenössischen politischen Philosophie auflösen lassen (→ 51 ff.).

43. ERSTER FREIHEITSGRAD: FREIHEIT STEHT INDIVIDUEN UND GEMEINSCHAFTEN ZU. Es gibt keinen Primat der individuellen vor der gemeinschaftlichen Freiheit, schon weil sich auch Individualität nur als soziales Phänomen beschreiben lässt, noch dazu als eines, das sich nicht alle wünschen.[155] Beide Arten von Freiheiten sind deswegen politische Freiheiten. Der hohe Wert, den liberale Gesellschaften der Freiheit der Einzelnen zuschreiben, ist eben das: eine Zuschreibung. Diese hat maßgeblich mit der körperlichen Abgrenzbarkeit von

Individuen zu tun (→ 70). Individuelle und gemeinschaftliche Freiheitswahrnehmung verhalten sich zueinander nicht nach der Logik eines Nullsummenspiels: Gemeinschaftliche Freiheit kann individuelle befördern und verkürzen, unter Umständen sogar beides mit ein und derselben Entscheidung. Die Aufhebung sozialer Abhängigkeiten durch politische Vergemeinschaftung ist der wichtigste Fall der Möglichkeit, individuelle Freiheitsspielräume durch gemeinschaftliches Handeln zu schaffen (→ 252). Unzutreffend ist deswegen die Vorstellung, eine »negative« Freiheit von der politischen Ordnung werde pauschal von »positiver« Freiheit in der politischen Ordnung bedroht.[156] Zugleich bietet eine politische Gemeinschaft nicht die einzige Form, gemeinschaftlich Freiheit auszuüben. Diese Gemeinschaft hat ihre Besonderheiten (→ 97ff.), doch lässt sich liberale Freiheit nicht in einen einfachen Gegensatz von politischer Herrschaft und individueller Freiheit pressen, der andere Gemeinschaften ausnimmt oder unter Verdacht stellt.

44. ZWEITER FREIHEITSGRAD: FREIHEIT KANN RATIONAL GERECHTFERTIGT UND WILLKÜRLICH WAHRGENOMMEN WERDEN. In einer mächtigen philosophischen Tradition gilt Freiheit als rationale Leistung, die von den Beschränkungen des Körperlichen unabhängig macht. Aber der Freiheitsdrang aus Furcht oder Begehren ist eine Bedingung willkürlicher, nur durch Körperlichkeit abgrenzbarer Freiheit (→ 70, 74).[157] Das Modell der Freiheitsgrade schützt auch solche Handlungen, die sich nicht rechtfertigen lassen, so sie gewollt sind (→ 75).[158] Deswegen ist nicht klar, welchen Nutzen der Freiheitsgebrauch erzeugen kann. Inwieweit der Gebrauch von Freiheit und die Produktion von gesamtgesellschaftlicher Wohlfahrt, also Liberalismus und Utilitarismus, zusammengehen, ist eine offene Frage.[159] Freiheit kann missbraucht und

ohne erkennbaren Nutzen wahrgenommen werden.[160] Was aber folgt aus dieser Einsicht? Es mit der Freiheit sein zu lassen?

45. DRITTER FREIHEITSGRAD: FREIHEIT KANN IM RAHMEN EINER FORMALISIERTEN ORDNUNG UND AUSSERHALB DIESER WAHRGENOMMEN WERDEN. Freiheitliche Ordnungen sind darauf angewiesen, Freiheitsräume zu bestimmen und ihnen eine Form zu geben, namentlich durch Recht. Zugleich geht die Wahrnehmung von Freiheit in solchen Formen nicht auf. In Kants Theorie des Rechts teilen allgemeine Gesetze Sphären auf, innerhalb derer man sich nach Belieben bewegen kann, ohne die anderen zu berühren oder zu verletzen.[161] Diese Vorstellung verlegt die Rechteausübung in einen Raum, der von der Gemeinschaft zwar definiert ist, diese aber zugleich ausschließt.[162] Dies gilt auch für Mills Feststellung, die Freiheit der einen ende bei der Schädigung der anderen.[163]

Solche Bilder führen doppelt in die Irre: Zum Ersten verändert jeder Freiheitsgebrauch die konkreten Möglichkeiten der anderen, ihrerseits ihre Freiheit wahrzunehmen.[164] Deren Freiheit steht nicht einfach auf der anderen Seite eines formalisierten Zauns. Die Freiheit des einen kann auch zur Freiheit der anderen beitragen. Zum Zweiten unterstellt eine solche Ordnungsvorstellung, es gebe ein rationales Verfahren der Freiheitsverteilung. Doch was als Eingriff in oder Schädigung der Freiheit zählen soll, hängt davon ab, welche Handlungsmöglichkeiten und welche geschützten Sphären den Beteiligten zugeordnet werden. Dies sind Fragen, die sich nicht begrifflich lösen lassen, sondern permanent politischer Aushandlung und praktischer Anpassung bedürfen,[165] denn »Externalitäten finden sich immer«.[166] Daher lassen sich formalisierte Rechte nicht gegen reale Freiheiten ausspielen. Formelle Rechte garantieren Freiheit mit einem hohen Maß an institutionellem Aufwand und prägen die Art, wie Freiheit ausgeübt wird. Informale soziale Praktiken sind aber die Bedingung dafür, dass formalisierte Freiheiten wirken, die sie freilich auch leerlaufen lassen können.

46. ERSTE VORAUSSETZUNG: VERÄNDERBARKEIT SETZT UNVERÄNDERBARKEIT VORAUS. Freiheit aktualisiert Veränderbarkeit. Veränderbarkeit bedarf plastischer Zustände. Zugleich muss diese Plastizität beschränkt sein, weil Veränderung nur im Zusammenhang mit Unveränderbarem gelingt. Nur ohne Permanenz und Ubiquität von Veränderung erringt Freiheit soziale Wirksamkeit. Luhmanns Feststellung, dass sich alles ändern ließe, nur nicht alles gleichzeitig,[167] hilft weiter: Zwischen der Plastizität eines Zustands und der konkreten Möglichkeit, auf diesen verändernd zuzugreifen, besteht ein Unterschied. Zwischen dem, was verändert wird, und dem, was nicht verändert wird, besteht ein Zusammenhang. Indem man sich für die Änderung eines Zustands entscheidet, entscheidet man sich dafür, andere mit zu verändern und wieder andere unverändert zu lassen. Freiheit ist immer auf institutionelle Verfestigung angewiesen. Freiräume müssen konstituiert werden, und das, was sie konstituiert, konstituiert Bindungen.

47. ZWEITE VORAUSSETZUNG: FREIHEIT SETZT UNGLEICHHEIT VORAUS. Statusgleichheit, die Anerkennung als rechtsfähige Bürgerin, ist der formalisierte (→ 20) und fixe (→ 257) Punkt, an den informelle bewegliche Praktiken der Ungleichheit anschließen können, etwa ungleich Gewolltes wie Präferenzen und ungleich Gekonntes wie verschiedene Möglichkeiten, die eigene Freiheit zu nutzen. Solche Ungleichheiten sind das Ferment, das soziale Veränderung schafft. Wenn die Zuweisung und Ausgestaltung von sozialen Posi-

tionen in einer Ordnung der Freiheitsgrade ebenso beweglich bleiben soll wie die Institutionenwelt plastisch, dann ergibt sich dieses Potenzial nur aus Ungleichheit, aus Differenz. Gleiches gilt für Kriterien der Zuweisung von Positionen. Mit dieser Beobachtung ist keine pauschale Rechtfertigung von Ungleichheit unterstellt. Es gibt für viele Formen von Ungleichheit schlicht keine. Trotzdem steht zu vermuten, dass Gesellschaften Ungleichheit nicht einfach beseitigen sollten, sondern zwischen wünschenswerten, akzeptablen und inakzeptablen Formen von Ungleichheit unterscheiden müssen. Diese kann man mit eigenen Namen versehen oder verfeinert kategorisieren: Individualität, Diversität, Pluralität, es bleiben Phänomene der Ungleichheit. Ein Dilemma liberaler Politik besteht darin, dass Veränderung Ungleichheit überwinden soll, die doch Voraussetzung jeder Veränderung ist.

48. DRITTE VORAUSSETZUNG: FREIHEITSWAHRNEHMUNG BEDARF DER ANEIGNUNG VON ENTSCHEIDUNGEN. Freie Entscheidungen müssen nicht rational gerechtfertigt sein, aber sie müssen angeeignet werden. Sich eine Entscheidung individuell oder gemeinschaftlich anzueignen bedeutet, sich im Vorhinein die Gründe, aus denen entschieden wurde, die Zwecke, mit der die Entscheidung verbunden wurde, oder die Gefühle, die sie nahelegten, klarzumachen. Es bedeutet im Nachgang, Folgen zu akzeptieren, nicht notwendig als erwünscht oder vorhergesehen, aber doch als solche der eigenen Entscheidung. Es geht bei der Aneignung also nicht um richtige, sondern nur um eigene Entscheidungen. Es geht nicht um einen ausgebauten Begriff politischer oder moralischer Verantwortlichkeit, der Sanktionen voraussetzt, sondern nur darum, dass klar bleibt, dass eine Entscheidung durch *jemanden* getroffen wurde, der nicht zugleich die Entschei-

dung wollen und ihre Folgen ablehnen kann. Umgekehrt könnte man auch von einem Verbot politischer Willensschwäche sprechen, das es ausschließt, sich gegen eigene Entscheidungen und ihre Folgen zu stellen.[168]

49. PRAXIS DER FREIHEITSGRADE: FREIHEIT ZEIGT SICH IN ERGEBNISOFFENEN NORMATIVEN UND KOGNITIVEN VERFAHREN. *Normative* Freiheitsgrade ergeben sich aus Spielräumen, Handlungen unterschiedlicher Wertigkeit zu tun oder zu lassen, aus subjektiven Rechten, aus der institutionellen Verselbstständigung von Organisationen, etwa unabhängigen Gerichten, und der Einrichtung und Vervielfältigung von politischen Prozessen. *Kognitive* Freiheitsgrade finden sich im Zusammenhang mit Experimenten oder Messungen, also Verfahren ergebnisoffener Phänomenbefragung, auch in der Möglichkeit, Zufälle zuzulassen.[169] Ergebnisoffenheit bedeutet in beiden Fällen nicht Beliebigkeit, sondern relative Unabhängigkeit von bestehenden Erwartungen und Präferenzen. Ein Messergebnis soll sich ebenso wie ein Gerichtsurteil aus den Umständen ergeben, aber die Verfahren, in denen beide entstanden sind, sollen die dominanten Erwartungen an das Ergebnis überwinden können.

Zwischen deskriptiver und normativer Ergebnisoffenheit besteht ein struktureller, oft aber auch praktisch-politischer Zusammenhang. Die Bereitschaft, sich einer offenen Wahl zu stellen, und die Bereitschaft, sich auf wissenschaftliche Erkenntnisse einzulassen, hängen miteinander zusammen. In beiden gibt die politische Gemeinschaft Bindungen frei. Woran aber will man erkennen, ob ein Verfahren ergebnisoffen verläuft, wenn man nicht wissen kann, ob ein Verfahren anders hätte ablaufen können? Zum einen ist es wichtig, die Erwartungen an den Ausgang des Verfahrens im Vorhinein festzuhalten.[170] So lassen sich Vorkehrungen erkennen, die das Verfahren nicht loslassen: Manipulationen bei einer Wahl oder einem Experiment. Zum anderen erkennt man das Fehlen von Ergebnisoffenheit am Versuch, Verfahren im Nachhinein zu verändern, also das Unerwünschte nicht zuzulassen.

50. EIN ANDERER LIBERALER KANON. Seit der Revolution ist der Liberalismus ein Projekt kompromisslerischer Vermittlung. Politisch zwischen rechtem Monarchismus und linkem Jakobinismus, theoretisch zwischen einem republikanischen Idealismus der Freiheit und einem materialistischen Utilitarismus der Wohlfahrtsvermehrung. Trotz Gegenstimmen wurde dabei der liberale Freiheitsbegriff im Laufe des 19. und 20. Jahrhunderts mehr und mehr zu einem solchen individueller Freiheit, so sehr, dass die Vorstellung, Freiheit sei ein gemeinschaftliches Projekt, von republikanischen Theorien übernommen wurde. Weitgehend an dieser Entwicklung vorbei lief die soziologische Einsicht, dass die Ausdifferenzierung der Gesellschaft sowohl Individualität erst geschaffen als auch andere als individuelle Formen der Freiheitswahrnehmung ermöglicht hat. Man kann diese Einsicht als bloß gesellschaftliches Phänomen verwerfen, das mit einem emphatischen Begriff von Politik nichts zu tun hat.[171] Man kann sie aber auch als notwendige Ergänzung einer liberalen politischen Theorie verstehen, in der Politik sich ihren Platz zu suchen hat, einen Platz, der sich auch darauf einlassen muss, dass Politik utilitaristisch Zwecke definiert und Mittel bereitstellt. Neben Dewey gehörten dann Autoren wie Hegel[172] oder Luhmann zu einem liberalen Kanon – und zwar selbst dann, wenn man ihnen andere politische Präferenzen nachweisen wollte.[173]

2. Mechanismen der Politik

51. POLITIK MIT POLITIK BEGINNEN. Viele liberale Theorien verstehen politische Gemeinschaften als Aggregat von natürlichen, vorpolitisch gegebenen Individuen. Doch ist der Status, den Individuen, als Subjekte, Bürgerinnen, Unterworfene, genießen, seinerseits Produkt der politischen Gemeinschaft. Politik ist die Form, diesen Status zu schaffen, damit Individualität zu bestimmen und im günstigen Fall zu schützen. Wenn liberale Theorien beim »Individuum« ansetzen (→ 70f.), wird damit die Politik verdeckt, die in diesen Ansatz investiert werden muss. Die historische Entwicklung von »Individualität«[1] fällt mit dem Entstehen moderner Politik ebenso zusammen wie beide mit den Ideen des Liberalismus.[2]

52. LIBERALISMUS ALS POLITISCHE THEORIE OHNE POLITIK? Ihr hoher begrifflicher Aufwand und ihre streng normative Ausrichtung hat der neueren liberalen Theorie den Vorwurf eingebracht, an der Praxis von Politik vorbeizuargumentieren (→ 1).[3] Freilich können auch abstrakte Modelle brauchbare Angebote der Wirklichkeitsbeschreibung liefern. Doch stehen das Interesse liberaler Theorien an kognitiven Faktoren der Vergemeinschaftung (→ 215), ihr Vertrauen in Rationalität (→ 44) und ihr methodischer Individualismus (→ 70f.) der Entwicklung eines Begriffs von Politik im Weg. Liberale Theorien haben die Tendenz, Politik mit Rationalität gleichzusetzen. Dabei leugnen liberale Theorien selten die Notwendigkeit politischer Herrschaft, eines Staates (→ 8). Allerdings können sie mit den Eigenheiten politischer Prozesse, mit Ideologien und Lagern, den Logiken des Machterhalts und Machtgewinns oder den Mechanismen

von Repräsentation jenseits der Aggregation von Einzelinteressen wenig anfangen. Politische Herrschaft ist den meisten liberalen Theorien eine Agentur zur Lösung kollektiver Probleme.[4] Selbst wenn sich der Eigensinn von Politik so nicht verstehen ließe,[5] wäre dadurch eine politische Theorie des Liberalismus doch nicht ausgeschlossen. Sie wäre nur stärker auf die Beobachtung eines zersplitterten Phänomenreichtums angewiesen, als wir es in den Theorien der Gegenwart beobachten können. Es ginge um reflektierende Beobachtung, nicht um die Konstruktion einer systematischen Theorie.

53. POLITIK ALS DENATURALISIERUNG DES SOZIALEN. Wo die Naturwüchsigkeit individueller Freiheit (→ 51) endet, dort endet auch die Naturwüchsigkeit jedes gesellschaftlichen Status quo. Politik entzieht soziale Vergemeinschaftung den vermeintlichen Notwendigkeiten, die sich aus vorgeblich natürlichen Eigenschaften einer Bevölkerung, aus Geografie, Tradition oder Religion ergeben sollen, aber auch aus Gewohnheiten, die als selbstverständlich gelten. Durch Politik wird soziale Vergemeinschaftung ausdrücklich und damit plastisch.[6] Am systematischen Anfang einer politischen Gemeinschaft steht also ein Prozess, den man als Denaturalisierung sozialer Verhältnisse bezeichnen kann. Diese werden auf ihre faktische Notwendigkeit und ihre normative Rechtfertigung hin befragt. Sie werden in ihrer Kontingenz durchschaut: Sie sind nicht notwendig so, wie sie sind, sondern könnten auch anders sein. Sie sind nicht normal. Sie haben eine Geschichte, die nicht einfach in Rationalität aufgeht. Sie werden schließlich als änderbar behandelt. Jacob Burckhardts Einsicht lautet: »Das entscheidende Neue was durch die französische Revolution in die Welt gekommen ist, ist das Aendern-Dürfen und das Aendern-Wollen.«[7] Politik ent-

steht nicht in einem Gründungsakt, sondern aus der Distanznahme zu bestehenden sozialen Verhältnissen. Liberal gefasst entsteht sie aus der Diagnose von Unfreiheit, doch setzt diese Diagnose ihrerseits schon ein Bewusstsein von Distanzierungsmöglichkeit und Änderbarkeit voraus. So gesehen ist die Verselbstständigung von Politik eine Form der Freiheit.[8]

54. POLITIK ALS PSEUDONATUR. Die Bestimmung von Politik als Denaturalisierung des Sozialen schließt es nicht aus, dass diese ihren eigenen artifiziellen Status leugnet und Anspruch auf »Natur« oder »Natürlichkeit« erhebt – nicht zuletzt, um sich damit besser durchsetzen zu können. Von der Anrufung natürlicher Rechte über rassistische Theorien der Gemeinschaft bis zur Verwechselung ökonomischer Doktrinen mit Naturgesetzen ist die Geschichte der Politik voll mit solchen Naturalisierungsmustern.[9]

55. POLITIK ALS DEHNEN UND ZERREISSEN SOZIALER NORMEN. Wenn Politik die Denaturalisierung des Sozialen betreibt, dann ist das Austesten von sozialen Normen eine genuin politische Operation. Es kann möglich sein, bestimmte Normen zu überwinden, andere nicht, man wird es nur wissen, wenn es versucht wurde. Dies kann als dramatischer Bruch geschehen, wenn Julius Caesar mit seinen Legionen in Rom einzieht.[10] Es kann als ein charmanter, aber wirkungsvoller Umgang mit Konventionen auftreten, wenn Franklin D. Roosevelt 1932 in Chicago als erster Präsidentschaftskandidat auf dem Parteitag spricht, der ihn nominiert hat.[11] Es kann als Symptom der Auflösung einer formalisierten Politik gedeutet werden, wenn Herrscher nur noch durch soziale Medien kommunizieren. Der Politikbegriff lässt sich nicht auf dieses Austesten reduzieren, und das Austesten besteht

nicht allein in der Aufhebung von Normen, es kann um deren behutsame Erweiterung oder Neudeutung gehen – auch eine Politik der Schonung von Bindungen ist denkbar, die man bei allen Problemen (→ 301 f.) mit dem Parteinamen »konservativ« belegen könnte. Doch ist die in der Denaturalisierung des Sozialen angelegte Reflexion über den aktuellen Bindungsbestand Teil aller Politik.

56. POLITISCHE FREIHEIT ALS MITTEL DER UMDEUTUNG VON SOZIAL DETERMINIERTEM IN POLITISCH VERÄNDERBARES. Zur Politik als Denaturalisierung des Sozialen gehört die Umdeutung von als determiniert verstandenen Schranken in änderbare Umstände. Mit solchen Umdeutungen können neue Spielräume unterstellt oder geschaffen werden: von der Zurückweisung der Behauptung, bestimmte Geschlechter- oder Familienverhältnisse seien »natürlich«, bis zu Franklin D. Roosevelts Feststellung, die Gesetze der Ökonomie seien nicht von der Natur, sondern von Menschen gemacht.[12] Solche Umdeutungen stoßen an die Grenzen, an die alle Modelle der sozialen Konstruiertheit von Fakten stoßen (→ 97). Aber nicht immer wird sich aufklären lassen, wie diese Grenzen beschaffen sind: War ein gescheitertes politisches Projekt objektiv nicht zu bewerkstelligen oder fehlte es nur an guter Organisation und hinreichenden Mitteln? Zudem folgt aus der Behauptung, eine Beschränkung sei sozial gemacht, nicht ohne Weiteres die Möglichkeit, sie zu ändern: Auch wenn die Gesetze der Wirtschaft von Menschen gemacht wären, wüssten wir damit noch nicht, wer sie wie definiert und wie eine politische Gemeinschaft an sie herankommen kann. Die Grenze zwischen dem Nichtausprobierten und dem Unmöglichen auszuloten gehört zum politischen Handeln: »Man kann nie sicher sein, was möglich ist, bis es passiert.«[13]

57. POLITIK ALS UNBESTIMMTE ALLGEMEINHEIT. Die Denaturalisierung des Sozialen erfordert eine Perspektive, die sich von der sozialen Praxis distanziert und von ihr abstrahiert. Politik ist der Teil des Sozialen, der dessen Ganzes sein soll, aber nicht sein kann, weil jede Art Politik, mit der Vielfalt der Gesellschaft überfordert, einen Aspekt, eine Eigenschaft oder einen Teil der Gesellschaft ignoriert, übersieht, vergisst oder verdrängt.[14] Politik fungiert so als unbestimmtes Allgemeines – allgemein wegen seines übergreifenden Anspruchs, unbestimmt, weil sich die Art, wie dieser Anspruch erfüllt wird, permanent ändert und weil sich hinter jedem Anspruch, dem Ganzen zu dienen, ein spezielles Interesse ausmachen lässt.[15] Die sozialen Bedingtheiten und Beschränkungen von Politik verhalten sich zu dieser ähnlich wie die psychischen Bedingtheiten und Beschränkungen eines Menschen zu seinem Anspruch auf Freiheit: Vielleicht sind sie illusorisch, aber in jedem Fall sind sie als Ansprüche wirkmächtig. Dass es günstig sein kann, dem Zugriff der Politik zu entgehen, ist keine unwichtige liberale Intuition. Darum wird eine liberale Lesart Politik und Politisierung immer als punktuelle Phänomene verstehen.[16] Nicht alles kann, und aus liberaler Sicht soll auch nicht alles gleichzeitig politisiert werden.

Die Unmöglichkeit, den Anspruch auf Allgemeinheit stabil zu erfüllen, gehört zu jeder Politik. Theorien, die Politik mit existenziellen Konflikten,[17] mit dem Begriff absoluter Macht, mit Souveränität,[18] mit Feindschaft oder mit dem Begriff des Gemeinwohls identifizieren, formulieren allesamt deren Anspruch, sich durch Allgemeinheit über soziale Bedingtheiten zu stellen – durch eine besondere Art der Rechtfertigung oder durch die Macht, diese Bedingungen zu gestalten. Doch sind sie oft zu eng und zu absolut formuliert, wenn sie das notwendige Verfehlen dieses Anspruchs nicht mitdenken können.

58. POLITISCHE FREIHEIT ENTSTEHT, WO SICH SOZIALE KONTEXTE VERMISCHEN. Freiheiten entstehen durch die Ausdifferenzierung von Spielräumen, dadurch, dass eines nicht mehr am anderen hängt. Zugleich können sich diese Freiheiten einspielen und routinisieren, sie sind dann voneinander unabhängig, aber nicht mehr in sich veränderbar. So entsteht Freiheit auch wieder dadurch, dass unterschiedliche soziale Kontexte aufeinanderstoßen und einen Raum für Entspezialisierung und Entdifferenzierung eröffnen, dort, wo Vergleiche mit anderen Milieus gemacht werden können und wo ungewiss wird, wer genau die herrschenden sozialen Normen bestimmt. Politik in diesem Sinn kann auch als Ferment zur Auflösung sozialer Verfestigung dienen, das durch allgemeinere Programme und durch die Konfrontation unterschiedlicher Milieus wirkt und diese Veränderung verstetigt.[19]

59. POLITIK ALS LIBERALE FORM, IN DER DAS SOZIALE ÜBER SICH HINAUSGEHT. So lässt sich Politik als freiheitliche Praxis verstehen, als Möglichkeit, nur Möglichkeit, einer Gemeinschaft, ihre Beschränktheiten zu überwinden, um sich weiterzuentwickeln. Es gibt liberale Theorien, die es so sehen, zumal Liberalismus und moderne Politik in Form des Staates historisch parallel entstanden sind (→ 7).[20] Dass ein solches Verständnis heute wenig verbreitet ist, hat zum einen mit der Fixierung des neueren politischen Liberalismus auf Individualität zu tun, zum anderen damit, dass der Liberalismus stets auch eine Theorie des Fortschritts war, in der sich dieser Fortschritt historisch notwendig, naturwüchsig, damit aber ohne Politik einstellen würde (→ 304ff.).[21]

60. HERRSCHAFT UND REPRÄSENTATION. Die beiden Mechanismen, mit denen der politische Anspruch auf Allgemeinheit verfolgt wird, sind Repräsentation und Herrschaft. Repräsentation ist die Form, in der sich Politik als Allgemeinheit darstellt. Herrschaft ist die Form, diese Allgemeinheit gegenüber dem Sozialen durchzusetzen. Theoretisch könnte man sich Politik ohne Herrschaftsgewalt vorstellen, als Gemeinschaft der Zugehörigen, in der die Organisation sich auf eine öffentliche Bühne beschränkt.[22] Doch könnte sich Politik ohne Durchsetzungsgewalt nicht gegenüber dem Sozialen verselbstständigen. Politik bedient sich seines Herrschaftsapparates, um sich von sozialer Macht zu unterscheiden – und damit einem liberalen Anliegen zu folgen (→ 8). Repräsentationsanliegen und Durchsetzungsanspruch sind aufeinander angewiesen, keine Durchsetzung ohne Repräsentation, keine Repräsentation ohne Durchsetzung. Freilich können beide praktisch in Widerspruch zueinander geraten, etwa wenn der politische Prozess sich zu sehr auf Durchsetzung verlässt und dadurch seinen Anspruch auf Repräsentation verliert. Auch deswegen kann man politische Herrschaft nicht als absolute Durchsetzungsgewalt verstehen. Absolutheit oder Autonomie des Politischen sind theoretische Konstruktionen, die dabei geholfen haben, Politik auf den Begriff zu bringen. Sie sind aber wie so vieles in der politischen Philosophie überschießend formuliert,[23] schon weil es zur Politik gehört, sich nicht oder nur mit Mühe gegenüber den sozialen Zusammenhängen durchzusetzen, aus denen sie entstanden ist. Politische Gemeinschaften sind keine rein normativen Gebilde, keine bloßen Aspirationen, aber sie sind es immer – selbst in ihrer pervertiertesten und grausamsten Form – auch. Das Nebeneinander von abgehobener Selbstbeschreibung, die wir mit Begriffen wie Nation, Volk oder Gemeinwohl verbinden, und handfestem Interventionsanspruch begrün-

det die Schwierigkeit, Politik zu beschreiben und zu verstehen.

61. ZWEI DILEMMATA POLITISCHER REPRÄSENTATION. Durch Repräsentation wird der Zusammenhang zwischen Politik und Sozialem dargestellt. Die Repräsentierten nehmen die Repräsentierenden als für sich repräsentativ wahr und machen sich deren politisches Handeln zu eigen – oder auch nicht.[24] Eine Ordnung kann eine bestimmte Form von Repräsentation einrichten und dieser entsprechend Wahlen oder Krönungen abhalten – dass diese als repräsentativ gelten, kann sie nicht garantieren.[25] Politische Repräsentation leidet unter zwei praktisch bedeutsamen Dilemmata.

Das erste Dilemma betrifft den Zusammenhang zwischen Repräsentanten und Repräsentierten.[26] Ist er zu eng, so werden die Repräsentanten unselbstständig und abhängig, sie sind Boten, die nicht eigenständig handeln. Dann stellt sich die Frage, wozu überhaupt repräsentiert wird, und damit auch, wozu es der Politik bedarf. Ist der Zusammenhang aber zu weit, so droht er verloren zu gehen. Die Repräsentanten repräsentieren nur noch sich selbst. Politische Formen müssen sich also gegenüber dem Sozialen verselbstständigen, um eigene Handlungsfähigkeit zu entwickeln, ohne sich völlig vom Sozialen ablösen zu dürfen. Dies ist für einen auf das Individuum bezogenen Liberalismus schwer zu begreifen, der dazu neigt, Repräsentation als bloße Abbildung des Sozialen zu verstehen.[27]

Das zweite Dilemma besteht darin, dass Politik als repräsentierte Form zugleich als Eigenes, also als das, was mich als soziales Wesen repräsentiert, wie auch als Fremdes, als verselbstständigte Politik, gesehen werden muss. Selbst wenn man sich darauf einlässt, dass »wir« Bürgerinnen eines politischen Gemeinwesens sind, muss in einer liberalen Struktur etwas an Freiheit übrig bleiben, das nicht in einem politischen »Wir« aufgeht, sei es als Individualität, sei es als soziale Gemeinschaft. Unter modernen demokratischen Bedingungen geschieht die Verselbstständigung von Politik deswegen in einem Doppelschritt: Politische Institutionen schaffen ein politisches Subjekt, das Volk, das dann wiederum politisch repräsentiert wird. Im Gedanken der demokratischen Repräsentation des Volkes ist das Volk bereits Ergebnis, nicht nur Gegenstand der Repräsentation. Die Repräsentationsform – eine von Hobbes' großen Einsichten[28] – schafft, was sie zu repräsentieren beansprucht. Dies gestattet es, sich zugleich als Teil der politischen Gemeinschaft zu verstehen und sich von einer bestimmten Herrschaft nicht repräsentiert zu sehen. Ein Dilemma der liberalen Demokratie besteht genau darin: die demokratischen Institutionen als eigene zu erkennen, ohne in ihnen aufzugehen.

62. REPRÄSENTATION ALS KUNSTPROZESS VOM POLITISCHEN ZUM SOZIALEN UND ZURÜCK. Repräsentation vermittelt das Soziale in die Politik und die Politik in das Soziale. Abgeordnete werden aus Wahlkreisen in ein Parlament entsandt und vermitteln das, was dort geschieht, wieder in den Ort zurück, aus dem sie kamen.[29] Diese Doppelsinnigkeit politischer Repräsentation hängt nicht an der Form des Parlaments oder der Demokratie, sie gilt auch für Augustus-Statuen im Römischen Kaiserreich oder für feudale Ständeversammlungen. Dabei gibt es keinen spezifischen Stil politischer Repräsentation. Sie ergibt sich aus einer – oft rechtlichen – Form und einem darstellerischen Überschuss, die beide nur für sich nicht bestehen könnten. Politische Repräsentation ist gemacht, künstlich, und in dieser Künstlichkeit kann sie auf die unterschiedlichsten Arten und Weisen gelingen oder scheitern. Dies hängt von normativen Vorstel-

lungen ab, die sich ihrerseits nicht dem Begriff der Repräsentation entnehmen lassen.[30] Eine Regel für gelungene politische Repräsentation gibt es so wenig, wie es sie für irgendeine andere Art gelungener Darstellung geben kann. Vielmehr ist die Frage, ob Politik noch oder schon repräsentativ ist, die Kernfrage jedes politischen Konflikts. Ihre Beantwortung kann sich von den gesellschaftlichen Effekten politischen Handelns ablösen. Politische Regime können faktisch geringen Einfluss auf gesellschaftliche Zustände haben, aber doch als repräsentativ wahrgenommen, oder umgekehrt massiv in soziale Zusammenhänge eingreifen, aber sozial ignoriert werden.

63. POLITIK DURCH UND JENSEITS DER PROBLEMLÖSUNG. Liberale Theorien können mit der nichtinstrumentellen Seite von politischer Vergemeinschaftung wenig anfangen, obwohl Politik niemals nur der Verfolgung von Zwecken dient. Dieses Unverständnis entsteht, wenn man gemeinschaftliche Freiheitswahrnehmung nur als abgeleitete Freiheit im Dienst der individuellen versteht (→ 70). Politik besteht aber ebenso sehr in der Konstitution von Gemeinschaften wie in der Definition von Haltungen wie natürlich auch in zweckgerichteter Problemlösung. Sie besteht ebenso im Versuch, Entscheidungen zu treffen und umzusetzen, wie im Streit darum, ob dieser Versuch erfolgreich war, wie im Streit darum, wer da entscheidet oder entscheiden sollte. Darum kann auf Zweckverfolgung und Problemlösung durch Politik nicht einfach verzichtet werden.

64. DER BREXIT ODER DIE GRENZEN DER VERSELBSTSTÄNDIGUNG VON POLITIK. Der Brexit ist eine politische Entscheidung, der es nur um Politik zu gehen scheint – das allein spräche nicht gegen sie. Nehmen wir an, das sich durchset-

zende Motiv für den Brexit war politische Selbstbestimmung, die Rückgewinnung der »Kontrolle« der Briten, der Anspruch, Großbritannien sei für die Briten die politische Gemeinschaft der Gemeinschaften. »Brexit means Brexit« bedeutet dann, dass die Entscheidung selbst das Ziel des politischen Prozesses war, nicht der Anfang seiner erfolgversprechenden Verwirklichung. So gesehen hätte der Brexit auch dann einen genuin politischen Sinn, wenn er im Ergebnis ökonomischen und sozialen Schaden anrichtete. Offen bliebe dagegen die instrumentelle Seite der Entscheidung, also die Frage, zu welchem konkreten Zweck die Briten von den Europäern ihre Selbstbestimmung zurückgewonnen hatten. Wandte sich die Entscheidung gegen Europa, den neoliberalen Privatisierer, oder im Gegenteil gegen Europa, den autoritären Überregulierer?[31] Ohne dies entscheiden zu können, fehlte es an einem gemeinsamen instrumentellen Interesse der Brexiteers am Brexit. Der Brexit wurde zu einer politischen Entscheidung jenseits eigener Interessenverfolgung. Nun ist das Verlangen nach Selbstbestimmung auch dann ein plausibles politisches Projekt, wenn man sich nicht darüber einig ist, wozu diese Selbstbestimmung genutzt werden soll. Trotzdem ist die politische Kritik an der EU als autoritärem Heteronom nur dann überzeugend, wenn dieser anders handelt, als man selbst es politisch will. Das Ziel der politischen Verselbstständigung bleibt auf soziale Interessen angewiesen, hier die Frage, für welche Politik die EU steht. Wenn die EU den einen zu wirtschaftsliberal und den anderen zu regulatorisch war, dann war die Brexit-Mehrheit eine Koalition zwischen gegensätzlichen Extremen. Von diesen wird eine Seite, vermutlich die linke, durch den Brexit nicht bekommen, was sie wollte. So kann sich die Verselbstständigung des politischen Prozesses von der sozialen Interessenkonstellation als genuin politischer Fehler erweisen.

65. LIBERALE ARBEITSTEILUNG STATT REPUBLIKANISCHER TUGENDEN. Die Essenz dessen, was eine liberale von einer republikanischen Idee der Politik unterscheidet, könnte in der Verteilung von Pflichten liegen. Gibt es eine allgemeine Pflicht zu rationalem, tugendhaftem Verhalten oder betrifft eine solche Pflicht die Angehörigen einer politischen Gemeinschaft nur als Trägerinnen eines öffentlichen Amts? Dem Liberalismus sagt man nach, hier zumindest zu trennen, wenn private Untugenden nicht sogar Voraussetzung für öffentliche Wohlfahrt sein sollen. In einer Herrschaft der Tugend erkennt er autoritäre Vereinheitlichung. Der Republikanismus sieht dagegen in der Ausdifferenzierung von Pflichten Verfall und Entfremdung. Für unser Modell ist die Antwort klar. Das Problem einer republikanischen Tugendlehre läge darin, nur eine einzige Art von richtigem Handeln zu kennen und deren arbeitsteilige Vervielfältigung und Ausdifferenzierung abzulehnen. Für eine Ordnung der Freiheitsgrade liegt hier aber ein Mehr an Freiheit. Dass eine öffentliche Bürokratin anderen Regeln unterworfen ist als ein Wahlbürger, erscheint vor diesem Hintergrund als Chance für beide. Damit ist nicht gesagt, dass eine solche Ausdifferenzierung nicht Probleme machen würde. Diese Probleme, die Frage, wie sich unter Bedingungen einer liberalen Ausdifferenzierung der Gesellschaft Politik denken lässt, sind das Thema dieses Buchs. Nur lassen sich diese Probleme ebenso wenig dadurch einfangen, dass man vulgärliberal Politik durch individuelle Koordination ersetzt, wie dadurch, dass man auf vormoderne Art republikanisch den Begriff einer allgemeinen Tugend entwirft. Dabei nützt es auch nichts, wenn diese Tugend wie bei Rousseau oder Arendt unter dem Begriff der Freiheit firmiert.

66. POLITIK ALS MULTIRATIONALE PRAXIS. Politik kennt viele Rationalitäten und Pseudorationalitäten. Eine hinreichende Beschreibung von Politik muss sich für normative Gebote, rationale Erwägungen, Interessen, idiosynkratische Motive und juridisch-ästhetische Repräsentationsmechanismen gleichermaßen interessieren. Alle denkbaren Gründe können als politische Gründe fungieren (→ 125) – und dass sich das Richtige selbst dann nicht von selbst versteht, wenn es in seiner Richtigkeit nicht zu bestreiten wäre, ist elementar für Politik, die Repräsentation nicht durch Richtigkeit ersetzen kann. Sich zwischen einem existenzialistischen Begriff des politischen Willens und einem liberalen Rationalitätsverständnis entscheiden zu müssen hieße, jeweils etwas Halbes beschreiben zu wollen. In der Politik operieren Rationales, Ratioides[32] und Irrationales durchgehend nebeneinander. Für den Liberalismus könnte dies interessant sein, auch wenn sich liberale Theorien immer nur hinter einem der möglichen Motive zu versammeln pflegen (→ 5). Eine Politik der Freiheitsgrade kann sich nicht auf eine Rationalität festlegen.

67. POLITIK AUSSERHALB VON POLITIK: DIE »POLITISCHE FUNKTION«. Die politischen Logiken von Repräsentation und Durchsetzung finden sich auch außerhalb der Politik. Eine Intrige gegen den Chef, die Selbstvermarktung eines Künstlers oder die Umorganisation eines Bistums bedürfen politischer Techniken. Die russischen Formalisten unterschieden hilfreich zwischen Kunst und ästhetischer Funktion. Letztere gibt es auch außerhalb der Kunst.[33] Eine politische Funktion gibt es auch außerhalb der Politik. Bei politischen Operationen in Kunst oder Religion geht es um die Etablierung oder Sicherung eines Status der Repräsentativität für die eigene Gemeinschaft und die Etablierung von Mitteln,

um diesen durchzusetzen und zu bewahren, also etwa darum, sein Werk in einem Kanon zu etablieren[34] oder die Bischofswahl besser zu kontrollieren.[35] Die politische Funktion ist auch außerhalb der Politik nicht zu vermeiden. So wie kein Objekt einer ästhetischen Betrachtung entkommt, so lassen sich in allen Feldern politische Mechanismen entdecken. Die scheinbare Allgegenwart der politischen Funktion schafft normative Dissonanzen: Wenn der unbegabte Wissenschaftler den Preis bekommt, weil er viele Freunde in der Jury hat, widerspricht dies den immanenten Vorgaben eines wissenschaftlichen Preises. Dies könnte für eine Zurückdrängung der politischen Funktion außerhalb der Politik sprechen – aber diese Zurückdrängung ist eben auch ein politisches Projekt, sie lässt sich mit nichtpolitischen Mitteln nicht erreichen. Die politische Funktion bleibt unvermeidlich, ohne dass diese Unvermeidlichkeit einen rechtfertigenden Wert hätte.

68. NICHT ALLES IST POLITISCH. Eine Politik der Freiheitsgrade muss auch Freiheit *von* der Politik als Freiheit anerkennen. Die Verbreitung der politischen Funktion (→ 67) begünstigt aber eine Hermeneutik des Verdachts, deren falscher Gemeinplatz lautet, alles sei politisch.[36] Weil die politische Funktion überall in Erscheinung treten kann, unterstellen sich alle möglichen Teile der Gesellschaft gegenseitig falsche Politisierung: Es ginge hier und dort *in Wirklichkeit* nur um Politik. Der Verdacht wird selbst für Politik als solche erhoben: Politiker operierten nur für ihren eigenen Vorteil oder Machterhalt, nicht für das politisch Allgemeine. Solche Unterstellungen sind weniger falsch als unergiebig. Sie sind das Negativ einer Theorie, die Politik nur über Ideen und gute Gründe zu beschreiben sucht (→ 5, 126). So wenig es hilft, Politik zu idealisieren, so wenig lässt sich die politische Funk-

tion universalisieren, so dass sie zu einem banalen »Alles ist Politik« führt. Viele Entscheidungen werden nach Kriterien getroffen, die sich nicht erklären lassen, wenn man politische Motive unterstellt.

69. EXKURS ÜBER DIE POLITISCHE FREIHEIT DER KUNST. Die Vorstellung, eine einst freie Kunst werde heute von allen Seiten belagert,[37] dürfte ihre Überprüfung nicht überstehen. Dass das Florieren der Künste freiheitlicher Verhältnisse bedürfe, wird man schon historisch bezweifeln: Kunstfreiheit war lange Zeit ein feudales Privileg.[38] Vergleicht man Kunst heute etwa mit Religion, so darf sie nicht unbedingt mehr, aber sie ist mangels eigenen normativen Anspruchs und dank ihrer Einpassbarkeit in Marktzusammenhänge politisch weniger relevant und hat deswegen mehr Spielräume. Das kann man als Freiheit bezeichnen, aber es ist eben auch Freiheit von Bedeutsamkeit. Ihre politische Relevanz bekommt Kunst dann dadurch, dass sie als symbolische Markierung sozialer Ungleichheit durch Bildungs- oder Besitzbürger dient.[39] Der Umstand, dass Kunst davon so profitiert, wie sie zuvor vom feudalen Mäzenatentum profitierte, lässt den Begriff der Freiheit der Kunst in einem anderen Licht erscheinen. Nur auf den ersten Blick ganz anders funktioniert ein direkter politischer Zugriff auf Kunst. In einer linearen Geschichte von Differenzierung, die nicht zufällig der protestantischen Säkularisierungserzählung ähnelt (→ 14), würde ein solcher Zugriff die Eigenständigkeit der Kunst schmälern, es könnte so keine wirkliche Kunst entstehen. Doch so wenig es reine Religion gibt, so wenig gibt es reine Kunst – und die Epoche des Sozialistischen Realismus wird sich in ihrem ästhetischen Wert nicht einfach durch den Hinweis darauf beurteilen lassen, dass sie durch ein politisches Regime massiv beeinflusst wurde. So finden sich Künstlerbiografien, die ohne

den verhassten politischen Zugriff, der sie bedrängte, kaum vorstellbar wären, oder solche, die sich diesen ästhetisch, nicht nur politisch erfolgreich zunutze gemacht haben: Schostakowitsch auf der einen, Riefenstahl auf der anderen Seite. Wenn Kunst kritisch sein kann, ohne ihren Status als Kunst zu verlieren, kann sie auch affirmativ sein. Der Zugriff des politischen Regimes auf Kunst dürfte heute anders funktionieren als in den totalitären Systemen des 20. Jahrhunderts. Im schlichten Modell unterdrückt das politische Regime nach wie vor Kunst mit oppositionellen Gehalten. Im verfeinerten domestiziert das Regime Kunst durch wohlwollende Aneignung. Denn so wichtig die ästhetische Funktion für die Selbstdarstellung der Politik sein kann, so klar bleibt der entscheidende Unterschied zwischen dem Kunstregime und ökonomischen sowie religiösen Fragen: Kunst hat eine vergleichsweise geringe politisch mobilisierende Kraft. Ein der Kunst oft zugebilligter Raum der Autonomie ist, falls es ihn denn gibt, in jedem Fall nur das Komplement politischer Irrelevanz. Das bedeutet nicht, dass in einer freien Welt nicht auch die Kunst frei sein soll, sondern dass der Zustand der Freiheit der Kunst sowohl wenig über die Kunst im Allgemeinen als auch wenig über den Stand der politischen Freiheit im Allgemeinen zu sagen hat.

3. Politischer Liberalismus

3.1 Elemente

3.1.1 Personen

70. WARUM ES NAHELIEGT, GEMEINSCHAFTEN VON HANDLUNGEN EINZELNER HER ZU DENKEN. Wer »ich« und »du« sagt, macht deutlich, wen er bezeichnet, wer »wir« und »ihr« sagt, bleibt vage. Die Attraktivität, Gemeinschaften als Aggregat von Individuen zu verstehen, entstammt dieser vermeintlichen Deutlichkeit. Individuen sind hilfreich, um soziale und politische Phänomene zuzurechnen. Im Kern hat dies weniger mit ihrem Geist, ihrem Bewusstsein und ihrer Vernunftfähigkeit als mit ihrem Körper und der körperlichen Begrenztheit ihres Bewusstseins zu tun. Dieser Körper begrenzt sie. Man kann auf »jemanden« zeigen, indem man auf seinen Körper zeigt. Jemand spricht, und das Gesprochene wird dem durch seinen Körper bestimmbaren Individuum auch dann zugerechnet, wenn nichts von dem, was er sagt, seinem Kopf entsprungen ist. Der menschliche Körper ist zudem selbstbewegend, alle anderen selbstbeweglichen Objekte werden entweder der Natur zugeschlagen wie Tiere oder als Maschinen behandelt, hinter denen wiederum die Handlungen von Individuen auftauchen. Als selbstbewegende Körper scheinen Individuen am Anfang sozialer Verursachungsketten zu stehen.[1] Auch dies lädt dazu ein, vom Individuum auszugehen, wenn man soziale und politische Phänomene beschreiben will. Individuen erweisen sich dadurch als quasi natürliche Zurechnungspunkte theoretischer Gedankenexperimente und empirischer Versuche – vom Gesellschaftsvertrag bei Hobbes und Rawls bis zu Laborversuchen in den empirischen Sozialwissenschaften. Schließlich wirken Gefühle auf einer elementaren Ebene individuell,

weil sie körperlich vermittelt sind.[2] Selbst wenn Gefühle sozial konstituiert, wenn sie zwischen Individuen ausgetauscht, vergemeinschaftet und politisiert werden, finden sie doch im Einzelnen statt. Dieser Eindruck wirkt auf die Beschreibung von Gemeinschaft und Politik hinüber.

Die Kategorie, die an solche Zuweisungen anschließt, ist die der Handlung. Wir denken Ereignisse von politischer Bedeutung als Handlungen, für die Individuen Verantwortung tragen, die man politisch unterstützen oder sanktionieren kann.[3] Handlungen lassen sich Gruppen, Gemeinschaften oder Staaten nicht mit gleicher Überzeugungskraft zurechnen, man sieht nicht recht, wer da handelt. Deswegen ist es attraktiv, solche Kollektive als mehr oder weniger verselbstständigte Aggregationen von Individuen zu rekonstruieren. Das bedeutet nicht notwendig, Handlungsfähigkeit oder Intentionalität nur bei Individuen anzusiedeln, aber es legt doch dringend nahe, diese Zuweisung vom Individuum aus zu konstruieren. Gerade für den politischen Gebrauch wird es so selbstverständlich, ja natürlich, das Individuum als elementare Kategorie zu adressieren. Liberale Theorien haben diese Intuitionen mit besonderer Konsequenz zu Ende gedacht.

71. WARUM ES NAHELIEGT, NORMEN VOM INDIVIDUUM HER ZU BEGRÜNDEN. Solche politisch und wissenschaftlich wirkmächtigen Intuitionen haben auch für die Begründung von Normen ihre Bedeutung. Viele Normen knüpfen an Begriffe von Freiheit und Handlung an. Freiheit ist ein in vielerlei Hinsicht umstrittener Begriff, aber wer sollte schon frei sein, wenn nicht ein Individuum, und worin anders sollte sich Freiheit entäußern als in ihren Handlungen? Die intellektuelle Attraktivität des normativen Individualismus hängt damit zusammen, dass viele normative Kategorien ohne indi-

viduelle Zurechnung in der Luft zu hängen scheinen. Dies gilt für subjektive Rechte und Pflichten, es gilt für das Phänomen des Gewissens oder für den Begriff des Gesetzes. Zwar gibt es Alternativen, am prominentesten das Konzept der Werte, das weder ein adressiertes Individuum noch Rechte oder Pflichten zu bestimmten Handlungen unterstellt. Werte geben eher Richtungen an, und nicht zufällig tun sich liberale politische Theorien mit Werten schwer. Das ändert nichts an der Dominanz von Vorstellungen, die in Kategorien von Individuum und Handlung argumentieren.

72. WARUM SOLCHE ANNAHMEN DENNOCH MIT VORSICHT ZU BEHANDELN SIND. Weder der normative noch der methodische Individualismus ist falsch, es handelt sich um ergiebige Formen, die soziale Welt zu beschreiben, die aber voraussetzungsreich und reduktionistisch sind. Dies liegt zunächst schlicht an der nichtkörperlichen Seite von Individualität. Individuen sind Knotenpunkte, in denen Affekte und Argumente umgeschlagen und wieder entäußert werden. Begrenzt und definiert sind diese Knotenpunkte durch ihre Körper. »Das einzig wirklich Abgetrennte an uns sind unsere Körper, unser Selbst ist offensichtlich sozial.«[4] Was jemand sagt und denkt, gehört aber nicht ihr und ist nicht von ihr geschaffen. Wenn schon die Sprache nur als ein soziales Phänomen zu denken ist,[5] dann ist alles, was jemand sprachlich verfasst, schon der Form nach nicht sein oder ihr eigenes Produkt.[6] Gleiches gilt für politische Überzeugungen. Individualität ist ein soziales und politisches Produkt,[7] das sich nicht von selbst versteht. Marx formulierte, der Mensch sei »ein Tier, das nur in der Gesellschaft sich vereinzeln kann«.[8] Damit sind politische Gemeinschaften auch nicht einfach als Summe von Individuen oder als Aggregat von Individuen zu denken.[9] Anders als bei Marx folgt daraus aber nicht, dass

Vereinzelung notwendig schlecht oder Vergemeinschaftung in irgendeinem gehaltvollen Sinne »natürlich« wäre.

73. POLITISCHE GEMEINSCHAFTEN VERWANDELN KÖRPER IN PERSONEN. Gemeinschaften geben Körpern einen Eigennamen und schreiben ihnen Fähigkeiten zu, namentlich die, eine Entscheidung zu treffen und sie als eigene Handlung zu entäußern. Körper werden durch die Gemeinschaft individualisiert.[10] Zugleich werden Personen in jeder Form politischer Herrschaft zumindest auch als Element einer Menge beschrieben, Elemente, die bestimmte Eigenschaften haben, ohne dass es auf ihre jeweilige Individualität ankäme. Sie können nicht ausschließlich als Individuen behandelt werden, weil damit jedes sie gemeinsam verbindende Attribut ausgeschlossen wäre. Die Zugehörigkeit zu einer Menge von Personen ist notwendige Bedingung politischer Vergemeinschaftung. Politik ist nicht das Produkt von Individuen, sondern gelungene Individualität ist ein Produkt freiheitlicher Politik.

74. DIE FURCHT VOR GRAUSAMKEIT IST EBENSO EIN PRODUKT DER GEMEINSCHAFT WIE DIE GRAUSAMKEIT SELBST. Von Hobbes bis Shklar ist die Furcht vor körperlichem Leiden ein zentrales Motiv liberaler Theorien (→ 6). Dieses Motiv verdient es, bewahrt zu werden. Es enthält ein starkes Argument gegen jede Totalisierung nichtindividueller politischer Akteure: Der »Volkskörper« kennt keinen Schmerz, und das spricht für einen robusten Schutz individueller persönlicher Integrität. Doch folgt daraus nicht, dass die politische Vergemeinschaftung, die diesen Schutz organisiert, als Summe individueller Präferenzen zu verstehen ist. Es funktioniert umgekehrt. Eine politische Ordnung kann die Gleichheit körperlicher Leidensfähigkeit oder die Einsamkeit der Gequälten zur Kenntnis nehmen und aus ihr normativ etwas

machen. Dies setzt aber eine bestimmte politische Sicht von Individualität voraus, eine Denaturalisierung des Leidens. Das Individuum, das eines solchen Schutzes bedarf, wird einer politischen Gemeinschaft bedürfen, die sich seiner annimmt.[11] Selbst die Motive und Gründe, aus denen Gemeinschaften Individuen schützen, lassen sich nicht individuell erbringen. Sie müssen kommuniziert werden und auf die, die sie kommunizieren, zurückwirken, um soziale Bedeutung zu erhalten. Selbst die Angst vor körperlicher Gewalt, mag sie auch evolutionäre Ursprünge haben, wird nur als sozial vermittelte zu einer politischen Größe. Der Schutz körperlicher Integrität bleibt eine politische Leistung, auch wenn sich deren Rechtfertigung aus dem Respekt vor Individuen ergibt.

75. DER NORMATIVE WERT DES »ICH WILL«. Eine Gemeinschaft der Freiheitsgrade, die Körperpersonen anerkennt, wird deren Bewegungsrichtung, ihren Willen, auch dann respektieren, wenn dieser willkürlich wirkt (→ 44). Das ist der Respekt vor der körperlichen Seite der Freiheit. Einen solchen Respekt dokumentiert eine Gemeinschaft ja gerade gegenüber denen, die sich nicht auf diese Gemeinschaft einlassen wollen. Hierin erweist sie sich als liberal. Das heißt nicht, dass das Individuum tun darf, was es will, es bedeutet aber, dass der Umstand, dass es etwas Bestimmtes will, *für sich* einen Wert hat. Nichts an einem solchen individuellen Willen ist originär, aber ihn zu respektieren heißt für die Gemeinschaft, ihn so zu behandeln, als wäre er es.[12] Wenn eine politische Gemeinschaft der Willkür des Einzelnen keinen eigenen Wert zusprechen würde, wenn sie Idiosynkrasie ausschlösse,[13] könnte sie auf die Kategorie des Willens verzichten.[14] Sie würde dann nur so tun, als erkennte sie Individualität an. Das ist das politische Problem der kantischen praktischen Philosophie.

76. EIN DRASTISCHES BEISPIEL FÜR DIE FREIHEIT DER WILLKÜR ist die Tötung einer dementen Frau durch ihre Verwandten in den Niederlanden. Sie hatte noch im Zustand juristischer Zurechnungsfähigkeit für den Fall ihrer Demenz ihre Tötung gestattet, sich dann, als es so weit war, aber vergebens körperlich dagegen gewehrt.[15] Nehmen wir einmal an, die Frau sei in diesem Moment nicht mehr zu rationalem Handeln in der Lage gewesen. Ihr Wunsch, jetzt nicht zu sterben, wäre also »willkürlich« gewesen (→ 44), anders als die mit klarem Kopf getroffene Verfügung, unter bestimmten Bedingungen solle man sie töten. Aus einer liberalen Sicht ist der Vorgang deswegen skandalös, weil der Lebenswunsch der Frau selbst dann Respekt verdient, wenn sie ihn nicht mehr zu rechtfertigen vermag. Für Theorien, die Freiheit mit Vernunftfähigkeit identifizieren, liegt hier ein Problem.

77. HOBBES' FESTSTELLUNG, DASS ES FREIHEIT NUR FÜR BEWEGTE KÖRPER GEBEN KANN, BEDARF DER DENATURALISIERUNG. Anders als Hobbes meinte, ist der Wille kein gegebenes Faktum, sondern ein Produkt.[16] Weil der Körper umsteuern kann, weil die Person sich über das, was sie will, irren und sich eines solchen Irrtums bewusst werden kann,[17] ist er nichts Natürliches. Die Denaturalisierung des Willens, die sich in der Reflexion über und Kritik an den eigenen Bedürfnissen manifestiert,[18] ermöglicht es uns, über Freiheit auch anders zu denken als in Kategorien körperlicher Bewegung – doch bleibt unser Denken, wenn es Freiheit an Individuen knüpft, an körperliche Beweglichkeit gebunden.[19] Der Wille hinter der Bewegung mag veränderbar sein, aber die Möglichkeit der Bewegung bleibt ein wesentliches Kriterium realer Freiheit in einer Gemeinschaft. Unsere Bedürfnisse mögen als Ausdruck unserer Körperlichkeit reflektiert und gezähmt werden, trotzdem muss ein politischer Begriff

der Freiheit diese körperliche Seite einbeziehen (→ 44, 74). Auch die freie Einsicht hat uns während der Pandemie in der Enge der Wohnung gehalten, unsere Körperlichkeit trieb uns nach draußen. Dass es richtig war, drinnen zu bleiben, bedeutet nicht, dass der Drang nach draußen nichts mit Freiheit zu tun gehabt hätte.

78. DIE ERMÄCHTIGENDE SEITE DER HANDLUNGSZURECHNUNG. Was eine Handlung ausmacht und wem sie zugerechnet werden kann, ist Gegenstand permanenter politischer Neuverhandlung und Anpassung.[20] Was als Entscheidung, als Absicht, als Pflicht, in einen Ablauf einzugreifen, zählt und was nicht, wird immer wieder neu definiert. Promillegrenzen werden gesenkt, Sorgfaltspflichten neu bestimmt, Sanktionen verändert, zwischen moralischer, politischer, strafrechtlicher, zivilrechtlicher Verantwortlichkeit unterschieden, die Unterscheidungen unterlaufen und mit all dem der soziale Begriff der individuellen Handlung vielfach ausdifferenziert. Mit der Zurechnung von Handlungen zu Personen befriedigt die Gemeinschaft auch ihren Bedarf nach Räumen bewusster Veränderbarkeit der Welt. Handlungen sind keine Naturereignisse, sondern eine Erfindung des modernen Liberalismus.[21] Wo gehandelt wird, herrscht nicht nur abstrakter Wandel oder sozialer Determinismus, sondern bewusste Gestaltung. Handlungen als Form vorzusehen ist ein zentrales Instrument, um die soziale Welt zu denaturalisieren (→ 56).

79. DIE ENTMÄCHTIGENDE SEITE DER HANDLUNGSZURECHNUNG. Doch befriedigt eine politische Gemeinschaft mit solchen Zurechnungen ihren Bedarf nach Veränderbarkeit auch dort, wo dies wenig sinnvoll ist. Liberale Ordnungen tun sich mit der Tatsache schwer, dass sich Ereignisse

nicht überzeugend zurechnen lassen. Sie tun es unter Umständen dennoch, um mit der vermeintlichen Zuständigkeit von handelnden Personen oder Institutionen eine Bewertung zu verbinden. Migration ist kein Naturereignis, aber dass Migranten an bestimmten Orten auftauchen und regelmäßig bestimmten Wegen folgen, kann erklärt, wenn auch nicht immer sinnvoll mit Verantwortlichkeit versehen werden. Die Suche nach Verantwortlichkeit kann auch Handlungs*un*fähigkeit produzieren, namentlich wenn sich ein Problem nicht aus der Welt schaffen lässt, sondern allein die Möglichkeit besteht, mit seinen Folgen umzugehen. In diesem Fall tritt die Frage, wer verantwortlich ist, gegenüber der Frage, wer etwas beizutragen hätte, zurück. Manchmal mag es auch politisch ratsam sein, Vorgänge als Naturereignisse zu behandeln, die keine sind.

80. PRÄVENTION UND DAS ENDE DER HANDLUNG. Die Definition einer Handlung erlaubt auch die Bestimmung von Handlungsnormen und damit die von Abweichung. In einem traditionellen Schema liberaler Rechtsstaatlichkeit[22] nimmt die Gemeinschaft sich Zeit dafür, das abweichende Ereignis als Handlung zu deuten, einem Akteur zuzurechnen und es im Lichte einer Norm zu beurteilen. Der Handelnde als potenzieller Täter und seine vergangene Handlung stehen im Vordergrund der Aufmerksamkeit. Zunehmend wird die Reaktion auf einen Normbruch dem devianten Akt aber zeitlich angenähert. Die Ordnung soll zügig reagieren – oder den Normbruch sogar verhindern. Man kann diese Vorverlegung als Verschiebung der Aufmerksamkeit hin zu potenziellen oder wirklichen Opfern verstehen:[23] Ihr Interesse besteht darin, schnell restituiert oder am besten gar nicht erst zum Opfer zu werden. Diese Entwicklung hängt mit der größeren politischen Bedeutung antizipierbarer Zukunft zu-

sammen (→ 161). Sie wird durch den Anspruch, zukünftige Handlungen vorhersehen zu können, erleichtert. Dieser Wandel und die damit am Horizont auftauchende Möglichkeit, Abweichung im Ganzen durch ihre Vorwegnahme aus der sozialen Welt zu schaffen,[24] ist revolutionär.[25] Mit ihr wird das Konzept der Handlungsfreiheit nicht normativ infrage gestellt, ihm wird vielmehr kognitiv der Boden entzogen. Handlungen stehen, zu Ende gedacht, unter dem Vorbehalt sozialer Billigung, fehlt diese, werden sie nicht mehr sanktioniert, sondern gleich verhindert.[26] Soweit Freiheit auf die Möglichkeit einer Normabweichung[27] angewiesen ist (→ 55), endet diese Freiheit mit der Vervollkommnung der Prävention. Damit enden zugleich die sozialen Funktionen von Abweichung,[28] die Ordnung beobachten und ihre normativen Vorgaben reflektieren zu können. Denn der konkrete Gehalt einer normativen Ordnung zeigt sich nur in der situativen Anwendung ihrer Regeln, die auf den Probierstein des Verstoßes nicht verzichten kann.[29] Eine Handlung ist immer ein Experiment, in dessen Vollzug sich der Wert einer auf sie bezogenen Norm beurteilen lässt. Freie Ordnungen müssten deswegen garantieren, dass sie übertreten werden *können*.

81. WÜRDE HAT EINE PERSON, SOWEIT SIE VON IHREN HANDLUNGEN UNTERSCHIEDEN WERDEN KANN. Würde hat, wer Anerkennung erhält, ohne über Handlungsfähigkeit zu verfügen. In einem modernen Sinne, dem es bei der Würde nicht um die Verteilung von sozialem Status geht, bedürfen vor allem diejenigen einer Würdezuweisung, die die Anforderungen an Handlungsfähigkeit nicht tragen können. Wer sicher in einer Gemeinschaft steht und in ihr und mit ihr handelt, hat natürlich auch Würde, aber er bedarf ihrer in diesem Moment nicht. Es wird gesagt, das Konzept der Würde gebiete es, jeden als vernünftiges Wesen, als Person

zu behandeln.[30] Die Würde schließt es beispielsweise aus zu foltern, weil die Folter aus der Person wieder einen Körper macht, der nur mit Reflexen reagieren kann. Die Würde des Menschen zeigt sich namentlich in der Möglichkeit zu freiem Handeln. Diese Deutung der Würde darf aber zweierlei nicht übersehen: zum Ersten, dass die Handlungsfähigkeit des Einzelnen durch die Gemeinschaft hergestellt wurde. Handlungsfähigkeit ist keinem Individuum einfach eigen, sondern Produkt der Gemeinschaft, die bestimmt oder sich darüber streitet, was als Handlung durchgeht und was nicht. Zum Zweiten, dass, wer in seinen Handlungen erfolgreich aufgeht, sich die Frage nach seiner Würde gar nicht mehr stellen muss.

Der Person eine Würde zu geben, bedeutet dann konsequent, diese Person von ihren Handlungen und jedwedem »Verdienst« (→ 22ff.) zu lösen, sie also gemäß einem bestimmten Standard zu behandeln, völlig gleichgültig, was sie tut, ja ob sie überhaupt etwas zu vollbringen vermag, was in der Gemeinschaft als Handlung durchgehen könnte. Diese Form der Anerkennung ist für eine Gemeinschaft, die sich selbst als eine aus freien Handlungen konstituierte beschreibt, ein radikaler Schritt. Eine solche Gemeinschaft ist darauf angewiesen, Handlungen zuzurechnen und Personalität an Handlungsfähigkeit anzuknüpfen, weil sie einem bestimmten Begriff von Freiheit folgt – einem Begriff, der so weit gehen kann, es als Anliegen der Würde zu verstehen, nicht auf seine Würde reduziert zu werden. Deswegen ist es ungenau zu formulieren, liberale politische Gemeinschaften seien auf der Würde des Einzelnen aufgebaut. Genauer wäre es, Würde als eine normative Rückfallposition zu verstehen, die Gemeinschaften vorsehen, wenn sie erkannt haben, wie fragil die für sie konstitutive Konstruktion von Handlung und Verdienst ist.

82. GRUNDEINKOMMEN UND WÜRDE. Beispielhaft für das nicht glatt ineinander aufgehende Nebeneinander von Würde und Handlungsfreiheit ist die Diskussion um ein bedingungsloses Grundeinkommen. Jenseits ökonomischer Konsequenzen verbindet sich mit diesem eine Abkehr vom Konzept des Verdienstes durch Handlung.[31] Darin liegt die Radikalität der Idee und ihr ambivalentes Verhältnis zur Würde. Auf der einen Seite scheint die Zuweisung von Gütern unabhängig von einem zurechenbaren Handlungsbeitrag den Gehalt der Würde praktisch umzusetzen. Auf der anderen Seite wird eine Gemeinschaft, die prinzipiell auf zurechenbare freie Handlungen setzt, verdienstlose Belohnung eher als etwas verstehen, das die Würde der Handlungsfähigen infrage stellt. Damit tritt das fundamentale Problem auf den Plan, wie Würde und Verdienst durch Handlung als Kriterien nebeneinander gelten können.

83. ÜBER DIE ÄHNLICHKEIT ZWISCHEN WÜRDE UND DEMOKRATISCHER FREIHEIT. Der fragile Status, den wir unabhängig von Verdienst und Kapazitäten als Würde anerkennen, ist demjenigen der politischen Gleichheit in einer Demokratie ähnlich.[32] Das Wahlrecht gilt weitgehend unabhängig von individuellen Fähigkeiten[33] und völlig unabhängig von Verdienst. Würde und demokratische Mitgliedschaft sind brüderliche und schwesterliche Status. Der Widerstand des Liberalismus gegen das allgemeine Wahlrecht hat hier seine systematische Wurzel. Umgekehrt hilft die Einsicht in die Funktion des einen auch beim Verständnis des anderen. Eine Demokratie lässt sich ebenso wie eine Würde anerkennende Gemeinschaft nur vorstellen, wo in letzter Instanz auf Verdienst verzichtet wird.

84. ÜBER DIE ENTSTEHUNG VON PERSÖNLICHKEITSRECHTEN. Heute erkennen wir Rechte auf die Integrität der Person, auf selbstbestimmte sexuelle Identität, auf Intimität und Schutz vor Bloßstellung an. Diese Anerkennung ist nicht Ausdruck einer Gesellschaft fragmentierter Identitäten, sondern der Tatsache geschuldet, dass in alten liberalen Ordnungen die Konstitution einer Person durch ihren privilegierten sozialen Status als gegeben behandelt wurde: Im Ergebnis beriefen sich nur Männer mit Eigentum auf formell allgemein garantierte Rechte. Wenn sich aber ohnehin nur diejenigen auf Rechte berufen, deren Berechtigung sich wegen ihres Geschlechts, ihres Status und ihres Vermögens von selbst versteht, bedarf es keiner Rechte, die schützen, was erst diese Berechtigung schafft, also etwa keine Rechte, die Freiheit für Frauen spezifizieren. Sobald die Rechtezuordnung sich nicht nur formell, sondern tatsächlich von dieser Beschränkung löst, wird dies anders. Mit der Denaturalisierung der Personeneigenschaft wird es notwendig, individuelle Personalität selbst durch Rechte zu schützen. Die Debatte um solche Rechte ist Konsequenz ihrer sozialen Verallgemeinerung.

85. DAS PROBLEM DER UNGLEICHEN INANSPRUCHNAHME GLEICHER RECHTE. Auch wenn alle Rechte haben, berufen sich doch die wenigsten auf diese. Manche haben ihr Recht schon gewonnen, es wird praktisch von der Gemeinschaft respektiert; andere, bei denen es nicht beachtet wird, sind nicht in der Lage oder daran gewöhnt, sich auf ihr Recht zu berufen. Wenn Gruppen anfangen, die Kulturtechniken, mit denen man Rechte beansprucht, für sich zu nutzen, wird dies häufig als Neuigkeit, vielleicht gar als Anmaßung, mitunter als Identitätspolitik missverstanden. Dies liegt auch daran, dass allgemein formulierte Rechte ganz unterschiedliche soziale und politische Bedeutungen gewinnen, je nachdem, wer

sich auf sie beruft. Auch wenn es die gleichen Rechte sind, sehen sie anders aus, wenn sich eine Mehrheits- oder eine Minderheitenreligion auf Religions-, ein Postkartenmaler oder ein pornografischer Performancekünstler auf die Kunstfreiheit beruft. Vieles, was vermeintlich als Verwerfung oder Zersplitterung gedeutet wird, ist in Wirklichkeit nichts anderes als eine soziale Erweiterung der Inanspruchnahme von Rechten.

86. LIBERALE POLITIK IST IMMER AUCH IDENTITÄTSPOLITIK. Welcher Unterschied besteht zwischen einer trotzkistischen K-Gruppe und einer für ihre Rechte kämpfenden Vereinigung von Transpersonen? Das Argument mag lauten, dass die eine sich für das Ganze, die andere nur für sich interessiert, darum betrieben Letztere »nur« Identitätspolitik.[34] Aber diese Kritik setzt eine Idealisierung des politischen Prozesses voraus, in der sich alle für alles interessieren müssen. Dies kann ein politischer Prozess nicht nur nicht leisten, es kann ihn schon gar nicht in Bewegung setzen. Kantianische Partisanen,[35] die nur für das Ganze kämpfen, sind selten, und das muss aus einer liberalen Perspektive kein Schaden sein.[36] Die Unterscheidung zwischen »richtiger« und »Identitätspolitik« ist aus zwei Gründen verfehlt:[37] Zum Ersten unterscheidet sie nicht zwischen Selbst- und Fremdattribuierung. Homosexuelle machen diesen Teil ihrer Identität zu einer politischen Frage, weil er von *anderen* als sozial oder politisch bedeutsam unterstellt wurde.[38] Emanzipationsbewegungen *müssen* das politisieren, was als soziale Eigenschaft gegen sie gerichtet wird. Identitätspolitik betreiben also zunächst die diskriminierenden Teile einer Gemeinschaft, nicht die diskriminierten. Zum Zweiten leidet der Begriff an einer zu scharfen Scheidung zwischen Sozialem und Politischem. Zur politischen Denaturalisierung des Sozialen (→ 56) gehört in der

Tat eine Verselbstständigung des Politischen von der Vielfalt sozialer Identitäten, eine Filterung politischer Willensbildung von gesellschaftlichen Prägungen. Moderne politische Ordnungen stiften dies durch ideologische Unterscheidungen wie rechts und links und durch Institutionen wie das freie Mandat, die Volkspartei oder das demokratische Volk (→ 61, 204, 267ff.). Aber diese Verselbstständigung kann nie vollständig sein. Sie kann auch dadurch in die Krise geraten, dass mit der Filterung soziales Identifikationspotenzial für die Politik verloren geht (→ 100). Hinter jeder funktionierenden politischen Bewegung stehen unvermeidlich soziale Angelegenheiten und Zugehörigkeiten, und die politische Willensbildung kann sich gegenüber diesen nicht einfach verselbstständigen. Die Politik der Emanzipation von Frauen, LGBT+ oder ethnischen Minderheiten ist ein normales politisches Projekt. Anfechtbar mag die zu weit gehende Fixierung auf nur ein Identitätsmerkmal sein – aber das ist nicht spezifisch für das, was als »Identitätspolitik« kritisiert wird. Es gilt auch für extremen Nationalismus oder die von Wohlhabenden vorgebrachte Forderung nach Steuersenkungen. Unberührt bleibt davon die Frage, welche Identitäten wen politisch mobilisieren können – oder anders formuliert: Der politischen Notwendigkeit, breit zu mobilisieren, um Mehrheiten zu erringen, entgeht kein politisches Projekt.

87. DIVERSITÄTSIDEALE WERDEN AUSGERECHNET DANN LIBERAL, WENN SIE FÜR SOZIALE UNGLEICHHEIT SENSIBEL SIND. Ein leeres Diversitätsideal beschreibt die Welt als Packung von Smarties, quasi identischen Objekten mit verschiedenen Farben. Ein liberales Ideal nimmt sich der Ungleichheit in der Ungleichheit an und nutzt Diversität zur Vervielfachung der Vorstellungen davon, wie Verdienst bewertet werden kann.[39] Wenn wir nicht wissen, wie Verdienst

zu verstehen ist, und wenn wir erkennen, dass Meritokratien sich verfestigen und versteinern (→ 21), dann ist Diversität als Angebot zu verstehen, unterschiedliche Formen von Verdienst anzuerkennen und vor der Monopolisierung der Verdienstkriterien, sei es als Marktpreis, sei es als Abschluss einer berühmten Universität, zu schützen.[40]

88. WIE SÄHE EINE WELT OHNE DISKRIMINIERUNG AUS? Am Kampf gegen Diskriminierung stimmt vieles, doch was wäre sein politisches Ziel? Wie sähe eine Welt aus, in der es keine ungerechtfertigte Ungleichbehandlung mehr gäbe? Das hängt davon ab, wie man Rechtfertigung bestimmt. Zwei Entwicklungen sind denkbar, sie laufen zunächst in entgegengesetzte Richtungen, könnten aber letztlich wieder zueinanderführen. Die Rechtfertigung von Ungleichbehandlung wird entweder individualisiert, also nicht mehr auf Grundlage einer einzigen Eigenschaft, insbesondere einer Gruppenzugehörigkeit, erfolgen. Darauf hat die Theorie der Diskriminierung mit dem Gedanken der Intersektionalität reagiert.[41] Besonders diskriminiert werden häufig Personen, die gleichzeitig zwei oder mehreren verwundbaren Gruppen angehören. Im Grenzwert wären nur noch individuelle Rechtfertigungen für Entscheidungen anzuerkennen. Damit wäre die Gleichheitsfrage meritokratisch entpolitisiert – und würde im selben Moment auf die Krise der Meritokratie stoßen (→ 21). Die andere Möglichkeit bestünde in der Weiterentwicklung von Diskriminierungsverboten hin zu einer allgemeinen Sozialpolitik, die an Stelle eines spezifischen Begriffs von Diskriminierung einen allgemeinen Begriff von sozialer Benachteiligung stellen müsste. In beiden Fällen könnte sich – und hierin mag man einen marxschen Kern[42] sehen – das Projekt der Diskriminierungsbekämpfung in seinem Fluchtpunkt selbst überwinden.

89. LIBERALER MULTIKULTURALISMUS? Wenn sich Individualität nur als Leistung einer Gemeinschaft verstehen lässt (→ 51, 73), dann ist der Schutz von Gemeinschaften, seien sie sprachlich, kulturell oder religiös, Bedingung der Möglichkeit individueller Freiheit. Dies ist die wichtige Einsicht der liberalen Theorie des Multikulturalismus.[43] Freilich hat dieses Modell nur für bestimmte Konstellationen Bedeutung: für die Québecois in Kanada, die Sprache und Traditionen gegen die Anpassungserwartungen einer nationalen englischsprachigen Mehrheit verteidigen wollen, nicht aber für die Araber in Israel, von denen die Mehrheit nicht erwartet, dass sie sich ihr angleichen,[44] oder für Frauen, die ihrerseits dem Familienrecht einer religiösen Minderheit unterworfen sind.[45] Insgesamt leidet diese Diskussion also an zu abstrakten Alternativen, sie ist zu philosophisch: Das eine Modell hebt die Bedrohungen hervor, die aus einem bestimmten kulturellen Kontext kommen, die Gefahr der Unterdrückung von Minderheiten innerhalb von Minderheiten, etwa von Frauen innerhalb einer kleinen religiösen Gruppe. Das andere dagegen betont die Freiheitsbedrohungen, denen Minderheiten durch politische Mehrheiten ausgesetzt sein können. Die Auseinandersetzung zwischen beiden Modellen ist eine typisch binnenliberale Debatte, in der man sich zugunsten einer von mehreren möglichen Freiheitsbedrohungen als der »eigentlichen« entscheiden muss: zwischen der Bedrohung durch sozialen Druck in dichten Gruppen oder der Bedrohung durch politische Herrschaft. Beide Bedrohungen sind aber wirklich und wirken in verschiedenen Konstellationen unterschiedlich intensiv. Welche relevant ist, lässt sich nicht durch politische Theorie, sondern nur durch die Analyse einer konkreten politischen Situation ermitteln.

90. ES GIBT KEIN RICHTIGES MASS AN VIELFALT FÜR EINE POLITISCHE GEMEINSCHAFT. Kulturelle Varianz findet sich in jeder politischen Gemeinschaft, sie wird ihr nicht von außen aufgebürdet, sondern entsteht überhaupt erst aus einer bestimmten Form ihrer Beschreibung. Erst wenn Unterschiede als solche definiert, markiert, gezählt und bewertet werden, treten sie in Erscheinung. Eine politische Gemeinschaft kann sich für mehr oder weniger Varianz entscheiden. Ob diese Varianz gelingt, lässt sich nur bestimmen, wenn man sich auf einen Begriff des Gelingens geeinigt hat, den keine politische Theorie abstrakt vorgeben kann.

91. DIE FALSCHE FRAGE NACH DEM KULTURRELATIVISMUS DER FREIHEIT. Dass die Bedingungen individueller Freiheit ein Produkt der Gemeinschaft sind, haben wir gesehen (→ 51, 73). Man kann daraus schließen, Freiheit sei nur eine »westliche«, jedenfalls nur eine kulturell bedingte Größe. Was aber folgt aus dieser Feststellung? Vielleicht dass man niemanden dazu zwingen sollte, frei zu sein, aber das wäre auch unter Bedingungen eines universalen Freiheitsbegriffs ein zwielichtiges Projekt.[46] Die Universalität von Freiheit zeigt sich nicht begrifflich, sondern empirisch an der Verbreitung von Widerstand gegen Unterdrückung. Solange in China Oppositionelle ins Gefängnis geschickt werden, gibt es dort auch einen Begriff von Freiheit. Solange Personen in allen möglichen Kontexten und Kulturen für Meinungsäußerungen und politisches Handeln verfolgt werden, ist Freiheit kein regionales Phänomen.

92. ÜBER DIE BERECHTIGUNG ZU PRIVATHEIT. Wenig ist am Liberalismus so hart kritisiert worden wie die Unterscheidung zwischen privat und öffentlich (→ 15). Sie diene maßgeblich dazu, politische Herrschaft im Deckmantel des

Privateigentums oder Geschlechterungleichheit im Gewand der Familie zum Verschwinden zu bringen. Tatsächlich werden Begriffe der Privatheit verwendet, um soziale Abhängigkeiten zu verdecken. Es ist dieser Mechanismus, der dafür gesorgt hat, dass Vergewaltigung in der Ehe so spät strafbar wurde. Aber was folgt daraus? Die Abschaffung von Privatheit wohl kaum. Die Leistung einer liberalen Ordnung sollte darin bestehen, die Grenze zwischen beiden Sphären beweglich zu halten.[47] Grundsätzlich offen muss dann auch bleiben, aus welcher Perspektive diese Grenze gezogen werden soll, aus Sicht der öffentlichen Gewalt oder aus Sicht einer privaten Praxis. Grundrechte funktionieren auch als Form, mit deren Hilfe sich die öffentliche Gewalt darüber informiert, wie die private Praxis diese Grenze zieht. In jedem Fall muss die bewegliche Grenze zwischen Öffentlichem und Privatem etwas abzugrenzen haben, eben einen Bereich der Privatheit. Dieser ist nicht zufällig durch körperbezogene Merkmale definiert, durch räumliche Nähe, durch körperliche Integrität, durch die Bewahrung eines Kontakts zu Nächsten, durch ein Minimum an Versorgung mit materiellen Gütern und durch den Schutz von Bewusstseinsinhalten, die sich auf die körperliche Begrenzung beziehen. Rückzug und Ausbildung von Idiosynkrasien können sozial nützlich sein, aber unabhängig davon, ob man sie als Selbstzweck oder als Mittel versteht, müssen sie als etwas Privates geschützt werden. Die liberale Pointe, dass Privatheit ein Instrument darstellt, um öffentlichen Nutzen zu erzeugen, ist nicht überholt. Der Schutz von Privatheit lässt sich nur nicht auf diese Funktion beschränken.

93. DAS AUFGEBAUSCHTE UND DAS ÜBEREMPFINDLICHE LIBERALE SUBJEKT. Die Entwicklung des liberalen Subjekts zu einem selbstbestimmten und mündigen Wesen, das sich

auf die Zustände einen eigenen Reim zu machen vermag, kann ihrerseits freiheitsbedrohende Effekte haben.[48] Die Entwicklung einer starken Persönlichkeit wird zum Problem, wenn die Verfahren der Persönlichkeitsentwicklung konventionell werden und an eine elitäre Meritokratie anschließen (→ 23), in der nur noch Egos eines bestimmten Formats miteinander konkurrieren. Eine bestimmte Form von Ich-Stärke kann nicht anders, als sich an anderen abzuarbeiten und diese zu unterdrücken. Wenn dies belohnt wird, verstärkt sich das Problem, so wie die Überzeugung, sein Vermögen verdient zu haben, mit diesem Vermögen wächst.[49] Umgekehrt kann subjektive Überempfindlichkeit zu permanenter Klage über Verletzungen führen, die dem sozialen Umgang jede Spontaneität nimmt und in allgegenwärtigen Schutz mündet. Es wäre ein typisch liberaler Gedanke, nach einer Mitte zwischen zu viel und zu wenig zu suchen und alle darauf festzulegen. Aber tatsächlich sind Gemeinschaften auf beides angewiesen: auf robuste[50] und auf übersensible[51] Egos. Sie würden im wörtlichen Sinne mittelmäßig, wenn sie sich auf einen Zwischenweg einigen würden.[52] Gefahr droht, wenn eines der Ideale zur sozialen Konvention oder politisch systematisch privilegiert wird.

94. AUCH DER WAHNSINNIGE KANN EIN POLITISCHES SUBJEKT SEIN. Weil individuelle Personalität ein Produkt sozialer und politischer Gestaltung ist, ist es nicht möglich, die Akte von Wahnsinnigen per se von der politischen Zurechnung auszuschließen. Wer als »Verwirrter« im Namen einer politischen Agenda ein Attentat begeht, mag dafür nicht als Verantwortlicher sanktioniert werden, aber genau deswegen entlässt das Ereignis die Teilnehmer am politischen Prozess nicht aus der Verantwortung. Wer durch Argumente nicht ansprechbar ist, aber durch Stimmungen, wird eben dadurch

zu einem politischen Werkzeug. Wenn der Gemeinschaft die Möglichkeit fehlt, diese Stimmungen zu unterbrechen oder zu überwinden, geht die Verantwortlichkeit auf sie über. Alle Arten von handlungsleitender Kommunikation erzeugen politische Verantwortlichkeit (→ 235).

95. ANONYMITÄT UND IDENTITÄT. Wenn es zu den elementaren politischen Vorgängen gehört, aus Körpern Personen und aus Ereignissen Handlungen zu machen, dann ist der Raum für Anonymität in diesem Prozess ungewiss. Man kann Anonymität aus Angst vor Verfolgung für sich in Anspruch nehmen, aber entweder handelt es sich dabei um legitime und legale Verfolgung, dann ist der Wert dieses Anspruchs gering: Es ist derjenige des maskierten Einbrechers auf der Flucht. Oder das Argument kommt aus der Erfahrung eines Zustands allgemeinen Missbrauchs und ist damit konkret plausibel, aber nicht politisch verallgemeinerbar. In einer Ordnung mit politisch legitimen Regeln, die alle Arten von Freiheitsgraden zulassen, dürfte es für Anonymität keinen öffentlichen Raum geben. Natürlich muss es Räume geben, in denen alle alles Mögliche unerkannt tun dürfen. Aber sich zugleich an die Öffentlichkeit zu wenden und zu anonymisieren erscheint als widersprüchlicher Akt, der nur zulässig ist, wenn etwas mit der politischen Ordnung nicht stimmt.

96. DIE PRODUKTION ORGANISIERTER PERSONALITÄT. Auch körperlose Einheiten lassen sich als Akteure verstehen: Vereine, Gemeinden, Unternehmen, Staaten.[53] Sich als neues handelndes Subjekt organisieren zu können ist eine wichtige politische Option. Dabei ist es erstaunlich, wie ähnlich die Handlungsform für so unterschiedliche Akteure bleibt.[54] Doch ist der Freiheitsgehalt organisierten Handelns ungewiss, und diese Ungewissheit ist zentrales Thema des Liberalismus: In-

wieweit erweitere »ich« meine Freiheit um den Preis, mich in eine Organisation einzugliedern? Inwieweit ist schon der Anspruch, den ein »Ich« erhebt, nur als Produkt einer vorgängigen politischen Organisiertheit möglich, weil die Zugehörigkeit zu einer politischen Gemeinschaft, die damit verbundene Erziehung und Versorgung erst die Bedingungen geschaffen haben, individuelle Selbstbestimmung einfordern zu können? Organisiertheit lässt sich nicht auf Unterworfenheit unter eine Hierarchie reduzieren, sondern stiftet Möglichkeiten. Umgekehrt ist der Freiheitsbegriff auch auf Organisationen anwendbar, die über die Spielräume ihrer individuellen Teile hinausgehen. Jede moderne Theorie der politischen Freiheit muss auch eine Organisationstheorie sein (→ 98).

3.1.2 Gemeinschaften

97. WENIG IST DAMIT GESAGT, DASS POLITISCHE GEMEINSCHAFTEN »KONSTRUIERT« SEIEN. Wenn Politik das Soziale aus Naturbehauptungen herauszieht, dann ist sie ihrerseits etwas sozial Gemachtes. Der Repräsentationszusammenhang, der eine politische Gemeinschaft konstituiert, ist eine soziale Praxis. Man kann ihn deswegen als Konstruktion bezeichnen, aus dieser Formulierung folgt aber wenig.[55] Politische Konstruktionen, Nationen, Staaten, Institutionen, haben wegen ihrer Konstruiertheit keinen geringeren Realitätsgehalt. Sie sind unnatürlich, aber wirklich.[56] Sie können Elemente von Kausalzusammenhängen sein.[57] Sie sind, nur weil sie gesellschaftliche Artefakte sind, nicht ohne Weiteres zu gestalten. Konstruiertheit ist etwas anderes als Veränderbarkeit (→ 56). Politische Identitäten und Institutionen wandeln sich, aber dieser Wandel ist nicht einfach zu kontrollieren. Wie bei den Grenzen eines Landes mit seinen Kurven und

Winkeln ist nichts an ihnen notwendig, und doch kann niemand einfach zugreifen, um sie zu begradigen, oder behaupten, sie hätten als Konstruktion keine Wirkung. Wenn im ehemaligen Jugoslawien oder im heutigen Indien Familien jahrzehntelang nachbarschaftlich nebeneinander gelebt haben, dann mit einem Mal Mitglieder der einen Familie Mitglieder der anderen im Namen einer Ethnie oder einer Religion vergewaltigen und umbringen, hilft der Hinweis, ethnische oder religiöse Identitäten seien konstruiert, nicht weiter.

98. POLITISCHE GEMEINSCHAFTEN BEDÜRFEN ORGANISIERTER INSTITUTIONEN, IN DENEN SIE ABER NICHT AUFGEHEN. Der Begriff der Gemeinschaft sollte nicht suggerieren, es gehe in der Politik um dichte oder spontane Formen von Assoziation.[58] In der Moderne gibt es politische Gemeinschaften nur in Form von Organisationen, die Mitgliedschaft und Rechte definieren und für die Gemeinschaft handeln. Die Bedingungen der politischen Vergemeinschaftung müssen repräsentativ sein, sich also von sozialen Beziehungen ablösen lassen und zugleich auf diese bezogen bleiben (→ 60f.). Zugleich geht die politische Gemeinschaft aber nicht in ihrer Organisation auf, sondern sie produziert Überschüsse an Bedeutung und Praxis,[59] informelle Willensbildung, schwach organisierte Bewegungen, regionale Verschiedenheiten. Die politische Gemeinschaft ist mehr als ihre Organisation, auf deren Leistung sie doch konstitutiv angewiesen ist. Darum gehen alle Vorstellungen, die Politik mit Metaphern von »unten« und »oben«, »Nähe« und »Ferne« beschreiben, um dadurch Organisiertes und Unorganisiertes gegeneinander ausspielen zu können, ebenso fehl wie die Vorstellung, Freiheit sei stets spontan, Unfreiheit organisiert. Politik bricht sowohl im Fall völliger Organisiertheit wie völliger Unorganisiertheit ab.

99. FALSCHE METAPHERN POLITISCHER VERGEMEINSCHAFTUNG. Was eine Gemeinschaft »zusammenhält«, auf welchem »Fundament« sie steht, wie viel der »Homogenität« oder »Gemeinsamkeit« sie bedarf – Bibliotheken von Gesellschaftstheorien haben versucht, gegen solche schlichten Bilder anzutheoretisieren, vergebens. Man könnte sie einfach beiseitelassen, würden sie nicht falsche Vorstellungen transportieren, die auch politische Bedeutung gewinnen: die Überschätzung von Ähnlichkeit und Homogenität, die Verkennung der stabilisierenden Wirkung von Veränderbarkeit und Veränderung, den Wert der Möglichkeit, normative Fragen offenzulassen, die Unterschätzung von Rückzugsmöglichkeiten und sozialen Nischen. Theorien der sozialen Differenzierung sind ein Kind des Liberalismus (→ 9, 65), der freilich diesen Teil seines Erbes nie recht angetreten hat (→ 50).

100. DIE KRISE DER REPRÄSENTATION ALS KRISE DER ORGANISATION. Die Krise einer Organisation zeigt sich nicht nur als Konflikt zwischen ihr und ihren Mitgliedern oder zwischen diesen Mitgliedern. Solche Konflikte gibt es auch in funktionierenden Organisationen. Eine Krise der Organisation zeigt sich deutlicher am Verlust von Bedeutung für ihre Mitglieder, in der Offenheit der Frage, was die Organisation eigentlich leisten soll, in fehlender Angewiesenheit der Mitglieder auf die Organisation, weil sie ihrer aus einer Position der Stärke nicht bedürfen – oder weil sie aus einer Position der Schwäche alles, dessen sie bedürfen, von der Organisation nicht erwarten. Eine solche Krise, in der die Organisation nichts mehr zu repräsentieren vermag, zeigt sich in politischen Organisationen, Parteien und Staaten, aber auch bei Kirchen und anderen Organisationen – nicht bei Unternehmen, deren Angebot von Arbeit, Gütern und Leistungen kein Repräsentationsproblem zu haben scheint.[60] Ein Sweatshop hat für

die, die in ihm ausgebeutet werden, eine besser definierte Funktion als der Staat, der nicht vor dem Sweatshop schützt. Konflikte zwischen den Mitgliedern hingegen können die Organisation auch sichern. Die Buckminster Fuller zugeschriebene architekturtheoretische Einsicht gilt auch für die Statik politischer Organisation: Spannung schafft Zusammenhalt. Solange sich ein Konflikt in einer Organisation kristallisiert, erfüllt diese eine repräsentative Funktion. Zugleich muss dieser Konflikt auch für Teilnehmer relevant sein, die selbst den Konflikt nicht ausfechten würden. Eine politische Organisation kann nicht nur aus Teilnehmern bestehen, für die Politik wichtig ist. Sie bedarf Personen, die auf Politik angewiesen sind, obwohl Politik sie wenig interessiert (→ 189).

101. ÜBER DIE FREIHEIT ZU AUSZUG UND AUSSCHLUSS. Die Krise einer politischen Organisation stiftet das Bedürfnis, sie zu verlassen oder andere aus ihr auszuschließen.[61] Man kann den Austritt als eine Art innerer Emigration betreiben, durch Gründung einer isolierten Gegengemeinschaft wie der »Reichsbürger«.[62] Man kann nach staatsfreien Räumen suchen, in denen man sich mithilfe eigener Ressourcen autark macht.[63] Beiden Projekten ist gemeinsam, dass sie nicht vor politischer Verfolgung oder dem Zusammenbruch der Ordnung, sondern vor der Vergemeinschaftung als solcher fliehen. Ihnen ist auch gemeinsam, dass sie ein selektives Verhältnis zu dieser Gemeinschaft pflegen.[64] Sie bestreiten die Mitgliedschaft, nehmen aber zugleich die Vorteile der Mitgliedschaft an, etwa die Sicherheit, die ein Staat auch dem inneren Emigranten gewährleistet und die ihm die Kultivierung seiner Abneigung gegen diesen Staat erst ermöglicht, oder die Ressourcen, die der Steuerflüchtling ohne politische Gemeinschaft nicht hätte ansammeln können (→ 112). Strukturell ähnlich ist die Vorstellung, man könne Probleme einer

politischen Gemeinschaft lösen, indem man Personen aus ihr verbannt, etwa Straftäter ohne Staatsangehörigkeit. Auch hier wird die in diesem Fall negative Abhängigkeit von der politischen Gemeinschaft ignoriert, die Prägung einer devianten Person oder Personengruppe durch diese Gemeinschaft geleugnet und stattdessen einem formalen Kriterium wie der Staatsangehörigkeit zugewiesen. Da vergleichbare Devianz aber auch bei eigenen Staatsangehörigen vorkommt, wird das Problem nicht gelöst, sondern verdrängt.

102. AMBIVALENZEN GESELLSCHAFTLICHER INTEGRATION. Integration bezeichnet die Einpassung individueller Identitäten in weithin geteilte soziale Erwartungen. Jemanden »integrieren« zu wollen ist ein ambivalentes Unterfangen, das nicht nur die Freiheit des betroffenen Einzelnen beschneidet, sondern auch die Gemeinschaft eigener Vielfalt und Differenziertheit berauben kann. Die Fremdheit des Hinzugekommenen ist wie die Individualität bei Mill (→ 10) eine Gelegenheit für die Gemeinschaft, sich über sich selbst zu wundern und weiterzuentwickeln.[65] Das spricht nicht gegen gut definierte formalisierte Pflichten zur Integration wie Schulbesuch oder Spracherwerb, aber doch dafür, sie spezifisch zu rechtfertigen und zu dosieren. Vieles am Integrationsbedürfnis ist weniger einer funktionalen Rechtfertigung geschuldet als vielmehr dem Unbehagen an Kontingenz und Vielfalt. Vieles ignoriert die starken sozialen Unterschiede, die im Begriff der Integration verschwinden. Denn wer von sozialen Funktionen ausgeschlossen wird, ist stärker »integriert«, weil ihm weniger Freiheit zur Verfügung steht.[66]

103. »EIGENTLICH HABEN MEINE FRAU UND ICH UNS HIER NIE RICHTIG INTEGRIERT.« Das sagte ein gebürtiger Ostschweizer zu mir, der mit Anfang dreißig in der Zentral-

schweiz einen Lehrstuhl bekommen hatte und seitdem dort lebte, nunmehr als bekannter Emeritus. »Mein Akzent klingt für die Leute hier viel zu deutsch.« Hätte man ihn als jungen Mann zu mehr Integrationsbemühung anhalten sollen? Man kann seine Umgebungsgesellschaft ignorieren oder in ihr aufgehen. Man kann sich aber auch einfach an einem Ort wohl und doch etwas fremd fühlen – und vielleicht wäre dies die Normalität gelungener Integration. Die Mühen, die man Migranten abverlangt, verstehen sich nicht von selbst, sie sind auszuhandeln und zu vermitteln und sie müssen ebenso für alle anderen Mitglieder gelten. Die Zentralschweizer haben damals einen Ostschweizer berufen, weil sie sich davon Gewinn versprachen. Sie mussten sich auf jemanden einlassen, der anders sprach als sie – und auch wenn er nicht überall mit offenen Armen empfangen wurde, wurde doch so gut für ihn gesorgt, dass er blieb.

104. SOZIALE DISTINKTION UND DIE GRENZEN LIBERALER POLITIK. Politische Handlungen können den Bestand sozialer Zugehörigkeiten ändern, aber dies gelingt kaum in Formen liberaler Politik. Man mag den Adel abschaffen wie in Österreich, um ihn als für alle erkennbaren Habitus umso deutlicher fortleben zu lassen. In allen Ordnungen überleben soziale Disktinktionsmechanismen, und das ist aus liberaler Sicht zwar willkommener Ausdruck von Freiheit, aber möglicherweise auch einer problematischen Form von Unfreiheit, insbesondere wenn sie in die Politik hineinreichen. Dies gilt für exkludierende Manierenregime in politischen Zirkeln ebenso wie für den angelernten Duktus des Volkstümlichen bei Patriziern wie George W. Bush oder dem sozialdemokratischen Lehrer mit erfolglos eingeübtem Ruhrslang. Solche Distinktionen fallen nicht in den liberalen Kanon der brauchbaren Ungleichheit, sie illustrieren die Stärke so-

zialer Strukturen und die Schwäche vertretbarer Formen von Politik, gegen sie anzugehen. Eine republikanische Manierenanstalt für die liberale Demokratie gibt es nicht. Man sollte sie sich nicht als autoritären Lehrbetrieb, sondern als Ort eines übergreifenden Kennenlernens sozialer Unterschiede vorstellen. In dieser Form könnten republikanische Sitten ein liberales Anliegen sein.

105. POLITISCHE VERGEMEINSCHAFTUNG ENTSTEHT DURCH DIE MÖGLICHKEIT, SICH ANDERE GESELLSCHAFTLICHE POSITIONEN ALS DIE EIGENE VORSTELLEN ZU KÖNNEN. Zum Erbe der liberalen Theorie gehört es, die kognitiven gegenüber den normativen Bedingungen von Vergemeinschaftung starkzumachen, dabei freilich den Politikbegriff mitunter zu vergessen (→ 52). Die an den Hochschullehrer gerichtete Frage, wie man denn mit einem Gehalt auskomme, mit dem man zum Zehntel mit den höchsten Einkommen im Land gehört, illustriert drastisch die Unfähigkeit des Fragenden, sich vorzustellen, wie neunzig Prozent der Menschen der eigenen politischen Gemeinschaft leben. Diese Unfähigkeit zeigt einen deutlich größeren Mangel an politischer Vergemeinschaftung als Unterschiede in der politischen oder moralischen Ausrichtung. Es ist auch nicht so, dass dieses Problem dadurch zu lösen ist oder gelöst werden sollte, dass die Unterschiede selbst abgeschafft werden, wenn dies denn möglich wäre. Die politische Gemeinschaft ist darauf angewiesen, Unterschiede einzuschätzen, vorstellbar zu machen und darin andere Teile der Gemeinschaft weniger anzuerkennen, als immerhin zu erkennen. Die Erkenntnisunfähigkeit ist auch nicht als persönlicher Mangel zu verbuchen, sondern hängt sowohl mit dem Maß an Unterschiedlichkeit der Lebensbedingungen als auch mit deren Abgeschlossenheit zusammen. Politische Vergemeinschaftung entsteht durch

geteilte und miteinander teilbare Erfahrungen. Vor aller Solidarität mit anderen kommt deren Wahrnehmung.

106. POLITISCHE SPALTUNG ENTSTEHT NICHT AUS ZU VIELEN, SONDERN AUS ZU WENIGEN UNTERSCHEIDBARKEITEN. Die Frage nach der Stabilisierung politischer Gemeinschaften wirft ein ungelöstes Rätsel auf. Klar ist, dass Politik nicht einfach über geteilte Eigenschaften von individuellen Identitäten vermittelt wird. Moderne Politik hängt von Ausdifferenzierung ab, also von sozialen Unterschieden, die es erlauben, Verschiedenheiten unterschiedlich zu kombinieren und zu rekombinieren, so dass politische Unterscheidungen quer zu ihnen liegen können. Von einer politischen Spaltung kann man sprechen, wenn sich eine Gesellschaft immer wieder in die gleichen Teile teilt. Dann kann sich die Politik nicht von sozialen Unterscheidungen abheben,[67] weil sich an gleiche soziale Differenzierungen immer die gleichen politischen Gegensätze anschließen, also politische Präferenz sich mit Geschlecht, Hautfarbe, Wohnort und Vermögensstatus verknüpft. Wenn sich diese Teilung wiederum in allen möglichen Organisationen abbildet, gibt es keine Institutionen mehr, der beide Lager vertrauen. Man kann dann von einer undifferenzierten Ausdifferenzierung sprechen, von einem Mangel an Unterscheidungen, an die politische Unterscheidungen anschließen. Es bedarf keiner falschen Idealisierung von Diversität oder Differenzierung, um einzusehen, dass ein Mangel an sozialen Unterschieden, an religiösen, ethnischen oder weltanschaulichen Differenzen nicht dazu beiträgt, eine politische Gemeinschaft zu konstituieren. In einer Gemeinschaft mit zu viel interner Ähnlichkeit wirkt statt sichtbaren politischen Auseinandersetzungen unsichtbare soziale Macht.[68]

107. EINE ZIVILGESELLSCHAFT IST KEINE POLITISCHE GEMEINSCHAFT. Der Begriff der Zivilgesellschaft stammt aus der Epoche der Transformation sozialistischer in liberale Systeme nach 1989 und war insbesondere auf die Rolle der polnischen Gewerkschaften zugeschnitten.[69] Dem liegt die altliberale Einsicht zugrunde, dass Demokratie einer Struktur von Vereinen und anderen Gemeinschaften bedarf (→ 175),[70] vor allem im Übergang von autoritären zu demokratischen Verhältnissen. Aus dem Begriff wurde mehr und mehr ein Verständnis von Politik abgeleitet, das Parteiarbeit durch Aktivität in Vereinen und Projekten ersetzen wollte.[71] Aber es ist eine Sache, sich jenseits des eigenen Vorteils zu engagieren, eine andere, Konflikte zwischen Interessen und Ideologien auszustehen und zu vermitteln. Politik wird unter Beteiligung der Zivilgesellschaft gemacht, aber nicht von ihr.[72] Die Zivilgesellschaft interessiert sich für ihre Projekte, aber nicht für die Mittel ihrer Durchsetzung – darin hat sie eine unglückliche Wahlverwandtschaft mit manchen Liberalismen (→ 239).

108. ÜBER DIE WÜRDE POLITISCHER GEMEINSCHAFTEN. Wenn Würde etwas bezeichnet, was über Handlungen und ihren Verdienst hinausgeht (→ 81), dann kann auch Gemeinschaften eine solche zugesprochen werden. Die Würde der Gemeinschaft könnte darin zum Ausdruck kommen, dass sie von Mitgliedern auch dann affektiv besetzt wird, wenn sie ihnen ansonsten nichts einbringt oder sie sich praktisch als dysfunktional oder fehlbar erweist. Es ist nichts Autoritäres daran, nicht nur seine Frau, sondern auch ihr Land zu lieben. Keine Würde bekommt eine Gemeinschaft dadurch, dass sie für effektiv gehalten wird.[73]

3.1.3 Güter und Dinge

109. GEMEINSCHAFTEN MACHEN AUS DINGEN OBJEKTE. Dinge werden zu Objekten als Gegenstand der Beobachtung oder des Begehrens. Beide wären ohne Objekte nicht möglich. Ohne Dinge, die als Objekte dienen, gibt es keine körperliche und geistige Subsistenz, also keine Personalität und auch keine Zurechenbarkeit. Die Zuordnung von Objekten zu Personen, wie sie im Eigentum an Sachen zum Ausdruck kommt, ist konstitutiv für die Person.[74] Soweit die Integrität individueller Personalität Schutz verdient (→ 84), umfasst dies auch die Möglichkeit, über Objekte zu verfügen. Es gibt keine Persönlichkeit ohne ein Minimum an Hab und Gut. Es gibt keine Freiheit ohne irgendeine Art von Eigentum. Zugleich folgt aus dieser Einsicht aber wenig für die Ausgestaltung der Zuordnung, also für die Frage, wie die Eigentumsordnung aussehen soll.

110. DIE BEDEUTUNGEN DER GÜTERZUORDNUNG. Die Frage, inwieweit sich die Verteilung materieller Güter gestalten und politisieren lässt, ist eine politische Grundfrage. Sie spielt sich auf drei Ebenen ab. Fundamental geht es um Inklusion, um die materiellen Bedingungen der Möglichkeit eines Minimums an Teilhabe. Symbolisch geht es um Anerkennung, um die Frage, inwieweit die materielle Verteilung auch Respekt der Gemeinschaft vermittelt. Ungleichheit ist nicht nur eine materielle Frage, sondern zugleich die einer mal impliziten, mal expliziten Anerkennungsordnung.[75] Schließlich geht es im engeren Sinne politisch um die Zuweisung politischer, also öffentlich wirkender, Macht durch private Güter.

111. DENATURALISIERUNG DER ZUORDNUNG. Die Zuordnung von Gütern ist als Zuordnung auszuweisen. Auch wenn es sozial erforderlich ist, Personen mit Gütern auszustatten, ist daran nichts Naturwüchsiges. Die Zuordnung resultiert immer aus politischen Entscheidungen. Die Gemeinschaft kann niemandem, etwa in Form von Steuern, etwas nehmen, was sie ihm nicht vorher bereits gegeben hätte. Alles, was die Einzelnen haben, haben sie durch die Gemeinschaft, die dieses Haben schafft und definiert. Jeder Anspruch ist Produkt einer politischen Zuordnungsentscheidung, alles wird nach Regeln der Gemeinschaft ererbt oder erworben, also nach Regeln, die auch anders ausgestaltet sein könnten. Das schmälert nicht die Bedeutung des Eigentums, aber es weist ihm, wie schon der Identität der Eigentümer (→ 86), einen Status als sozial und politisch vermittelt zu. Diesen Zusammenhang zu unterdrücken heißt, die Zuordnung zu naturalisieren, der expliziten Politik zu entziehen und einer unsichtbaren Politik zuzuweisen.

112. WER SEIN EIGENTUM VERTEIDIGT, VERTEIDIGT NICHT NUR ETWAS VOR, SONDERN AUCH VON DER GEMEINSCHAFT. Das Mein und Dein des Eigentums ist also zunächst kein Anspruch gegen die Gemeinschaft, sondern deren Produkt. Es ist unsinnig zu behaupten, es würde jemandem etwas weggenommen, wenn diese Zuordnung differenziert erfolgt: Die Zuweisung eines Objekts zu meinem Eigentum ist genauso Produkt der Gemeinschaft wie die Steuerschuld.[76] Ersteres ist weder früher noch originärer, um dann beschränkt zu werden. Aus diesem Grund ist der Begriff »Umverteilung« irreführend. Er suggeriert, es gäbe dort eine ursprüngliche Verteilung aus eigenem Recht, wo sich doch praktisch politische Zuweisung an Zuweisung reiht. Daraus folgt keine Rechtfertigung für hohe oder für niedrige

Steuern, solche Argumente müssen sich aus anderen Quellen speisen.

113. DENATURALISIERUNG VON »VERDIENST«. Es ist, wie gesehen, schwer zu sagen, was jemand »verdient«, aber liberale Ordnungen müssen unterstellen, dass es plausible Kriterien dafür gibt (→ 22). Zugleich sollten sie diese Kriterien als normativ und veränderbar behandeln. Sie sind normativ, weil sich Verdienst nicht einfach empirisch ermitteln lässt, wie es der Preismechanismus suggeriert. Als normative sind sie auch veränderbar, indem Regeln für Erfolg und Entlohnung geändert werden. Entscheidend ist wiederum, dass Kriterien nicht naturalisiert werden, dass man also nicht so tun kann, als gäben Märkte ein empirisches und vorinstitutionelles Kriterium für Verdienst vor. Das Problem von Hobbes' Feststellung, der Wert eines Menschen sei sein Preis,[77] liegt weniger in seinem vermeintlichen Zynismus als in der Annahme, dieser Preis ergäbe sich von selbst und könne das normative Urteil des Verdienstes als empirisches Faktum behandeln.

114. GÜTERZUORDNUNG MUSS IM DIENST DER VERHINDERUNG ILLEGITIMER POLITISCHER MACHT STEHEN. Zur Verselbstständigung von Politik gehört es, sie gegenüber der Zuordnung von Gütern zu immunisieren. Die alte liberale Unterscheidung zwischen unzulässiger politischer und zulässiger sozialer Ungleichheit wird in diesem Zusammenhang oft nicht zu Ende gedacht: Deren institutionelle Umsetzung kann nicht einfach darin liegen, gleiches Wahlrecht mit ungleicher Eigentumsverteilung zu verbinden, vielmehr bedarf der politische Prozess weiteren Schutzes vor den Wirkungen ungleicher Güterverteilung. Schützt gleiche Meinungsfreiheit auch die ungleich verteilte Möglichkeit, politische Aufmerksamkeit zu erregen? Hier liegt ein altes liberales Argu-

ment zu den politischen Wirkungen sozialer Macht, das im herrschenden Verständnis der Grundrechte verloren gegangen ist.[78] Ungleicher politischer Einfluss erscheint zu oft als Teil einer vermeintlich privaten Sphäre.

115. GRENZEN SOZIALER MACHT BEI DER GÜTERZUORDNUNG. Die Güterzuordnung ist daraufhin zu überprüfen, inwieweit sie es auch jenseits der Politik gestattet, Macht über Personen auszuüben. In einer liberalen Ordnung darf die Güterzuordnung gar keine politische und nur beschränkt soziale Macht erzeugen – wobei soziale Macht davon profitieren wird, dass die Grenze zwischen beiden unscharf ist. Die Regulierung von Mieten und Löhnen ist eine Regulierung der sozialen Macht, die das Eigentum an Produktionsstätten und Wohnhäusern vermittelt und die sozial bedeutsamer ist als das Eigentum an Büchern, Villen und Autos. Jede Güterzuordnung enthält die Macht, andere Personen auszuschließen. Je weiter diese Macht wirkt, desto mehr ist die Zuordnung zu politisieren. Problematische Anreize und Wohlfahrtsverluste können die ungleiche Verteilung sozialer Macht nicht einfach rechtfertigen. Wettbewerb ist ein liberaler Mechanismus (→ 20), Effizienz aber ist kein liberales Prinzip (→ 4).

116. BEWEGLICHKEIT DER GÜTERZUORDNUNG. Ungleichheit ist in einem liberalen Verständnis ein Mittel, um Wettbewerb zu ermöglichen und Verdienst zu bestimmen (→ 20ff.). Wenn Verdienst relativ ist, kann die Zuweisung von Gütern aber nicht einfach zeitlich unbeschränkten Bestand haben. Eine veränderliche Zuordnung muss Mobilität, also Aufstieg und Abstieg, der Mitglieder der Gemeinschaft ermöglichen.[79] Insbesondere der Abstieg muss zu einer erträglichen Normalität werden. Erträglich wird er, wenn die, die fallen, auf-

gefangen werden, also niemand ins Bodenlose fällt. Normal wird er, wenn Abstieg eine gleich verteilte Möglichkeit darstellt, wenn also niemand dadurch, dass er etwas hat, davor gefeit ist, dieses zu verlieren. Wo wirklich alle verlieren können, verliert der Verlust seinen Schrecken. Ein zentrales Problem moderner Ungleichheit besteht darin, dass Bessergestellte sich nicht auf Bedingungen einlassen wollen oder müssen, unter denen sie ernsthaft verlieren könnten (→ 21).

117. DIE DOPPELTE EXKLUSIVITÄT DER EIGENTUMSRECHTE. Wer sich auf sein Eigentum beruft, schließt andere von dessen Gebrauch aus. Dies ist bei anderen Freiheitsrechten nicht der Fall. Meine Meinungsfreiheit geht nicht auf Kosten der Meinungsfreiheit anderer, Gleiches gilt für meine Religionsfreiheit. Man mag um Aufmerksamkeit für seine Meinung kämpfen oder sich an anderen Religionen stören, aber beides hindert nicht daran, diese Rechte auszuüben. Aus einer funktionalen Sicht gewinnt die Meinungsfreiheit ihre Bedeutung sogar erst dann, wenn sie auf eine andere Meinung stößt, also eine Gemeinsamkeit der Kommunikation entsteht. Auch von der Eigentumsverteilung erwarten wir funktionale Effekte, die Wohlfahrt schaffen – aber diese Effekte hängen davon ab, dass das Eigentum ausschließt. Diese Besonderheit des Eigentumsrechts zeigt zunächst, dass Eigentum kein gutes Modell für allgemeine Erwägungen über subjektive Rechte abgibt.[80] Freiheitsrechte funktionieren, wie seit Marx kritisch unterstellt wird, nicht einfach »wie Eigentum«, das die Individuen isoliert und entpolitisiert.

118. DIE FREIHEIT DER ERBLASSER IST DIE UNFREIHEIT DER ANDEREN. Die normativ vielleicht einfachste Frage einer liberalen politischen Ökonomie ist zugleich eine, für die sich eine politische Lösung deswegen nicht findet, weil

der Status quo so mächtig ist: die Behandlung von Erbschaften. Seit je hat sich der Liberalismus zum Erbrecht widersprüchlich verhalten.[81] Alle Argumente zu seinen Gunsten, seine Funktion für den Fortbestand von Unternehmen, seine Leistung als Anreiz für eine bessere Sorge um produktive Güter über Generationen hinweg oder für die Bewahrung von Familienstrukturen, gehören dem Kanon individualliberaler Argumente nicht an. Sie schützen eine Gemeinschaft, aber keinen individuellen Verdienst und verlieren dabei, soweit sie utilitaristisch argumentieren, oft den Umstand aus den Augen, dass die Anreize für Erben für die Gemeinschaft ungünstig sein können.[82] Der Kernproblem des Erbrechts liegt aus einer genuin liberalen Sicht aber an einer anderen Stelle, nämlich in der Gleichsetzung von Privateigentum und Erbrecht. Noch am ähnlichsten ist das Erbrecht der vom Eigentum umfassten Möglichkeit, etwas zu verschenken. Dieses Recht unterstellt aber einen freiwilligen Verzicht, während der Tod in aller Regel nicht freiwillig ist. Die Schenkung erfolgt als freie Gestaltung der Gegenwart des Schenkenden, die Vererbung nicht. Keine Theorie der individuellen Freiheit spricht dem Subjekt aber Freiheitsrechte zu, die über sein Leben hinausgehen.[83] Nichts erscheint selbstverständlich daran, das Erbrecht als Teil eines Rechts auf »freie« Verfügung über eigene Güter zu verstehen. Zugleich ist der mit dem Erbrecht verbundene Eingriff in das Selbstverständnis jeder Gemeinschaft, die von sich behauptet, meritokratisch zu operieren, dramatisch. Erbschaften verfestigen Ungleichheit über Generationen, ohne eine Rechtfertigung dafür zu liefern.[84] Dabei wäre der Todesfall der beste Anlass, Chancengleichheit ohne soziale Disruption zu organisieren. Darum besteuern liberale Gesellschaften Erbschaften höher.[85] All das spricht nicht per se gegen jedes Erbrecht, aber doch für eine sorgfältige Rechtfertigung, auf jeden Fall gegen die Behauptung, der Kampf für die Erbschaft sei ein liberales Anliegen.

119. KAPITALISMUS ALS FREIE ENTSCHEIDUNG FÜR UNGLEICHE VERTEILUNG? Die Apologie des Kapitalismus verwechselt Freiheit mit Effizienz (→ 4), wenn sie Märkte zu individualliberalen Institutionen ernennt. Die Kritik am Kapitalismus verkennt dagegen oft die Möglichkeit einer legitimen, mit dem Motiv der materiellen Versorgung begründeten kollektiven Entscheidung zugunsten sozialer – und überschießend politischer (→ 20) – Ungleichheit. Dass in Demokratien die Güterverteilung nicht einfach den ökonomischen Interessen der durchschnittlich wohlhabenden Wähler entspricht, könnte auch damit zusammenhängen, dass individuelle Rechte als solche anerkannt und mit sozial ungleichen Folgen ausgeübt werden.[86] Dass sich Mehrheiten für eine sichere, aber ungerechte Verteilung von Gütern entscheiden, mag mit Informationsasymmetrien, Ideologie oder Verblendung zusammenhängen – wie alle Mehrheitsentscheidungen. Solchen Entscheidungen per se die Legitimation abzuerkennen, ist aber potenziell autoritär, solange man nicht einen allgemeinen Maßstab für die Anerkennungswürdigkeit formell demokratischer Verfahren entwickelt hat. Es ist ein Dilemma linker Politik, besonders an materieller Versorgung interessiert zu sein, aber keine Mechanismen anbieten zu können, die diese freiheitsfreundlich gewährleisten.

120. DIE GESTALTBARKEIT VON DINGEN UND IHRE FOLGEN FÜR DIE FREIHEIT. Mit einem Schlüssel kann man eine Tür öffnen und schließen und sich so Zugang zu einem Raum verschaffen. In einer Wahlurne sammeln sich Objekte, die anzeigen, wie eine Abstimmung entschieden wurde. Mit Bargeld lässt sich bezahlen. In allen drei Fällen hängen prakti-

sche Funktionen von der persönlichen Inhaberschaft an einem Objekt ab. In allen drei Fällen ist die Zuordnung und die Mechanik des sozialen Vorgangs leicht nachvollziehbar. In einer elektronischen Schlüsselkarte, einem Wahlcomputer oder einer Kreditkarte verbindet sich diese Funktion dagegen mit technischen Zusammenhängen, die nicht in gleicher Weise durchschaubar sind und die nicht eindeutig einer Person zugewiesen wurden. In allen drei Fällen hängt der Mechanismus nicht mehr so weitgehend mit der Herrschaft über ein Objekt zusammen. Die Funktionen, die zuvor die Objekte erfüllt haben, lassen sich nun genauer gestalten, sie werden plastischer. Die Schlüsselkarte kann an die Arbeitszeit des Inhabers gekoppelt werden, die Kreditkarte an den allgemeinen Schuldenstand, der Wahlcomputer erleichtert die Auszählung. Aber diese erhöhte Plastizität, diese Zunahme an Gestaltbarkeit des Dings und die mit dieser verbundene Gestaltbarkeit der Gesellschaft verändert auch den Inhalt der Zuweisung. Die im Objekt verkörperte Handlungsmacht geht von der Inhaberin auf eine programmierende Organisation über. Das Mehr an Plastizität schafft ein Mehr an Manipulierbarkeit, also an Zugriffsmöglichkeiten, die für die meisten intransparent sind.

Plastizität ist die Freiheit der Dingwelt. Nur mit Plastizität gelingt es, Verantwortung für den Zustand der Dingwelt zu konstruieren, für die Beschaffenheit eines Produkts oder für den symbolischen Gehalt einer Parlamentsarchitektur, für Objekte also, die wir anders behandeln als einen Fluss zu Zeiten, als man keine Brücken bauen konnte.[87] So wie es zur Politik gehört, aus Ereignissen Handlungen zu machen (→ 70, 125, 165), so gehört es zu ihr, aus Objekten Artefakte zu machen, also auf immer mehr Eigenschaften von immer mehr Dingen sozialen und damit politisierbaren Zugriff zu erhalten. Wenn alle Dinge in immer mehr ihrer Eigenschaften zu Artefakten werden, dann schafft diese Veränderungsmöglichkeit mehr Freiheit und zugleich mehr Möglichkeiten der Unterdrückung.

121. ÜBER DIE FREIHEITSFÄHIGKEIT VON MASCHINEN. Wenn Handlungsfähigkeit ein soziales Produkt ist (→ 51, 73), steht sie nicht nur Menschen offen. Die Gemeinschaft kann zunächst damit beginnen, Maschinen bestimmte Ereignisse als Handlungen zuzurechnen. Dies wird so ablaufen, dass zwischen die Beziehung zweier Menschen ein automatisiertes Ereignis tritt, das derart komplex ist, dass es sich nicht so leicht einer Person zuordnen lässt wie der Hammer demjenigen, der mit ihm einen anderen schlägt.[88] Wenn sich von außen nicht befriedigend beschreiben lässt, was in der Maschine geschieht, weise ich die Verantwortung dieser zu – und damit zunächst einer dritten Person, dem Hersteller oder dem Verkäufer. Im Anfang ist die Personalität der Maschine nur ein Instrument der Überleitung von Zurechnung auf Dritte. Im zweiten Schritt stellt sich die Frage, ob die Zurechnung bei der Maschine enden kann. Dies erscheint nur plausibel, wenn es möglich ist, sie zu sanktionieren, also der Maschine Konsequenzen für das zuzuweisen, was ihr als »Handlung« zugerechnet wurde. Das klingt seltsam, solange Maschinen weder Vermögen noch Freiheits- oder Verlustempfinden haben. Aber auch die Haftung menschlicher Personen baut nicht auf natürlichen Eigenschaften auf. Das Empfinden von Nachteilen wird unterstellt und nicht überprüft. Auch wer gern in kleinen Räumen viel Zeit für sich hat, wird mit einem Gefängnisaufenthalt bestraft, nicht mit dem Besuch der Buchmesse. Erst wenn man verstanden hat, wie künstlich die Zurechnung und Sanktionierung von Verantwortlichkeiten in der Menschenwelt ist, wird man die Maschinenwelt entsprechend gestalten können.

122. ARTEFAKTE ALS ELEMENTE FREIER HANDLUNGEN. Zu Herren werden Knechte durch die Angewiesenheit ihrer Herren.[89] Wir werden nicht eines Morgens aufwachen und von Maschinen regiert, sondern wir bauen Maschinen in unsere Handlungsabläufe ein, lockern hierdurch die Zuordnung zwischen uns und dem, was wir »selbst« tun, und sind damit stärker auf Maschinen angewiesen (→ 120f.). Ist damit ein Gewinn an Freiheit verbunden? Das hängt davon ab, welche Arten von Handlungen jemanden definieren und sich deswegen nicht durch eine Maschine ersetzen lassen – diejenigen, die Spaß machen, diejenigen, für die man gut bezahlt wird, diejenigen, die jemand für sich braucht? Man denke an Personen, die alles ihnen vermeintlich Uneigentliche nicht mehr tun müssen, weil sie es an Sekretäre, Butler oder Personal Assistants delegieren können. Solche Personen müssten einen Begriff davon haben, was ihr eigenes eigentliches Handlungsprogramm wäre. Aber wie definiere ich einen solchen Kern? Im Regelfall werde ich mir auch diese Definition sozial abnehmen lassen, maßgeblich durch das Kriterium der Substituierbarkeit, also die Frage, welche anderen Personen zur Verfügung stehen, um konkret für mich zu handeln. Aber diese Frage lässt sich aus der Sicht der Gemeinschaft nicht ebenso behandeln wie aus Sicht einer individuellen Person. Viele andere können meine Wäsche waschen, aber vielleicht hat es eine spezielle Bedeutung, wenn ich es selbst mache. So kann es passieren, dass die Automatisierung weniger eigene Handlungsprogramme freilegt, zumal dieses Eigene ja nur sozial vermittelt ist, sondern nur die Erfüllung organisierter Erwartungen perfektioniert. Die Einsicht, dass unsere Identität sozial konstituiert ist (→ 51, 73), schließt es nicht aus, uns als Individuum, als einsame Körper mit Bewusstsein zu schützen (→ 74). Sie wirft auch die Frage auf, wann eine Person sich bedienen lassen sollte, um diese Identität zu

bewahren. Bevor jemand Knecht der Maschinen wird, ist er schon Knecht einer Gemeinschaft, die beurteilt, welche seiner Beiträge ersetzbar sind.

123. ÜBER DIE ANERKENNUNG VON MASCHINEN UND VON MENSCHEN. Nehmen wir im Anschluss an Turings Test an,[90] wir könnten eine Maschine von einem Menschen ihren Äußerungen nach nicht unterscheiden, aber wir wüssten dennoch, dass es sich um eine Maschine handelt. Aus welchen Gründen könnten wir ihr gleiche Anerkennung verweigern? Könnte ein Grund darin liegen, dass die Maschine »technisch« anders funktioniert als Menschen, oder darin, dass sie kein Mensch ist, dass sie keine Geschichte, keinen Körper und keine Vernunft hat? Inwieweit würden uns solche Argumente an die Argumente erinnern, mit denen die Liberalen des 19. Jahrhunderts Frauen und Arbeitern das Wahlrecht verweigerten?

124. NETZ – KÖRPER – PERSON. Schließlich könnte die entscheidende Frage nicht lauten, wie wir Maschinen behandeln, die uns auf einer bestimmten Ebene ähnlicher werden, sondern inwieweit sich Menschen mit Maschinen und über Maschinen miteinander verknüpfen. Denn damit würde die ohnehin nicht einfach zu ziehende Grenze zwischen Innenseite und Außenseite einer Person noch ungewisser. Der selbstverständlich erscheinende, aber sozial vermittelte Anspruch von Individuen, aus sich selbst heraus Präferenzen und Rechte zu formulieren, verlöre weiter an Plausibilität. Die Frage, wo die Zurechnung von Handlungen enden soll, wäre noch schwerer zu beantworten, weil sich die Grenze des Körperlichen auflösen würde. Baut das Bild des »Netzes« auf der Annahme auf, dass die vernetzten Knotenpunkte eigene Innenseiten haben? Diese Annahme erschien schon mit Blick

auf individuelle Identitäten zweifelhaft. Diese Zweifel wären verstärkt, wenn die durch Körperlichkeit gezogenen Grenzen verschwömmen (→ 72).

3.1.4 Gründe

125. »GRÜNDE« GIBT ES IN DER POLITIK NUR ALS BEHAUPTUNGEN. Damit ist nicht gesagt, dass wirkliche, also nicht nur behauptete, Fakten und gültige, nicht nur behauptete, Rechtfertigungen in der Politik keine Rolle spielten. Natürlich tun sie das, denn die Plausibilität von Behauptungen außerhalb der Politik, also ihre Wahrheit oder Rechtfertigung als gute Gründe, bleibt politisch nicht ohne Folgen. Diese Folgen sind aber ihrerseits politisch vermittelt, geprägt oder verbogen. Gründe können in einer politischen Auseinandersetzung nicht dieselben bleiben wie außerhalb, sie gehen dort aber auch nicht einfach verloren. Gravitation und Wellenschlag können den Feldzug behindern, und wie der Revolutionär zu Recht feststellte: »Tatsachen sind ein hartnäckig Ding.«[91] Aber auch diese hartnäckigen Tatsachen gibt es nicht als solche. Das weltweite Ansteigen der Temperaturen ist wie die Eigenschaften der Seuche ein Faktum, es gewinnt politische Bedeutung erst über seine sozial vermittelten Wirkungen.[92] Die Einsicht in die abgeleitete politische Bedeutung von faktischen und normativen Gründen hat nichts mit Zynismus, mit Expertenkritik oder mit einem irrationalen Begriff politischer Willensbildung zu tun. Sie zieht nur in Betracht, dass Gründe stets umstritten sind, dass sie verkannt und missbraucht werden können und dass sich keine Wahrheit durchsetzt, weil sie wahr ist.

126. DAS GRÖSSTE RÄTSEL DER POLITISCHEN THEORIE: WIE WERDEN AUS GRÜNDEN URSACHEN FÜR POLITISCHES HANDELN? Der »zwanglose Zwang des besseren Arguments« oder der affektive Effekt von Werten[93] sind Figuren, die aus Gründen Ursachen zu konstruieren suchen.[94] Sie setzen voraus, dass es politische oder normative Wahrheiten gibt, zu denen ein ergebnisoffenes Verfahren gravitiert wie bei einer Messung das Messergebnis zum Phänomen. Beobachten lässt sich das nicht.[95] Argumente zwingen nicht, und offene Diskussionen führen nicht notwendig zur Einigung über richtige Gründe. Gleiches gilt für die Hoffnung, dass sich politische Akteure in ihre eigene normative Argumentation verstricken und damit an diese binden könnten. Was auch immer mit Zwang oder Bindung in diesem Zusammenhang gemeint sein könnte, es muss sich in etwas anderem als den Gründen selbst entäußern. Ein politisches Anliegen kann aus guten Gründen motiviert sein, es wird aber erst dadurch zu einem politischen, dass es über diese Begründung hinausgeht und sie in einen politischen Zusammenhang stellt. Die Idee der Menschenrechte mag eine Zeit lang politisch mobilisiert haben, doch diese Mobilisierung lässt sich nicht allein durch Hinweis auf die Menschenrechte erklären, schon weil diese Mobilisierung nicht alle erreicht hat und weil die Richtung, in die Menschenrechte mobilisiert haben, nicht immer gleich war.

127. DIE UNVERMEIDLICHKEIT VON IDEOLOGIE FÜR POLITIK. Alle Versuche, falsche Ideologie von legitimen politischen Normen und Programmen zu unterscheiden, haben sich als fruchtlos erwiesen. Der Vorwurf der Ideologie hat nur noch einen schwachen rhetorischen Wert. Man kann Ideologie als eine Form politischer Selbsttäuschung bestimmen, in der die Beteiligten an ihre eigenen Unwahrheiten glauben.[96] Aber dieser Begriff lässt sich schwerlich anders als

polemisch in eine politische Praxis einführen. Verstünden wir unter Ideologien Normensysteme, welche die für sie einschlägigen Tatsachen verdrängen, die also auf Empirie keine Rücksicht nehmen, könnte man den Begriff sinnvoll verwenden. Praktisch wird dies aber schon deswegen wenig abwerfen, weil jede Faktenaussage bestimmte Kontexte voraussetzt, die sich streitig stellen lassen.[97] Viel empirische Kritik an politischer Ideologie erwies sich im Nachhinein denn auch umgekehrt als eine Art wissenschaftlicher Ideologie gegen politischen Experimentalismus.[98] Trotzdem fällt auf, dass ideologisierte Auseinandersetzungen oft nicht über Werte, sondern über Fakten geführt werden.[99] Das liegt zunächst daran, dass moderne politische Auseinandersetzungen um Anwendungen kreisen, um Interventionen in die Welt.[100] Es hängt auch damit zusammen, dass unsere Rekonstruktion von Fakten nicht nur von eigenen Erfahrungen geprägt wird, sondern von der Beobachtung, wie andere mit Erfahrungen umgehen.[101] Wenn dem so ist, dann sind Ideologien notwendige Formen, sich im Geflecht solcher Auseinandersetzungen zu positionieren und so die eigene politische Überzeugung in ein Verhältnis zu denjenigen der anderen zu setzen.[102] Dann kann in der Politik auf Ideologien, auf Orientierungen, die sich auch über Faktenbehauptungen hinwegsetzen, nicht einfach verzichtet werden.[103] Damit ist wiederum kein starker sozialer Konstruktivismus verbunden (→ 97). Tatsachenbehauptungen können falsch sein. Trotzdem können wir unseren Platz in der politischen Welt nicht ohne Ideologien bestimmen, die auch unsere Haltung zu diesen filtern und verändern. Der Triumph der Ideologie wäre dann nicht der totale Konflikt über Normen und Werte, sondern das völlige Fehlen einer geteilten Weltbeschreibung (→ 105). Auch aus diesem Grund ist es nicht wünschenswert, wenn die öffentliche Debatte einem Ideal »öffentlicher Vernunft« folgt, das ohne jede Diskursstrategie operiert und sachliche Anlagen einfach von normativen Orientierungen trennt.[104]

128. DER UNTERSCHIED ZWISCHEN DEM GEBEN UND DEM NEHMEN VON GRÜNDEN. Einem philosophischen Ideal folgend, werden in einer Gemeinschaft rechtfertigende Gründe zwischen den Beteiligten ausgetauscht.[105] Doch besteht zwischen dem Geben und dem Nehmen von Gründen eine bemerkenswerte soziale und politische Asymmetrie.[106] Theoretisch schuldet jemand den anderen Rechtfertigungen für Entscheidungen, die alle betreffen. Praktisch liegt der soziale und politische Vorsprung in aller Regel aber bei denen, die die Gründe geben. Es ist ein Privileg, in einer Auseinandersetzung Gründe geben und damit den Diskurs mit definieren zu können, wird man dadurch doch als Urheberin relevanter Äußerungen anerkannt. Entsprechend bewirkt Begründen als anspruchsvolle Praxis einen ausschließenden Effekt. Nicht jede kann ihre Präferenzen rechtfertigen, deswegen kann man ihr aber nicht das Recht absprechen, ihnen nachzugehen. Auch deswegen bleibt der Schutz des Willkürlichen notwendig (→ 44), umso mehr derjenige des Unbegründeten, das sich begründen ließe. Darum können in Demokratien alle Verträge abschließen oder wählen, ohne dies begründen zu müssen. Eine Ordnung, in der sich alle rechtfertigen müssten, entspräche einer Machtergreifung artikulierter Mittelschichten, die sich die Privilegien, die sie nicht kaufen können, erreden und erschreiben würden.

129. DEMOSKOPIE ALS VERSUCH, UNPOLITISCHE GRÜNDE FÜR POLITIK ZU ETABLIEREN. Eine perfekte Demoskopie könnte jede Wahl vorhersagen und die Meinung der befragten Bevölkerung zu jedem politischen Streitpunkt zuverlässig ermitteln. Sie würde unweigerlich politische Autorität be-

anspruchen. Denn wenn die Vorhersage perfekt ist, lässt sich die vorhergesagte Wahl durch sie ersetzen. Dann stellte sich die Frage, wie oft diese Umfrage durchgeführt werden soll. Eine permanente Umfrage würde die politische Willensbildung in ein reines Meinen überführen, weil es angesichts beständiger Umorientierung nicht mehr möglich wäre, etwas zu entscheiden, also kollektives Wollen in kollektives Handeln zu überführen. Die Distanz zwischen Entscheidung und Handlung fiele weg. Auch perfekte Demoskopie funktioniert also nur unter der Bedingung eines davon getrennten politischen Prozesses – kann dabei aber nicht anders, als etwas von der Autorität zu beanspruchen und weiterzugeben, die allein dieser haben sollte. Denn der politische Prozess muss seine Autorität auch dazu nutzen zu bestimmen, wann und wie die politischen Präferenzen abgefragt werden. Die Entscheidung, wann gewählt oder worüber abgestimmt wird, bedarf der Autorisierung, und nur in einer autoritären Ordnung kann diese Frage nach Belieben beantwortet werden.

Warum aber sollte man überhaupt solche Stimmungsbilder kennen wollen? Für Autokratien ist die Frage leicht zu beantworten: um einer Regierung, die sich von Verfahren der demokratischen Selbstbestimmung abgelöst hat, einen Eindruck davon zu verschaffen, was die unterdrückte Bevölkerung politisch denkt. In Demokratien stehen demoskopische Erkenntnisse dagegen in einer merkwürdigen Konkurrenz zu Wahlergebnissen und freien öffentlichen Debatten. Sie entmächtigen potenziell die gewählte Politik, die sich nicht an das eigene Mandat und seine zeitlich definierten Freiheiten hält, sondern an wechselnde Umfrageergebnisse. Es entsteht das Paradox, dass mithilfe der Demoskopie geklärt werden soll, was »das Volk« will, diese aber dazu führt, dass der politische Prozess unablässig selbstreferentiell mit der eigenen Wiederwahl beschäftigt ist.

Was genau wird aber mit demoskopischen Aussagen geleistet? Die Vorstellung, eine demokratische Regierung sei dadurch politisch legitimiert, dass sie demoskopisch beliebt sei, ist ein Zirkelschluss, denn der rechtfertigende Gehalt einer Zustimmung kann sich nicht aus der Zustimmung selbst ergeben. Überschätzung demoskopischer Erkenntnisse hängt wie diejenige des Marktpreises (→ 22) von der Unterstellung ab, dass mit der Genauigkeit eines Faktums etwas Normatives geliefert würde. Diese Feststellung ist doppelt irrig: zum Ersten, weil Umfragen keine reinen Fakten liefern, sondern Antworten auf Fragen simulieren, die zu stellen politischer Autorisierung bedürfte; zum Zweiten, weil aus dem, was sie liefern, mangels solcher Autorisierung normativ nichts folgt.

130. OBAMA ODER DIE HERRSCHAFT DER GRÜNDE. Als Barack Obama mit der Präsidentschaft auch die Zuständigkeit für die Terrorismuspolitik seines Vorgängers übernahm, sah er Handlungsbedarf in Bezug auf Guantánamo, dessen Schließung scheiterte, und die Verhörfolter, deren Abschaffung gelang.[107] Im Ergebnis wurden viele der Maßnahmen aber beibehalten oder ausgeweitet. Geändert wurden ihre Rechtsgrundlagen und ihre politische Rechtfertigung. Wie verhalten sich solche drastischen politischen Maßnahmen zu ihren Begründungen? Gibt es für ein und dieselbe Maßnahme verschiedene Rechtfertigungen, und wird sie dadurch besser gerechtfertigt, dass sie anders begründet wurde? Eine politische Theorie der Rechtfertigung durch Gründe[108] dürfte unterstellen, dass die Verpflichtung auf gute Gründe die politischen Handlungsspielräume verengt, indem sie Optionen ausschließt. Praktisch kann aber das Umgekehrte geschehen, wenn das Auswechseln von Begründungen es gestattet, Dinge zu tun, die man zuvor abgelehnt hatte. Nun wird man der politischen Philosophie nicht vorwerfen, dass sie zwischen recht-

fertigenden Gründen und irgendwelchen ad hoc erfundenen Begründungen nicht unterscheiden könne. Doch ist diese Unterscheidung politisch wenig ergiebig, wenn sie wie im Falle Obamas von einem Politikverständnis begleitet wird, das ausdrücklich großen Wert auf Rationalität legt. Ob die neu entwickelten Gründe strategisch oder aus Überzeugung eingesetzt werden, ist dann nicht mehr von Interesse. Sie sind jedenfalls in der Lage, eine politische Gemeinde zu überzeugen, und vermögen damit, einen zuvor abgelehnten Zustand beizubehalten oder zu verschlechtern: deutlich im Fall der Tötungen durch Drohnen, also Verwaltungshinrichtungen ohne Beteiligung eines Gerichts. Dies zu beschreiben heißt noch nicht einmal, der Politik Obamas Zynismus vorzuwerfen. Vermutlich glaubten viele Beteiligte an ihre eigenen Gründe. Es geht nicht um einen Vorwurf, sondern um die Beobachtung der Wirkung solcher Rationalisierung durch Gründe. Der Anspruch, rationale Politik zu betreiben, beschränkt die zulässigen Optionen nicht nur nicht, sondern erweitert sie.

131. MIT DEM ANSPRUCH AUF RATIONALITÄT KANN POLITIK SICH ENTMÄCHTIGEN. Vielleicht werden wir die Präsidentschaft Obamas einmal so verstehen: Eine theoretisch reflektierte und empirisch hoch informierte politische Administration hat ihre Möglichkeiten so präzise bemessen, dass sie unter diesen bleiben musste. Jedes Kalkül schmälert auch die Chancen des Nichtkalkulierbaren.[109] Diese Einsicht führt zu keiner Handlungsanweisung, sondern zu einem Dilemma, eben weil sich Gewinn und Verlust von Optionen nicht kalkulieren lassen. Aber in Zeiten angeblich evidenzbasierter Politik mag man über Machiavellis Einsicht neu nachdenken, dass das Glück, der Zufall, in das politische Kalkül einzubeziehen ist.[110] Man wird sich auch über die Wiederkehr des politischen Hasardeurs weniger wundern, der seine Schlüs-

se aus dem Versagen kalkulierter Politik zieht, dessen Regierung aber, wenn es ihr passt, auch die Devise ausgibt, »der Wissenschaft zu folgen«.

132. POLITISCHE BERATUNG. Politisches Handeln muss sich also darauf einlassen, nicht genau wissen zu können, was zu tun ist.[111] Politische Freiheit entsteht damit auch aus der Befreiung von Begründungserfordernissen, denn Gründe treten nicht als reine Ratio auf den Plan, sondern oft genug als verkrustete Expertise, bürokratisierte Forschung oder auf Gewohnheit beruhendes Klischee – wenn nicht als Expertenberatung, die alles noch schlimmer macht.[112] Aber das ist keine Empfehlung für irrationale Politik, sondern nur Einsicht in den Umstand, dass es politisch nie hinreicht, die eigene Politik auf Sachgründe zu reduzieren. Umgekehrt nimmt brauchbare sachkundige Beratung eine bestimmte Form an, die einkalkuliert, dass zwei Arten von Kriterien aufeinandertreffen: Sie definiert, auf welche Frage sie eine Antwort gibt. Sie formuliert nicht, was politisch zu tun ist, sondern unter welchen Bedingungen etwas getan werden kann. Sie legt ihre eigenen Unsicherheiten offen. Schließlich berät sie nicht exklusiv Behörden oder Regierungen, sondern Öffentlichkeiten.

133. »SACHFRAGEN«. Die Freiheit der Politik ist auch die Freiheit zur Denaturalisierung von Problemen. Kein Problem lässt sich einfach lösen, jedes ist zumindest mikropolitisierbar. Denn immer stellen sich die gleichen Fragen – oder werden unterdrückt: Wer definiert, was ein Problem ist? Wer bestimmt, wie eine Lösung aussehen soll und wann sie erreicht wurde? Wer entscheidet, welches der so identifizierten Probleme zuerst behandelt werden soll? Auf wessen Kosten erfolgt die Lösung? Die Beantwortung all dieser Fragen

liegt außerhalb des Rahmens, in dem nach der sachlichen Problemlösung gesucht wird, sie liegt ihr voraus.

134. QUANTIFIZIERTE EMPIRIE ALS FORM DER POLITIK. Quantitative Politikforschung und evidenzbasierte Politikberatung beschreiben nicht nur ihren Gegenstand, sondern verändern ihn auch. Auf der Zielgeraden solcher Forschung steht weniger Politik als vielmehr eine empirisch informierte Verwaltungspraxis mit reduziertem Entscheidungszwang. Der Anspruch von Politik auf Repräsentation eines Allgemeinen dient auch dem Zweck, solche Nebenwirkungen zu verarbeiten, sich also darum zu kümmern, dass in einer politischen Gemeinschaft, in der soziale Zusammenhänge nicht vollständig überschaut werden können, die Repräsentation eines Ganzen zumindest unterstellt werden muss.

Dass die Informiertheit von Politik notwendig ist, weil Politik immer schon mit empirischen Unterstellungen und Präferenzen arbeitet, die durch die Wissenschaft nur ausdrücklich gemacht werden, ist eine richtige Feststellung. Diese Einsicht sollte die Idee evidenzbasierter Politik aber politisch nicht zu unschuldig aussehen lassen. Die Art, wie Empirie entwickelt wird, begünstigt bestimmte Methoden[113] – und bestimmte Methoden suchen sich empirische Phänomene, die zu ihnen passen.[114] So werden Politiken privilegiert, die einem solchen Test genügen. Methodische Monokulturen der Beschreibung von Politik schaffen Monokulturen der politischen Rechtfertigung.

135. WIR HABEN KEINE THEORIE DES VERHÄLTNISSES VON TECHNIK UND POLITIK. Niemand wird behaupten, die Welt würde sich nicht ändern, aber welchen Einfluss der technische Wandel auf die Art und Weise hat, in der Politik betrieben wird, ist unklar. Das Rezept gegen diesen Mangel

an Modellen scheint oft in einer pauschalen und ungenauen Überschätzung von Technik zu liegen sowie in der Unterstellung, die technische Entwicklung ließe sich als etwas der Gesellschaft Äußerliches verstehen.[115] Die frühe Internetdebatte, in der Technik zum Reich der Freiheit erklärt wurde, sollte als Warnung genügen. Auffällig ist umgekehrt, wie viel sich im politischen Prozess nicht ändert und wie viele Änderungen nicht technisch induziert zu sein scheinen. Die Lektüre von Geschichten aus alten Medienlandschaften[116] oder vordigitaler Politik[117] sind so ernüchternd wie aufklärend. Eine völlig andere politische Welt zeigt sich in ihnen nicht.

136. ÜBER EMPIRIESENSIBLE POLITISCHE INSTITUTIONEN. Faktenwissen lässt sich im politischen Prozess weder durch Moralisierung, also die Forderung nach ehrlicher Politik, noch durch die Leugnung der notwendig faktendistanten Logik von Politik (→ 127) etablieren. Dies gelingt nur durch empiriesensible Institutionen. Solche Institutionen sind keine Messgeräte, die man an das politische Feld anschließen kann, ganz im Gegenteil müssen Messungen und andere kognitive Praktiken mit selbstständiger Ergebnisoffenheit politisch ausgestattet werden (→ 49). Faktensensible politische Institutionen sind umgekehrt auf normproduzierende Einrichtungen angewiesen, die offen für Beobachtungen sind und diese Beobachtungen mit Folgen versehen. Wahlen, Beschwerden, Klagen sind auch Instrumente, durch die die politische Ordnung mit individuellen Eindrücken und Perspektiven, mit Empirie, gefüttert wird.

137. DER KAMPF GEGEN EXPERTISE BEGANN ALS EXPERTENPROJEKT. Ein Element des neuen Illiberalismus scheint in der Abneigung gegen Expertise zu liegen. Doch ist der Hass auf Experten als ungerechter Zorn der Unwissenden

auf die Wissenden nicht angemessen beschrieben. Er resultiert zum Ersten aus dem Umstand, dass die Wissenden gegenüber den Unwissenden sozial privilegiert sind. Experten gehören zu einer Schicht, die Gründe geben darf und daraus eigene, auch persönliche Freiheiten gewinnen kann (→ 128). Er resultiert zum Zweiten daraus, dass Institutionen der Expertise auch in Demokratien viel Macht zugesprochen bekommen oder in Anspruch nehmen.[118] Experten vertreten mächtige Gegenautoritäten (→ 132), die ausdrücklich nicht egalitär organisiert sind. Zum Dritten aber war die Kritik der Expertise immer schon ein ihr eigenes Projekt. Von Marx über die Kritische Theorie und den philosophischen Pragmatismus bis zur modernen Wissenssoziologie nehmen Experten des Wissens Begriffe des Wissens nur mit Vorsicht in den Mund. Der Zweifel an der Expertise gehört zu ihr, kein »Populismus« ist für ihn verantwortlich. Dass Expertise nur politisch wirksam ist, wenn sie mit Affekten versehen wird, ist dagegen nichts Neues. Der als weise Vaterfigur auftretende männliche Experte kann seine Expertise, ganz unabhängig von ihrem Wert, nur unter die Leute bringen, solange man noch an solche paternalistischen Vorbilder glaubt und diese nicht durch die listige Autistin ersetzt hat, deren Kompetenz heute plausibler wirkt. Dies ist kein Verfallsphänomen, sondern eine selbstverständliche Begleiterscheinung der sich wandelnden politischen Kommunikation von Wissen.

138. KEIN SINNVOLLER GEGENSATZ ZWISCHEN GRÜNDEN UND EMOTIONEN. Es ist zu einem zutreffenden Gemeinplatz geworden, die Bedeutung von Emotionen für die Politik hervorzuheben und deren Vernachlässigung durch moderne liberale Theorien zu beklagen.[119] Bleibt die Frage, was aus dem Hinweis folgen soll. Es gibt keine politischen Ereignisse, Handlungen oder Kalküle, die nicht von Affekten be-

gleitet werden.[120] Affekte sind nicht ohne Körper denkbar und lassen sich nicht auf Körperlichkeit reduzieren – Liebe, Neugier, Pflichtbewusstsein. Der Körper begrenzt manche Affekte, aber nicht alle. In einer Ordnung der Freiheitsgrade ist auch die körperlich-idiosynkratische Seite der Freiheit zu schützen (→ 44). Gerade die für Politik bedeutsamen Affekte sind aber nicht an einen einzelnen Körper gebunden: Furcht und Hoffnung, Panik und Stolz können überspringen oder werden erst in Kollektiven konstituiert. Eine politische Gemeinschaft lässt sich nicht über die Gefühlslage ihrer Angehörigen erklären, weil diese Gefühlslage, die ohnehin weder einheitlich noch stabil ist, von der Gemeinschaft durch die allgemeinen Verhältnisse, durch Erziehung und durch bewusste Interventionen produziert werden.[121] Für jede Emotion gibt es eine Gegenemotion wie das Pathos der Sachlichkeit oder gar eigentümliche Vermischungen, in denen sich alles ununterscheidbar und widerspruchsreich vermengt: »Denn keine Begeisterung sollte größer sein als die nüchterne Leidenschaft zur praktischen Vernunft.«[122] So ist es ebenso sinnlos, die affektive Seite von Politik zu ignorieren oder abzuspalten, wie sie in Gegensatz zu einer anderen »rationalen« zu stellen. Jederart politische »Rationalität« ist nur gefühlsbegleitet denkbar. Das schränkt den Erklärungswert des Hinweises auf Affekte deutlich ein.

139. POLITISCHE LÜGEN DIENEN WENIGER DER VERBREITUNG KONKRETER UNWAHRHEITEN ALS DER VERUNSICHERUNG ÜBER DIE MÖGLICHKEIT VON WAHRHEIT UND DAMIT VON ORDNUNG. Es gibt keine Ordnung ohne die Unterstellung einer geteilten Beschreibung der Welt (→ 17, 105). Wer eine Ordnung ins Rutschen bringen will, wendet sich besser an ihre kognitiven als an ihre normativen Grundlagen und verbreitet weniger abweichende Bewertungen als viel-

mehr abweichende Beschreibungen. Diese Abweichungen erscheinen nicht als bestimmte Negation, sondern als erratische Gegenmeinungen, die mitunter sogar stimmen. Der erste Weg zur Wiedergewinnung von Ordnung ist deswegen nicht die Anrufung gemeinsamer normativer Grundlagen, sondern die Plausibilisierung gemeinsamer Wahrnehmungen.

140. ZWISCHEN LÜGEN UND LISTEN UNTERSCHEIDEN. In der Politik bekommen faktische Behauptungen immer eine Biegung, sie ächzen unter den Kräften der ideologischen Programmatik und der praktischen Opportunität. Dies ist nicht zu beklagen, denn diese Kräfte haben ihr eigenes Recht. Sie entstammen dem freiheitlichen Bedarf nach repräsentativer Herrschaft, auch wenn sie sich im Einzelnen davon entfernen. Sie reagieren auch darauf, dass sich dieselbe Öffentlichkeit über Lügen empören und Wahrheiten nicht hören will. Die Unterscheidung zwischen Fakten und Normen ist praktisch unverzichtbar, zugleich verbinden die allermeisten politischen Äußerungen Faktisches und Normatives. Die Klage über politische Unwahrheiten hat immer einen Punkt, aber der ist so gut wie nie hilfreich oder von Interesse. Deswegen sollte man zwischen Lügen und Listen unterscheiden und sich über die Letzteren nicht erheben. Wirklich gelogen wird im politischen Prozess im Einzelfall vielleicht nicht häufiger als sonst, als politische Strategie kann flächendeckendes Lügen aber zur Zerstörung der kognitiven Ordnung führen (→ 139). Listige Kommunikation legt Wahrheiten nicht offen, sondern verdeckt sie, um unliebsame Reaktionen zu vermeiden.[123] Listen sind notwendig, weil der politische Gegner weder Feindschaft noch ehrlicher Zuwendung, sondern etwas dazwischen, nämlich eines institutionell eingefangenen strategischen Umgangs bedarf. Zum Problem wird dies erst, wenn solche Kommunikation ritualisiert wird

und die Möglichkeit, Dinge anders auszusprechen, verloren geht. Solche Rituale, die sich in bürokratischer Formelhaftigkeit oder kommunikativer Überberatung zeigen, versehren die Erfolgsaussichten politischer Repräsentation. Die politische Praxis ist dann zu sehr in ihren Pfadabhängigkeiten befangen, um naheliegende Alternativen auch nur formulieren zu können. Die politische Freiheit verschwindet unter eingeübten Formeln, wo sie auf situative Listen angewiesen wäre.

141. NEU IST NICHT, DASS IN DER POLITIK GELOGEN WIRD, SONDERN DASS ALLE ES WISSEN. Wenn sich Listen verselbstständigen, kann der Punkt kommen, an dem sie von Lügen nicht mehr zu unterscheiden sind. Weil auf Listen in der Politik aber nicht verzichtet werden kann, erscheinen an diesem Punkt alle Politiker als Lügner.[124] Gelten alle Politiker als Lügner, dann fällt das Kriterium der Wahrheitsliebe für ihre politische Beurteilung fort. Johnson und Trump sind nicht die ersten Lügner in der demokratischen Politik, aber Avantgarde darin, dass alle sie für Lügner halten und es ihnen nicht schadet. Dass es ihnen nicht schadet, ist aber wiederum weniger Resultat einer allgemeinen Ablehnung von Wahrheit als einer Ablehnung des konkreten politischen Systems, in dem sie antreten, und der fehlenden Möglichkeit, das einmal gewählte politische Lager einfach zu wechseln (→ 198).[125] Unwahrheit kreiert weniger eine politische Krise, als dass die politische Krise ein Desinteresse an Wahrheit stiftet.

142. RELIGIÖSE GRÜNDE LASSEN SICH AUS DER POLITIK NICHT VERBANNEN. Die Verbannung religiöser Gründe ist ein altes liberales Projekt, das mit dem Aufkommen des islamistischen Terrorismus scheinbar eine neue Rechtfertigung bekommen hat.[126] Solange es aber Religion ohne Terrorismus und Terrorismus ohne Religion gibt und solange nicht

eindeutig geklärt ist, ob sich Gewalt Religion oder Religion Gewalt sucht,[127] ist dies kein hinreichender Grund. Zwei andere liberale Argumente gegen religiöse Gründe in der Politik genügen gleichfalls nicht: In der politischen Theorie werden religiöse Gründe oft als harter normativer Block behandelt, über den sich angeblich nicht verhandeln lässt. Historisch spricht nichts dafür, dass dem so ist.[128] In der Bundesrepublik hat eine sehr religionsfreundliche Institutionenordnung, die Religionsgemeinschaften tief in die öffentlichen Angelegenheiten einbezieht, zu einer Anpassung der Religionsgemeinschaften geführt, die sich mehr und mehr mit der politischen Ordnung identifizieren.[129] Im Iran, dem Inbegriff einer theokratischen Ordnung, hielt eine Mehrheit religiöser Gelehrter es für ausgeschlossen, sich an der politischen Ordnung zu beteiligen. Die revolutionäre Aktivität Chomeneis entsprach nicht den herrschenden Vorstellungen seiner eigenen Religion.[130] In beiden Ordnungen, der liberal-demokratischen und der autoritären, nimmt Religion eine systemstützende Funktion ein, in beiden Ordnungen passt sich der religiöse Diskurs der politischen Umwelt an.

Die zweite liberale These, religiöse Gründe seien aus der Politik zu verbannen, weil sich mit ihnen nicht alle Bürgerinnen einbeziehen lassen, beruht auf einer Identifikation von Politik mit geteilter Rationalität, die Politik grundsätzlich nicht gut beschreibt. Wenn Politik auf Ideologien angewiesen ist (→ 127), dann hängt sie immer an Vorstellungen, die nicht alle Angehörigen einer politischen Gemeinschaft teilen können.[131] Vielleicht bleibt der sozialistische Gesichtspunkt für ebenso wenige Bürgerinnen verständlich wie der katholische. Dann gibt es keinen Grund, warum der eine in die politische Auseinandersetzung gehören sollte, der andere aber nicht.

143. DIE POLITISCHE AMBIVALENZ LETZTER GRÜNDE. Es gibt auch deswegen so wenig Allgemeingültiges über die Bedeutung von Religion für Politik zu sagen, weil der Bezug auf letzte Dinge in der Politik diametral entgegengesetzte Konsequenzen haben kann. Er kann Distanz von der Welt und ihren Aufgeregtheiten schaffen und politisch beruhigen. So lässt sich mit Religion Gehorsam und das Funktionieren einer politischen Ordnung erklären.[132] Aus diesem Grund konnten sich die präliberalen Theoretiker keine politische Ordnung vorstellen, an der Atheisten beteiligt waren.[133] Wer Gott nicht fürchtet, dem kann auch in politischen Angelegenheiten nicht vertraut werden.[134] Umgekehrt kann der Bezug auf letzte Dinge die eigenen normativen Maßstäbe absolut stellen, von der Sorge um alle praktischen Konsequenzen befreien und so in den Terrorismus führen.[135] Welche politischen Implikationen Religion oder andere Bezüge auf absoluten Geist haben, wird nie einfach religionsintern entschieden (→ 142).

3.2 Vermittlungen

144. ES GIBT NICHTS UNVERMITTELTES IN DER POLITIK. In der modernen Politik gibt es die Verlockung des Unvermittelten. Sie ist nicht erst mit dem digitalen Zeitalter aufgetreten. Carl Schmitts Beschreibung der Volksversammlung,[136] in der die Grenzen zwischen Volk und Herrscher im Akt der Akklamation aufgehoben werden, ist dafür ein Beispiel. Unvermitteltheit bedeutet *zeitlich* Vergegenwärtigung. Die Teilnehmer am politischen Verfahren müssen an diesem gleichzeitig teilnehmen. Unvermitteltheit bezeichnet *räumlich* Nähe, also körperliche Präsenz an einem Ort. Beide fallen in einer Volksversammlung zusammen, und so ist es nicht verwunderlich, dass das Ideal des politischen Marktplatzes bis heute präsent ist. Es ist einfach, dieses Ideal zu kritisieren, schwieriger ist es, es zu überwinden. Zwar spielt die Volksversammlung heute keine Rolle mehr. Doch verzichten wir nicht einfach auf Formen gemeinsamer Präsenz: Parlamentarier kommen zur selben Zeit in einem Raum zusammen. Es ist problematisch, Wahlvorgänge zeitlich zu weit auseinanderzuziehen, weil damit eine gemeinsame Grundlage für die Entscheidung verloren gehen könnte. Wir fragen uns, was mit politischer Willensbildung geschieht, die sich virtuell ohne körperliche Präsenz samt deren kommunikativen Nuancen abspielt. Wenn politisches Handeln etwas mit Gemeinsamkeit zu tun hat, und sei es mit Gemeinsamkeit im Konflikt, dann wird diese auch durch Koordination in Zeit und Raum ermöglicht.

Zugleich ist keine Art der Gemeinsamkeit selbstverständlich, schon gar nicht folgt ihre angemessene Ausgestaltung einfach aus einem richtigen Begriff von Politik. Hier setzt die Kritik der Unvermitteltheit ein. Auch die Volksversammlung ist ein Stück vermittelter Politik. Sie muss organisiert, Beteiligte müssen eingeladen und zugelassen, andere ausgeschlossen, die öffentliche Ordnung gesichert, der Tumult verhindert werden. Das Ereignis ist auf Vermittlung angewiesen und von Vorbedingungen abhängig, namentlich der Frage, wer wann das Wort ergreift und nach welchen Regeln entschieden wird. Der Verlauf von Volksversammlungen im alten Rom ist hierfür eine bemerkenswerte Schule.[137] Der Begriff »Verlauf« zeigt zudem ein Problem aller zeitlichen Präsenzannahmen: Es gibt keine Verschmelzung in der Zeit, sondern die Frage, was auf der Versammlung geschieht, hängt an der Frage, wie sie beginnt, wie sie endet, in welcher Reihenfolge was von ihr entschieden und wie dies verbreitet wird. Die Versammlung ist nie mit sich gleichzeitig, jede andere Form von Politik ebenfalls nicht.[138] Repräsentation als die Vermittlung von Unterschiedlichem ist in ihr wie in aller Politik unvermeidlich. Politik operiert nie an einem Ort zu einer Zeit.

3.2.1 Raum

145. FREIHEITSGRADE IM RAUM. Für Individuen zeigt sich Freiheit im Raum als Bewegungsmöglichkeit. Kollektive Freiheiten entstehen dagegen durch eine örtliche Konsolidierung der politischen Gemeinschaft, dadurch, dass sie mit Institutionen auch Orte ausbildet, in denen sich die Politik abspielt. Seine Territorialität erlaubt es dem politischen Prozess, sich zu verselbstständigen (→ 146). Politische Herrschaft ist darauf angewiesen, dass Bewegungen der Angehörigen immer wieder auf das eigene Territorium zurückführen. Unabhängig von allen falschen Erwartungen an die Homogenität politischer Gemeinschaften (→ 99) setzt politische Herr-

schaft voraus, dass Personen das Territorium nicht nur als Ort des Transits betrachten. Daraus folgt kein durchgreifendes Argument gegen Migration, Exportwirtschaft oder Zweitwohnsitze, aber sehr wohl eine politische Spannung zwischen individueller räumlicher Bewegungsfreiheit und politischer Organisation.

146. POLITIK ALS TERRITORIALE FORM. Aus zwei Gründen bietet es sich an, politische Herrschaft territorial zu bestimmen. Zum einen, weil der Bezug auf die Beherrschung eines Territoriums es erlaubt, von sozialen Zusammenhängen abzusehen. Die unbestimmte Allgemeinheit der Politik wird durch die Anknüpfung an ein Territorium offengehalten. Das Territorium ist eine abstrakte Größe, die es politischer Herrschaft ermöglicht, von den Gegebenheiten sozialer Gemeinschaften zu abstrahieren und sich von diesen zu distanzieren. Die politische Gemeinschaft bezieht sich nicht auf bestimmte, sondern schlicht auf alle sozialen Zusammenhänge in einem Territorium.[139]

Zum Zweiten steht Territorialität in einem Zusammenhang mit dem politischen Anspruch auf absolute Herrschaft, denn Absolutheit kann sie plausibel nur dort behaupten, wo sie sich mit keiner anderen politischen Herrschaft überschneidet. Dies steckt in der Idee einer Welt, deren gesamtes System politischer Herrschaft aus scharf abgegrenzten souveränen Staaten besteht. Für eine so abstrakte Konstruktion hat diese Vorstellung nach wie vor ein bemerkenswertes Maß an empirischer Plausibilität. Trotzdem ist sie – wie der absolute Herrschaftsanspruch von Politik überhaupt (→ 57) – Produkt der begrifflichen Überwältigung einer viel uneindeutigeren Realität, in der Bünde, Reiche, Kolonien, Föderationen, Hegemonien, Blöcke und internationale Organisationen politisch bedeutsam waren und sind.[140] Politische Herrschaft ist stets doppelt relativiert, gegenüber sozialer Macht (→ 53) und gegenüber anderer politischer Herrschaft auf ihrem Territorium, die sie nicht vollständig ausgrenzen kann.

147. ÜBER DIE FEHLENDE BEWEGLICHKEIT POLITISCHER GEMEINSCHAFTEN. Politische Gemeinschaften lassen sich nicht bewegen. Die Geschichte des Exodus, die Epoche der Völkerwanderungen, die Gründung Israels erscheinen uns als rare, aufwendige und verlustreiche Ausnahmen von dieser Regel. Im Normalfall können politische Gemeinschaften größer oder kleiner werden, Gebiete abgeben oder hinzugewinnen, sich mit anderen föderal zusammenschließen oder zerfallen, doch bleiben sie in allen Varianten auf einen zusammenhängenden Ort verwiesen. Dies zeigt sich in der immensen, oft überproportional starken politischen Energie, die Staaten in territoriale Konflikte investieren.

148. LIBERALE ORTLOSIGKEIT? Eine alte Kritik wirft liberalen Gesellschaftsmodellen ein fehlendes Verständnis von räumlichen Zusammenhängen, ein systematisches Nichtverhältnis zu örtlicher Verwurzelung vor.[141] Das ist eine spezielle Variante des Vorwurfs, liberale Theorien kümmerten sich nicht um den inneren Zusammenhalt politischer Gemeinschaften (→ 27). Dieser Vorwurf ist, wie wir gesehen haben, weniger unzutreffend als schief, weil es zu liberalen Theorien gehört, die Vielfalt der Möglichkeiten sozialer und politischer Vergemeinschaftung nicht zu eng zugunsten bestimmter Kriterien auszudefinieren (→ 89). Dass politische Gemeinschaften maßgeblich territorial operieren, zeigte sich bereits (→ 146), aber daraus folgt kein Ideal politischer Heimeligkeit und kein Vorrang traditionaler gegenüber modernen Lebensformen. Bewegung von Personen in und zwischen politischen Gemeinschaften entsteht eben nicht nur als Eindringen von au-

ßen, sondern auch als Bedürfnis, eine Gemeinschaft zu verlassen. Die Möglichkeit, sich bewegen zu können, ist für politische Gemeinschaften in beide Richtungen nicht harmlos: Orte sterben aus oder werden durch Zuwanderung oder Kapitalzufluss überfordert. Doch ist nicht klar, ob diese Bedrohungen für den sozialen Zusammenhalt größer sind als die der räumlichen Abschließung.

149. POLITISCHE GRENZEN. Wie das Wahlrecht hat der Liberalismus auch die räumliche Bewegungsfreiheit ursprünglich ungleich verteilen wollen. Sie galt ebenfalls als Freiheit der ökonomisch Privilegierten. Der Freiheit des Handelns und Wandelns aus den wohlhabenden Nationalstaaten entsprachen keine Freiheiten für Angehörige aus anderen politischen Gebilden. Der Liberalismus ist kein Kosmopolitismus. Das bedeutet umgekehrt nicht, dass eine Ordnung der Freiheitsgrade sich einfach auf die Öffnung von Grenzen einlassen muss. Sie ist nicht auf bestimmte Präferenzen verpflichtet, sondern darauf, sich den Konsequenzen einer Entscheidung zu stellen (→ 48). Beispielhaft: Wer individuelle Freiheit für etwas Natürliches hält, das durch Politik nicht verletzt werden darf, kann schwerlich rechtfertigen, dass politische Grenzen bestimmte Individuen aus bestimmten Territorien ausschließen. Wenn man die Schließung von Grenzen rechtfertigen will, muss man umgekehrt einen möglichen Vorrang gemeinschaftlicher Freiheiten hier wie auch in anderen Gebieten anerkennen. Ein überzeugendes liberales Argument gegen die Öffnung politischer Grenzen lässt sich nur entwickeln, wenn man die Freiheit politischer Gemeinschaften nicht ausschließlich als von individueller Freiheit abgeleitete versteht. Gemeinschaftliche politische Freiheit kann dadurch geschützt werden, dass die Zusammensetzung der Gemeinschaft eine bestimmte Integrität bewahrt. Das Ziel ist nicht

Homogenität, sondern die Gestaltung einer politischen Gemeinschaft, die Entscheidungen treffen kann.

150. DIE ENTSCHEIDUNGSSCHWÄCHEN DER EINWANDERUNGSPOLITIK. Es gibt keine allgemeine Pflicht einer Gemeinschaft, sich räumlich zu öffnen und Migration zuzulassen,[142] aber oft praktische Notwendigkeiten. Zu verlangen ist auch hier, dass sich eine politische Gemeinschaft mit den Konsequenzen der eigenen Präferenzen auseinandersetzt (→ 48). Wenn sie ihre Grenzen öffnet, verleiht sie konsequenterweise den Eingereisten einen Status der Legalität und erwartet von ihnen zugleich einen Beitrag.[143] Das bedeutet, dass die Aufgenommenen in die Lage versetzt werden müssen, einen solchen Beitrag zu leisten. Das aber geht letztlich nur mit der Aussicht auf eine gewisse Sesshaftigkeit. Es ist zulässig, gegen Migration zu sein, aber es widerspricht der Pflicht zur Aneignung eigener Entscheidungen, Grenzen aus Nützlichkeitserwartungen zu öffnen, um sich dann über Migration zu beklagen, oder Migranten sozial zu isolieren, um sich dann über Devianz oder fehlende Integrationsbereitschaft zu wundern.

151. INSBESONDERE DIE VERMISCHUNG VON FLUCHT UND MIGRATION. Das Prinzip der Aneignung von Entscheidungen (→ 48) setzt Klarheit über die Motive voraus, aus denen man die Grenzen für Personen öffnet oder schließt. Ein interessenbezogenes Motiv, das Migration zur Lösung von demografischen oder ökonomischen Problemen zulässt, und ein moralisches, aus dem Flüchtlingen Schutz gewährt werden soll, sind um dieser Klarheit willen zu unterscheiden. Diese Unterscheidung ist aus der Perspektive von Migranten vermutlich oft wenig trennscharf, für sie können sich Motive vermischen. Sie dient aber der Klärung der Präferenzen der

politischen Gemeinschaft, die sie aufnimmt und die wissen muss, was sie will und aus welchen Gründen. Das politische Problem der Krise des Jahres 2015 lag in dieser Unklarheit. Einer humanitären Maßnahme wurde im Nachhinein, weil sie politisch umstritten war, ein interessengeleitetes Motiv untergeschoben. Ein nationaler Alleingang wurde als universalistisches Projekt ausgeflaggt. Man muss an den politischen Prozess keinen anspruchsvollen Begriff von Vernunft anlegen, um zu erkennen, dass die Selbstwidersprüchlichkeit ihrer Motive die Nachvollziehbarkeit politischer Entscheidungen gefährdet. Es geht dann weniger um das, was die Gemeinschaft Migranten schuldet, als um das, was sie sich selbst im Umgang mit Migranten schuldet.

152. UNTERSCHIEDE IN DER FREIZÜGIGKEIT VON PERSONEN, DINGEN UND KAPITAL. Die Behauptung, es sei ein nicht zu rechtfertigender Widerspruch des Liberalismus, dass Waren oder Kapital Grenzen überschreiten dürften, Personen aber nicht, hält der Überprüfung nicht stand. Dass Dinge anders behandelt werden als Personen und dass die Wertigkeit von Dingen in ihrer Zuordnung zu Personen besteht, dürfte abstrakt kaum zu bestreiten sein (→ 109). Wie bei Personen geht es der Gemeinschaft um die Frage, welche Freiheiten durch die Öffnung verkürzt oder erweitert werden. Man kann Dinge in diesem Sinn aber nicht besser behandeln als Personen, weil man Dinge nicht gut oder schlecht behandeln kann.

153. ES IST EINFACHER, MIGRATION ZU VERHINDERN, ALS EMIGRATION ZU ERZWINGEN. ABER BEIDES VERÄNDERT GEMEINSCHAFTEN IM INNEREN. Staatsgrenzen lassen sich schließen. Die Behauptung, man könne Wanderungsbewegungen durch Grenzen nicht physisch aufhalten, wider-

spricht praktischer Erfahrung. Aber eine solche Schließung ist aufwendig und lückenhaft. Eine geschlossene Grenze verändert zudem die abgeschlossene Gemeinschaft im Inneren.[144] Noch ressourcenintensiver als der Schutz der Grenzen ist freilich die Zurückschiebung von Personen, die die Grenze überschritten haben. Die Kosten sind hier nicht nur administrativ, weil Abschiebungen stark in eine soziale Textur eingreifen (→ 248). Es gibt mit Blick auf die gesellschaftlichen Kosten eine Asymmetrie zwischen der Verhinderung von Zuwanderung und ihrer Rückgängigmachung. Auch aus diesem praktischen Grund war die Präsenz illegaler Migration in vielen Ländern für lange Zeit ein Normalfall.

154. FLUCHT UND VERANTWORTUNG. Es gibt moralische Gründe genug, um Menschen nicht im Mittelmeer ertrinken zu lassen. Zu klären, wer für ihre Flucht verantwortlich ist, hilft dabei nicht weiter. So wirkt die Konstruktion von Gründen, aus denen die Opfer der Migrationsbewegungen dem »Westen« zugewiesen werden, bemüht. Aus liberaler Sicht liegt der Kern des Problems in der Frage, wie sich die politische Gemeinschaft selbst versteht, die die Wahl hat, zu handeln oder zu unterlassen, inwieweit es ihrem Selbstverständnis entspricht, Menschen in ihrem Einflussbereich vor dem Tod zu retten, auch wenn sie sich selbst als Gemeinschaft nicht für deren Tod verantwortlich sieht.

155. GRENZEN ALS INSTRUMENTE POLITISCHER DEZENTRALISIERUNG. Kant kommt im »Ewigen Frieden« in kosmopolitischer Absicht zu dem Ergebnis, dass ein Weltstaat nicht errichtet werden sollte, weil er despotisch wäre.[145] Sein Argument lässt sich so verstehen: Territoriale Grenzen gliedern politische Ordnungen horizontal, also – bei allen Macht-

unterschieden zwischen den Staaten – ohne formelle Hierarchie. Fielen politische Grenzen fort, so entstünde ein einheitlicher politischer Raum, der einer einzigen politischen Herrschaftsorganisation mit räumlich unbegrenzter Zuständigkeit bedürfte. Aus diesem Grund dezentralisieren Grenzen politische Organisationen und können auf diese Weise die Freiheit politischer Gemeinschaften sichern.

156. KLEINE POLITISCHE GEMEINSCHAFTEN SIND NICHT FREIER. Auch wenn Grenzen eine dezentralisierende Wirkung haben, bedeutet dies nicht, dass Freiheit durch die Größe oder Vielfalt einer politischen Gemeinschaft stets verringert würde.[146] Das Ideal der kleinen, dichten und der Bürgerschaft nahen politischen Organisation leidet daran, dass sich in solchen Gemeinschaften das Politische schwerer gegenüber dem Sozialen verselbstständigen kann. Solche Gemeinschaften tendieren dazu, soziale Macht zu konservieren, ohne sie politisch aufzuheben. Die Vorstellung, politische Herrschaft müsse einem »nahekommen«, wirkt damit bestenfalls ambivalent. Die Distanz politischer Herrschaft ist ein Mittel, sich gegenüber sozialen Interessen zu verschließen und widersprüchliche Einflüsse auszutragen. So haben Hume und die Federalists große Föderationen gerechtfertigt.[147] Freiheit kann sowohl durch Distanz als auch durch Vielfalt der Gemeinschaft erzeugt werden, deswegen ist die große politische Gemeinschaft nicht notwendig eine despotische.

157. BEWEGUNGSGRENZEN INNERHALB EINER POLITISCHEN GEMEINSCHAFT: Können sich alle Angehörigen innerhalb des Raums einer politischen Gemeinschaft frei bewegen? Offensichtlich nicht. Bewegungsfreiheit wird im Normalfall vor allem durch Eigentumsrechte beschränkt. Die

politische Bedeutung des Eigentums an Boden ergibt sich nicht nur aus der Frage der Verteilung von Wohnraum. Denn die so geschaffene Ungleichheit an Bewegungsfreiheit bezieht sich auf ein Gut, das für die politische Herrschaftsform, die zuallererst territorial definiert wurde (→ 146), konstitutiv ist. Der vermeintlichen Einheit des politischen Raums steht dessen private Fragmentierung gegenüber. Dem allgemeinen Status des Mitglieds der politischen Gemeinschaft widerspricht die faktisch begrenzte Bewegungsfreiheit des Nichteigentümers. Juristisch ist das private Eigentum von der politischen Herrschaftsgewalt abgeleitet, die die Eigentumsrechte zuweist. Historisch-politisch überdauern Eigentumsrechte oftmals die Neugründung politischer Ordnungen. Die fehlende Rechtfertigung eines allgemeinen Erbrechts (→ 118) wird so kollektiv fortgesetzt: Die mit einer Neuordnung der Eigentumsrechte möglichen Freiheiten werden nicht genutzt. Damit setzt sich eine raumbezogene Ungleichheit fort, die mit einer liberalen Präferenz für Beweglichkeit sowohl im Raum als auch in der Güterverteilung schwer zu vereinbaren ist. Umgekehrt sind politische Projekte wie das einer »Bodenreform« oder der in der Weimarer Republik gescheiterten Fürstenenteignung nicht nur als Problem der Rechtfertigung eines bestimmten, linken, politischen Projekts zu verstehen, sondern allgemeiner als Ausdruck einer politisch nicht zu ändernden sozialen Machtverteilung. Nach welchen Kriterien eine Ordnung Bodeneigentum verteilt, ist die eine Frage; dass sie überhaupt in der Lage ist, etwas zu verteilen, ist die andere, vielleicht wesentlichere. Denn nur in der Verteilung, die auch dazu dienen kann, neue Ungleichheiten zu schaffen (→ 20), zeigt sich politische Freiheit.

158. INDIVIDUALISIERTE GRENZEN ALS INSTRUMENTE SOZIALER, NICHT POLITISCHER DIFFERENZIERUNG. Eine

Grenze markiert eine raumbezogene Differenz, aber diese Differenz kann selbst für Angehörige ein und derselben politischen Gemeinschaft ganz unterschiedliche Bedeutungen haben. Traditionell ist die Staatsgrenze auf die Staatsangehörigkeit bezogen. Praktisch lässt sich beobachten, dass die Bedeutung von Grenzen mehr und mehr nach anderen Eigenschaften bestimmt wird. Wenn Visa für bestimmte Aktivitäten vergeben werden, werden damit bestimmte Segmente der Weltgesellschaft gegenüber anderen privilegiert, ebenso bei der sich verbreitenden Praxis des Verkaufs von Staatsangehörigkeiten. Man kann darin einen Ausdruck staatlicher Selbstbestimmung sehen. Jeder Staat kann entscheiden, wen er einbürgert und wen er über seine Grenzen ziehen lässt. Aber es ist für alle Arten von Staaten, demokratisch oder nicht, einfacher zu rechtfertigen, solche Rechte nach sozialem Status zu verteilen, wenn davon Ausländer betroffen sind. Auf diese Art und Weise entsteht eine globale soziale Klassengesellschaft auf Gegenseitigkeit.

3.2.2 Zeit

159. POLITISCHE FREIHEITSGRADE IN DER ZEIT. Im Raum verbinden wir individuelle Freiheit mit Beweglichkeit, gemeinschaftliche Freiheit mit Gebietsfixierung. Hieraus ergeben sich Konflikte über Grenzen und Wanderungsbewegungen (→ 150ff.). In der Zeit können wir uns nicht bewegen. In ihr geht es um andere Formen der Veränderung als Bewegung. Um nochmal Jacob Burckhardts grundlegende Einsicht zu zitieren: »Das entscheidende Neue was durch die französische Revolution in die Welt gekommen ist, ist das Aendern-Dürfen und das Aendern-Wollen.«[148] Die Veränderungen, die Burckhardt meinte, sind institutionelle Verände-

rungen, die von Gemeinschaften organisiert werden. Aber jede institutionelle Veränderung bedeutet individuell für manche Gewinn und für andere Verlust. Individuelle Freiheit ist darauf angewiesen, dass sich der Gegenstand, an dem sie wahrgenommen wird, nicht oder nur vorhersehbar ändert.[149] Ein wichtiges Anliegen des ökonomischen Individualliberalismus war deswegen eine Stabilisierung der Umstände, innerhalb derer individuelle Subjekte handeln können, am besten durch vorhersehbare und sich möglichst wenig ändernde Eigentumsregeln, also weitgehend ohne gestaltende Politik.[150] Dieses Ideal ist aber schon aus Sicht des Individualliberalismus selbst verfehlt, weil sozialer Wandel zur Anpassung von Regeln führen muss, um Stabilität zu gewährleisten. Wenn sich die soziale Welt verändert, verändert sich auch die Bedeutung der Regeln, die nicht dem Wandel angepasst wurden. Für ein Modell der Freiheitsgrade ist ein solches Ideal ohnehin verfehlt, weil es die unterschiedlichen Spielräume gemeinschaftlicher Freiheitswahrnehmung nicht zur Kenntnis nimmt (→ 43). Je individualisierter Freiheit ist, je mehr sie sich nur auf ein persönliches eigenes Handlungspanorama bezieht, desto mehr ist dieser Anspruch auf einen bestimmten Rahmen angewiesen, auf die Verlässlichkeit eines Zustands für die Zukunft, in den sich der eigene Freiheitsgebrauch einbetten lässt.[151] Eine eigene Handlung ist immer nur vor dem Hintergrund eines stabilisierten Handlungskontexts denkbar. Je kollektiver und politischer ein Anspruch ist, desto mehr setzt er auf die allgemeine Veränderbarkeit der sozialen Zustände. Diese gegenstrebige Tendenz lässt sich nicht auflösen. Sie ist eine Version der Einsicht, dass Freiheit zur Gestaltung auf äußere Statik angewiesen ist (→ 46).

160. SIND NUR DIE FREI, DIE SICH BEI IHREN ENTSCHEIDUNGEN AUF EINE LANGFRISTIGE PERSPEKTIVE EINLAS-

SEN? Wäre es richtig, eine kurzfristig impulsive Entscheidungsbildung einer langfristig Vernünftigen gegenüberzustellen und nur Letztere als frei anzuerkennen?[152] Wenn in der Ordnung der Freiheitsgrade, entgegen der starken philosophischen Tradition, sowohl rationale als auch willkürliche Entscheidungen Schutz verdienen können (→ 44), dann gibt es keinen pauschalen Vorrang des Langfristigen. Zudem muss die Berechnung von zu vielen möglichen Folgen, also ein zu langfristiges Entscheidungskalkül, mit mehr Ungewissheit umgehen, wenn es denn nicht überhaupt eine Entscheidung verhindert. Die kurzfristige Entscheidung, etwa die unmittelbare Befriedigung eines Bedürfnisses, scheint in vielen Fällen spezifischer auf einen individuellen Handlungshorizont zugeschnitten zu sein, während eine langfristige Perspektive auch andere Anliegen, also eine gemeinschaftliche Perspektive einbezieht. Eine Gemeinschaft wird darauf zu achten haben, dass sie nicht an den verengten Entscheidungsmaßstäben ihrer Angehörigen scheitert, aber als liberale wird sie dem Kurzfristigen ebenso einen Raum geben müssen. Eine Lösung liegt in freiheitsfreundlichen Formen der Vorsorge (→ 161).

161. ÜBER DEN FREIHEITLICHEN VORRANG LANGFRISTIGER PRÄVENTION. Kurzfristige Formen der Prävention, die abweichendes Verhalten vorhersehen und verhindern, bevor es geschieht, gefährden die Freiheit einer Ordnung (→ 80). Langfristige Formen der Prävention, die sich nicht auf einzelne Handlungen, sondern auf große Entwicklungen einstellen, können Freiheit schützen, weil aller Erfahrung nach die Spielräume kleiner werden, sobald sich die Gefahr einmal verwirklicht hat. Dies zeigt die vorhersehbare und tatsächlich vorhergesehene Pandemie. So gibt ein politisches System mitunter selbst zu erkennen, dass es an das Kommen

eines Problems glaubt, ohne sich mit dessen Lösung zu beschäftigen.[153] Auch dies ist ein Fall fehlender Aneignung politischer Entscheidungen (→ 48). Eingeschränkte, aber bestehende Spielräume in der Gegenwart werden so zu Entscheidungszwängen in der Zukunft. Das ist jedenfalls typisch für autoritäre Systeme – weil in diesen kein Mechanismus der Machtübergabe vorgesehen ist, wird die Verschiebung von Entscheidungen nach hinten zu einem charakteristischen Element. In liberalen Ordnungen aber werden langfristige Vorkehrungen nicht unterlassen, um Freiheitseinschränkungen zu verhindern, sondern weil die Vordringlichkeit des Befristeten und Konkreten herrscht und weil sich die erfolgreiche Vorwegnahme eines Problems weniger gut als politischer Erfolg darstellen lässt als die kostspielige, aber sichtbare Bekämpfung einer zu spät erkannten Krise.

162. ÜBER DIE UNGLEICHE VERTEILUNG LANGFRISTIGEN POLITISCHEN DENKENS. Kurzfristiges Denken ist körpernäheres Denken. Es orientiert sich an der Befriedigung konkreter Bedürfnisse. Langfristiges Denken abstrahiert von diesen. Wenn dem so ist, dann ist das politische Denken in Strukturen langfristiger Prävention, das etwa auf Klimawandel und Pandemieschutz achtet, nur unter bestimmten sozialen Bedingungen möglich. Man muss es sich leisten können, von seinen konkreten Bedürfnissen zu abstrahieren, weil man der Sicherheit bedarf, dass diese ohnehin befriedigt werden. Das bedeutet nicht, dass sich nur Wohlhabende für den Klimaschutz interessieren, es ist auch kein Argument, um irgendwen aus der Verantwortung dafür zu nehmen, auch andere Faktoren dürften Auswirkungen auf die Zeitorientierung politischen Denkens haben, etwa ob man Kinder hat. Trotzdem ist es wichtig, sich für die sozialen Bedingungen solcher Zeitorientierungen zu interessieren, weil man ohne diese Zu-

sammenhänge schwerlich Mehrheiten für langfristige Politik wird erringen können.[154]

163. ÜBER DEN POLITISCHEN ANFANG POLITISCHER GEMEINSCHAFTEN. Zur Denaturalisierung des Sozialen im Umgang mit Zeit gehört es, politischen Gemeinschaften einen Anfang zu geben. Man könnte statt der Annahme eines Anfangs ihre Naturgeschichte schreiben, in der Herrschaft aus Vergemeinschaftung allmählich entsteht. Die politische Gemeinschaft wäre dann die nahtlose Fortsetzung der sozialen Gemeinschaften. Sie würde in dieser Geschichte politisch renaturalisiert (→ 53), denn ihr Bestand wäre nicht mehr das Produkt einer politischen Entscheidung. Mit der – historisch immer anfechtbaren (→ 164) – Behauptung, die politische Gemeinschaft sei an einem bestimmten Punkt gegründet worden, kann sich die Gemeinschaft selbst definieren und repräsentieren. Sie bindet ihren Normenbestand an einen gesetzten Anfang und bindet sich dadurch selbst, sie altert, zugleich bestimmt sie sich durch einen solchen Anfang als veränderbar und nicht notwendig, denn mit einer Setzung verbinden wir die Möglichkeit, dass der Anfang auch hätte unterbleiben können. Die Gemeinschaft, die sich einen Anfang gibt, gestattet sich damit auch die Freiheit, eine Welt ohne sie für möglich zu halten.

164. URSPRUNGSERZÄHLUNGEN HISTORISCH ZU ENTLARVEN VERFEHLT IHREN PUNKT. Keine Anfangserzählung übersteht ihre historische Überprüfung unversehrt, aber das ist kein Grund, auf sie zu verzichten.[155] Ursprungsgeschichten sind Kondensate der normativen Selbstbeschreibung einer politischen Gemeinschaft. Sie können mit der Erfahrung der Gründung auch Selbstvertrauen in die Möglichkeiten gemeinschaftlicher Freiheit vermitteln. Wo sie fehlen, fehlt eine

Referenz des politischen Prozesses. Wo sie bescheiden sind, wie in der Bundesrepublik Deutschland die kleine Geschichte der Entstehung des Grundgesetzes,[156] muss man sich bescheidener selbst beschreiben.

165. DIE BEHAUPTUNG EINES POLITISCHEN EREIGNISSES IST EIN POLITISCHER AKT. Die Ermordung von Benno Ohnesorg am 2. Juni 1967 war für viele Studierende in Deutschland eine Zäsur, ein Schritt zur politischen Radikalisierung. Sie sahen, was in der Bundesrepublik möglich war, eben die Erschießung eines friedlichen Demonstranten durch einen aufgehetzten Hilfspolizisten. Sie fanden sich im Nachhinein dadurch bestätigt, dass der Täter nie bestraft wurde. Das also war in der Bundesrepublik möglich – in der Tat, aber ist alles, was möglich ist, auch repräsentativ? Ist die schreckliche Geschichte des ermordeten Studenten eine Geschichte, die die Bundesrepublik des Jahres 1967 repräsentiert? Es wäre erstaunlich, wenn darüber Konsens herrschen würde. Damit hat das Ereignis selbst keinen politischen Eigenwert. In einer bestimmten politischen Situation mit einer bestimmten Richtung der öffentlichen Meinung werden aus Vorgängen Ereignisse, wenn sich diese Vorgänge einer politischen Tendenz anpassen. Wenn nicht dieses, so wäre vielleicht etwas Vergleichbares passiert. Die Vorgänge in der Kölner Silvesternacht 2015/16 geschahen in einer politischen Stimmung auf der Suche nach dem Auslöser für einen Umschwung. So sind wichtige Ereignisse in der Geschichte einer politischen Bewegung oft nicht die Ersten ihrer Art. Sie wurden durch organisierte Anstrengung immer und immer wieder produziert, bis sie, ikonisch geworden, auf Resonanz stießen.[157] Man kann dies als Inszenierung oder Manipulation abwerten. Doch gelingt eine solche Inszenierung eben nur, wenn sie eine politische Repräsentationsleistung erbringt. Umgekehrt bestätigt gera-

de die Inszenierbarkeit eines Ereignisses seine politische Bedeutung.

166. SCHICHTEN VON REVOLUTION, REFORM UND KONTINUITÄT. Alle politischen Ordnungen bestehen aus Schichten unterschiedlicher Subpolitiken mit unterschiedlichen Veränderungsgeschwindigkeiten, die verschieden eng miteinander verbunden sind, je nachdem, wie viel andere Politik und welche anderen normativen Ordnungen zur Verfügung stehen. Über diesen Zusammenhang hat der Begriff der Souveränität, der große Reduktionist der politischen Theorie, hinweggetäuscht. Nur selten dringt eine abrupte Entwicklung auf der obersten politischen Ebene augenblicklich in alle sozialen Zusammenhänge vor. Wenn es passiert, dann verdient es den Namen Revolution. Ob es jemals geschieht, ist freilich selbst für die Französische Revolution umstritten, die Tocqueville als Teil einer beschleunigten Kontinuitätsgeschichte staatlicher Zentralisierung beschrieb.[158] Oft hängen die sozialen Lebenswelten der politischen Entwicklung zeitlich nach. Sie kommen zu spät und bleiben dann doch, einmal angepasst, länger, als die politische Ordnung hält, die sie sich zurechtmachte. Umgekehrt können politischen Brüche dazu dienen, soziale Kontinuitäten zu verdecken. Viele soziale Zusammenhänge scheinen von Politik unberührt, selbst wenn sie einmal durch Politik geschaffen wurden. Politisierbar werden sie aber schon dadurch, dass sie auch anders sein könnten – oder jedenfalls nicht zu widerlegen ist, dass diese Möglichkeit besteht. Der Rückzug in Subpolitiken und Privatheit kann daher die richtige politische Option sein. Manche Ordnung muss man aussitzen oder sich auf das vorbereiten, was nach ihr kommen könnte.[159]

167. VERGANGENHEIT UND ZUKUNFT ALS BEDROHUNG VON FREIHEIT. Eine große liberale Geschichte erzählt von der Befreiung aus den Fesseln der Tradition, der Emanzipation von der Vergangenheit durch Fortschritt. Der Imperativ der Vergangenheit wird durch den der Zukunft ersetzt.[160] Max Webers »Hörigkeit der Zukunft« ist heute weniger eine Abhängigkeit *in* als eine *von* der Zukunft.[161] Je besser Vorhersagen werden oder zu sein beanspruchen, desto mehr liefert Zukunft Motive für Politik. Nur ist unklar, inwieweit diese Umstellung als Gewinn an Freiheit verstanden werden kann. Gibt es überhaupt eine freiheitsangemessene Zeitorientierung? Wie gesehen, differieren an dieser Stelle individuelle und politische Freiheiten (→ 80, 161). Es ist auch nicht klar, warum ein von Bräuchen der Vergangenheit diktierter Zustand weniger frei ist als einer, der sich durch Vorhersagen leiten lässt. Der Emanzipation von der Vergangenheit müsste eine von der Zukunft folgen, aber auch eine von der Gegenwart (→ 306).[162]

168. BEFREIT ERINNERUNG? Sich an vergangenes Unrecht zu erinnern erscheint als verbreitetes moralisches Gebot unserer Zeit. Es wird den Opfern gerecht, die sich noch artikulieren können und Erinnerung wollen. Es wird der Gemeinschaft gerecht, in der sich das Vergangene implizit regt.[163] Doch lässt sich nicht an jedem Punkt an alles erinnern, und manchmal gestattet erst das Verdrängen eine politische Konsolidierung, die anschließend das Erinnern ermöglicht. Das liegt zum einen daran, dass sich noch das größte Grauen erst als Grauen für alle konstituieren muss, das heißt als eines, das nicht nur für die Opfer von Bedeutung ist. Das braucht Zeit. Eine erinnernde Gemeinschaft kann sich erst dann zu ihrer eigenen Verantwortung verhalten und sich nicht von dieser, aber dieser gegenüber befreien, wenn sie diese Vergangenheit

abgeschieden und sich von dieser zu einem Stück gelöst hat.[164] Darum hat die geschichtspolitische Zuwendung immer auch etwas Formalisiertes. Eine Gemeinschaft, die sich quasi im Augenblick, in dem das Grauen geendet hat, von diesem mit einem scharfen Bruch abwendet, kann das nur, indem sie so tut, als habe das Grauen mit ihr nichts zu tun. Sich durch Geschichtspolitik zu befreien setzt damit auch voraus, Geschichtlichem als einem Gegenstand zu begegnen, über den man nicht verfügen kann. Dazu muss dieser freilich in seiner mitunter verstörenden Fremdheit, als Text oder als Denkmal, erhalten bleiben. Hierin bestand – bisher – ein Unterschied zwischen der Vergangenheitspolitik in der Bundesrepublik und derjenigen in der DDR.

169. DIE AMBIVALENZEN DER VERGLEICHBARKEIT. Historisch und moralisch ist die Verabsolutierung des Nationalsozialismus überzeugend, politisch aber kann aus ihr weniger folgen, als wir uns wünschen sollten. Denn etwas, das sich nicht mit anderem vergleichen lässt, kann keine politische Orientierung bieten.[165] Die Ironie ergibt sich daraus, dass alle Parallelen zwischen den neuen rechtsautoritären Bewegungen und den rechten europäischen Bewegungen der zwanziger und dreißiger Jahre nicht thematisiert werden können, weil dies das Absolute relativieren würde.

170. »JEDEM MENSCHEN EINE GELEGENHEIT ZU GEBEN, DASS, WENN ER SIE NUR ERGREIFT, ER EINEN SOLCHEN ANTEIL DER GESELLSCHAFT ERWERBEN KANN, DER IHN KONSERVATIV WERDEN LÄSST, IST DAS ERSTE ZIEL RADIKALER POLITIK.« So schreibt es Rawls in einer unveröffentlichten Notiz.[166] Das Ziel einer an die Wurzel gehenden Politik soll die Erreichung eines Zustands sein, den niemand mehr ändern will. Ein progressives Projekt arbeitet auf eine Welt

hin, in der alle konservativ sein dürfen, ohne anderen Unrecht zu tun: eine Demokratie der Eigentümer.[167] Rawls' Utopie erwartet wie die sozialistische das Ende der Politik. Für eine Ordnung der Freiheitsgrade dürfte das aber weniger erstrebenswert sein als ein Nebeneinander von konservativen Eigentümern und progressiven Veränderern, in dem Abstieg nicht Exklusion bedeutet und in dem die für unterschiedliche politische Positionen einschlägigen Rechte, vom Eigentum zur Meinungsfreiheit, allesamt geschützt sind.[168] Kantisch an dieser Sicht des frühen Rawls ist der fehlende Sinn für Arbeitsteilung.

3.2.3 Öffentlichkeit

171. DIE FREIHEIT POLITISCHER ÖFFENTLICHKEIT. Was ist gemeint, wenn von politischer Öffentlichkeit die Rede ist? Ein Raum, in dem alle politischen Fragen diskutiert werden? Aber was ist überhaupt ein »Raum«? Verdeckt die Metaphorik nicht, was gemeint sein könnte? Wer sucht aus, was von Bedeutung ist, wer hat die Möglichkeit, alle zu adressieren, wer die Möglichkeit, alles zu hören? Wie viel Freiheit steckt in der Möglichkeit, gehört zu werden, und wie viel darin, nicht hören zu müssen? Vergrößere oder vermehre ich meine Freiheit, wenn mir ein Publikum sicher ist oder wenn ich zu keinem Publikum gehören muss? Öffentlichkeit ist kein Produkt von Einzelnen – und wenn sie eines ist, dann hat sie sich in Propaganda aufgelöst. Öffentlichkeit ist auch kein Marktplatz von Ideen.[169]

Die ungleiche Unfreiheit sozialer Zusammenhänge kommt auch dann in einer Öffentlichkeit zum Ausdruck, wenn es allen formell gleich freisteht, sich zu äußern und sich zu informieren, weil das Erreichen der Öffentlichkeit so viel mehr voraussetzt als das Recht, sich an sie zu wenden.[170] Mit Blick auf Raum und Zeit zeigten sich Widersprüche in der Frage, was Freiheit für wen bedeuten kann (→ 145 ff., → 159 ff.), sie zeigen sich auch mit Blick auf die Öffentlichkeit. Wäre der Zustand, in dem jede Kommunikation alle erreicht, ein Ideal von Öffentlichkeit? Gemeinschaftliche Freiheit könnte in diese Richtung zielen, während individuelle sich auch in Richtung eines Rückzugs bewegen kann. Niemand muss Öffentlichkeit wollen oder sich wünschen, von ihr erreicht zu werden.

172. ÜBER DIE FUNKTION POLITISCHER DEBATTEN. Politische Überzeugungsarbeit muss zu denen, die noch nicht überzeugt sind. Darum verkennt die Idee einer argumentativen Auseinandersetzung, in der man um »richtige« Überzeugungen ringt, den politischen Prozess. In Parlamenten und Parteien sitzen Personen, die dorthin aufgrund ihrer starken politischen Überzeugungen gekommen sind. Was würden Anhänger und Wählerinnen sagen, wenn sie von der anderen Seite durch »gute Gründe« umgedreht würden?[171] Eine politische Position wird in der Regel nicht durch Argumente der anderen Seite verändert. Diese Erwartung hat nicht nur nichts mit der Praxis der Politik zu tun, sie wurde auch oft zu einer missgünstigen Idealisierung missbraucht.[172] Eine politische Position ändert sich unter Anpassungsdruck, von der rohen Gewaltdrohung über die Nutzung von Opportunitäten bis zu ernüchternden Erfahrungen mit den Konsequenzen der eigenen Ideologie. Diskursiv wandeln sich politische Positionen in kleinen Schritten, und wenn durch Argumente, dann durch solche, die von Positionen kommen, die der eigenen nahestehen. Diese modifizieren Standpunkte, führen aber nicht zu einer grandiosen paulinischen Umkehr. Die politische Debatte dient dann auch nicht dem Austausch

von Argumenten, sondern der Kenntlichmachung von Positionen.

173. ÖFFENTLICHKEIT GIBT ES NUR IN FRAGMENTEN. Die Vorstellung, dass einst alle mit allen eine Öffentlichkeit teilten, im Kaffeehaus oder vor den Fernsehnachrichten, oder in Zukunft eine solche im Internet teilen werden, unterschlägt den schwierigen Zusammenhang zwischen dem Maß an Einbeziehung, der Breite, und dem Gehalt des Austauschs, der Tiefe, einer Öffentlichkeit.[173] Fragmentierung von Öffentlichkeit klingt begrifflich wie eine Einschränkung, ist aber in der Sache nicht nur Normalität, sondern Bedingung ihrer Möglichkeit. Vollständige Öffentlichkeit müsste nicht nur Barrieren der Erreichbarkeit, der Verständlichkeit und unterschiedlicher Relevanzen überwinden, sondern auch die Freiwilligkeit der Kommunikation. Das Ideal eines allgemeinen Gesprächsraums führt schließlich schnell zu sozialer Exklusion. Denn dort, wo normativ alle sprechen sollten, werden die Schranken zwischen denen, die sprechen können, und denen, die es nicht können, unsichtbar. Es sprechen am Ende diejenigen, die von sich oder anderen als repräsentativ für das Ganze betrachtet werden.

174. FRAGMENTIERUNG ALS MITTEL DER EINBEZIEHUNG. Die vermeintliche Fragmentierung oder Segregation von Öffentlichkeit, die Tatsache, dass politische Kommunikation in vielen verschiedenen Foren oft unter Gleichgesinnten betrieben wird, hat einen einbeziehenden Effekt.[174] Es ist einfacher, an Foren teilzunehmen, bei denen die eigene Zugehörigkeit nicht infrage steht. Es ist leichter, sich dort zu äußern, wo kein fundamentaler Widerspruch zu erwarten ist. Aus diesem Grund ist es ein zweifelhaftes Ziel, die ohnehin nicht neue Fragmentierung[175] der Öffentlichkeit aufzulösen.[176] Eher

müsste es darum gehen, diese Fragmentierung in Richtung des politischen Systems zu wenden, also die vermeintliche Einseitigkeit fragmentierter Öffentlichkeiten auf den Punkt zu richten, an dem sich auch andere Öffentlichkeitsfragmente orientieren. Das Ideal einer allgemeinen politischen Öffentlichkeit steht sich selbst im Wege, weil es von beteiligten Personen und Institutionen zu viel verlangt und weil es sich gegen die fragmentierten Foren wendet, die die Aufgaben von Öffentlichkeit übernehmen, die sich von einer idealisierten Allgemeinheit nicht übernehmen lassen.

175. ÜBER DIE UNTERSCHEIDUNG ZWISCHEN SOZIABILITÄT UND ÖFFENTLICHKEIT. Die alte Beobachtung, dass ein Geflecht von Vereinen und anderen gesellschaftlichen Strukturen eine Bedingung der Politik ist,[177] kann auch als Argument für eine Fragmentierung von Öffentlichkeit verstanden werden. Diese Einsicht schließt es nicht aus, Orte des Allgemeinen,[178] Fußballplätze ohne VIP-Bereich und Kinderspielplätze ohne soziale Segregation, vorhalten zu müssen, in denen sich Milieus mischen. Solche Orte sind aber nicht Orte eines allgemeinen politischen Diskurses – das wäre zu viel verlangt (→ 172). Es sind bestenfalls Orte der Perspektivenvermischung, in denen weniger Argumente ausgetauscht als sozial oder politisch geprägte Weltsichten entwickelt werden oder in denen sich einfach nur beobachten lässt, wie andere Menschen leben – oder wie sie »so sind«. Doch müssen sich Milieus, die sich dort oder im politischen Prozess begegnen sollen, immer an anderen Orten auf diese Begegnungen vorbereiten, in denen sie sich zuvor ihrer Partikularität versichern können.

176. WER IN DER POLITISCHEN ÖFFENTLICHKEIT SICHTBAR WIRD, IST SCHON DADURCH ÜBERREPRÄSENTIERT. In politischen Ordnungen herrscht Wettbewerb um öffent-

liche Sichtbarkeit als Bedingung der Möglichkeit von politischem Einfluss. Viele Klagen über zu wenig Sichtbarkeit sind zu vernehmen, aber schon wer diese Klage vernehmbar äußert, erweist sie damit als unberechtigt, denn die meisten bleiben ungehört.

177. ÖFFENTLICHKEIT ALS ORT POLITISCH UNKONTROLLIERTER SICHTBARKEIT. Stellen wir uns den öffentlichen Raum also schlicht als den Ort vor, in dem politische Positionen sichtbar werden (→ 172f.). Diese Sichtbarkeit kann in ein politisches Kernverfahren, in Parteien und Parlamente münden, aber die Sichtbarkeit ist bereits als solche ein politisches Phänomen. Sie vermittelt die Erkennbarkeit eines Anliegens selbst dann, wenn es nicht formell *an*erkannt wird. Politische Filter für Foren der öffentlichen Sichtbarkeit wären damit ausgeschlossen. Wenn in der Türkei ein elektronisches Ticketsystem für Fußballstadien eingeführt wird, um politische Proteste in Stadien zu verhindern, monopolisiert der Staat Sichtbarkeit. Wenn Öffentlichkeit nicht bloß auf die Freiheit, sich zu äußern, angewiesen ist (→ 178), sondern auf Verbreitung und Aufmerksamkeit, dann entsteht Freiheit dort, wo Verbreitungswege zugänglich und Aufmerksamkeitsressourcen offen sind, und dort, wo Personen und Institutionen mit privilegiertem Zugang sich die Form ihrer öffentlichen Darstellung nicht selbst aussuchen können.[179] Zu einer so verstandenen Öffentlichkeit gehören Formate, die politische Repräsentanten dazu verpflichten, sich in einer Form darzustellen, deren Bestimmung ihnen entzogen ist. Das Privileg der allgemeinen Sichtbarkeit muss durch eine Bindung an Formate der Selbstdarstellung kompensiert werden. Das beginnt bei einer Befragung von Regierungsmitgliedern in Parlament und Pressekonferenzen, deren Form und Inhalt nicht von der Regierung gestaltet werden dürfen.

178. WIE GELINGT ÖFFENTLICHKEIT? Wie unterscheidet man zwischen misslingenden und funktionierenden Öffentlichkeiten, wenn die Idee, dass alle mit allen beständig und verständig kommunizieren sollten, nicht weiterführt (→ 173)? Die Meinungsfreiheit ist hier eine notwendige, aber keine hinreichende Bedingung. Denn was als gelungen gelten kann, hängt davon ab, wie sich eine Ordnung die politische Repräsentation vorstellt, die durch Öffentlichkeit möglich werden soll. Der Schutz der Meinungsfreiheit dient dabei der Verflüssigung und Vervielfältigung der politischen Auseinandersetzung. Diese Verflüssigung genügt aber nicht, weil auf der einen Seite der Zugang zu Politik allen in allen möglichen Formen offenstehen soll, auf der anderen Seite dieser Zugang aber auf ein allgemeines politisches Verfahren bezogen werden muss. Eine gelingende Öffentlichkeit kann deswegen nicht einfach nur offen sein, sie muss die Kommunikation auf politische Verfahren ausrichten. Die Vielfalt des Diskurses ist zu sichern, aber diese Vielfalt soll in die gleiche institutionelle Richtung, etwa zu Parteien und Parlamenten, zielen, nicht um Einheitlichkeit zu stiften, sondern um politische Allgemeinheit zu ermöglichen. In einer liberalen Gemeinschaft ist Öffentlichkeit deswegen ein Gegenstand, für den widerstrebende Vorgaben gelten. Der politische Prozess muss an die Fragmentierung der Öffentlichkeiten anschließen, und die Öffentlichkeiten müssen bereit sein, sich in einen allgemeinen politischen Zusammenhang zu stellen – oder mit ihrer Depolitisierung bestimmte Möglichkeiten zu verlieren (→ 107). Das schließt es aus, Öffentlichkeit schlicht als etwas Unreguliertes zu verstehen.

179. SCHRANKEN DER MEINUNGSFREIHEIT. Auch despektierliche Äußerungen sind von der Meinungsfreiheit geschützt. Sollten sie es auch noch sein, wenn sie zu Tausenden

gegen eine Person gerichtet sind, wenn sie jemanden überschütten und überwältigen? Hier gibt es keine einfache Lösung. Die Behauptung, es gebe ein Mehr an Freiheit, wenn jede Äußerung durch die Meinungsfreiheit geschützt wäre, ist aus verschiedenen Gründen nicht überzeugend. Zum Ersten lässt sich das Maß an kommunikativem Spielraum nur bestimmen, wenn man auch die Praktiken außerhalb des Rechts beobachtet. Alle Ordnungen, die freie Rede schützen, kennen zum Teil bemerkenswert enge soziale Grenzen der Meinungsäußerung, besonders deutlich in den USA, in denen man vieles von dem, was man sagen darf, öffentlich nicht sagen kann. Zum Zweiten ist es bei der Meinungsfreiheit besonders schwierig, Schäden zu bemessen. Die Meinungsfreiheit ist kein Nullsummenrecht wie das Eigentum, wer sie gebraucht, schließt damit niemanden aus (→ 117). Trotzdem erzeugt ihr Gebrauch Effekte, die am Maßstab der Rechte schwer zu formulieren sind. Eine Äußerung kann den sozialen Status einer Person infrage stellen, Angst vor Ächtung und Gewalt erzeugen und durch beides Handlungsfreiheiten und damit auch die praktische Fähigkeit der Betroffenen beschränken, die eigene Meinungsfreiheit zu nutzen. Diese Wirkungen sind nicht förmlich, sie sind stark von sozialen Zusammenhängen abhängig, die sie ermöglichen und verstärken. Ernsthaft lässt sich der Wert formalisierter Freiheit nur durch einen Blick auch auf ihre informellen Kosten bemessen.

180. DIE SELEKTION DER ÖFFENTLICHKEIT DURCH DIE ÖFFENTLICHKEIT. Einerseits ist die Verbreitung von persönlichen Verleumdungen und Unwahrheiten in der Politik ein altes Phänomen,[180] andererseits sind offene Ordnungen für sie deswegen besonders anfällig, weil sie darauf bauen müssen, dass alle in die politische Öffentlichkeit treten können.

Die Gefahr aggressiver Öffentlichkeit liegt dann in der selektiven Wirkung, die sie auf den politischen Prozess hat. Wer nicht auf eine bestimmte Art kommunizieren möchte, wird nicht in den politischen Prozess eintreten, auch wenn er es gerne würde. Auch das ist nicht neu. Es entsteht nicht allein durch aggressive Kommunikation, es mag schon politisch interessierte, aber schweigsame Menschen von harmloseren Formen der Politik abhalten. Das ist seit Langem ein Hindernis für geschlechtergerechte Politik. All dies bekommt durch aggressive politische Kommunikation aber ein anderes Gewicht, wenn die Selektion zu einer Selbstverstärkung führt. Politische Alternativen müssen auch intern anders kommunizieren, um anderes Personal anziehen zu können.

181. GIBT ES EIN *AGREEMENT TO DISAGREE*? Die Spieltheorie hat versucht, diese Frage zu formalisieren, und ein solches *agreement* nicht finden können: Vielmehr sei es so, dass wechselseitiges Verständnis der Überzeugung anderer auch zu gleichen Überzeugungen führen müsse.[181] Aber eine solche Modellierung beschreibt eine ideologiefreie Gemeinschaft ohne Politik, in der eine vollständig geteilte Beschreibung der Welt vorausgesetzt werden kann. In einer politischen Gemeinschaft, die ohne Ideologie nicht funktioniert (→ 127), gibt es mit dem Fehlen einer vollständig geteilten Weltsicht aber die Möglichkeit, die Politisiertheit der eigenen wie der anderen Weltsicht einzusehen und dabei innezuhalten. So kann man sich unter günstigen Bedingungen darauf einigen, das Gespräch einzustellen, oder es einseitig einstellen. Es wird für alle Seiten Fragen geben, über die es nichts zu diskutieren gibt, und die Kunst zivilisierter Politik dürfte auch darin liegen, indiskutable Fragen in den Hintergrund der Auseinandersetzung treten zu lassen.

182. MIT EXTREMISTEN ... REDEN? Öffentliche Kommunikation mit politischen Gegnern verleiht diesen Legitimität. Sie werden, auch wenn man sich inhaltlich abgrenzt, öffentlich als gesprächsfähig behandelt. Innerhalb der Regeln, die für alle gelten, müssen alle sich die Öffentlichkeit nehmen, die sie bekommen können. Die Idee, Extremisten einzuladen, damit sie auch zu Wort kommen, gibt deren unberechtigter Klage über zu wenig Aufmerksamkeit nur Bestätigung. So erscheint es naiv, mit politischen Gegnern zu sprechen, die die Form der Aussprache nur strategisch benutzen. Das Gleiche gilt für den extrem paternalistischen Anspruch, Personen mit extremen Ansichten »verstehen« oder »ernst nehmen« zu wollen. Was genau könnte das bedeuten? Wenn es nicht Therapie ist, die sich als Politik tarnt, kann es nur als verdeckte Rechtfertigung einer Position gelesen werden, die offen nicht gerechtfertigt werden kann. Zudem dienen politische Debatten auch innerhalb eines liberalen Spektrums der Kennzeichnung von Positionen, nicht der wechselseitigen Überzeugung (→ 172). Das ist, wie gesehen, kein Mangel von Politik, sondern Ausdruck der Arbeitsteilung zwischen politischen und anderen Diskursen.

183. »WHEN THEY GO LOW, SHOULD WE REALLY GO HIGH«? Thomas Hobbes sah es anders als Michelle Obama:[182] »Es ist unzivilisiert, als Erster schlecht zu reden, aber zivilisiert und rechtmäßig, schlechte Rede entsprechend zu erwidern.«[183] Zunächst wäre zu klären, aus welchen Motiven man wie reagiert. Wenn »sie« das Niveau absenken und man dem nicht folgen soll, so klingt eine soziale Distinktion dort an, wo sie nicht hingehört. Die Frage nach dem richtigen Ton sollte nach politischen Kriterien beantwortet werden, und zwei solche kommen in den Sinn: Die Auseinandersetzung soll nicht angeheizt und politische Gewalt damit wahrscheinlicher wer-

den oder der gewählte Ton soll die eigene Überzeugung und die eigene Anhängerschaft sammeln. Solche Gründe für zivilen Umgang sind aber nicht mit moralischer Überlegenheit zu verwechseln. Es mag umgekehrt in Situationen geboten sein, Hobbes zu folgen und unzivil zurückzuschlagen, sei es, weil dies die Anhänger sammelt, sei es, weil man anders nicht gehört wird. Vielleicht verlangt ein bürgerliches Lager bürgerliche Umgangsformen. Vielleicht verlangt es aber auch nur, dass man deutlich reagiert.

184. VON DER ÜBERSCHÄTZUNG DER MASSENMEDIEN. Dass Strukturen allgegenwärtig sind, bedeutet nicht notwendig, dass sie auch politische Bedeutung haben. Jede mediale Struktur schafft sich ihre Art von Öffentlichkeit, aber es ist nicht einfach, ihnen politische Konsequenzen zuzurechnen. Dass Goebbels das Radio mit politischem Erfolg nutzte, spricht nicht gegen das Radio. Politik und Medium gingen hier eine fatale Beziehung ein, die möglich, aber nicht notwendig war und die nicht einfach auf das Medium zurückfallen muss.[184] Im Moment sichern sich autoritäre Herrschaftsformen mindestens so sehr durch Fernsehen ab wie durch soziale Medien.[185] Natürlich sind mediale Mechanismen wichtig, aber das, was an ihnen wichtig ist, verknüpft eben nicht notwendig eine bestimmte Art von Politik mit einem bestimmten Medium.[186] Dafür erweisen sich spezifisch politische Mechanismen als zu alt und zu zählebig, namentlich auch die Mechanismen, mit denen Medien durch staatlichen Eingriff oder private Kartellierung unter politische Kontrolle gebracht werden.[187] Es soll nicht behauptet werden, dass Medien unwichtig wären und Politik sich nicht durch deren Wandel ändern würde, sondern nur, dass mit dem Hinweis auf Medien wie mit dem auf die politische Bedeutung von Gefühlen (→ 138) oder von Technik (→ 135) wenig Spezifisches gesagt wird.

Medial wird sich diese Einsicht nicht durchsetzen, weil Medien sich schwer damit tun, die Grenzen ihrer eigenen Bedeutung einzusehen.

185. KÖNNTEN MEDIEN AUF AUFMERKSAMKEIT VERZICHTEN? Die Crux aller Kommunikationsmedien besteht darin, dass sie auf Aufmerksamkeit nicht verzichten können, dass diese Aufmerksamkeit für ihre Funktion aber eine unklare Bedeutung hat. Kein noch so anspruchsvolles Medium wird nur deswegen selbstkritisch, weil die Auflage oder die Zahl der Benutzer steigt – obwohl dies ja auch Indiz eines Problems sein könnte, wenn man die Aufgabe des Mediums weder an wirtschaftlichem Erfolg noch an politischem Einfluss, sondern nur an der Versorgung mit Informationen einer bestimmten Qualität festmacht. Natürlich wird ein Kommunikationsmedium nicht dadurch besser, dass es wenige erreicht. Die Frage ist nur, welche Folgen es hat, wenn es wirtschaftlich davon abhängig ist, viele zu erreichen.

186. DIGITALE RADIKALISIERUNG GESCHIEHT WENIGER DURCH INNERE ABSCHLIESSUNG ALS DURCH EINEBNUNG VON PRIVATEM UND ÖFFENTLICHEM. Dass sich durch den Wandel der Medienlandschaft geschlossene Milieus gebildet haben, die sich stärker radikalisieren, erscheint möglich, aber es bleibt schwer zu beobachten, vor allem ist ganz unklar, ob es sich um ein neues Phänomen handelt.[188] Für die deutsche Geschichte verortet man das Entstehen politischer Parteien im späten 19. Jahrhundert in bestimmten »sozialmoralischen Milieus«,[189] also in geschlossenen sozialen Verbänden mit wenig Kontakt zu anderen Milieus. Dass es demgegenüber heute in einer teilweise demokratisierten Gesellschaft ein Mehr an Abschließung geben soll, leuchtet nicht ein, selbst wenn liberale Ordnungen in keiner Weise einem Ideal sozia-

ler Durchlässigkeit genügen. Der technologische Punkt liegt vielleicht weniger in der Vermischung von Milieus, die selten vermischt waren, als in der Plastizität der Medien und der damit verbundenen Absenkung von Artikulationsschwellen. Die Unterscheidung zwischen dem, was man privat, und dem, was man öffentlich äußert, hängt auch daran, wie einfach es ist, sich öffentlich zu äußern. Für die meisten Menschen war es die längste Zeit der Geschichte praktisch unmöglich, auf eine Art zu kommunizieren, die viele andere erreichte, und auch später war dies für alle mit kleinen, aber praktisch relevanten Hürden verbunden: Den Brief schreiben, eintüten, frankieren und zur Post bringen, das sind Schwellen, in denen das eigene Anliegen ausnüchtern kann. Hier schaffen die sich verflüssigenden Grenzen der Dingwelt (→ 120) einen Unterschied. Privat äußern sich die meisten pointierter und extremer als öffentlich, eben weniger gefiltert durch die Erwartungen einer Gemeinschaft. Wenn sich alles ohne Reibung öffentlich sagen lässt, befeuert das den Diskurs. Es beginnt die öffentliche Herrschaft der privaten Ungezogenheit.

3.2.4 Positionen

187. FURCHT UND HOFFNUNG DER MOBILISIERTEN. Am Anfang politischer Mobilisierung steht die Unterstellung, dass Politik Gutes oder Schlechtes bewirken kann, dass sich aus politischer Freiheit etwas für andere Freiheiten ableiten lassen könnte. Wer sich vom politischen System nichts verspricht, wird sich nicht darauf einlassen. Er sieht sich von der Ordnung nicht mehr repräsentiert (→ 100). Die demobilisierende Unterstellung, Politik sei nicht von Bedeutung, kann aus einem Status der Stärke von denen kommen, für

die politische Entscheidungen zu klein sind, oder aus einem der Schwäche, die so groß scheint, dass durch Politik nichts mehr zu gewinnen ist. Beides könnte ein Irrtum sein, aber beide können in ihrer De-Mobilisiertheit auch negative politische Macht ausüben, zumal wenn die eine Gruppe sozial einflussreich, die andere zahlreich ist.

188. MOBILISIERUNG UND POLITISCHE ARBEITSTEILUNG. Rousseaus Feststellung, die Briten seien nur während der Stimmabgabe frei, ansonsten Sklaven,[190] bringt ein spektakuläres Missverständnis des parlamentarischen Regierungssystems zum Ausdruck. Denn die Parlamentswahl ist nicht nur eine Form organisierter Freiheit, sie setzt auch andere Praktiken der Freiheit vor und nach den Wahlen voraus. Trotzdem ist die Vorstellung, Politik beschränke sich für die Allermeisten auf die Teilnahme an einer Wahl, von Interesse, weil sie auf eine Abspaltung der politischen von der sozialen Welt hinweist, die im Projekt der Verselbstständigung von Politik angelegt ist, die dieses aber auch bedroht (→ 57). Dass der politische Prozess organisiert (→ 98) werden muss, ist solange kein Problem, wie diese Organisiertheit der Mobilisierung nicht im Weg steht. Freilich könnte es sein, dass sich in liberalen Ordnungen deren Gegner einfacher mobilisieren lassen (→ 35). Daraus entstünde ein Wettbewerb zwischen organisierter und anderer Politik, in dem die Anhänger der Ordnung ihren Beitrag an die professionalisierte Berufspolitik delegieren, obwohl die Ordnung auf breite Mobilisierung angewiesen ist. Die seltsame Idee, man könne »an die Politik« eine Forderung stellen, ohne damit sich selbst zu adressieren, entstammt dieser Vorstellungswelt – sie ist in der Professionalisierung von Politik angelegt und unterläuft sie. Ein Liberalismus, der schon lange nicht mehr sonderlich erfolgreich mobilisiert und der fest an die Segnungen der Ar-

beitsteilung organisierter Politik glaubt, leidet darunter besonders.

189. »POLITIK ALS BERUF« IST NUR MÖGLICH, SOLANGE ES POLITIK AUCH ALS NEBENBESCHÄFTIGUNG GIBT. Politische Bewegungen gewinnen ihre Kraft durch un- oder halbpolitische Beteiligte, die ihre privaten Pläne einem Programm einpassen, ohne darin aufzugehen, oder die sich schlicht private Vorteile versprechen. Man kann von »Mitläufern« sprechen, aber natürlich tritt dieses Phänomen nicht nur bei totalitären politischen Bewegungen auf, es ist jeder Politik immanent. Ohne Mitläufer gibt es keine Politik.

190. BÜRGERLICHES ENGAGEMENT ODER SKEPTISCHE DISTANZ? An der Wende vom 16. zum 17. Jahrhundert wandelte sich in Europa die Einstellung der Intellektuellen zur Politik.[191] Ein emphatischer Republikanismus, der in politischer Betätigung moralische Wahrheiten am Werk sah, trat gegenüber einem Skeptizismus zurück, der sich keinerlei Wahrheit, schon gar nicht in der Politik, sicher sein wollte. Interessant ist diese Entwicklung, weil ihre Kategorienwelt für die Gegenwart nicht überwunden scheint. Engagierte und Distanzierte lassen sich auch heute ausmachen. Unsicher bleibt weiterhin, wie diese Entwicklung zu bewerten ist.[192] Man stelle sich eine politische Gemeinschaft vor, in der alle ihre politischen Überzeugungen als moralisches Anliegen vertreten würden – oder eine, in der sich niemand mehr ein politisches Urteil zutraut. Statt eines Mittelwegs für alle (→ 195) bietet sich auch hier eine Arbeitsteilung an, in der nicht nur unterschiedliche Parteien, sondern auch verschiedene Modelle der Nähe und Ferne zur Politik nebeneinander operieren. So sympathisch man kalte Gemeinschaften distanzierter Akteure unter modernen Bedingungen finden mag,[193] so zweifelhaft ist,

ob sie genügen, um einen politischen Prozess zu entfachen, ja ob politische Gemeinschaften überhaupt mit einer gleichmäßigen Verteilung von politischer Energie funktionieren.[194]

191. DER LIBERALISMUS INTERESSIERT SICH NOTORISCH WENIG FÜR FRAGEN DER MOBILISIERUNG. Rechtsliberale Politik ersetzt politische Mobilisierung durch technischen Fortschritt und Marktmechanismen, linksliberale Politik durch demografische Entwicklung, die die Falschen demobilisiert, durch Migration majorisiert oder aussterben lässt. Im Ansatzpunkt sind beide Vorstellungen zutiefst illiberal, indem sie Politik renaturalisieren (→ 54).

192. SOLIDARITÄT ALS BEDINGUNG POLITISCHER MOBILISIERUNG. Jede politische Mobilisierung muss sich Anliegen anderer zu eigen machen und eigene Anliegen anderen überlassen. Das ist nicht altruistisch gemeint, es geht nicht darum, etwas für andere tun zu wollen, sondern darum, Vorteile in einer Verbreiterung der eigenen politischen Interessen zu erkennen. Nicht selten dienen imaginierte Angelegenheiten anderer als Vehikel der Mobilisierung: »Wie ich höre, kann man in A nicht mehr ohne Furcht auf die Straße gehen.« Das klingt bedenklich, es kann aber auch als eine Art moralisch abgespeckter Solidarität verstanden werden, die für politische Mobilisierung notwendig ist. Die Idee, *gemeinsam* Politik zu machen, scheint heute ostdeutschen Fremdenfeinden sehr viel deutlicher vor Augen zu stehen als einem sich politisch engagiert vorkommenden liberalen westdeutschen Bürgertum, das allem, was es tut, eine politische Note verleiht, um dadurch Politik zu vermeiden (→ 107).[195] Solidarität ist auch in diesem primitiven Sinne keine moralische Tugend, sondern eine praktische Fähigkeit, die gelernt und eingeübt werden kann.

193. WER AN DER HERRSCHAFT IST, KANN SCHWER POLITISCH MOBILISIEREN. Mobilisierung ist Gegenmobilisierung. Wer dominiert, arbeitet an der Erhaltung des Status quo, dessen Mobilisierungsenergie immer hinter der Energie der Veränderung zurücksteht. Aus diesem Grund muss in einem autoritären System Mobilisierung schon im Keim erstickt werden. Aus Sicht einer fundamentalen Opposition muss dagegen dem Gegner Hegemonie unterstellt werden.[196] Diese Asymmetrie zeigt sich in liberalen Demokratien. Zu ihren Gunsten scheint keine nennenswerte politische Mobilisierung möglich, da sie bereits für jedes Problem verantwortlich ist. Entgegen dem Stand der Debatte dürfte das, was man unter Identitätspolitik verbucht (→ 86), noch die letzte Bastion liberaler Mobilisierung darstellen.

194. EXTREMISMUS ALS FREIHEIT. Die Möglichkeit, etwas als Beitrag zur politischen Kommunikation zu äußern, ist der erste Schritt zu politischer Setzung und Durchsetzung.[197] Je größer die Freiheit in einer politischen Gemeinschaft, desto mehr politische Positionen erscheinen vertretbar – bis zu dem Punkt, an dem diese Denkbarkeit zu einer Bedrohung des Systems wird. Möglichkeitsräume sind aber auch dann erwünscht, wenn vielen viele Möglichkeiten unerwünscht bleiben. Freiheit kommt immer auch in extremen Positionen zum Ausdruck.[198] So wie die Häresie Teil der lehramtlichen Theologie ist,[199] so galten die Inhalte, die heute den Mainstream des demokratischen Verfassungsstaates des Grundgesetzes ausmachen,[200] im deutschen 19. Jahrhundert als Ziele eines radikalen Linksliberalismus.[201]

195. DAS IRREFÜHRENDE BILD DER POLITISCHEN MITTE. Was ist gemeint, wenn von politischer Mitte die Rede ist? Quantitativ scheint der Begriff eine Normalverteilung zu un-

terstellen, in der ein Medianwähler in der Mitte steht:[202] Je weiter man nach außen geht, desto weniger Anhänger finden sich. Aber dieses Bild ist aus mehreren Gründen irreführend: weil Überzeugungen nicht normalverteilt sind, weil sie sich nicht auf einer Linie abbilden lassen, weil sie inkonsistent sind, weil der politische Prozess von asymmetrischer Mobilisierung gekennzeichnet ist, also davon, dass nicht alle politischen Überzeugungen ihre Anhänger gleichermaßen zu Engagement bewegen, und weil unter diesen Bedingungen unklar ist, wie man den Mittelpunkt bestimmen soll. Zudem verschieben sich die Punkte, an denen die meisten Präferenzen konvergieren. Mit einer solchen Verschiebung werden einige Positionen normalisiert, andere zu Extrempositionen. So gibt es weder eine empirische Antwort auf die Frage, wo die Mitte liegt, noch spricht es normativ für eine Position, dass sie die Mitte beansprucht oder als in der Mitte liegend wahrgenommen wird. Schließlich waren viele Positionen, die heute als Mitte angesehen werden, einmal radikal – und umgekehrt. Wenn wir Politik trotzdem in politischen Spektren denken, dann ergibt sich das aus der Notwendigkeit politischer Repräsentation. Die Vielfalt an Positionen muss dargestellt werden, um entscheidungsfähige Einheiten zu schaffen. Zugleich wird dieses Spektrum aber permanent neu- und umdefiniert. Angesprochen wird mit dem Begriff der »Mitte« ein diffuses Gefühl sozialer Zugehörigkeit, das aber, namentlich mit dem Begriff der Mittelschicht, auch in die Irre führen kann, wenn es zur Über- oder Unterschätzung des eigenen sozialen Status führt, den man gerne mit einer Mitte identifizieren würde.

196. LIBERALISMUS ALS MITTE. Der Liberalismus hat sich freilich seit seinen Anfängen in der Mitte situiert (→ 2). Einerseits hilft dieser Anspruch dem Liberalismus ironischer-

weise dabei, sich *politisch* abzugrenzen, andererseits entgeht er, wie wir gesehen haben, einer Einordnung im Spektrum nicht. Politisch gibt es Liberalismus nur als Links- oder Rechtsliberalismus (→ 31).

197. ÜBER POLARISIERUNG. Politische Polarisierung besteht nicht einfach darin, dass sich Positionen eines Spektrums auseinanderbewegen oder sich einzelne Extrempositionen bilden, sondern darin, dass die Lager im Ganzen diesen Extremen folgen und sich zwischen ihnen eine ideologische Lücke öffnet. Zunächst werden extreme Positionen in einem politischen Sinne denkbar, das heißt, sie finden Anhänger und lassen sich deswegen ohne prohibitive Sanktionen aussprechen (→ 174). Dann finden diese Positionen Anschluss, es ergibt sich ein internes Kontinuum zu weniger radikalen Positionen. Relevant können extreme Positionen nur werden, wenn sie in Kontakt mit anderen kommen. Polarisierung entsteht maßgeblich von der anderen Seite dadurch, dass weniger extreme Positionen Anschluss suchen, um das Lager zu vergrößern.[203] Die Lücke zwischen Lagern schafft die Nichtvermittelbarkeit von Positionen. Diese Nichtvermittelbarkeit betrifft die gesamte politische Gemeinschaft. Deswegen wird über den Erfolg rechtsautoritärer Positionen in christdemokratischen und konservativen Parteien entschieden.

Andere Grenzen der politischen Auseinandersetzung, auch der Verzicht auf Gewalt, werden so infrage gestellt, weil der zentrale politische Imperativ einer polarisierten Struktur darin besteht, die ideologische Lücke nicht zu überbrücken. Die Radikalisierung der einen Seite lädt zur Radikalisierung der anderen Seite ein, auch wenn der Prozess nicht symmetrisch verläuft, sondern von einer Seite kommt:[204] Je rassistischer die einen, desto menschenrechtlicher die anderen. Das ist verständlich, es enthält auch keine Gleichsetzung von Rassismus und Menschenrechten, aber politisch kann es die falsche Reaktion sein: zum einen, weil so die eigene Position in Abhängigkeit von anderen Positionen gerät, zum anderen, weil es den Konflikt verschärft. Auf Polarisierung, so einfach scheint es zu sein, reagiert man angemessen, indem man die eigene politische Position nicht verändert.

198. DAS FREIHEITLICHE DILEMMA DER LAGERZUGEHÖRIGKEIT. Die Umfragen zum Brexit[205] und die Beliebtheitswerte von Trump[206] waren lange Zeit stabil. Ist das erstaunlich? Man könnte denken, dass es auch Parteianhängern an einem bestimmten Punkt zu viel wird. Aber das wäre falsch herum gedacht. Denn Abwendung bedeutet in einer polarisierten Situation faktisch Zuwendung zum Gegner. Wer aufhört, die eine Partei zu unterstützen, muss die andere Partei unterstützen, die sich freilich immer weiter entfernt. Deswegen ist der Gemeinplatz, politische Lager müssten sich voneinander unterscheiden, zugleich richtig und gefährlich.[207] Ab einem bestimmten Maß an Differenz kann man die eigene Partei nicht mehr verlassen, man kann den Graben nicht mehr überspringen und muss stattdessen der eigenen politischen Bewegung überallhin folgen. Die Freiheit, die in der Unterscheidbarkeit der Lager liegt, kann zum Gefängnis ihrer Anhänger werden. Zugleich stößt die Polarisierung den Rest ab und distanziert ihn von Politik im Ganzen.[208]

199. STANDPUNKTLOSIGKEIT ALS SCHWESTER DER POLARISIERUNG. Unter Bedingungen politischer Polarisierung entsteht das seltsame Phänomen der Suche nach dem neutralen politischen Standpunkt. Um keinem Extremismus anheimzufallen, wird ein solcher konstruiert. Dieses Vorgehen ist schon deswegen zweifelhaft, weil die Konstruktion

einer solchen Position ja nur abhängig von den anderen geschehen kann. Was geschieht, wenn die Polarisierung asymmetrisch verläuft, wie sie es immer tut? Dann bestimmt das Lager, das sich stärker oder schneller radikalisiert, den Ort des neutralen Standpunkts. Der Verzicht auf eine eigene Position ist kein Beitrag zur De-Radikalisierung.

200. PARTEIEN SIND KEINE ANSAMMLUNGEN INDIVIDUELLER POSITIONEN. Es ist ein liberales Missverständnis, Parteien als Bündler individueller Präferenzen zu verstehen und sie daran zu messen, wie gut sie diese abbilden. Theoretisch liegt dieses Missverständnis in einer rein individualistischen Deutung von politischer Repräsentation (→ 60ff.), die es ausschließt, dass sich gemeinschaftliche gegenüber individueller Freiheit verselbstständigen kann. Praktisch verkennt es, dass sich die Positionen politischer Parteien nur im Verhältnis zu den Positionen anderer Parteien definieren lassen. Politische Präferenzen kommen nicht unvermittelt aus Individuen, sondern sie entstehen vermittelt in der Beobachtung der politischen Verhältnisse, durch die allein Individuen ihre eigene politische Position bestimmen können.

201. WANN POLITISCHE PARTEIEN FREIHEIT STIFTEN. Als Instrumente zur Verwirklichung politischer Freiheiten sind Parteien nur tauglich, wenn sie für eine relevante Anzahl von Wählern ein Angebot entwickeln, das diese als repräsentativ annehmen können.[209] Dann wird aus der Freiheit der Partei eine Freiheit der politischen Gemeinschaft. Das wird erschwert, wenn die Mitglieder ihre Partei nur auf den eigenen politischen Horizont hin entwerfen und nicht auf den potenzieller Wählerinnen. Repräsentative Willensbildungsprozesse in Parteien sind auch deswegen wichtig, weil Parteirepräsentanten ein größeres Interesse an allgemeiner Wählbarkeit

und Parlamentsfraktionen sogar ein demokratisches Mandat haben.[210] Die Demokratisierung der Partei durch eine Direktwahl von Kandidaten und Abstimmung über Programme kann dagegen die Repräsentationsleistung des demokratischen Prozesses im Ganzen vermindern.[211] Die Funktion politischer Parteien, kollektive Entscheidungen zu ermöglichen, hängt deswegen auch nicht von der Größe ihrer Mitgliedschaft ab. Jenseits eines Minimums, das flächendeckende Präsenz und Alternativen bei der Personalauswahl ermöglicht, bringt die Zahl der Mitglieder keinen normativen Gewinn für den politischen Prozess.

202. PARTEIORGANISATIONEN MÜSSEN SOZIALEN ZUSTÄNDEN ENTGEGENKOMMEN. Wer auf Politik besonders angewiesen ist, tut sich schwer, ihre Formen zu nutzen. Wen die Verhältnisse auslaugen, der oder die kann sie nicht verändern. Je mehr sich die gesellschaftliche Arbeit auf alle verteilt und je mehr sie mit perfektionistischen Maßstäben versehen wird, desto mehr Beteiligte werden vom politischen Prozess ausgeschlossen.[212] Daher müssten sich politische Organisationen entlang der Teile der Gesellschaft organisieren, die sie mobilisieren wollen. Das heißt nicht, dass man sie abholen soll, diese Metapher, macht aus politischen Subjekten unselbstständige Kunden. Eine Politik der Freiheitsgrade, bei der man sich selbst nicht bewegen müsste, ist nicht denkbar. Es bedeutet jedoch, sich so zu organisieren, dass politische Beteiligung vom Wollen abhängig wird, nicht vom Können (→ 21). Parteien können als leichtes, auf ein Ereignis wie Wahlen zugeschnittenes Kleid oder als verfestigte Organisationen mit professionalisierter Bürokratie auftreten. Die Wahl der Form bestimmt die Art politischer Karrieren und das Maß an Mobilisierbarkeit (→ 189ff.). In Deutschland ist eine Partei eine programmatisch definierte verfestigte Or-

ganisation, in die man unter Umständen auf Lebenszeit eintritt. In den USA sind Parteien Wahlkampfvereine. Mitgliedschaft funktioniert vor allem über punktuelles Engagement in Kampagnen, das sich vielleicht besser in bestimmte biografische Momente einbauen lässt.

203. PROGRAMMATISCHE WIDERSPRÜCHE ALS POLITISCHE RESSOURCE. Parteien gewinnen aus ihren inneren Widersprüchen von Interessen und Ideologien Energie. Politische Flügel können unterschiedliche Anhängerschaften mobilisieren und miteinander verbinden. Wenn eine Partei neben sich eine ideologisch härtere soziale Bewegung hat, kann die Bewegung mit der Partei zugleich Kontakt halten und behaupten, mit ihren Protestformen außerhalb des politischen Systems zu bleiben (→ 219). Das Nebeneinander von Flügeln innerhalb einer Partei und von Partei und Bewegung war in der Bundesrepublik für die Grünen wie für die AfD sehr erfolgreich.

204. DIE ZUKUNFT VON RECHTS UND LINKS ODER DIE FREIHEIT DER LAGERZUGEHÖRIGKEIT. Die Unterscheidung zwischen politischen Lagern ist eine Form der Freiheit einer politischen Gemeinschaft. Die Art der Leitunterscheidung zwischen zwei Lagern ist dabei einigermaßen beliebig. In den Vereinigten Staaten operiert sie mit austauschbaren und ausgetauschten Bezeichnungen: Föderalisten, Republikaner, Demokraten. In Kontinentaleuropa entwickelt sich die Lagerunterscheidung aus dem Verhältnis zur Französischen Revolution, als rechts und links, und bleibt bis heute lose an die Frage sozialer Gleichheit gebunden.[213] Die Behauptung, die Unterscheidung zwischen rechts und links sei überwunden, ist politisch nicht unschuldig. In Frankreich gilt sie als dezidiert rechts.[214] Daran ist richtig, dass sich die Unterscheidung

auch auf die Möglichkeit politischer Handlungsfähigkeit selbst beziehen lässt, die als Regulierung des Sozialgefüges politisch real wird. Diese Möglichkeit ist wie die Erfindung moderner Politik (→ 301) eher links als rechts zu verorten.

Die Möglichkeit, politische Handlungen entlang einer Leitunterscheidung zu organisieren, steht mehr und mehr infrage, weil diese nicht als repräsentativ wahrgenommen wird. Doch erweist sich die Vorstellung, eine genauere Ausdifferenzierung von Parteien gebe den Einzelnen ein Mehr an Freiheit, weil ihre Präferenzen dadurch genauer abgebildet würden, auch hier als irrig. Denn mit dieser Ausdifferenzierung wird es eben auch schwieriger, in politischer Gemeinschaft frei, also handlungsfähig, zu sein. So führt die Bindung an die Präferenzen ihrer Anhänger Parteien strukturell in die Opposition, am Ende in eine faktische Systemopposition. Das ändert nichts daran, dass Unterscheidungen wie die zwischen rechts und links politische Konflikte nicht mehr sammeln und andere Unterscheidungen – etwa zwischen Kosmopoliten und Kommunitären,[215] zwischen Stadt und Land oder verschiedenen Berufsgruppen[216] – nicht schlüssig bündeln können. Mit der Vervielfachung von politischen Gegensätzen ist die entscheidende Determinante liberaler Politik in Gefahr: die Mehrheitsbildung (→ 256).

3.2.5 Macht und Ordnung

205. MACHT ZU UND MACHT ÜBER. Das Verhältnis zwischen Macht und Freiheit ist ambivalent, vielleicht können Theorien des Liberalismus deswegen notorisch wenig mit dem Begriff anfangen. Denn Macht *zu* etwas kann ebenso Freiheit anzeigen wie Macht *über* andere Unfreiheit. Macht lässt sich zudem nicht einfach als solche be-, sondern nur auf

Grundlage eines eigenen Standpunktes zuschreiben.[217] Wer etwas »wirklich« entschieden hat, bleibt Gegenstand permanenter politischer und historischer Umdeutung. Aus Antreibern werden Getriebene und wieder zurück. Macht wird zugeschrieben, um die eine zu ermächtigen oder den anderen in die Verantwortung zu nehmen. Dennoch gibt es Macht und damit auch bessere und schlechtere Modelle ihrer Verteilung. Weil die Art, in der Macht ausgeübt wird, sozial und kulturell ganz unterschiedlich funktioniert und weil sie sich nicht immer preisgibt, ist es so schwierig, Macht zu vermessen.

206. SUCHEN FREIE MENSCHEN MACHT ÜBER ANDERE? Die Macht *zu* etwas, die man als persönliche Freiheit bezeichnen könnte, wird durch die Macht *über* andere beschränkt. Die Vermehrung von Machtverknüpfungen verringert die eigene Bewegungsfreiheit. Für Machthaber wäre dies eigentlich ein von der Macht abschreckender Umstand, aber wahrscheinlich ist man auf der Suche nach politischer Macht nicht an individueller Freiheit interessiert. Trotzdem muss sich erst einmal jemand finden, der Macht ausüben will, die persönlich derart einschränkt.[218] Nicht selten sind politische Herrscher auch heute noch in Formen eingebunden, die wenig Raum für Spontaneität lassen. Politische Macht operiert zwischen symbolischer Souveränität und politischer Verstrickung und kann Letztere nicht einfach durch Erstere abwenden. Deswegen wirken politische Herrscher aller möglichen Systeme wie Schauspieler in einem funktionalen Skript, nicht wie freie Gestalter von Freiheit. Individuell, also jenseits politischer Gestaltungshoffnung, verlockend dürfte weniger die Macht selbst als die Aufmerksamkeit sein, die sie erzeugt.

207. IDEOLOGIE ALS FORM POLITISCHER MACHT. Als im Jahre 2018 in Italien eine rechte (Lega) und eine programma-

tisch leere (Cinque Stelle) Partei miteinander koalierten, gewann die rechte den Wettbewerb um politische Macht zunächst auch deswegen, weil sie wusste, was sie wollte. Ihr programmatischer Wille schuf ihre politische Macht. Das Programm ist ein Machtfaktor, weil es politische Operationen vordefiniert. Es beschleunigt den Zugriff auf Optionen, indem es sie filtert und priorisiert. Dies gilt umso mehr, wenn Parteien als Agenten einer fundamentalen Veränderung gewählt wurden. Dann gibt es eine Prämie auf Wandel, auch unabhängig davon, worin er genau besteht, und damit einen Machtvorsprung für Inhalte im Allgemeinen und radikale Inhalte im Besonderen.

208. GENUIN POLITISCHE MACHT ENTSTEHT AUS MOMENTUM ODER DESTRUKTIONSBEREITSCHAFT. Politische Macht entsteht zumeist durch die politische Kontrolle über nichtpolitische Ressourcen wie Bürokratien, Kapital oder Technik, aber gibt es auch genuin politische Macht? Dafür zwei Beispiele: Eine politische Partei wie die AfD bestimmt in Deutschland zeitweise den politischen Diskurs mit weniger als einem Sechstel der Stimmen. Ein Land wie Russland ist außenpolitisch einflussreich, obwohl es pro Kopf und absolut ein deutlich geringeres Bruttoinlandsprodukt als Italien hat.[219] Wie lassen sich solche Phänomene erklären? Genuin politische Macht scheint zunächst darin zu liegen, bestimmen zu können, welchen Fragen politische Bedeutung zugebilligt wird. Sie entsteht aus der Antizipation einer politischen Bewegungsrichtung. Die Suggestion, auf der Seite einer allgemeinen Entwicklung zu stehen, macht aus einer Behauptung eine politische Bewegung. Die aktuelle politische Herrschaft kann zwar stark an Ressourcen sein, aber doch abgelebt wirken. Das führt zum zweiten Element: Genuin politische Macht kann aus dem Maß an Destruktivität eines politischen

Projekts entstehen. Solange der politische Anspruch nur darin besteht, eine Herrschaftsordnung zu unterminieren, ist das Maß an politischer Macht Folge der relativen Einfachheit dieser Aufgabe. Es ist immer leichter, Unordnung zu stiften als Ordnung, es ist die politisch einfachste Art der Selbstermächtigung, auf ein destruktives Projekt zu setzen, ohne sich damit zu beschäftigen, was ihm folgen sollte.

209. GEWALT IST NICHT IMMER EIN ZEICHEN VON MACHTLOSIGKEIT. Gewalt steht entgegen einer idealisierenden Lesart nicht im Gegensatz zu politischer Macht.[220] Gewalt kann Probleme einer politischen Herrschaft lösen und, flächendeckend angewendet, Regime in Operation halten wie in Syrien. Man mag aus dem Rückgriff auf Gewalt auf einen Mangel an Optionen schließen, aber selbst dieser Schluss ist bei entsprechender Ruchlosigkeit nicht zwingend.

210. KÖRPERLICHE GEWALT IST KEIN VORPOLITISCHES PHÄNOMEN. Institutionen können Gewalt ebenso verhindern wie ermöglichen. Gewalt ist kein ursprüngliches natürliches Phänomen, das von ihren sozialen Fesseln befreite menschliche Wesen aus ihren tierischen Ursprüngen beziehen. Die Einhegung sozialer Gewalt durch politische Herrschaft ist möglich, möglich ist aber auch das Gegenteil, die Mobilisierung sozialer Gewaltpotenziale durch Politik.[221] Hinter den politischen Gewaltausbrüchen des 20. Jahrhunderts lassen sich in aller Regel beträchtliche Organisationsleistungen erkennen. Sie sind gemacht und gestaltet, nicht archaisch und ursprünglich. Über die »Natur« des Menschen verraten sie nichts.[222]

211. ÜBER DEN WERT DER BESCHRÄNKUNG DES GEWALTBEGRIFFS. Wo Gewalt beginnt, ist eine umstrittene Frage,

selbst im Recht.[223] Den Begriff der Gewalt nicht auf körperliche Gewalt zu beschränken, sondern auf andere Formen von Macht- und Herrschaftsausübung auszuweiten, ist eine politisch folgenreiche Wahl. Wenn man die nicht körperlich zwingende Ausübung von Macht als gewalttätig kategorisiert, rechtfertigt dies im Umkehrschluss körperliche Gewalt als gleichartige und damit angemessene Reaktion auf diese.

212. GEWALT ALS KNAPPES GUT. Das politische – nicht das moralische – Problem körperlicher Gewalt besteht darin, dass sie ein knappes Gut ist, dessen Einsatz sich nicht rückgängig machen lässt. Soweit sie als letztes Mittel gilt, kann Gewaltanwendung anzeigen, dass andere Mittel aufgebraucht sind. Dieses Signal ist gefährlich. Aus diesem Grund meiden geordnete Herrschaftsformen die Anwendung von Gewalt zur Durchsetzung ihrer eigenen Regeln und schieben sie weit hinaus.[224] Selbst wenn die Ressourcen auf den ersten Blick nicht knapp sind, ist der Einsatz von Gewalt stets kostspielig und lässt der anderen Seite nur die Wahl, nachzugeben oder auch zur Gewalt zu greifen. Gewalt ist ein Gut, das sich immer an möglicher Gegenwehr orientieren muss. Mit der Anwendung von Gewalt unterwirft sich die Ordnung einer Probe, in der es schnell ums Ganze geht. Das lohnt sich nur bei sicherer Überlegenheit. Jenseits moralischer Einwände kann Gewalt dauerhaft nur gegenüber politischen Minderheiten ausgeübt werden, sei es mit einem formalisierten Legitimitätsanspruch wie bei Strafgefangenen, sei es ohne wie bei der politisch geduldeten Unterdrückung von Minderheiten.

213. VERDRÄNGUNGSGEWALT. Vielleicht ist die Anwendung physischer Gewalt in den politischen Auseinandersetzungen global zurückgegangen. In den bevölkerungspolitischen Konflikten der Gegenwart geht es aber auch um Räume, in die

sich bestimmte Personen gar nicht wagen oder in denen sie nicht ohne Einbußen leben können. Irgendwo zwischen Furcht vor Diskriminierung und Todesangst beginnt eine Gewalt der Verdrängung. Wenn Angehörige bestimmter Gruppen bestimmte Gebiete nicht betreten können, ohne sich um ihre körperliche Integrität zu fürchten, wie es auch in Deutschland der Fall ist, dann hilft ihnen das Gewaltmonopol des Staates nicht, ja es ist dann eine bloße Behauptung, die diese Art von Gewalt zu verdecken hilft.

214. POLITISCHE GEWALT WIRD HEUTE DURCH IHRE UNSICHTBARKEIT LEGITIMIERT. Machiavelli empfahl seinem Fürsten, sich durch öffentliche Grausamkeit Respekt zu verschaffen.[225] Dies ist heute in den meisten Gesellschaften nicht mehr möglich. Im Gegenteil: Wo man Gewaltanwendung nur ahnen kann, wird sie öffentlich geduldet, wo man sie sehen kann, deutlich weniger. Darum dürfte die Todesstrafe in den Vereinigten Staaten auf Dauer weniger Chancen haben als in Japan, wo die Vollstreckung unsichtbar bleibt. Darum dulden wir Tote im Mittelmeer (→ 153 f.).

215. ORDNUNG HAT IN DER POLITIK KEINEN NORMATIVEN, SONDERN EINEN KOGNITIVEN WERT. Zur liberalen Tradition gehört es, die kognitive Seite von Ordnung hervorzuheben, Ordnung also nicht als Normengeflecht, sondern als Muster zu verstehen. Eine Gemeinschaft wird durch eine Ordnung erkennbar und beschreibbar, doch geht sie darin nicht auf, denn Unvorhersehbares geschieht immer. Deswegen taugt die Furcht vor Unordnung allein nicht als Motivation für politische Vergemeinschaftung. Totale Unordnung ist politisch nicht vorstellbar und teilweise Unordnung nicht notwendig ein Mangel. Gegen eine solche Sicht des Ordnungsbegriffs steht Hobbes' berühmte Erzählung der Politik

aus Furcht vor dem Bürgerkrieg, der ultimativen Unordnung.[226] Aber natürlich findet sich auch im Bürgerkrieg eine Ordnung, nämlich die, die die Parteien trennt. Der Schrecken des Bürgerkriegs besteht in der Gewalt, die in gewöhnlich gewaltfreie Bereiche dringt, nicht in der Unordnung. Aus diesem Grund lässt sich die mitunter Hobbes entnommene These, es gebe einen Primat der Ordnung als solcher vor der Frage ihrer Richtigkeit, nicht halten. Sie leidet an einem Mangel an Idealismus, also daran, dass sie potenziell autoritär ist. Sie leidet aber auch an einem Mangel an Realismus, also daran, dass es in der Politik nicht um den Gegensatz von Ordnung und Unordnung geht, sondern um den zwischen gewünschten und unerwünschten Ordnungen.

216. ORDNUNG IST NICHT ALS ERWARTUNGSSICHERHEIT ZU VERSTEHEN. Ordnung wird oft mit Erwartungssicherheit identifiziert. Damit wird vom Ordnungsbegriff zugleich zu wenig und zu viel verlangt. Zu wenig, weil die sichere Erwartung größten Unheils keine stabilisierende Funktion hat. Eine diskriminierte Minderheit leidet nicht an Unsicherheit, sondern an der Sicherheit ihrer Verfolgung. Der Begriff verlangt auf der anderen Seite zu viel, weil es allgemeine Erwartungssicherheit in keiner Ordnung gibt und sie auch nicht angestrebt werden sollte. Bereiche der Unsicherheit, Räume der Überraschung wird es in allen Gemeinschaften geben – selbstverständlich dann, wenn diese für sich in Anspruch nehmen, auf Freiheit angelegt zu sein (→ 49), aber auch sonst –, und sei es nur, um Zerstreuung von der Langeweile einer übersicherten Ordnung zu liefern. Märkte und Kunstproduktion werden sich auch in autoritären Zusammenhängen schwerlich darauf beschränken können, Erwartungssicherheit zu garantieren. Zudem kann das Unvorhersehbare dazu dienen, die Ordnung zu erhalten: Aus Unordnung ent-

steht Ordnung, aus Ordnung Unordnung. Schließlich ist Erwartungssicherheit in einer Gemeinschaft ungleich verteilt. Man könnte Bevölkerungsteile danach klassifizieren, wie genau sie wissen können, wie ihr Leben in fünf oder zehn Jahren aussieht. Die Unterschiede, die sich ergäben, ließen einen für alle geltenden Begriff von Erwartungssicherheit noch weniger plausibel aussehen.

217. ORDNUNGEN ZIVILISIEREN GEWALT HINWEG UND BEGEBEN SICH DAMIT AUCH IN GEFAHR. Aus guten Gründen verbannen liberale Gesellschaften Gewalt aus dem Alltag und professionalisieren den Umgang mit ihr. Erfahren im Umgang mit Gewalt sind dann nur noch Spezialisten: Polizisten, Soldaten und Verbrecher. Die Aussicht, aus politischen Gründen Opfer von Gewalt werden zu können, schwindet und mit dieser die Möglichkeit, sich unter Einsatz seines Körpers politisch zu engagieren. Das Fehlen von Erfahrung mit Gewalt durch die Zivilisierung des politischen Prozesses könnte die zivilisierenden Gemeinschaften aber auch wehrlos machen. Dass niemand mehr den Heldentod sterben will, ist gut. Dass allenfalls die bereit sind, für ihre politischen Überzeugungen Verfolgung auf sich zu nehmen, die nichts zu verlieren haben, ist allzu verständlich, aber eben auch ein systemisches Problem. »Mut als solcher ist ein Signal.«[227] Je größer die Zahl derer, die bereit sind, ihre Existenz für politische Angelegenheiten zu riskieren, desto widerstandsfähiger ist die Gesellschaft gegenüber autoritärer Herrschaft.

218. DER HINWEIS AUF FEHLENDE STABILITÄT EINER ORDNUNG IST STETS EIN POLEMISCHES ARGUMENT. Politische Ordnungen sind keine Gebäude, ihre Stabilität ist nicht zu messen. In den meisten Fällen dürfte bereits die Behauptung, es drohe oder herrsche Instabilität, politisch motiviert und

umstritten sein, allein weil Freiheitsgebrauch auch als Instabilität wahrgenommen werden kann. Die Behauptung von Instabilität transportiert damit eine Bewertung, die sich als Beschreibung gibt. Der Eindruck politischer Instabilität ist zudem über soziale Instabilitäten vermittelt. Hinter abrupten Umstürzen politischer Herrschaft können sich Kontinuitäten verbergen, so wie es Tocqueville für die Französische Revolution dargestellt hat.[228] Schließlich trifft keine Instabilität alle Teile einer politischen Gemeinschaft in gleicher Weise. Selten ist die Ordnung im Ganzen instabil (→ 46). So bleibt der Hinweis auf Stabilität oder Instabilität ein politisches Sprachspiel mit geringem Gehalt. Beispielhaft: Deutsche verweisen gerne auf die zahlreichen Regierungswechsel in Italien seit dem Zweiten Weltkrieg, aber man kann fragen, ob diese Instabilität oder Stabilität anzeigen. Sie könnten ein Mittel sein, um politische Handlungen zu verhindern, also eine politische Form darstellen, soziale Stabilität zu sichern.

219. DIE GEGNER LIBERALER ORDNUNGEN VERBINDEN PARTEI UND BEWEGUNG – DEREN VERTEIDIGER AUCH? Das politische Projekt, eine liberale Ordnung umzustürzen, wird immer zugleich auf die eigene Legalität Wert legen und diese übertreten.[229] Das gelingt durch das Nebeneinander von politischer Partei und Bewegung (→ 203). So lassen sich unterschiedliche Arten von Mitgliedern und Unterstützern rekrutieren und die Ämter und Mandate, zu denen man legal gekommen ist, gegen das System wenden. Die Beziehungen zwischen Bewegung und Partei sind operativ mehrdeutig, mal ordnungstreuer, mal ordnungsfeindlich, aber strategisch immer eindeutig gegen die Ordnung gewendet. Bewegungen sind physisch präsent. Damit können sie zunächst lokal das Gewaltmonopol herausfordern und die Durchsetzungsmöglichkeiten der politischen Herrschaft in Zweifel ziehen. Dies

lässt sich für die Frühzeit der deutschen Grünen ebenso beobachten wie heute für die AfD. Die Frage ist, ob dies auch umgekehrt funktionieren kann. Wäre eine politische Bewegung zur Bewahrung einer bestehenden liberalen Ordnung denkbar, so wie sie in der Weimarer Republik mit dem Reichsbanner Schwarz-Rot-Gold entworfen wurde?[230] Eine solche Bewegung müsste nicht die Grenzen der Legalität austesten und könnte sich treu zum Gewaltmonopol verhalten, weil sie auf der Seite der Ordnung operieren würde, sie müsste aber durch Präsenz im öffentlichen Raum deutlich machen, dass sich die Loyalität zur Ordnung nicht in den von dieser organisierten Strukturen erschöpft (→ 98).

220. EIN UMSTÜRZLERISCHES PROJEKT FÜRCHTET SICH NICHT VOR SEINEN EIGENEN WIDERSPRÜCHEN. Es wird diese Widersprüche vielmehr immer auf die Ordnung projizieren, gegen die es sich richtet. Diese Strategie, so durchschaubar sie für Einsichtige ist, wird der zu verteidigenden Ordnung ein viel höheres Maß an Klarheit abverlangen, als deren Anfechter aufbieten müssen. Es ist einfacher, eine differenzierte und unsortierte Gemeinschaft über ihren eigenen Zustand und ihre eigenen Präferenzen zu verwirren, als diese wieder zu entwirren. Es ist einfacher, Widersprüche zu sehen als auszuräumen. Dies gilt besonders, wenn die angefochtene Ordnung keinen gesonderten Wert auf Reinheit oder ideologische Geschlossenheit legt, wie es bei liberalen notwendig der Fall ist.

221. ÜBER DIE UNGEWISSEN KOSTEN AUTORITÄRER STABILISIERUNG UND IHRE BEWERTUNG. Eine der dringlichsten politischen Fragen unserer Zeit lautet, ob eine autoritäre Stabilisierung politischer Gemeinschaften möglich ist. Die liberale Hoffnung lautete, dass die autoritäre Unterdrückung

von Gegenansichten und die Monopolisierung von Politik ohne ergebnisoffene Verfahren an Informations- und Effizienzproblemen scheitern würde. Aus China kommt die Frage, ob dies nur für China oder sogar allgemein nicht zutrifft – oder ob sich der Autoritarismus doch an einem bestimmten Punkt erschöpft. Die aktuelle Antwort, dass wir es nicht wissen, macht die Notwendigkeit dringlicher, genau zu definieren, welche Erwartungen wir an eine politische Gemeinschaft stellen sollten. Für jedes liberale Projekt bedeutet das insbesondere, sich dem Widerspruch zwischen einem utilitaristischen Begriff von ökonomischer Wertschöpfung auf der einen Seite und Freiheit auf der anderen zu stellen und beide nicht so harmonistisch auszudeuten, dass die Freiheit in der Wertschöpfung verloren geht. Die Herausforderung liegt in der Frage, welche Verluste an Wertschöpfung man für Freiheit in Kauf nimmt, wenn nicht mehr sicher ist, dass Freiheit Wertschöpfung schafft.

3.3 Herrschaft

222. HERRSCHAFT ALS MITTEL DER FREIHEIT. Die liberale Tradition wäre missverstanden, wenn man ihr eine Vorliebe für Herrschaftslosigkeit zuschreiben würde. Altliberale Theorien kritisierten die absolute Monarchie, aber nicht Herrschaft als solche. Politische Theorien des Liberalismus setzen bei einem herrschaftsfreien Zustand an, wollen diesen aber überwinden (→ 225). Nach der Französischen Revolution wird eine etablierte Staatsgewalt zur unbezweifelten Bedingung aller liberalen Politik (→ 7). Wenn aber die Frage, von wem die Bedrohung der Freiheit ausgeht, die offene Frage des Liberalismus ist (→ 6), dann wird mit politischer Herrschaft zugleich eine Stelle etabliert, die für alle denkbaren Formen von Freiheit und Unfreiheit zuständig ist, sowohl für die politischen, die direkt von ihr ausgehen, als auch für die gesellschaftlichen, die sie zulässt. Die politische Frage lautet, von wo die Bedrohung der Freiheit kommt. Ihr Adressat ist, so oder so, die politische Herrschaft.

223. HERRSCHAFT ALS FORM, NICHT ALS ABSOLUTE MACHT. Politische Herrschaft wird durch eine Form geschaffen, die sie vom Sozialen unterscheidbar hält. Es gibt machtlose oder fragmentierte politische Herrschaft. Deswegen wäre es verwirrend, den Begriff der Herrschaft zu eng an seine eigenen Erfolgschancen zu knüpfen[231] oder gar mit Großfiguren wie Souveränität zu verbinden (→ 57). Warum sollten wir darauf verzichten, das gar nicht seltene Phänomen machtarmer oder machtloser politischer Herrschaft begrifflich zu erfassen?

224. HERRSCHAFT JENSEITS DER VERWALTUNG. Herrschaft wird oft recht selbstverständlich mit Bürokratien, »Stäben«, Polizei, Vollzug identifiziert. Das ist Max Webers Lesart eines bestimmten liberalen Erbes, in dem Herrschaft als Verwaltung gedacht wurde,[232] wenn auch für Weber besser unter Anleitung charismatischer Politik. Die Staatslehre des deutschen Liberalismus hatte die Kategorie der »Kompetenz« erfunden, um politische Herrschaft juristisch-begrifflich zu begrenzen und die Vorstellung von ungeregeltem politischem Gestalten zu vermeiden.[233] Aus diesem Grund konnte sie mit Parlamenten wenig anfangen.[234] Aber Herrschaft ist nicht einfach Vollzug, sondern ganz maßgeblich Bestimmung dessen, was vollzogen werden soll.

225. HERRSCHAFT ALS RECHTFERTIGUNGSBEDÜRFTIGE AUSNAHME VON HERRSCHAFTSLOSIGKEIT? Die Frage, ob es politisches Handeln überhaupt geben sollte, steht im Zentrum vieler moderner liberaler politischer Theorien, obwohl sie im Ganzen nie zu einem herrschaftslosen Zustand kommen (→ 7f.).[235] Ein Vehikel dieser Argumentation ist die Konstruktion eines Gesellschaftsvertrags, der insofern wenig liberal ist, als man ihn nicht ausschlagen kann. Im Recht des Gesellschaftsvertrags herrscht keine Vertragsfreiheit, alle müssen zustimmen. So kommt man zu der seltsamen Konstruktion, dass Herrschaft als eine gesondert zu rechtfertigende, aber unvermeidliche Praxis behandelt wird. Herrschaftslosigkeit als Ausgangspunkt der Rechtfertigung von Herrschaft zu nehmen, hat den irritierenden, aber politisch folgenreichen Effekt, dass die sozialen Mächte, die ohne Politik wirksam sind, naturalisiert werden. Jede Intervention in diese gerät zu einem rechtfertigungsbedürftigen Sonderfall. Es gibt aber keine vorpolitische soziale Natur, historisch nicht, weil Gesellschaften sich stets auch politisch organisieren,

systematisch nicht, weil nichts am politikfreien Bereich des Sozialen aus sich heraus gerechtfertigt wäre. Wohlgemerkt, politische Herrschaft ist immer rechtfertigungsbedürftig, aber Zustände, in denen sie fehlte, wären es ebenso. Besser gar nicht regieren als schlecht regieren ist das Motto eines falsch verstandenen Liberalismus, denn regiert wird immer.

3.3.1 Verfassung

226. DIE VERFASSUNG MACHT HERRSCHAFT AUSDRÜCKLICH. Verfassungen sind keine Kleider, die einem Herrschaftsapparat übergeworfen werden,[236] sondern die »durch geordnete herrichtung entstandene«[237] Herrschaft selbst. Die Verfassung ist eine liberale Form, die nicht der Unterscheidung zwischen guter und schlechter Politik, sondern der Abgrenzung zwischen sozialer Machtausübung und politischer Herrschaft dient. Politische Herrschaft kann auch als informelles Kartell sozialer Machthaber organisiert sein, als Herrschaft von Oligarchen. Das widerspricht dem Ideal eines liberal-demokratischen Rechtsstaats, in dem politische Beweglichkeit zugleich geschaffen und konstitutionell eingehegt wird. Auch in diesem bewegt der politische Prozess aber nicht nur sich selbst, sondern rüttelt unablässig am legalformalen Gerüst der Verfassung und setzt es unter Spannung.

227. ANIMA ENIM IMPERII JURA SUNT. Das Recht ist die Seele der Herrschaft.[238] Dieser Satz Spinozas ist leicht misszuverstehen: Es geht nicht um die äußere Bindung von Politik an Regeln von moralischem Wert, sondern darum, dass die Regeln verfassen, konstituieren, was die Ordnung ist.

228. VERFASSUNGEN DIENEN NICHT DAZU, POLITIK ZU ZÄHMEN, SONDERN DAZU, POLITIK UND GEGENPOLITIKEN SO ZU ORGANISIEREN, DASS KEINE VON IHNEN ÜBERHANDNIMMT. Neuliberale Theorien der Gewaltenteilung sehen in Konstitutionen ein Instrument zur Zähmung politischer Herrschaft.[239] Altliberale Theorien wussten, dass Verfassungen mehr können müssen, nämlich Verfestigung und Beweglichkeit, Politikbegrenzung und Politikermöglichung zugleich garantieren.[240]

229. ÜBER IRRTÜMER IM UMGANG MIT DER DEMOKRATISCHEN DIKTATUR. Antiliberale sehen den Ausnahmezustand überall,[241] damit fallen Unterschiede zwischen verschiedenen Regimen, die über Leben und Tod entscheiden, unter den Tisch. Alles wird zum Lager.[242] Liberale dagegen neigen dazu, Situationen der Ausnahme zu leugnen. Es gelten immer die gleichen Regeln. Das trifft ebenfalls nicht zu. Es kann richtig sein, ein besonderes Regime zur Lösung eines übergeordneten Zwecks vorzusehen, die »Herrschaft eines ausschließlich an der Bewirkung eines konkreten Erfolges interessierten Verfahrens«.[243] Es kann auch richtig sein, dazu Handlungsmacht an einer Stelle zu konzentrieren und bestimmte Rechte außer Kraft zu setzen. Der Geschichte der Demokratie sind Zeiten des Ausnahmezustands nicht fremd. Mit Sonderbefugnissen haben Politiker wie Lincoln, Ebert oder de Gaulle demokratische Ordnungen zu retten versucht.[244] Die Weimarer Republik ist am Notverordnungsrecht des Reichspräsidenten gescheitert, ohne dieses hätte sie vielleicht nicht so lange überlebt.[245] Liberale wie Walter Lippmann haben starke Befugnisse eines demokratischen Präsidenten befürwortet.[246] Nur sollten solche Übergänge als Übergänge mit Anfang und Ende klar bezeichnet werden. Darum ist es, so lässt sich mit Machiavelli ergänzen,[247] *eine*

Sache, wenn ein Diktator im alten Rom vom Senat bestellt wird,[248] aber eine ganz *andere*, wenn ein Konsul sich genau die gleichen diktatorischen Kompetenzen ohne Autorisierung anmaßt. Gerade in Situationen, in denen die politische Ordnung viel Vertrauen in Anspruch nimmt, muss sie sich strikt an die Formen halten. Dass es in Deutschland für die pandemiebedingten Kontaktsperren keine angemessene gesetzliche Regelung gab, erscheint als problematischer konsentierter Verfassungsbruch,[249] auch wenn deswegen die Ordnung nicht autoritär wird.

230. SPRICHT POLITISCHE HERRSCHAFT ALLEIN DURCH ÄMTER UND ORGANE? Die Unterscheidung zwischen Privatperson und Amtsträgerin schafft Freiheit und sichert die Kontinuität der Herrschaft. Doch lösen sich in der Praxis die Probleme nicht so auf, wie eine juristische Konstruktion des Amtes es unterstellen würde. Genuin politische Ämter scheinen ganz im Gegenteil darauf angelegt zu sein, die Form des Amts zu überschreiten, weil es in ihnen darauf ankommen soll, wer es hält, sonst könnte man sich politische Wahlen sparen. Ohne die Möglichkeit einer solchen Überschreitung würden diese Ämter nur von Beamten, Funktionären, Apparatschiks ausgefüllt.

231. DIE KUNST DER VERFASSUNG IST AUCH EINE DER RICHTIGEN ÄMTERGRÖSSE. Ämter können zu mächtig oder zu machtlos sein. Ein zu kleines Amt erlaubt es nicht, die Spielräume auszufüllen, die mit seiner Stellung in der Herrschaftsordnung verbunden sind. Ein zu großes Amt suggeriert Gestaltungserwartungen, die von einer einzelnen Person nicht erfüllt werden können, es suggeriert politische Freiheit, die nicht zur Verfügung steht. Das Papstamt wurde in den letzten Jahrhunderten immer größer, der Inhaber

wurde verantwortlich für die Lehre und für die öffentliche Wahrnehmung der Kirche, schließlich wurde es zu einem charismatischen Amt. Heute erscheint es zu groß für seine Amtsträger, sie können es nicht füllen. Einen ähnlichen Eindruck hatte man zwischen Mitterrand und Macron vom Amt des französischen Staatspräsidenten, das auch durch den Zentralismus erdrosselt wird. In der zeitgenössischen Politik zeigt sich das am Vergleich zwischen dem direkt gewählten Präsidenten und einer vom Parlament gewählten Regierungschefin. Auf der Ebene der Formalkonstitution ist der Präsident ein Organ, dem ein anderes entgegenstehen kann, das Parlament. Dagegen ist die parlamentarische Premierministerin Chefin der Regierung und Anführerin der parlamentarischen Mehrheit. Sie vertritt die politische Einheit zweier Organe.[250] Das Amt des Premierministers erscheint innerhalb der Konstitution als zugleich handlungsfähiger und institutionell besser eingebunden. Dagegen hat ein direkt gewählter Präsident ein höher personalisiertes Amt, ist es doch einem direkten Wahlakt zugewiesen, der die Person des Präsidenten näher an die politische Betätigung des »Volkes« zu binden scheint. Damit kann ein Präsident eine Art informaler Legitimation geltend machen, die sich aus seinem vermeintlich unvermittelten Mandat ergibt (→ 144).

232. EIN AMT VERSTEHT MAN BESSER DURCH DIE FORM SEINER BEENDIGUNG ALS SEINER EINSETZUNG. Manche Ämter kennen kein Ende, werden aber trotzdem beendet, etwa durch den Rücktritt eines Papstes. Manche Ämter kennen ein Ende, das jedoch umgangen wird wie im Fall der Amtszeitbegrenzung der chinesischen und russischen Präsidenten. In demokratischen Ordnungen werden politische Ämter auf Zeit vergeben, aber die Beschränkung von Amtszeiten ist ein Mittel, das auch autoritären Ordnungen Vortei-

le bringt: Durch die nun abgeschaffte Amtszeitbegrenzung an der Staatsspitze in China war der Übergang der Herrschaft bisher in einem Verfahren gesichert. Ohne Amtszeitbegrenzung entstehen Ungewissheiten sowohl hinsichtlich des Status der Spitze als auch der Form der Rekrutierung eines Nachfolgers. Mit einem zeitlich unbeschränkten Machthaber gibt es nur eine Form der Nachfolgerauswahl: die durch den Vorgänger selbst. Dieser verliert aber seinen eigenen Machtstatus durch die Auswahl und wird sie schon deswegen hinauszögern und im Unklaren halten. Amtszeitbegrenzungen schwächen den Herrscher, seine Möglichkeiten schwinden, wenn das Ende seiner Herrschaft in Sicht ist. Aber durch die Begrenzung wird das Ende der Amtsführung auch kontrollierbar, und dies wiederum kann ihn stärken: Was der Herrscher bis zum letzten Amtstag tun darf, ist bestimmt, wenn er es auch nicht immer tun kann. So schafft die formalisierte Bindung die Möglichkeit einer Befreiung von diffusen Beschränkungen.

233. SANKTIONEN HALTEN AUTORITÄRE HERRSCHAFT IM AMT. Wenn Herrscher davon ausgehen müssen, für ihre Amtsführung bestraft zu werden, werden sie auch dann versuchen, im Amt zu bleiben, wenn sie eigentlich bereit wären zurückzutreten. Darum ist Vorsicht bei der rechtlichen Umhegung politischer Ämter mit persönlichen Sanktionen geboten. Der Wunsch, politische Herrscher für Untaten zu sanktionieren, so politisch und moralisch gerechtfertigt er sein mag, kann Anreize setzen, das Leiden der autoritären Herrschaft zu verlängern. Der gute moralische Grund, Rechte durch Sanktionen durchzusetzen, kann lokal fatale politische Folgen haben.

234. EIN FREIWILLIGER RÜCKTRITT DOKUMENTIERT POLITISCHE FREIHEIT. Wenn Amtsträger ihr Amt aus politischen Gründen verlassen, dokumentieren sie bestehende politische Freiheit gleich doppelt. Zum einen zeigt sich im Rücktritt, dass die Zusammensetzung des Herrschaftsapparats noch veränderbar ist und nicht nach organisationsinternen Vorgaben verklemmt. Zum anderen zeigt der Zurücktretende, dass er seine eigene Biografie von seinem Amt freiwillig befreien kann. Dies wirft ein neues Licht auf seine bisherige Amtsführung. Freiwillig heißt dabei nicht notwendig aus selbst gewählten Gründen. In aller Regel werden die Gründe, die zum Rücktritt führen, für den Betroffenen unerwünscht sein. Freiwillig bedeutet nur: einem eigenen Urteil folgend. Wenn dagegen Ämter nur noch nach rechtlichen oder persönlichen Verfehlungen verlassen werden, gleicht sich das Amtsverständnis der Regierenden dem öffentlicher Angestellter an. Dass seit Jahren kein Mitglied der Bundesregierung aus politischen Gründen sein Amt aufgegeben hat, wirft kein gutes Licht auf das politische System.

235. ÜBER DIE FIGUR DER POLITISCHEN VERANTWORTLICHKEIT. Politische Verantwortlichkeit hat mit Handlungszurechnung zu tun, muss aber fundamental anders verstanden werden als rechtliche oder moralische Verantwortlichkeit. Sie bezeichnet den Prozess, sich über Folgen politischer Entscheidungen zu verständigen und diese Verständigung ihrerseits mit Folgen zu versehen. Wie bei der politischen Repräsentation ergeben sich die Maßstäbe allein aus dem politischen Prozess selbst, sie lassen sich nicht verregeln. Politische Verantwortlichkeit kann niemandem gegenüber durchgesetzt, sie muss übernommen werden, auch wenn die Öffentlichkeit einem keine Wahl lassen mag. Wer sie übernehmen kann, ergibt sich aus der institutionellen Ord-

nung. Als Regierung kann man den zentralen Punkt dieser Verantwortlichkeit bezeichnen. Politische Verantwortlichkeit kann wie ein politisches Amt zu weit geschneidert sein, dann gerät sie zur Verantwortlichkeit für alles, was politisch geschieht. Dies wäre zugleich ein Übergriff sozialer Meinungsbildung auf die Selbstständigkeit politischen Handelns. Politische Verantwortlichkeit kann zu eng geschneidert sein, dann würden Ämter nicht mehr aus politischen Gründen aufgegeben werden (→ 234). Dies wäre Ausdruck einer Abschließung der politischen Herrschaftsorganisation gegenüber der politischen Gemeinschaft.

236. ÜBER POLITISCHE VERANTWORTUNG IM KONTINUUM ZWISCHEN TATEN UND WORTEN. Vom Denken über das Sagen zum Handeln nimmt das Maß an äußerer Wirksamkeit zu. Das, was Amtsträgerinnen oder Institutionen formulieren, wird zu einer möglichen Handlung, eine mögliche Handlung ist noch keine Handlung, aber die Ermöglichung enthält eine politische Verantwortung für Handlungen, die die Möglichkeit wirklich machen. Das Setzen von Anlässen, das Organisieren einer Demonstration, die gewaltsam verläuft, die Verhöhnung von Gruppen, gegen die Übergriffe folgen, sind verantwortungsbedürftige politische Handlungsformen.

237. ÜBER DIE NOTWENDIGKEIT EINER REGIERUNG. Jede politische Herrschaftsorganisation, nicht nur Staaten, bedarf eines organisatorischen Orts politischer Verantwortung, einer Regierung. In dieser und durch diese wird politische Verantwortung definiert. Eine Regierung mag politisch schwach oder formell arm an Kompetenzen sein, aber auch in diesem Fall ist das Regierungsorgan immerhin das Gebilde, an dem sich dieser defiziente Zustand der Herrschaft ablesen, kriti-

sieren oder reformieren ließe. Die politische Führung kann monokratisch oder kollegial, mitunter sogar durch eine Versammlung organisiert sein.[251] Sie wird auch nie völlig in einer Organisation aufgehen, sie kann nach innen und nach außen beschränkt werden. Fehlt es aber an ihr, so fehlt es an jeder Orientierung über die Zurechnung von Herrschaft und damit an politischer Verantwortlichkeit. Ein Beispiel dafür ist die Europäische Union, die anders als jede Gemeinde und jeder Gliedstaat keine identifizierbare Regierung, sondern allenfalls verschiedene Teilregierungen hat: auf manchen Politikfeldern die Kommission, in anderen den Europäischen Rat, in anderen einzelne oder Gruppen mächtiger Mitgliedstaaten. Damit bleibt konstant unklar, wer in ihr handelt. Auch wenn die Mitgliedstaaten handeln, wird »die EU« verantwortlich gemacht, weil niemand genau sagen kann, wer die EU ist.[252]

238. ÜBER DIE HERRSCHAFT VON REPRÄSENTATIONSORGANEN. Macht lässt sich schwer vermessen (→ 205), sie wird aber für Herrschaftsorganisationen zu schnell mit Verwaltung identifiziert (→ 224). Dass Parlamente dagegen machtlos seien, wird erzählt, seitdem es sie gibt. Das liegt auch daran, dass man sich Herrschaft als etwas Kausales vorstellt, etwas, das beobachtbare Effekte hat. Wenn man sich politische Macht aber als Beamten mit Geld oder Waffen vorstellt, vergisst man, woher dasjenige kommt, das auf diese Art durchgesetzt werden soll. In Parlamenten werden Positionen präsentiert und Normen gesetzt, deren Wirkungen ungewiss sind.[253] Worin liegt dann die Macht eines Parlaments? Sie liegt eben darin, dass es repräsentiert, also darin, dass gesellschaftliche Interessen und Konflikte in politische Entscheidungsformen transformiert und dass umgekehrt solche Entscheidungen rückvermittelt werden (→ 62). Solcherart Macht

ist fragil, sie hängt davon ab, dass Parlamente als politisch relevant und Politik überhaupt als bedeutsam wahrgenommen wird. Einmal etabliert, ist diese Macht jedoch nicht gering. Die Herrschaft des Parlaments ist eine Herrschaft über politische Aufmerksamkeit. Zu dieser Wahrnehmung gehört die Macht, Themen zu bestimmen, die von Bedeutung sind.[254] Diese Art der Herrschaft ist weder weich noch harmlos, schon weil zur Befugnis, Themen zu setzen, auch die Möglichkeit gehört, andere Themen zu unterdrücken.

239. LIBERALE BÜROKRATIE. Deweys Feststellung, der Liberalismus müsse lernen, seine Ziele im Blick zu behalten und sich nicht an bestimmte Mittel zu klammern,[255] zeigt sich nirgends so deutlich wie in seinem Umgang mit der Verwaltung. Ausgebaute staatliche Bürokratien entstanden unter maßgeblicher politischer Beteiligung des Liberalismus. Ihre Leistungen, Sicherung von Produkten, Öffnung von Märkten, Schaffung von Infrastruktur durch Behörden des späten 19. Jahrhunderts wie das Reichsversicherungsamt oder die Federal Trade Commission, liegen klar in einer liberalen Programmatik.[256] Dass Bürokratie zu einem liberalen Schreckgespenst wurde, als wären ausgebaute staatliche Verwaltungen nur eine Idee von Sozialisten und Faschisten, hat also viel mit dem kurzen Gedächtnis liberaler Politik für die eigene Geschichte zu tun.[257] In Deutschland, wo sich in der Coronakrise einmal mehr zeigte, dass die hiesige Politik am besten funktioniert, wenn sie als Verwaltung auftritt, also über Ziele nicht diskutieren muss, erscheint das besonders seltsam.[258] Freilich war die Erzählung von der schlechten Bürokratie so erfolgreich, dass Politiker aller Couleur gelobten, Bürokratien (mithilfe von Bürokratien)[259] abzubauen, um so zu unterminieren, was sie am besten können.

240. WIE BEGRÜNDET IST DIE ANGST VOR DER ENTFESSELTEN VERWALTUNG? In der Moderne geht die Angst vor verselbstständigten bürokratischen Apparaten um. Diese ist aber oft ungenau formuliert. Auf der einen Seite gibt es grauenhafte Apparate, wie das Reichssicherheitshauptamt, die nicht von Politik getrennt, sondern an diese angebunden waren.[260] Auf der anderen Seite kann es nützlich sein, eine Verwaltung von politischer Kontrolle zu entbinden, wenn diese Befreiung definiert ist, rückgängig gemacht werden kann und wenn der Behörde ein politisch legitimer Akteur gegenübersteht. Der Unterschied zwischen der europäischen und der amerikanischen Zentralbank illustriert dies. Die Unabhängigkeit der amerikanischen Federal Reserve kann durch Gesetz geändert werden, die der Europäischen Zentralbank ist praktisch nicht mehr änderbar in den Europäischen Verträgen festgeschrieben. Der Federal Reserve steht ein demokratischer Präsident gegenüber, mit dem sie sich auseinanderzusetzen hat. Sie soll vom Präsidenten unabhängig agieren, aber es steht damit auch eine Institution zur Verfügung, dergegenüber sie unabhängig sein kann. Die EZB hat kein solches Gegenüber einer europäischen Regierung (→ 237). Das macht ihre Unabhängigkeit doppelt anfechtbar. Sie ist der Verfügung der Politik entzogen und auf keine politische Führung bezogen.[261] Das Problem der administrativen Verselbstständigung von Politik ist damit ein politisches, kein administratives.

241. DIE VERWALTUNG ALS AGENT POLITISCHER DE-MOBILISIERUNG. Verwaltungen lassen sich viele Funktionen zuweisen. Sie dienen der Verwirklichung politischer Entscheidungen (→ 242) und sie versehen politische Herrschaft mit praktischer Erfahrung und Sachkenntnis. Ihre genuin politische Funktion scheint aber in der De-Mobilisierung zu bestehen. Sprichwörtlich richtet sie sich eher auf Beharrung

als auf Bewegung. Verwaltungen demobilisieren, wenn sie es nicht tun, sind sie von politischen Organisationen nicht zu unterscheiden. Die Partei behält sich jedweden Zugriff vor, kann aber zugleich ideologisch indifferente Fragen nach Routinemaßstäben laufen lassen. Die Verwaltung kann politisierte Prozesse entschleunigen, bis sie abgekühlt oder vergessen sind. In diesem Kontext hat die Unterscheidung zwischen staatlicher Administration und Partei auch in autoritären Einparteiensystemen eine Funktion. In beiden Systemen kann sie auch dazu dienen, individuelle Freiheit vor der Politik zu schützen.

242. ÜBER FREIHEIT BEI DER DURCHSETZUNG VON NORMEN. Der Begriff »Exekutive« zeigt an, dass Administrationen politische Herrschaft verwirklichen sollen. Das Verwirklichte verkürzt das Mögliche, daher kommt der antiutopische, apolitische, ja fantasielose Modus von Administrationen. Vor lauter Wirklichkeit sehen sie nicht mehr, was möglich wäre. Die hoch liberale deutsche Theorie des Rechtsstaats[262] setzte wie die neoliberale[263] auf die Bindung der Verwaltung an Regeln, um die Erwartungen der Bürgerinnen zu schützen (→ 159). Zugleich werden vom Staat angemessene Entscheidungen im Einzelfall gefordert (→ 12). Dieser Widerspruch wird umso deutlicher, wenn die Verwaltung dazu unbürokratisch und großzügig agieren soll, stellt dies die Verwaltung im Ergebnis von allgemeinen Regeln doch wieder frei. Von einer Freiheit der Verwaltung zu sprechen klingt trotzdem irritierend. Steht diese nicht immer in der Nähe zum Zugriff, zur Möglichkeit physischer Gewaltanwendung, die nicht durch Regeln einzubinden ist, sondern rechtsetzend wirkt?[264] Angemessene Entscheidungen kann aber nur fällen, wer etwas zu entscheiden hat, und Entscheidung ist nur ein anderer Begriff für Freiheit. Nur Freiheit auf der Sei-

te der Verwaltung erlaubt es, die Seite der Bürgerinnen ebenfalls als frei zu behandeln. Deren Entscheidungsraum dient auch dazu, Faktoren aufzunehmen, die sich nicht verregeln lassen: Intuitionen, Unvorhergesehenes, Großzügigkeit. Dass solche Spielräume missbraucht werden können, ist klar, es spricht einmal mehr nicht gegen sie (→ 44). Dass sie im Rahmen eines algorithmischen Vollzugs als Herrschaft der Regel[265] wegfallen, könnte zu einem Problem werden. In den Spielräumen der Verwaltung zeigt sich mehr als Beliebigkeit.

243. DIE FREIHEIT POLITISCHER AKTEURE GEGENÜBER DEN BÜRGERN. In einer individualliberalen Idealwelt ist politische Herrschaft nur ein Epiphänomen des Sozialen. Politikerinnen fungieren als Agenten der Individuen. In einer Gemeinschaft der Freiheitsgrade müssen Politikerinnen allerdings die eigene Freiheit haben, der Gemeinschaft, die sie repräsentieren, entgegenzutreten, um ihr zu widersprechen, sie zu belehren, sie, um eine Formulierung Jürgen Habermas' abzuwandeln, »normativ zu fordern« oder im Rahmen ihres Mandats gegen ihren vermeintlichen oder wirklichen Willen zu entscheiden. Das System funktioniert nur, wenn sich politisches Handeln verselbstständigen kann, nicht für immer und nicht unbegrenzt, aber eben auch nicht als bloße Funktion ihrer Prinzipale.[266] Die Verachtung gegenüber Politik ist vielleicht auch durch einen Mangel an solchem politischen Freiheitsbewusstsein verursacht, aus der Servilität gegenüber dem vermeintlichen Volkswillen, der diesem noch nicht einmal gefällt. Als mündig werden nur die behandelt, denen man widersprechen kann.

3.3.2 Recht

244. HERRSCHAFT DES RECHTS? Die Herrschaft des Rechts ist eine Lieblingsidee des Liberalismus, aber Recht kann nicht herrschen.[267] Recht ist eine Normenordnung, die zu ihrem Vollzug auf politische Institutionen angewiesen ist. Man kann politische Herrschaftsausübung an rechtliche Vorgaben binden, aber das ist zum einen keine Selbstverständlichkeit, und zum anderen bleibt auch dann die Einhaltung solcher Bindungen nichts dem Recht Immanentes. Die Rechtsbindung einer politischen Herrschaftsorganisation muss deswegen politisch sichergestellt werden. Die politische Gemeinschaft muss bereit sein, sich durch Recht binden zu lassen, und auch dazu, diese Bindung gegen sich selbst zu verteidigen. Eine »Herrschaft des Rechts« hätte auch keine Legitimation, denn der bloße Hinweis auf Legalität begründet keine hinreichende Rechtfertigung für eine politische Ordnung. Auch das Recht muss irgendwo herkommen, und dieser Ursprung liegt, so oder so, in einem politischen Prozess. Die Verteidigung der Rechtsbindung der Politik kann nicht an die Rechtsordnung delegiert werden.

245. FREIHEIT ALS FORM ERGEBNISOFFENER VERFAHREN. Politisch lässt sich von einer eigenständigen Rechtsordnung nur da sprechen, wo Institutionen zugleich Herrschaftsgewalt ausüben und von dieser getrennt sind. Die politische Gemeinschaft muss bereit sein, eine Struktur zu schaffen, die sie mit eigenen finanziellen und organisatorischen Mitteln ausstattet und aus der sie sich zugleich zurückzieht. Im Gerichtsverfahren wird individuelle Freiheit durch institutionelle Freiheit gesichert, Ansprüche der Parteien werden durch unabhängige Entscheidungen der Richterinnen geschützt. Freiheit entsteht hier nicht einfach aus gebundener

Regelanwendung, sondern aus der Entscheidungsfreiheit der Gerichte im Umgang mit Regeln. Diese Unabhängigkeit der Entscheidung ist immer gefährdet, weil Recht aus der Nähe zur Politik einen Teil seiner Rechtfertigung bezieht und weil Druck nicht nur politisch-institutionell, sondern auch sozial operieren kann – als aggressive Kritik oder als freiheitsfeindliche Atmosphäre. Keine Autorität ist der politischen Herrschaft so nahe wie das Recht, und keine ist zugleich so darauf angewiesen, sich von dieser zu lösen. Die Verteidigung richterlicher Unabhängigkeit kann deswegen nicht in einer völligen institutionellen Immunisierung liegen. In einer politischen Welt sind Gerichte keine Inseln.[268] Wenn man sie organisatorisch völlig verselbstständigt, politisieren sie sich von innen.[269] Die Lösung des Problems der Auswahl liegt vielmehr in einer Pluralisierung des politischen Einflusses.

246. RECHT KANN EINE POLITISCHE ORDNUNG NICHT RETTEN. Recht kann Teil einer funktionierenden politischen Ordnung der Freiheitsgrade sein, aber nicht deren sie rettende Außenseite. Recht kann Politik abpuffern, in konkreten Kontexten anpassen, verzögern, korrigieren, aber nicht die politische Ordnung auf einem bestimmten Stand festhalten oder vor einem Umsturz bewahren. Bei allen Möglichkeiten formalisierter Distanznahme des Rechts von der Politik bleibt das Recht dessen Kreatur. Wäre es anders, ließe sich nicht angeben, woher es seine Durchsetzungsmacht beziehen könnte. Dass Recht ein Produkt der Politik ist, bedeutet nicht, dass es wie Politik funktioniert, andernfalls wäre offen, wie sich unabhängige Entscheidungen rechtfertigen lassen. Diese verschlungene Beziehung aus Abhängigkeit und Distanz schließt es aus, dass ein Rechtssystem der politischen Herrschaft sich im Ganzen entgegenstellen kann.

247. RECHT VERSORGT POLITIK MIT RECHTFERTIGUNG. Durch die Distanzierungsleistung versorgt eine Rechtsordnung im Idealfall die politische Ordnung auf zwei Arten mit frischer Rechtfertigung: Zum Ersten wird das Handeln der politischen Gemeinschaft nicht nur, aber häufig durch die Rechtsform konkret. Der Gehalt der politischen Ordnung nimmt die Form des Rechts an und wird dadurch handhabbar und durchsetzbar. Ohne Rechtsform wäre unklar, was die politische Gemeinschaft entscheidet und was aus diesen Entscheidungen folgen soll. Zum Zweiten aber kann die Rechtsform gegen die politische Gemeinschaft gewendet und diese an jener gemessen werden. Es ist eine klassisch liberale Forderung, dass sich auch der Staat vor Gericht rechtfertigen muss. Der Maßstab, dem er zu genügen hat, ist ein immanenter, es ist Recht, das er selbst produziert hat. Das ist keine Schwäche, sondern eine Stärke, denn es geht um die Regeln der Gemeinschaft selbst und darum, dass die Freiheit staatlichen Handelns nicht mit sich selbst in Widerspruch gerät. Hierin verwirklicht sich das Gebot der Aneignung von Entscheidungen (→ 48).

248. RECHTSSTAATLICHKEIT IST NICHT MIT RECHTSDURCHSETZUNG ZU VERWECHSELN. Die Idee der Rechtsstaatlichkeit bringt zum Ausdruck, dass nicht nur private Personen und soziale Mächte, sondern auch die politische Herrschaftsorganisation durch Recht verpflichtet wird. Damit ist gerade nicht unterstellt, dass die politische Herrschaft sich immer an diese Regeln halten würde. Gerichte sind ja dazu da, Abweichungen festzustellen. Rechtsstaatlichkeit ist nicht mit Rechtsdurchsetzung zu verwechseln, sie soll nicht einfach flächendeckend rechtmäßige Zustände schaffen. Vielmehr scheint es typisch für rechtsstaatliche Ordnungen, zwischen Rechtswidrigkeitsurteil und Vollstreckung Puffer und

Filter einzubauen: Die Steuerschuld wird nicht sofort vollstreckt, der illegale Bau nicht einfach abgerissen, der Migrant ohne Aufenthaltsrecht nicht ohne Weiteres abgeschoben. Dies ist zum einen so, weil die Ressourcen zur Vollstreckung knapp sind (→ 212), vor allem aber, weil die gesonderte Entscheidung über Vollstreckung es gestattet, verschiedene Antworten auf die Frage zu geben, wie mit Rechtswidrigkeit umzugehen und wie die Faktur sozialer Beziehungen zu schützen ist, die durch den Zwang des Rechts zerrissen werden kann (→ 252). So gesehen zeigt sich die Rechtsbindung politischer Herrschaft im Respekt vor differenzierten Entscheidungen und im Verzicht darauf, diese im Einzelnen zu politisieren.

249. ÜBER AUSNAHMEN VON DER RECHTSREGEL. Es gibt unterschiedliche liberale Ideale des Regelvollzugs und der Einzelfallgerechtigkeit (→ 12). Letztere mag es gebieten, Ausnahmen zu machen. Wenn wir heute über Fragen wie Schulpflicht, Kontaktverbote oder Abschiebung streiten, geht es oft um solche Ausnahmen. Es kann gute Gründe geben, für bestimmte Pflichten keine Ausnahmen vorzusehen oder diese eng zu bestimmen. Ausnahmen sind aber auch ein Instrument, die Regel enger an die Umstände ihrer Anwendung anzubinden, sie können dafür sorgen, dass Rechtspflichten eine bestimmte Schwelle der Erträglichkeit nicht unterschreiten. Dies geschieht nicht allein zum Schutz der Betroffenen, sondern auch zum Schutz der Rechtsordnung vor dem Vorwurf einer folgenblinden Rigorosität. Das Problem der Ausnahme ist dann ein politisches, kein rechtliches. Denn auch die Gemeinsamkeit der Freiheitsbeschränkung durch eine Regel ist eine politische Gemeinsamkeit. Ausnahmen dissoziieren diese politische Gemeinsamkeit, wenn sie zwischen denen, für die die Regel gilt, und den anderen unterscheiden (→ 324).

250. IST DIE BEKÄMPFUNG VON KORRUPTION EIN LIBERALES PROJEKT? Definieren wir Korruption als eine Praxis, in der Entscheidungen, für die es konsentierte Kriterien gibt, im Interesse bestimmter Beteiligter abweichend von diesen Kriterien getroffen werden.[270] Ist die Bekämpfung der Korruption ein liberales Projekt? Das gilt zumindest dann, wenn man Erfolg im Wettbewerb an Verdienst knüpft, denn dann geht es um die Fairness dieses Wettbewerbs (→ 21f.). Für den Verkauf von Schulnoten gibt es keine Rechtfertigung, für die Doktorprüfung eines Kollegensohns auch nicht. Soweit die Logik eines Wettbewerbs nach strengen Regeln aber nicht anerkannt ist, stellt sich die Frage nach der Legitimation der Korruptionsbekämpfung: Warum kann die Unternehmerin den Auftrag nicht an einen Freund vergeben, der dann eine höhere Entlohnung erhält als üblich? Wenn die Antwort lautet, weil dies im Ganzen weniger Wohlfahrt schafft, weil der Preis verzerrt wird, mag man hierin eine utilitaristische, nicht notwendig eine liberale Logik am Werk sehen. Die verkaufte Schulnote steht nicht im Eigentum des Lehrers, das Geld, mit dem die Unternehmerin den Auftrag entlohnt, schon. Korruption wird, wenn man diesen Unterschied bei ihrer Bestimmung vergisst, zu einer allgemeinen negativen Chiffre für soziale Nähebeziehungen im wirtschaftlichen Umgang. Diese Nähebeziehungen können als Oligopole sozialer Macht politische Ungleichheit und gesellschaftlichen Ausschluss produzieren, sie können aber auch die letzte Hilfe für Benachteiligte sein und als Klientelverhältnis politische Macht nach unten verteilen (→ 264). Schließlich können sie auch konstitutiv für soziale Gemeinschaften sein. All dies sind keine Argumente gegen Korruptionsbekämpfung, aber doch Erinnerungsposten daran, dass hinter dieser normativ weniger steht, als häufig angenommen wird. Wenn in vielen quantitativen Rechtsstaatsindikatoren »Korruption«

als zentrales Kriterium steckt,[271] dann wird damit Rechtsstaatlichkeit faktisch als Gleichbehandlung von Unternehmen durch den Staat bestimmt. Diese Gleichbehandlung ist aber im Ergebnis nur eine Chiffre dafür, wie offen ein Land für Auslandsinvestitionen ist. So wird eine liberale Institution kapitalistisch verkürzt.

251. SUBJEKTIVE RECHTE ALS MITTEL DER FREIHEIT. Rechte sind der Inbegriff liberaler formalisierter Freiheit. Kritik am Liberalismus ist häufig Kritik an der Behauptung, es gebe einen notwendigen Zusammenhang zwischen Rechten und Freiheit. Dass Rechte ihre Träger vereinzeln und desozialisieren, wie die Kritik seit Marx stets ohne den Versuch eines empirischen Belegs behauptet hat,[272] erscheint aber wenig plausibel. Dafür sind subjektive Rechte zu geschmeidig und laden zu deutlich zu gemeinsamem Handeln und gemeinschaftlicher Politisierung ein. Anderes mag für das Eigentum gelten, das als systematisches Paradigma für Rechte[273] überschätzt wird (→ 117). Der Clou von Grundrechten liegt darin, dass sie genutzt werden können, um neue Arten von Rechten zu schaffen und alte zu ändern, dass sie zugleich Positionen festschreiben und die Möglichkeit ihrer Verflüssigung sichern. Dazu gehört die Frage, wer als Subjekt gilt, das sich auf subjektive Rechte berufen kann, ebenso wie die Frage, was man unter bestimmten geschützten Handlungen und Institutionen, von der Ehe bis zur Versammlung, verstehen soll.

252. FREIHEIT, RECHTSSICHERHEIT UND SOZIALE BEZIEHUNGEN. Wer sich dazu entschließt, eine Rechtsbeziehung formell durchzusetzen, beendet damit häufig die zusammenhängenden sozialen Beziehungen und begibt sich in große praktische Unsicherheit. Die formale Struktur des Rechts

garantiert nicht einfach Erwartungssicherheit (→ 216). Dies gelingt Rechtsregeln unter Umständen als Vorwirkung auf soziale Praktiken, die durch Recht in eine bestimmte Richtung kanalisiert werden. Vor Gericht aber erscheint der Ausgang eines Verfahrens oft unsicherer, als man es aus normalen sozialen Beziehungen gewöhnt ist. Zugleich kann man diese Beziehungen nach einem Verfahren nicht einfach fortsetzen, sie werden durch die Durchsetzung zerschnitten.[274] Es ist kaum denkbar, jemanden zu verklagen und zugleich mit ihm befreundet zu bleiben. Diese Kombination aus Unsicherheit und disruptiver Wirkung rechtlicher Verfahren hat ihr eigenes Verhältnis zur Freiheit. Sie kann dissoziieren und entmächtigen, aber in der Dissoziierung kann auch eine Befreiung liegen, wenn die sozialen Beziehungen, die ich durch Recht beende, beengend waren. Dies ist nicht die geringste Leistung liberalen Rechts.

253. ÜBER UNAUSGESCHÖPFTE RECHTE. Steven Levitsky und Daniel Ziblatt stellen in ihrem Buch über die Krise der Demokratie fest, dass die Polarisierung im politischen System der USA auch als ein Ende der »forbearance«, der institutionellen Nachsicht, verstanden werden könnte:[275] Spielräume wurden nicht ausgeschöpft, Verfahrensregeln nicht bis zur Grenze genutzt, politische Attacken waren nicht so hart, wie sie sein durften. Die plausible, wenn auch nicht erklärte These lautet, dass das Funktionieren einer politischen Auseinandersetzung auf solcher *forbearance* beruht. Nur wenn nicht alle all das tun, was sie tun dürften, sind Beziehungen zwischen den Parteien möglich, die eine Polarisierung verhindern. *Forbearance* schafft also Freiheit durch nicht ausgeschöpfte Freiheiten. Wenn diese Beobachtung auch für gesellschaftliche Zusammenhänge außerhalb des politischen Systems zutreffen würde, wäre sie auf den ersten Blick wenig

aufregend. Eine Welt, in der jeder seine Rechte einklagt, sich über jeden kleinen Fehler beschwert und immer auf allem besteht, was ihm zusteht, wäre nicht zu ertragen. Aber wenn eine solche Welt durch die Idee der Freiheit und der Rechte ermutigt würde, dann wäre dieser Zusammenhang bemerkenswert – nicht als ein politisch naives Argument, das Frauen, Minderheiten oder politisch Verfolgten erklärt, sie sollten sich bitte hinten anstellen und ihre Rechte nicht so laut einfordern, sondern als liberale Einsicht in einen abgründigen Mechanismus der liberalen politischen Herrschaft: Die linke Kritik der Rechte geht seit Marx davon aus, dass subjektive Rechte eine entpolitisierende Wirkung haben. Sie sollen aus Staatsbürgern müde Bourgeois machen (→ 251). Die Gegendeutung wäre, dass der Gebrauch von Freiheit sich entweder an Usancen hält, die sie beschränken, oder zu einer Polarisierung der politischen Auseinandersetzung führt, die sie am Ende zunichtemachen könnte.

254. DIE DOPPELTE BEGRÜNDUNG LIBERALER RECHTE. Eine Gemeinschaft normativ auf Individualrechten aufzubauen ist eine gemeinschaftliche, keine individuelle Leistung (→ 72 f.). Die liberale Begründung für deren Schutz schwankt. Individuelle Bedürfnisse gelten einerseits als solche als schützenswert, andererseits verbinden sich mit ihnen soziale Funktionserwartungen (→ 4): Meinungsfreiheit soll der Demokratie dienen, Eigentum der Wohlfahrt. Die Freiheit *dient* auch im Liberalismus. Diese Begründungen sind auch für die Frage, was geschützt werden soll, von Bedeutung. Schütze ich alle Präferenzen, also etwa auch die, schnell Auto zu fahren, oder nur funktionale Beiträge, also vernünftige Meinungen auf gesicherter Tatsachenbasis? Beide Lösungen erscheinen unbefriedigend, oder genauer: Keines der beiden Prinzipien lässt sich durchhalten, weil es zu viel oder zu we-

nig Freiheit an Individuen delegiert. Das unauflösbare Nebeneinander von vernünftiger und willkürlicher Freiheit macht sich hier wieder bemerkbar (→ 44). Auch beim Schutz der Freiheit durch Rechte kann es weder darum gehen, dass man nur das wollen darf, was alle wollen sollten, noch darum, alles zu schützen, was gewollt wird. Vielmehr geht es darum, dass man mit dem, was man will, auch für die Folgen des Gewollten zuständig wird. Die Frage wäre also nicht, ob das zu Schützende vernünftig ist, sondern ob jemand mit den Konsequenzen seiner eigenen Bedürfnisse zu leben bereit wäre.

255. DER EIGENWERT DES RECHTS. Der Eigenwert des Rechts besteht nicht darin, bestimmte moralische oder politische Gehalte festzuschreiben. Bewahrt werden kann ohnehin nur das, was sich verändern lässt. Rechtstypische Institutionen wie unabhängige Gerichte und subjektive Rechte schaffen institutionelle Freiheit, weil sie als Optionen ausgestaltet sind. Wer ein Recht hat, muss sich nicht darauf berufen. Ein Gericht entscheidet nur, wenn es angerufen wurde. Für seine Entscheidung kann das Gericht nicht belangt werden. All diesen Einrichtungen ist gemeinsam, dass sie zwischen der politisch gesetzten Norm und ihrer Anwendung eine eigenständige Entscheidungsschleife vorsehen.[276] Diese dient weniger dazu, »Recht« einfach durchzusetzen, als diese Durchsetzung institutioneller Reflexion zu unterwerfen. Der liberale Eigenwert des Rechts besteht darin, seine eigene Durchsetzung zu reflektieren und zu modifizieren.

256. DIE MEHRHEITSREGEL ALS LIBERALE ERRUNGENSCHAFT. Die Mehrheitsregel ist ein Instrument, das kollektive Entscheidungen, also politische Freiheit für alle, ermöglicht. Doch werden Mehrheitsentscheidungen nicht nur von liberalen Theoretikern, sondern auch von Mehrheiten verachtet. Sie scheinen etwas doppelt Beliebiges an sich zu haben: in der Art, in der etwas als Mehrheit definiert wird, und in der, in der sie zustande kommt. Mehrheiten sind in der Tat anspruchsvoll konstruierte Größen: Wer wird gezählt, worauf bezieht sich die Zählung und nach welchen Regeln wird aggregiert? Auf diese Fragen gibt es verschiedene legitime Antworten, ohne dass deswegen Mehrheitsentscheidungen illegitim würden. Die Rechtfertigung der einfachen Mehrheitsregel ergibt sich daraus, dass man unter Bedingungen der Gleichheit der Entscheidenden jede mögliche Entscheidung als gleich legitim behandeln will.[277] Das politische Projekt der Denaturalisierung des Sozialen findet sich hier wieder, weil die einfache Mehrheitsregel keine Vermutung zugunsten des sozialen Status quo kennt, während die Annahme, eine Entscheidung sei besser legitimiert, wenn ihr möglichst viele zugestimmt haben, unterstellen muss, dass das Belassen des Status quo eine Vermutung für sich hat.[278]

In der modernen Politik ist es unvermeidlich, individuelle Ansichten und Haltungen zu quantifizieren, zu aggregieren und die so aggregierten Größen zu vergleichen. Liberale Demokratien formalisieren diesen Vorgang zur Sicherung der politischen Gleichheit der Beteiligten. Wenn dies gelingt, entsteht mit der Mehrheitsregel ein Verfahren, das schon deswegen weiser ist als die philosophischen Träume von der Herrschaft des vernünftigen Arguments, weil es mit der Aufbewahrung der Minderheit eine alternative Sicht mitführt.

So gesehen kann es zwar Rechtsverletzungen *durch*, aber keine »Tyrannei *der* Mehrheit«[279] geben, denn mit dem Beginn der Tyrannei würde die Suche nach Mehrheiten enden. Schon die gleiche Anerkennung, die in der Auszählung aller Stimmen liegt, macht die Herrschaft der Mehrheit zu einem Modell ergebnisoffener Formalisierung (→ 49) und damit zum Gegenteil der Tyrannei.

257. DER POLITISCHE GRUND DEMOKRATISCHER GLEICHHEIT. Es gibt gute moralische Gründe für die Anerkennung aller Bürgerinnen als politisch gleichwertige Subjekte und damit für eine allgemeine Anwendung der Mehrheitsregel.[280] Diese Gründe ähneln nicht zufällig denen, aus denen Gemeinschaften Personen Würde verleihen, es geht darum, der Zurechnung von Verdienst eine Grenze zu ziehen (→ 81). Doch liegt der Kern politischer Gleichheit an einer anderen Stelle. Indem alle Angehörigen einer politischen Gemeinschaft ein gleiches Mitbestimmungsrecht beanspruchen, wird von all ihren sozialen Unterschieden abgesehen. Das Verhältnis zwischen politischer Gemeinschaft und Staatsbürgerin abstrahiert von gesellschaftlichen Kontexten und ermöglicht es so der Politik, sich gegenüber diesen zu verselbstständigen. Die Zuordnung eines Rechtsstatus der demokratischen oder politischen Gleichheit mag auf der Annahme fußen, dass in politischen Fragen alle gleich urteilsfähig und tugendhaft sind,[281] dass alle sich gleich gut um ihre Angelegenheiten kümmern können. Damit ist aber nicht gemeint, dass alle Individuen gleiche Fähigkeiten haben, politische Urteile zu fällen, sondern nur, dass die Verteilung solcher Fähigkeiten nicht an bestimmten sozialen Eigenschaften festgemacht werden darf. So wird die Unterstellung politischer Beteiligungsgleichheit zur einzigen Lösung, wenn man Politik als Format selbstständiger und offener Entscheidungsfindung versteht.

258. IMAGINIERTE MEHRHEITEN. Seit Spinoza kennen wir in der politischen Theorie die informelle Menge und ihre Macht.[282] Die Macht der Menge scheint quasi physisch zu funktionieren, tatsächlich entsteht sie unter modernen Bedingungen dadurch, dass politische Mehrheiten nie als solche, sondern immer als mobilisierte Mehrheiten ermittelt werden, während De-Mobilisierte, diejenigen, die nicht demonstrieren, nicht twittern und nicht zur Wahl gehen, unter den Tisch fallen. So werden mobilisierte Minderheiten schnell für Mehrheiten gehalten.[283] Wenige tausend Personen können durch ihre physische Präsenz eine dramatische Überrepräsentation in der politischen Öffentlichkeit gewinnen. Wenn unterstellt wird, dass sich nur diejenigen wirklich für Politik interessieren, die auf die Straße gehen, dann steht immer die Mehrheit auf der Straße. Dies zeigt sich in der politischen Überschätzung erzürnter Kleingruppen. Doch ist diese Überschätzung schwer zu vermeiden, weil freiheitliche Politik immer diejenigen privilegieren muss, die mobilisiert sind, so wie jede Freiheit nur denen nutzt, die sie gebrauchen.

259. VON DER SCHWEIGENDEN MEHRHEIT KANN MAN NIEMALS WISSEN, OB SIE IN DER MEHRHEIT IST. Richard Nixons Formulierung von der schweigenden Mehrheit[284] beansprucht ein Mandat von denen, die sich nicht politisch äußern und erst von der richtigen Politik zum Sprechen gebracht werden. Repräsentiert werden kann jedoch nur, wer sich äußert. Machtstrategisch ist die Formel genial, weil sie Mobilisierung dort für sich in Anspruch nimmt, wo sie fehlt. Plausibel wird sie, wenn ein allgemeines Gefühl darüber vorherrscht, was die Leute denken und meinen. Weil aber alle glauben, der Durchschnitt sei dümmer und moralisch weniger integer als man selbst, ist das, von dem alle denken, dass alle es denken würden, stets verwerflicher, kleinlicher, egoistischer als das, was

im Durchschnitt gedacht wird – wäre ein solcher Durchschnitt denn mit vertretbaren Methoden zu ermitteln.

260. WENN DIE MEHRHEIT AN DER MACHT HÄNGT, LÄSST SIE SICH VON EINER MINDERHEIT REGIEREN. Minderheiten innerhalb von Mehrheiten sind oft der bestimmende Faktor einer politischen Bewegung, weil Mehrheiten, um an der Macht bleiben zu können, internen Minderheiten mehr Einfluss geben müssen, als ihre Größe rechtfertigt. So werden Parteien Sklaven von ideologischen Clubs oder Landesverbänden, die etwas wollen, während die anderen nur an der Macht zu bleiben wünschen und zu diesem Zweck ihren kleineren und extremeren Geschwistern die Bestimmung von Inhalten überlassen. Diese Struktur verbindet die bundespolitische Macht der CSU mit der Macht von Fraktionen wie dem Freedom Caucus bei den Republikanern oder der European Research Group bei den Tories. Man mag sich fragen, um wessen Machterhalt es genau geht, wenn die Mehrheit innerhalb der Mehrheit so viel Bestimmungsmacht abgibt. Aber das Bedürfnis nach Machterhalt funktioniert anders als das Bedürfnis nach Machtgewinn.[285] Jede politische Bewegung beginnt mit einem Projekt. Einmal an der Macht, tritt die Verfolgung von Zielen gegenüber der Erhaltung des Status quo in den Hintergrund. Ironischerweise führt gerade der Pragmatismus der Mehrheit zum Machtzuwachs einer rigorosen Minderheit.

261. MEHRHEITEN MÜSSEN GEMACHT WERDEN. Auch die demokratischste Bewegung bedarf der Organisation von Mehrheiten. Eine Mobilisierung, die allein auf nichthierarchische Koordination, etwa durch soziale Medien setzt, wird wenig bewegen, das hat sich auch am Scheitern des Arabischen Frühlings gezeigt.[286] Dies liegt an den Schwierigkeiten,

ohne Hierarchie zu organisieren und mit internen politischen Differenzen umzugehen.[287] Mehrheiten sind immer nur organisierte Koalitionen von Minderheiten.

262. OPPOSITION ALS DEMOKRATISCHE URFREIHEIT. Opposition ist die einer Herrschaftsordnung eigene Kritik an dieser. Demokratien sind Ordnungen, in denen es legitim ist, sich die eigene Ordnung anders vorzustellen, als sie ist. Sobald die politische Kritik der politischen Ordnung aus dieser herausgeschoben wird, hört die Ordnung auf, demokratisch zu sein. Diffuse Kritik an politischer Herrschaft ist ubiquitär, aber mit dieser gehört man nicht zu einer Opposition. Die Opposition strebt die Form der Herrschaft an, gegen die sie eintritt. Die Erfindung der Opposition ist eine politisch-zivilisatorische Errungenschaft, die sich in keiner nennenswerten philosophischen Theorie der Politik vorgedacht findet.[288] Nirgendwo zeigen sich die Grenzen der politischen Philosophie deutlicher als an dieser Leerstelle. Die Präsenz von organisierter Opposition ist zugleich das einzige nennenswerte Kriterium für eine demokratische Ordnung. Sie beweist sich an wechselnden Mehrheiten[289] und an den Freiheiten künftiger Mehrheiten. Opposition entsteht nicht durch Meinungsfreiheit, die nur in kommunikativen Nischen genutzt werden kann, sondern in den Spielräumen derjenigen, die sich spezifisch auf politische Herrschaft hin organisieren. Diese Spielräume sind nicht nur negativ zu bestimmen. Es geht nicht nur darum, was sie dürfen, sondern auch darum, was sie können: öffentliche Aufmerksamkeit erringen und auf politische Herrschaft hinarbeiten.

263. ÜBER DIE TENDENZ DEMOKRATISCHER ORDNUNGEN, SICH UNDEMOKRATISCHEN BINDUNGEN ZU UNTERWERFEN. Demokratische Rechtsstaaten tendieren dazu, sich an

weitere Vorgaben zu binden: an internationale Rechtsnormen, an administrative Rationalitätsstandards, an Expertisen oder an moralische Grundsätze. Hier zeigt sich wiederum die offene Verbindung aus Willkür und Rechtfertigung (→ 44), die jede politische Praxis der Freiheit auszeichnet. Dagegen heben Autokratien einerseits die eigene Willkür hervor, insbesondere wenn sie politischen »Willen« als Form der Rechtfertigung starkmachen, rechtfertigen sich aber zugleich überschießend ideologisch, indem sie bei der Beschreibung ihrer eigenen Entscheidungen keinen Raum für Kontingenz lassen. Für demokratische Ordnungen käme es damit darauf an, die eigene Inkonsequenz mit solchen Bindungen als Teil der Ordnung zur Kenntnis zu nehmen, also den Voluntarismus der Mehrheit weder schlechtzureden noch als Endpunkt der Diskussion zu behandeln. Demokratische Ordnungen brauchen Orte eigenwilliger Politisierung (→ 172 ff.), nicht nur weil man nicht wissen kann, ob die Irrationalität von heute die Rationalität von morgen ist, sondern auch, weil Freiheit immer etwas mit den Grenzen der Begründbarkeit zu tun hat (→ 143).

264. KLIENTELISMUS STIFTET DEMOKRATISCHE LEGITIMATION. Alle demokratische Politik ist auch klientelistisch. Wie sollte es anders sein? Wo es Anreize geben muss, sich wählen lassen zu wollen (→ 206), muss es auch Anreize geben zu wählen. Eine Politik, die die potenziell eigenen Wähler strikt wie die des politischen Gegners behandelte, könnte nicht funktionieren. Das Unbehagen am Klientelismus wird durch berechtigte Furcht vor Korruption genährt (→ 250). Sie hat aber auch viel mit falschen Idealisierungen zu tun, mit einer unpolitischen Gemeinwohlkonzeption. Gerade in sozial ungleichen Demokratien ist der Klientelismus ein Instrument zur Ermächtigung der Machtlosen.[290]

265. DEMOKRATISCHE HERRSCHAFTSORGANISATION UND DEMOKRATISCHE ÜBUNG. Der Staatsapparat ist das Instrument der Selbstorganisation einer demokratischen Gemeinschaft. Eine demokratische Gemeinschaft ist keine Staatsorganisation, sondern ein Zusammenschluss von Personen, die sich dadurch respektieren, dass sie auch diejenigen Mehrheitsentscheidungen akzeptieren, die sie für falsch halten. Eine solche Gemeinschaft muss demokratische Sitten einüben und verstehen, sie kann die demokratische Praxis nicht an eine Organisation delegieren. Das Problem dürfte nun darin liegen, dass es zu solchen demokratischen Übungen nur kommt, wenn Teile der Bevölkerung in ernsthafte politische Auseinandersetzungen verwickelt sind, also um ihrer eigenen Interessen oder Überzeugungen willen Politik treiben. Sonst gibt es wenig zu üben, und die Demokratie formalisiert und ritualisiert ihre Politik so sehr, dass die Praxis der wechselseitigen Anerkennung verloren geht. Dies aber dürfte vor allem der Fall sein, wenn die politische Ordnung in eine Krise gerät. Politische Freiheit gibt es auf Dauer nur da, wo sie ausgeübt wird, nicht dort, wo sie nur als Gelegenheit besteht.[291]

266. AUTORITÄRE HERRSCHAFTSORGANISATIONEN VERMEIDEN FORMALISIERUNG. Eindeutige interne Hierarchien im Herrschaftsapparat und definierte Durchsetzungsmöglichkeiten des Staatsapparates sind für autoritäre Systeme untypisch. Der Nationalsozialismus wurde als Polyarchie beschrieben,[292] er war eine starke Herrschaftsstruktur, die aber intern wenig verregelt und formlos operierte. Russland vor Putin hatte eine schwache Herrschaftsorganisation, die private Machtfaktoren moderierte und gegeneinander ausspielte, derer freilich auch Putins Apparat nicht völlig Herr wurde.[293] Spinoza bemerkt, dass die Zentralisierung aller Herr-

schaftsgewalt bei einer Person unvermeidlich zu einer verdeckten Umverteilung von Herrschaftsgewalt führen muss.[294] In allen Fällen werden formalisierte Hierarchien vermieden oder durch informelle Gegenhierarchien beschränkt.

267. DEMOKRATISCHE POLITIK BEDARF KEINES POSITIVEN BILDS VOM VOLK. Zu den Irrtümern demokratischer Politik gehört es, zumindest öffentlich zu behaupten, dass sich das Volk im Grundsatz nicht irren könne. Dies ist die demokratische Variante der autoritären Geschichte vom guten König und seinen schlechten Beratern. Das Gegenteil zu behaupten erscheint als Illoyalität gegenüber dem System, dem die Politik ihre Legitimation verdankt. Doch geht diese Überlegung noch nicht einmal als Rezept für öffentliche Heuchelei auf. Dass Mehrheiten Fehler machen können, spricht so wenig gegen die Demokratie, wie Fehler eines Einzelnen gegen dessen Freiheit sprechen könnten. Große demokratische Politiker – Adenauer voran – misstrauten den Mehrheiten, die sie davon überzeugen konnten, sie zu wählen. In jedem Fall erkennt man die Mündigkeit von Mehrheiten überhaupt nur dadurch an, dass man ihnen widerspricht, während man nur dem niemals widerspricht, dessen Geisel man ist oder den man nicht ernst nehmen kann (→ 243).

268. WO DER VOLKSBEGRIFF ENDGÜLTIG BESTIMMT WIRD, IST DIE DEMOKRATIE AM ENDE. Das Volk ist in der Demokratie ein flüchtiges Wesen. Es entsteht aus Regeln, die die Zugehörigkeit definieren und vorgeben, wie Entscheidungen getroffen werden: Wer darf wann wen wählen? Wie kann jenseits von Wahlen entschieden werden? Die meisten dieser Regeln sind änderbar. Doch ändert sich genau genommen mit jeder Änderung des Verfahrens auch das, was wir unter Volk verstehen. Das Volk ändert in den Verfahren der Selbst-

bestimmung seinen Begriff von sich selbst. Mit dem Ende der Suche nach einem angemessenen Selbstbild würde die Demokratie an einen Endpunkt kommen, weil sie der Verfahren, die nur als Mittel von Veränderung funktionieren, nicht mehr bedürfte. Autoritarismus erkennt man nicht am Bezug auf einen Volkswillen, der ist heute politisch unvermeidlich, sondern an der Veränderungsresistenz seines Volksbegriffs.

269. WENN MAN »DAS VOLK« FRAGT, WIRD »DAS VOLK« ANTWORTEN. Je stärker Entscheidungsverfahren demokratisch auratisiert werden, desto weniger kann man mit Entscheidungen politisch umgehen, das hat auch der Brexit gezeigt. Wie bei der Gestaltung von Ämtern (→ 231) muss man auch bei der Gestaltung von Entscheidungen danach fragen, mit wie viel politischer Legitimation man sie ausstatten will. Herkömmliche politische Theorien wollen Entscheidungen so gut wie möglich legitimieren. Aber Entscheidungen eines überlegitimierten Subjekts verweigern sich der Korrektur und drohen thematisch zu entgrenzen. Zugleich sind sie immer nur sehr beschränkt Ausdruck eines Mehrheitswillens, weil es keine Mehrheit als solche, sondern immer nur bezogen auf eine bestimmte Frage in einem bestimmten Moment gibt. Eine überauratisierte und unterbestimmte Entscheidung wie im Fall des Brexit (→ 64) gewinnt ein Eigenleben, das selbst nicht mehr demokratisch ist, weil die Entscheidung sich jeder Korrektur entzieht.

270. IST JEDE POLITISCHE HERRSCHAFT »LETZTLICH« DEMOKRATISCH? Carl Schmitt schreibt in der *Verfassungslehre*: »Die konsequente demokratische Lehre kennt keine andere legitime Verfassung als eine auf der verfassunggebenden Gewalt des Volkes beruhende Verfassung. Deshalb ist es mög-

lich, jede Verfassung, die überhaupt Bestand hatte, auf den ausdrücklichen oder stillschweigenden Willen des Volkes zurückzuführen, welcher Art auch immer die Regierung, d.h. die Form der Ausübung dieses Willens sei.«[295] Diese Sicht ist bis heute verbreitet, mitunter wird sie durch Umfragen unterfüttert, die die allgemeine Zufriedenheit in autoritären Staaten dokumentieren sollen. Aber schon die Gleichsetzung von ausdrücklichem und stillschweigendem Volkswillen zeigt den Mangel des Arguments. Wo auf Ausdrücklichkeit verzichtet wird, bleibt der demokratische Prozess eine Unterstellung, die nicht durch Umfragen kompensiert werden kann (→ 129). Wer behauptet, er würde eine offene Wahl gewinnen, ohne offen wählen zu lassen, traut eben der eigenen Behauptung nicht.

271. DEMOKRATIEN SIND KEINE RISKANTEN ORDNUNGEN. Gerne wird von der Demokratie als riskanter Ordnung oder vom Wagnis der Freiheit gesprochen,[296] so als gäbe es zwar normativ unerquicklichere, dafür aber solidere Alternativen. Empirische Belege für die besondere Fragilität von Demokratien sind nicht ersichtlich. Autoritäre Ordnungen sind nicht langlebiger, sie beginnen und enden oft gewaltsam und sie schaffen harte gesellschaftliche Brüche. Damit sind sie alles andere als risikolos. Interessanter als die falsche These ist die Frage, warum sie sich so hartnäckig hält. Sie sitzt vielleicht einem autoritären Stabilitätsversprechen auf, das als eine Art schlechtes Gewissen der Freiheit funktioniert.

272. LIBERALER KONKURRENT SINGAPUR? Ein Land wie China mag praktisch liberale Ordnungen bedrohen oder ökonomisch übertrumpfen. Wenn man an liberalen Institutionen festhalten will, ist das chinesische Modell aber keine attraktive Option. Anderes soll für Singapur gelten. Dort

herrscht eine robust durchgesetzte öffentliche Ordnung ohne politische und ethnische Konflikte und mit starkem Wirtschaftswachstum. Singapur ist aber kein liberaler Nachtwächterstaat, in dem öffentliche Ordnung und private Freiheit nebeneinander operieren – und seine Einordnung als vorbildlicher Rechtsstaat[297] versteht Recht irrig (→ 248) als strikte Regelbefolgung. In Singapur herrscht nicht nur ein Quasi-Einparteiensystem, sondern auch eine Rechtsordnung, deren Grenzen von der Exekutive definiert werden. Der Erfolg Singapurs ist Produkt einer faktisch sozialistischen Regulierung des Grundeigentums, einer interventionistischen Minderheitenpolitik und einer starken Verrechtlichung robust durchgesetzter öffentlicher Moral bei sehr geringer Korruption. Ganz bewusst gibt es in der Verfassung Singapurs keine Eigentumsgarantie.[298] Singapur ist also kein Rechtsstaat ohne Demokratie, sondern eine Ordnung, die – und dies ist eine beträchtliche politische Leistung – sehr erfolgreich kollektiv steuert, eine Form des wohlorganisierten tugendhaften Sozialismus mit eingehegten Märkten für Auslandsinvestitionen. Man muss niemandem einen Vorwurf machen, den das anzieht, nur eben darauf hinweisen, dass es mit einer Ordnung der Freiheitsgrade nichts zu tun hat – einmal mehr ist Freiheit nicht mit Effizienz zu verwechseln (→ 4).

273. ASIEN UND EUROPA ODER WOHLFAHRT UND DEMOKRATIE? Die in der Pandemie wieder ins Spiel gebrachte Möglichkeit einer asiatischen Alternative zum liberaldemokratischen Europa beruht auf einem schiefen Vergleich. Taiwan dürfte heute demokratischer sein als Ungarn und Südkorea demokratischer als Polen. Die normative Beurteilung politischer Ordnungen sollte sich von geografischen Zuweisungen lösen. Eine andere Frage ist, inwieweit autoritäre Sys-

teme mehr Wohlfahrt und effizientere Problemlösung zustande bringen. Zerbrochen ist die alte Annahme der Neoliberalen, Autoritarismus und staatliche Intervention seien notwendig ineffizient.[299] Aber auch hier muss das Bild verfeinert werden: Das demokratische Taiwan, das als Abspaltung der Volksrepublik leichter mit China zu vergleichen ist, ist pro Kopf wohlhabender, mit Blick auf Vermögen und Einkommen gleicher und demokratischer als die Volksrepublik, aber auch als Indien. Solche Vergleiche haben letztlich wenig präzisen Erkenntniswert, sie sind aber politisch suggestiv. Man kann einen Staat wie Taiwan als kleine Ausnahme bagatellisieren oder als demokratisches Modell hervorheben, von dem viele etwas lernen können. Für die Selbstbeschreibung des europäischen und amerikanischen Liberalismus erscheint es wichtig, sich nicht in einem undifferenzierten Narrativ über den effizienten asiatischen Autoritarismus zu verlieren.

3.3.4 Exkurs über Kapitalismus, Liberalismus und Demokratie

274. ES GIBT KAPITALISMUS OHNE DEMOKRATIE, ABER GIBT ES AUCH DEMOKRATIE OHNE KAPITALISMUS? In der Theorie sicherlich, aber als historisches Vorbild kaum. Ein empirischer Zusammenhang zwischen der Stabilität demokratischer Institutionen und deren wirtschaftlichem Erfolg in einem kapitalistischen Rahmen ist schwer zu bestreiten.[300] Stabile Demokratien finden sich nur in relativ wohlhabenden Staaten,[301] wenn auch umgekehrt viele solcher Staaten keine Demokratien sind. Demokratische Strukturen können einen positiven Effekt auf wirtschaftliches Wachstum haben.[302] Diese Verbindungen sind historisch etabliert, sie sagen nichts über die Zukunft, zumal wir wissen, dass

die wirtschaftliche Ungleichheit auch in demokratischen Staaten zunimmt und vornehmlich obere Schichten von Produktivitätsgewinnen profitieren.[303] Politische Konsequenzen erscheinen daher schwierig, aber trotzdem ergeben sich aus einer solchen Zwischenbilanz Folgen, namentlich für die Reichweite linker Kapitalismuskritik (→ 26). Die Linke muss sich fragen, ob ihre Abneigung gegen den Kapitalismus größer als die Zuneigung zur Demokratie (→ 307) und inwieweit diese Abneigung zu rechtfertigen ist, wenn sich kein Beispiel für nichtkapitalistische Systeme finden lässt, in denen demokratische Institutionen oder wirtschaftliche Gleichheit besser verwirklicht sind. Oder sind operierende Demokratien vor der Folie einer kommenden nichtkapitalistischen Idealordnung zu kritisieren, an die man eben nur glauben kann? Gegen politische Utopien ist nichts zu sagen (→ 127), man müsste nur erwarten, dass die Bilanzierung des Kapitalismus nach stringenten Kriterien erfolgt, also auch Leistungen anerkennt.[304] Wenn es schließlich stimmt, dass die jüngere Entwicklung des globalen Kapitalismus zulasten europäischer und zugunsten asiatischer Mittelschichten verlaufen ist,[305] dann stellt sich die Frage, was daraus politisch folgen soll, wenn das Ziel lautet, wirtschaftliche Ungleichheit im Ganzen zu bekämpfen.

275. WO ENDET DER KAPITALISMUS UND WO BEGINNT DIE POLITIK? Kritik wie Lob des Kapitalismus spielen mit der Ungewissheit, wie er zu definieren ist und welche Phänomene ihm zuzurechnen sind. Viele politische Entscheidungen und viele soziale Phänomene sind heute so, wie sie sind, nur im Kontext des Kapitalismus denkbar: vom Tagesablauf bis zur Liebesbeziehung. Doch sind sie ihm deswegen nicht einfach zuzurechnen oder folgen schlicht seiner Logik.[306] Deswegen ist es wichtig, ausdrücklich zu machen, was man

mit dem Begriff bezeichnet, und sich zu überlegen, welche sozialen und politischen Phänomene sich wie mit diesem ins Verhältnis setzen lassen. Dies ist insbesondere für die Frage von Bedeutung, inwieweit in modernen Gesellschaften, die sich als liberal verstehen, der politische Prozess Kontrolle über den Kapitalismus hat oder umgekehrt die kapitalistische Wirtschaft politische Prozesse bestimmt. Nun erscheint diese Frage für gehaltvolle empirisch gesättigte Antworten zu pauschal gestellt, zugleich lässt sich aber beobachten, dass etwa in der politischen Ökonomie Antworten auf präzisere Fragen stets vor dem Hintergrund eines solchen pauschalen Hintergrundverständnisses gegeben werden – leider keineswegs einheitlich.[307] Bei diesem Stand bleiben Aussagen über das Verhältnis von liberaler Politik und Kapitalismus von einer normativen Folie abhängig, die ein bestimmtes Maß an politischem Zugriff auf Wirtschaft oder ein Ausgreifen des Ökonomischen in die Politik für angemessen hält oder nicht. Dies zeigt sich schön an der seit Langem schalen Debatte über die »Handlungsfähigkeit des Staates«, die sich über fortlaufende Verlustdiagnosen nie mit der Frage beschäftigt hat, wie viel staatliche Handlungsmacht denn überhaupt angemessen wäre, wenn in die Rechnung einzubeziehen ist, dass sich private Freiheit auch – auch (→ 43) – als Verlust öffentlicher Handlungsfähigkeit erweisen kann.[308]

276. AUS LIBERALISMUS FOLGT NICHT KAPITALISMUS. Es ist üblich, den Liberalismus für den Kapitalismus verantwortlich zu machen.[309] Unter Hinweis auf kanonisierte Autoren mag das plausibel sein, zugleich gibt es mit dieser Zurechnung mindestens zwei Probleme: Das Erste liegt in der methodischen Frage, wie sich politische und soziale Entwicklungen Theorien zurechnen lassen können (→ 26). Ob der »Sozialismus« für die DDR verantwortlich ist oder für

die SPD oder für beides, ist eine Frage, deren plausible Beantwortung davon abhängt, was genau unter »Sozialismus« verstanden wird. Dass der »Kapitalismus« ein Produkt des »Liberalismus« sei, ist eine These, deren Plausibilität davon abhängt, wie man eine vieldeutige Denkschule mit dieser komplexen sozialen Praxis verknüpfen kann. Wichtiger als diese allgemeine Zurechnungsfrage ist der zweite Punkt, der das Verhältnis des Liberalismus zum Utilitarismus betrifft. Denn wenn der Kapitalismus sich durch eine beispiellos effiziente Produktion und Verteilung von Gütern auszeichnet,[310] dann folgt er damit einem utilitaristischen Modell, keinem liberalen – und diese Einsicht ist für Teile der liberalen Tradition auch nicht neu, für die alle möglichen Sorten von politischer Regulierung der Wirtschaft als legitime Optionen galten.[311] Dass Kapitalismus Unfreiheit produzieren kann, dürfte dann nur diejenigen überraschen, die einen sehr engen Begriff von Unfreiheit pflegen, weil sie Unfreiheit nur dort erkennen können, wo der Staat handelt. Unter dieser Bedingung verwendet man aber auch einen sehr engen Begriff von Liberalismus. Wenn umgekehrt Unfreiheit auch in der Lage ist, Kapitalismus zu organisieren, wie wir es in China nicht zuletzt mit Blick auf private Rechte sehen,[312] wird der Zusammenhang zwischen Kapitalismus und Liberalismus noch uneindeutiger.

277. EFFIZIENZ, VERSORGUNG UND POLITISCHE FREIHEIT. Wenn Freiheit auch eine körperlich-willkürliche Seite hat, die an Bedürfnisse anknüpft (→ 44, 75), dann zeigt sich ein anderer Zusammenhang zwischen Kapitalismus und Liberalismus. Die liberale Leistung des Kapitalismus ergibt sich dann aus seiner effizienten Bedürfnisbefriedigung[313] – und diese Leistung ist nicht als sekundär abzutun (→ 274). Zwar folgt aus dem liberalen Respekt vor Bedürfnissen nicht, dass

jedes System der Bedürfnisbefriedigung eine liberale Ordnung darstellt, aber umgekehrt verdient eine demokratische Entscheidung für Versorgungssicherheit auch unter Bedingungen von Ungleichheit als Ausdruck politischer Freiheit liberalen Respekt.

278. ANREIZE ALS INDIKATOR FÜR FREIHEIT. Hat es einen normativen Wert, eine Norm an Anreizen auszurichten? Ist es richtig, bei der Regelung von Wohnraum und Mieten zu bedenken, wie der Wohnungsmarkt reagieren wird? Eine theoretische Antwort auf diese Frage könnte verneinend ausfallen. Man mag es für kein valides Kriterium halten, um den moralischen Wert der Regelung zu beurteilen.[314] Eine politische Beurteilung kann aber so nicht vorgehen, weil es ihr darum geht, Wirkungen in einem konkreten Kontext zu beurteilen. Das Denken in Anreizen ist aber nicht nur ein Mittel, um herauszufinden, welche praktischen Effekte eine politische Entscheidung hat. Es ist auch ein Anzeichen der Freiheiten, die einer Regelung entgehen. Solche Auswege sind im Einzelnen nicht immer willkommen, aber sie machen deutlich, wo einer Gemeinschaft Spielräume bleiben.

279. ÜBER DEN UNTERSCHIED ZWISCHEN DEM SICH-VERKAUFEN-KÖNNEN UND DEM SICH-VERKAUFEN-MÜSSEN. Die Kommodifizierung aller Lebensbereiche gilt als besonderer Mangel des Kapitalismus, aber schon die frühe Soziologie weist auf den Zusammenhang zwischen Warenwirtschaft, Individualisierung und Freiheit hin.[315] Die Möglichkeit, aus allem eine Ware zu machen, eröffnet Möglichkeiten der Wahl und der Distinktion. An welchem Punkt diese Freiheit in Unfreiheit umschlägt, ist naturgemäß schwer allgemeingültig zu bestimmen, so schwer, dass jede pauschale Klage über Kommodifizierung fehlgehen dürfte. Dass aber der

Punkt, an dem diese Freiheit in Unfreiheit umschlägt, gerade ein Problem für liberale Theorien sein sollte, gehört zum vollständigen Bild. An diesem Punkt wird der Wohlfahrtsstaat zu einem liberalen Projekt.[316]

280. LIBERALE KAPITALISMUSKRITIK. Für einen modernen Liberalismus kann der Kapitalismus nur als ambivalentes Phänomen durchgehen. Die Selbstverständlichkeit, mit der er als liberale Errungenschaft gedeutet wird, lässt sich begrifflich nicht einlösen, liberale Kapitalismuskritik müsste vielmehr eine Selbstverständlichkeit sein. Aber hier zeigt sich auch die Auseinanderentwicklung von liberaler Theorie und liberaler Politik. Rawls legte Wert darauf, dass seine Theorie auch eine sozialistische Wirtschaftsordnung zulasse.[317] Seine liberale Mitte lag zwischen Kapitalismus und Sozialismus. Die liberale Mitte heutiger liberaler Politik liegt ihrem Selbstverständnis nach zwischen rechts und links innerhalb eines demokratischen Kapitalismus. Ein moderner Liberalismus schuldet dem Kapitalismus aber sicherlich keine Loyalität per se. Liberal wäre die Kritik am Kapitalismus jedoch auch darin, dass sie das individualisierende freiheitliche Potenzial bestimmter Formen kapitalistischer Ungleichheit ebenso anerkennt wie die Bedürfnisbefriedigung als legitime Funktion kapitalistischen Wirtschaftens, für die nichtkapitalistische Ordnungen erst einmal Substitute bereitstellen müssten. An welchem Punkt eine Ordnung anfängt oder aufhört, kapitalistisch zu sein, ist dabei ohnehin eine durch politische Polemik unbeantwortbar gewordene Frage.

3.3.5 Außen und Innen

281. ÜBER DIE VERGLEICHBARKEIT VON GEMEINSCHAFTEN VON PERSONEN MIT GEMEINSCHAFTEN VON STAATEN. Die Analogie zwischen Staatengemeinschaften und Personengemeinschaften ist anfechtbar, doch liefert sie ein ganzes Repertoire von Kategorien wie Subjektivität, Person, Wille, Selbstbestimmung, Ungleichheit, auf die für die internationale Ebene schwer verzichtet werden kann. Wenn es richtig ist, dass Freiheit nicht nur Einzelnen zusteht (→ 43), ist die Analogie der Weg, um zu verstehen, was Liberalismus für die Außenpolitik bedeuten könnte.

282. WO ENDET INNEN, WO BEGINNT AUSSEN? In einer Welt, die territorial in Staaten organisiert ist, erscheint es einfach, die Grenze zwischen Innen und Außen zu ziehen. Dies ist eine rechtliche Grenze, die sich nicht einfach in politische Kategorien übersetzen lässt – so wie politische Repräsentation nicht einfach in Rechtsformen aufgeht (→ 62). Die politische Bedeutung der staatlichen Ebene gegenüber überstaatlichen, gliedstaatlichen, gemeindlichen und anderen verteilt sich je nach Staat unterschiedlich. Damit ist auch die Frage nach der relevanten politischen Innenseite ungleich verteilt und plastisch. Keine innenpolitische Situation lässt sich allein innenpolitisch erklären. Keine förmliche nationale Selbstgründung geschieht in einem luftleeren Raum. Keine amerikanische Verfassung ohne britischen Kolonialismus, keine deutsche seit dem Wiener Kongress ohne internationale Beteiligung,[318] keine politische Bewegung von den Achtundsechzigern[319] bis Pegida ohne internationale Verbindungen und internationalen Resonanzraum. Es gibt keine reine Innenpolitik, aber in unterschiedlichen Staaten mehr oder weniger Verknüpfungen zwischen Innen- und Außenpolitik, die

in kleineren oft als einengende Bedingung, in größeren als weiterer Raum für Gestaltung gesehen werden.

283. DIE EXTERNEN WIDERSPRÜCHE DES LIBERALISMUS ODER: WAS BEDEUTET LIBERALE AUSSENPOLITIK? In der Theorie internationaler Beziehungen wird Liberalismus heute als Gegenbegriff zu Realismus verstanden: hier der liberale Glaube an Kooperation durch internationale Regeln und Organisationen, dort der kalte Blick auf die Welt der Staaten, die als Einzelne, soweit sie es können, ihre Interessen gegen andere durchsetzen.[320] Dies sind Modelle, die die internationale Welt nur zu erklären suchen, doch bekommen sie unversehens eine normative Bedeutung, denn eine These darüber, wie die Staatenwelt funktioniert, transportiert Anleitungen, wie man in ihr handeln soll: eben kooperativ oder eigensinnig. In der Außenpolitik erweist sich die Klassifizierung »liberal« freilich ebenfalls als vieldeutig, da auch die »realistische« Welt unregulierter Macht voluntaristischer Staaten einen bestimmten Individualliberalismus atomisierter Akteure repliziert. Wenn man Liberalismus dezidiert als Modell individueller Freiheit verstehen will und politischen Gemeinschaften nur einen abgeleiteten Wert zubilligt, lässt sich eine Welt, die maßgeblich aus Staaten besteht, dagegen nicht rechtfertigen (→ 155). Aus diesem Grund gehören Imperialismus und humanitärer Interventionismus nicht zufällig zur liberalen außenpolitischen Tradition. Hier die geordnete Welt internationaler Institutionen, die es Staaten erlauben, ohne Transaktionskosten zu kooperieren,[321] dort die Welt der Entgrenzung, sei es aus ökonomischen, sei es aus moralischen Gründen. Die Widersprüche liberaler Theorien bilden sich in den Doktrinen der Außenpolitik ab.

284. ÜBER DIE FREIHEIT GROSSER UND KLEINER STAATEN. Die Welt der internationalen Beziehungen sieht aus der Perspektive eines kleinen, politisch einflusslosen Staates anders aus als aus der eines großen, politisch mächtigen – genau wie die soziale Welt eines Armen anders aussieht als die eines Reichen. So gibt es internationales Recht, mit dessen Hilfe sich große Staaten kleinen aufzwingen, und solches, mit dem sich kleine gegen große organisieren. So sind die politischen Freiheiten ungleich verteilt, und die Präsenz des Außen, die Präsenz anderer Staaten im eigenen, sei es als modernisierende Internationalität, sei es als bedrohliche Bedrückung durch einen aggressiven Nachbarn, ist für kleine Staaten politisch bedeutsamer als für Große.

285. FREIHEIT INTERNATIONALER POLITIK. Der Liberalismus ist in fast allen Varianten eine staatsfixierte politische Theorie (→ 8). Dies zeigt sich auch in der internationalen Politik. Unterschiedlichen liberalen Doktrinen ist gemeinsam, dass sich Politik in ihnen ausschließlich auf Ebene der Staaten abspielt. Die internationalen Organisationen des liberalen Internationalismus sollen keine eigene Politik machen, sondern eine gehobene Form der Verwaltung anbieten, die es Staaten ermöglicht, politisch besser zu handeln, sich aber eben auch auf Politik zu beschränken.[322] Sowohl der Bellizismus der Interventionisten als auch die Technokratie der Internationalisten kennen nur Staaten als politische Gemeinschaften. Doch ist die Selbstverständlichkeit einer internationalen Staatengemeinschaft ein politisches Konstrukt, dessen historische Verwirklichung sich nicht zuletzt liberalem Nationalismus und Kolonialismus verdankt.[323] Ein liberales Verständnis von Freiheit, das nicht unterstellt, politische Verfahren funktionierten nur unter der Bedingung bestehender starker sozialer Gemeinschaften, könnte auch anders argu-

mentieren. Wenn die Verteilung individueller und gemeinschaftlicher Freiheiten kein Nullsummenspiel darstellt (→ 43), dann begründen politische Herrschaftsformen jenseits des Staates nicht zwingend einen Verlust an staatlicher oder individueller Selbstbestimmung.

286. EUROPA ALS POLITISCHE GEMEINSCHAFT. Vor diesem doppelten Hintergrund (→ 284f.) zeigt sich die Besonderheit des europäischen Projekts: zum Ersten, weil es eine genuin eigene politische Ebene stiftet, die sich nicht nur als Aggregat der Politik der Mitgliedstaaten verstehen lässt, wenngleich bis auf weiteres ohne eigene Regierungsstruktur (→ 237); zum Zweiten, weil damit der Gegensatz zwischen kleinen und großen Staaten doppelt in Bewegung gebracht wird, da kleine Staaten innerhalb der europäischen Staatengemeinschaft mehr Einfluss haben als in der internationalen Gemeinschaft und da die Staaten der EU selbst mit der Aspiration spielen, aus vielen kleinen Staaten einen großen zu machen. Darum leidet die Union besonders an großen Mitgliedstaaten, die zu viel oder zu wenig von ihr wollen.

287. EUROPA ALS RECHTSGEMEINSCHAFT. Die Rede von der Rechtsgemeinschaft ist nicht moralisch zu verstehen. Die Stärke der EU liegt darin, dass sie durch harte Regeln zum gemeinsamen Vorteil zusammengehalten wird. Den Brexit sah die britische Regierung als potenziell offenen Verhandlungsprozess mit der EU. Die EU versteht sich aber als eine Gemeinschaft, die aus Regeln konstituiert ist, über die sie nicht einfach verfügen kann, ohne die eigene Identität infrage zu stellen. Hier definierte die Härte und Unbeweglichkeit des Regelwerks die Stärke der Verhandlungsposition, die Statik schuf Spielräume (→ 46). Dass Bindungen die Verhandlungsposition stärken können, ist bekannt,[324] aber in diesem

Fall geht es weniger um eine Strategie als um den Umstand, dass die Regeln, über die zu verhandeln ist, stärker als in anderen politischen Organisationen den Verband konstituieren (→ 227), der verhandelt.

288. VERFLECHTUNGEN VON FREIHEIT UND UNFREIHEIT IN DER EUROPÄISCHEN UNION. Es gibt kein abstraktes freiheitstheoretisches Argument zugunsten der europäischen Integration. Die Europäische Union ist kein kosmopolitisches Projekt, sondern das Produkt der politischen Freiheit ihrer Mitgliedstaaten. Dieses Produkt reagiert auf den sozialen Bedarf nach transnationaler gesellschaftlicher Verflechtung. Ein wesentliches Element dieses Projekts ist die Bindung der mitgliedstaatlichen politischen Spielräume an transnationale individuelle Freiheiten zu Handel und Wandel innerhalb Europas. Diese Bindung erfordert ihrerseits eine Freiheit, nämlich die Möglichkeit, Gegenstände, die die Mitgliedstaaten nicht mehr regeln dürfen, gesamteuropäisch regeln zu können.[325] Eine solche Konstellation lässt sich nicht einfach als freiheitstheoretische Gewinn- und Verlustrechnung bewerten. Das hängt zum einen damit zusammen, dass die Möglichkeiten, transnationale Freiheiten wahrzunehmen, ungleich verteilt sind: Nicht jede Französin kann oder will in Litauen ein Unternehmen gründen. Das hängt zum anderen damit zusammen, dass sich die Legitimation der politischen Verfahren auf Ebene der EU nicht einfach bewerten lässt, zum einen weil sie stark, aber nicht vollständig von den Mitgliedstaaten abhängen, zum anderen weil eine solche Bewertung – aller Bemühungen politischer Theorie zum Trotz – stets vor der Folie sehr unterschiedlicher Erfahrungen mit mitgliedstaatlicher Politik erfolgt. Für nicht wenige Europäer war die EU auch eine Sicherung ihrer mitgliedstaatlichen Demokratien. Zudem verändert die EU die politischen Freiheiten ihrer Mit-

gliedstaaten. Diese verlieren Kompetenzen, die sie bisher für sich wahrnehmen konnten, doch sie gewinnen Handlungsspielräume in der politischen Gemeinschaft mit anderen Staaten, nicht nur, aber auch wegen der beträchtlichen Größe der EU. Schließlich sind die nationalen und europäischen politischen Freiheiten miteinander verflochten. Wenn aus Ungarn eine Diktatur wird, schafft dies einen Freiheitsverlust auch in Deutschland, das horizontal Entscheidungen Ungarns anerkennt und vertikal von europäischen Organen reguliert wird, in denen Ungarn vertreten ist.[326]

Der europäischen Ebene Kompetenzen zu geben, bedeutet deswegen nicht einfach einen Verlust an politischer Gestaltungsfreiheit für die Mitgliedstaaten, auch nicht für die Großen. Woraus ergeben sich dann aber politische Kriterien für den Prozess? Zumindest so viel lässt sich sagen: Soweit transnationale Verflechtung gewollt ist, bedarf es europäischer politischer Spielräume. Weil diese die unbestimmte Allgemeinheit Europas betreffen (→ 286), müssen sie sich gegenüber der mitgliedstaatlichen Politik verselbstständigen. Inkonsequent – wie eine Art institutioneller Willensschwäche (→ 48) – erscheint es, Kompetenzen zu europäisieren, die Wahrnehmung dieser Kompetenzen aber gemeinschaftlich bei den Regierungen der Mitgliedstaaten zu belassen. Besser wäre es, weniger Kompetenzen zu europäisieren, für diese aber eine politisch verantwortliche Stelle zu schaffen. Dass die EU falsche Politik macht, spricht hingegen ebenso wenig gegen sie als Institution, wie mitgliedstaatliche Fehler gegen die Institution des Nationalstaats sprechen. Dass über die EU diametral entgegengesetzte Narrative im Umlauf sind – die Union als neoliberaler Deregulierer oder als bürokratischer Überregulierer, als große Republik oder als autoritäre Technokratie –, dürfte im Ergebnis dafür sprechen, dass sie die Mitgliedstaaten repräsentiert.

289. DIE PRODUKTIVEN WIDERSPRÜCHE DER INTERNATIONALISTEN. Alle politischen Bewegungen können sich international koordinieren, doch haben nicht alle die gleiche Beziehung zur Internationalität. Kann es eine nationalistische Internationale geben? Man sieht sie am Werk, namentlich in den Mitgliedstaaten der EU, aber auch in der russischen Außenpolitik oder bei politischen Unternehmern wie Steve Bannon. Verstrickt sie sich nicht in Widersprüche? Natürlich, aber dies ist, wie wir gesehen haben (→ 3, 203), nicht notwendig ein politischer Nachteil. Es kann passieren, dass ein konkretes nationales Projekt dem Bedürfnis nach Kooperation im Weg steht. Die österreichische FPÖ will Pässe an Südtiroler verteilen. Benachbarte Rechtsnationalisten geraten so in einen Konflikt, aber solche Konflikte bleiben die Ausnahme. Ein rechtsnationalistisches Projekt wird so lange nicht an der eigenen Internationalität scheitern, wie es auf eine vermeintlich plausible politische Außenseite verweisen kann. Für die Politik der Europäischen Union ist dies etwa »Migration aus Afrika« oder »der« Islam. Trotzdem könnten solche Widersprüche eine Dialektik erzeugen, durch die der Nationalismus unwillentlich zum Agenten der Internationalisierung wird. Indem er sich internationalisiert, hebt der Nationalismus die politische Auseinandersetzung über die Internationalisierung auf die internationale Ebene – und verhilft dieser damit zu der Art politischer Legitimation, die er ihr eigentlich absprechen will. Das muss nicht gelingen, eine solche Entwicklung zeichnet sich derzeit auch nur in Europa ab, dort freilich deutlicher nach dem Brexit, weil es in dessen Folge weniger attraktiv geworden ist, politisch mit einem Austritt aus der EU zu spielen.

290. DIE POSTKOLONIALE PERSPEKTIVE ALS SICHT AUF ALLGEMEINE UNFREIHEIT. Die Geschichte der internatio-

nalen Gemeinschaft mit ihrer kolonialen Vergangenheit hat mit der Geschichte einer ehemaligen Sklavenhaltergesellschaft gemeinsam, dass es schwierig ist, allen gemeinsame Maßstäbe der Erinnerung und der Zurechnung zu entwickeln. Ist diese Geschichte vergangen, so dass sie nun historisiert werden kann, oder muss sich das Ganze der Gemeinschaft zwingend auf diese Geschichte zurückführen lassen, weil sie in der bestehenden Ordnung fortlebt? Weniger eine Antwort als ein Austausch von Perspektiven würde auch hier gemeinsames Handeln erleichtern (→ 105). Dabei sollte die Seite der ehemaligen Kolonialisten erst gar nicht versuchen, die Auseinandersetzung als moralische Pflicht zu behandeln und sich damit selbst zu behindern – es geht im richtigen Liberalismus darum, Perspektiven zu teilen, um Handlungsfähigkeit zu gewinnen. Für die ehemals oder weiterhin dominierende Seite wäre zumindest dieser Umstand anzuerkennen: dass es an selbstverständlicher Gemeinsamkeit fehlen kann und dass es unmöglich ist, zu einem gemeinsamen Verständnis von Freiheit zu kommen, wenn dieses Fehlen in der Anrufung universeller Ideale zum Verschwinden gebracht wird.

291. LIBERALE DILEMMATA DER KRIEGSFRAGE. Unterschiedliche liberale Theorien des Krieges, pazifistische und interventionistische, waren sich jedenfalls darin einig, rein machtpolitische Erwägungen zu überwinden und aus der Rechtfertigung des Krieges zu verbannen.[327] Für die Pazifisten ist mit dem Ergebnis einfach umzugehen, für die interventionistischen Theorien schuf die Überwindung machtpolitischer Erwägungen aber die Möglichkeit, mehr Kriege zuzulassen, als ein machtpolitisches Kalkül gestattet hätte. Liberale Modelle stehen also nicht einfach für weniger Krieg. Auch hier schafft die Besinnung auf rationale Gründe nicht notwendig die bessere Politik (→ 130). In der Gegenwart

ist dieses Dilemma weiterhin akut. Denn die immer noch dominante politische Verbindung zwischen Liberalismus und Demokratie ist ein Produkt der Zeit nach dem Zweiten Weltkrieg. Dieser bleibt der Inbegriff eines liberalen gerechten Kriegs, in den die USA und Großbritannien mehr oder weniger selbstlos eingetreten sind. Er bleibt die Folie für eine liberale Theorie des Kriegs. Spätestens die Erfahrung mit westlichen Interventionen im Nahen Osten nach 1989 zeigt aber, dass dieses Modell heute nicht mehr als plausibles Vorbild dienen kann.

292. KRIEG BEGINNEN UND BEENDEN.[328] Der britische Kriegsherr und letzte liberale Premierminister David Lloyd George stellte fest, dass der Krieg »die Grenzen der Freiheit erweitern werde«.[329] Kriege sind hier Befreiungsschläge für die Kriegführenden und ihre Verbündeten. Der Liberalismus hat die Lehre vom gerechten Krieg nicht überwunden, sondern modernisiert.[330] Dass Staaten in Kriege eintreten, ist dann weniger wegen der moralischen Einwände erstaunlich als wegen der dazu erforderlichen Bereitschaft, sich im Namen der Freiheit auf ein hohes Maß an Kontrollverlust einzulassen. Politische Freiheit dürfte durch Kriege in vieler Hinsicht, namentlich finanziell, beschränkt werden, zugleich relativieren Kriege die internen Bindungen der politischen Herrschaftsgewalt formell durch Notstandsregeln oder informell durch die Berufung auf kriegsbedingte Zwänge. Diese Zunahme von Spielräumen ist problematisch, weil sie sich allein durch den Zweck der Kriegsführung rechtfertigt, ohne umgekehrt diese zu rechtfertigen. Natürlich ist auch für einen Krieg erfolgreiche Planung nicht auszuschließen. Doch gilt: Je mehr die Kriegsführung rein instrumentell ist, also ein Krieg geführt wird, um von anderen Fragen abzulenken, desto einfacher wird es, den Konflikt zu kontrollieren. Denn

in diesem Fall lassen sich die Ziele des Einsatzes einfacher umdefinieren. Je mehr der Einsatz einem ernst gemeinten externen Ziel dient und vielleicht gar mit einer anspruchsvollen normativen Rechtfertigung versehen wird, desto weniger ist er zu kontrollieren, da die Rechtfertigung sich nun an den Kosten messen lassen muss. Je lauterer die Motive, desto größer der Verlust an Handlungsoptionen.

293. ÜBER DEN MANGEL AN REALISMUS AUSSENPOLITISCHER REALPOLITIK. Außenpolitik wird durch unregulierte Macht und rohe Gewalt dominiert, man sollte es nicht leugnen. Heute findet sich im internationalen Recht kaum ein Stück formalisierter Moralität wie namentlich die Menschenrechte, das ernsthaft auf einen Staat wie China angewendet würde. Eine selektive Anwendung vermeintlich universeller Maßstäbe stellt aber die Legitimität des Maßstabs infrage – so wie das demokratische Gesetz unter den Bedingungen einer Klassenjustiz seinen Anspruch verliert. Doch ist die realistische Schonung autoritärer Systeme im Namen der Stabilität, der sich diese Asymmetrie verdankt, oft Ausdruck von Unsicherheit über die eigenen Maßstäbe und Aussichten, da die erzwungene Stabilität von heute auch zur dramatischen Instabilität von morgen werden kann. Hier gibt es keine Rezepte, aber vielleicht doch die Möglichkeit, Klarheit zu schaffen. Das liberale Gebot der Aneignung von Entscheidungen (→ 48) verlangt immerhin, sich Rechenschaft über die eigenen Motive zu geben: Geht es um wirtschaftliche Vorteile, um normative Vorgaben, um Unsicherheit über die Lage oder um einen politisch-moralischen Zweck?

294. DIPLOMATIE ODER DIE FRAGE DEMOKRATISCHER AUSSENPOLITIK. Diplomatie hat den Ruf – vergleichbar den Manieren – einer Praxis sekundärer Tugenden, die im

Zweifel harten normativen Anforderungen weichen sollte. So werden Glückwunschtelegramme an ausländische Staaten zum Skandal oder die Forderung, einer Regierung die diplomatische Anerkennung abzusprechen, zu einem moralischen Gebot – gegen völkerrechtliche Usancen.[331] Was aber ein Staat gewinnt, der nicht diplomatisch kommuniziert, ist unklar. Es ist wie in der Innenpolitik nichts Zynisches daran, zwischen dem Ernst eines Anliegens und der Art, wie es vorgetragen wird, zu unterscheiden. Vielmehr eröffnen solche Unterscheidungen politische Freiheiten, weil sich mit einem symbolischen Entgegenkommen oder mit der Verhinderung eines Gesichtsverlusts Dinge erreichen lassen, die sonst nicht zu erreichen wären. Der Verlust solcher Spielräume ist nicht selten Konsequenz einer Verknüpfung von Innenpolitik und Außenpolitik, man könnte auch sagen einer demokratischen Moralisierung der Außenpolitik. Es könnte sich aber zeigen, dass die Spielräume für die Außenpolitik eines demokratischen Landes größer werden, wenn Außenpolitik nicht in gleicher Weise politisiert wird wie Innenpolitik, so dass der Preis, der für eine demokratisierte Außenpolitik zu zahlen ist, ein demokratischer Preis ist. Wenn die Freiheiten einer demokratischen Regierung einen Wert darstellen, erlaubt dieser schließlich auch eine Unterscheidung zwischen der Art, wie Innen- und wie Außenpolitik politisch zu rechtfertigen sind.

295. WERTEGEMEINSCHAFTEN? Politische Gemeinschaften, die sich als Wertordnungen bezeichnen, werden daran von innen und von außen gemessen. Noch die grausamste politische Ordnung erhebt einen moralischen Anspruch. Das spricht nicht gegen moralische Ansprüche, aber die moralische Selbstaufwertung einer politischen Ordnung hat immer ihren Preis. Sie fällt dann nicht mehr dadurch auf, was sie tut,

sondern dadurch, wie sie sich überhöht. Begriffe wie »Wertegemeinschaft« oder »normative Identität« tauchen zudem regelmäßig erst dann auf, wenn Konsens über sie nicht länger besteht. Weder von Werten noch von einer Gemeinschaft kann dann die Rede sein. In der Außenpolitik lädt eine zu anspruchsvolle moralische Selbstaufwertung andere dazu ein, die gleiche Semantik zu benutzen, um sie praktisch ebenso ignorieren zu können. Wie bei der Beobachtung von Erwachsenen durch Kinder zählt, was getan, nicht was gesagt wird. Für die europäischen Staaten lässt sich dies außenpolitisch recht einfach an den Reaktionen auf die chinesische Politik gegenüber Hongkong und Taiwan festmachen, die illustrieren, wie ernst liberale Ordnungen ihren eigenen Liberalismus nehmen.

296. TRANSNATIONALER LIBERALISMUS. Der Individualliberalismus pflegt Vergemeinschaftung nur als politische oder ökonomische zu denken und konnte mit dem »Soziablen«, mit der geselligen Gemeinschaft nie viel anfangen (→ 8). Das zeigt sich auch in der Außenpolitik, in der die Staatsfixiertheit des außenpolitischen Liberalismus die eigentlich naheliegende Strategie einer gesellschaftlichen Internationalisierung in den Hintergrund treten ließ. Diese wird vor allem als Handel gedacht, auch der nationale Citoyen wird zum internationalen Bourgeois. Der englische Linksliberale John Hobson empfahl dagegen noch »so wenig Verkehr wie möglich zwischen Regierungen und so viel Verbindung wie möglich zwischen den Nationen der Welt«.[332] Die Verflechtung von national geprägten Gesellschaften ist Folge einer Bewegungsfreiheit, die nicht nur wirtschaftlich genutzt werden kann. Damit ist sie auch Vorhut einer Internationalisierung von Politik.

297. KRITIK DES KOSMOPOLITISMUS. Ein konsequenter Individualliberalismus müsste theoretisch zu einem allgemeinen System der Menschenrechte führen, in dem der Ort gemeinschaftlicher politischer Freiheit ungewiss bliebe. Wie gesehen, legt sich liberale Politik oft keine Rechenschaft darüber ab, wie sehr die von ihr verteidigten individuellen Freiheiten von politischer Vergemeinschaftung abhängen. Darum ist es kein Zufall, dass eine kosmopolitische Sicht auf Politik von Liberalen selten ernsthaft vertreten wird. Eine solche würde jenseits ihrer praktischen Unmöglichkeit zugleich zu viel und zu wenig liefern. Zu viel, weil das Fehlen organisierter Politik oder deren Zentralisierung an einem Ort zu autoritären Strukturen einlädt (→ 155).[333] Zu wenig, weil die zu schützenden Menschenrechte letztlich zur Beute globaler gesellschaftlicher Ungleichheit würden. Das zeigt sich bereits heute an der fehlenden Durchsetzbarkeit von Menschenrechten im Allgemeinen und gegenüber großen Staaten im Besonderen. So entstünde eine mit universalistischer Rhetorik gesättigte, aber handlungsarme De-Politisierung,[334] deren Vorschein in der Gegenwart durch den Zustand der Vereinten Nationen angedeutet wird.

4. Praktische Ausblicke

4.1 *Politik beschreiben und erklären*

298. POLITIK MIT POLITISCHEN KATEGORIEN ERKLÄREN. Lässt sich Politik erklären? Die Frage soll nicht darauf hinauslaufen, aus Politik ein exotisches Phänomen zu machen, doch gibt es bei der Erklärung von Politik besondere Anforderungen. Wenn Politik eine Form der Denaturalisierung des Sozialen ist, die auf Repräsentation beruht (→ 55 ff.), dann lässt sich Politisches nicht einfach wie Soziales erklären. Kausalistische Erklärungen stellen den Begriff der Politik grundlegend infrage, den der Gesellschaft nicht unbedingt. Wir können uns eine Gesellschaft eher als ein determiniertes Phänomen vorstellen als als Politik, die den Anspruch erhebt, diese Gesellschaft zu gestalten. Das mag eine Illusion sein, aber vielleicht wäre es zu ihrer Vermeidung konsequent, auf die Kategorie der Politik zu verzichten.

In jedem Fall wird Politik häufig durch anderes erklärt: als Effekt wirtschaftlicher Ungleichheit, kultureller Differenz, rechtlicher Vorgaben oder individueller Interessen.[1] Soweit es eine eigene Logik der Politik gibt, müsste Politik aber zumindest auch durch Politik erklärt werden,[2] also mit den Möglichkeiten und Hindernissen einer Allgemeinheit beanspruchenden Gemeinschaft, Herrschaft zu etablieren, zu verteidigen und zu verlieren, oder mit den Konstellationen von Mehrheitsbildung oder mit der Notwendigkeit, öffentlich anders zu sprechen als privat – schließlich auch mit der politischen Selbstbeschreibung der Beteiligten.[3] Solche Ansätze schließen Kausalerklärungen nicht unbedingt aus, aber sie machen sie anspruchsvoller, und vieles geht schwerlich in ihnen auf. Wenn die Wählerin, die als Motiv für ihre Wahlentscheidung Kritik an der Migrationspolitik angibt, in der Sicht ihrer wissenschaftlichen Interpreten ihre Wahl aus ökonomischen Gründen getroffen hat,[4] wenn die sozialpsychologische Forschung uns belehrt, dass der Bildungsstand oder der Grad an Alkoholisierung politische Tendenzen erklären würden,[5] oder wenn sie feststellt, dass sich politische Überzeugungen oft schlicht vererben, um dann auf spezifische Angebote durch Parteien und Bewegungen zu warten,[6] so wird Politik dadurch auf soziale Faktoren reduziert. Als wissenschaftliches Beschreibungsprogramm ist dagegen nicht pauschal etwas zu sagen. Nur ist zum Ersten darauf zu achten, politikeigene Faktoren nicht hinwegzudefinieren. Das erscheint bei einem methodenindividualistischen Vorgehen als besondere Gefahr,[7] wenn es Politik in liberaler Tradition nur als Epiphänomen individueller Befindlichkeiten deutet. Zum Zweiten bleibt die Frage, ob etwas fehlt, jedenfalls soweit es bei Politik dezidiert um eine Praxis der Freiheit geht – und zwar auch dann, wenn diese Freiheit nur illusorisch, jedenfalls nicht einfach nachweisbar bleibt.[8] Politikwissenschaft bezeichnet dann eine widersprüchliche Fügung aus Politik und Wissenschaft.[9] Zum Dritten bleibt festzuhalten, dass aus solchen Einsichten politisch nichts folgt. Wenn Politik als sozialer Kausalzusammenhang erklärt wird, kann dies keine politischen Implikationen haben. Unterstellt, es wäre nachweisbar, dass Menschen nach jedem Glas Alkohol oder in Situationen einer Krise politisch konservativer würden: Was würde politisch daraus folgen? Eine Entziehungskur für Konservative? Politische Folgerungen aus solcherart Forschung geraten schnell autoritär, weil sie Selbstbestimmung auflösen. Entsprechend wirkt die polit-ökonomische Kritik des Liberalismus mitunter recht illiberal, weil ihre Erklärungen die Möglichkeit einer freien Entscheidung dementieren.

299. WARUM POLITISCHE ORDNUNGEN VERGEHEN, KÖNNTE DIE FALSCHE FRAGE SEIN, ZU ERKLÄREN WÄRE, WIE SIE SICH

HALTEN. Wer erklären will, muss zunächst rechtfertigen, was der Erklärung bedarf. Bedarf es der Erklärung, dass liberale Demokratien in eine Krise geraten – oder, dass sie sich so lange halten konnten? Suchen wir nach Ursachen für diese Krise oder nach Ursachen dafür, dass bestimmte autoritäre Angebote zwar lange bereitlagen, aber nie wirklich genutzt wurden?[10] Setzen wir bei der Erklärung des Aufstiegs rechtsautoritärer Bewegungen beim steilen Aufschwung der AfD nach 2015 an oder beim langsamen, fast linear verlaufenden Anstieg der Wahlergebnisse entsprechender Parteien in ganz Europa seit den achtziger Jahren?[11] Je nachdem, wann wir beginnen, werden sich andere Phänomene als Ursachen anbieten. Die Literatur zur Krise der liberalen Demokratie hat häufig eine bestimmte Erklärungsrichtung gewählt, auch weil sie die liberale Demokratie für legitim, damit aber deren Krise für gesondert erklärungsbedürftig hielt. Diese Intuition könnte aus der normativen politischen Philosophie kommen, die die Tendenz hat, das Gerechtfertigte für selbstverständlich, das Abweichende für erklärungsbedürftig zu halten. So funktioniert Politik freilich nicht. Vielleicht erschöpfen sich alle Arten politischer Ordnung nach einer gewissen Dauer. Vielleicht ist schwieriger zu erklären, dass liberale Demokratien sich halten, als dass autoritäre Systeme sie ablösen. Wenn es keine natürliche richtige politische Ordnung gibt, ist jede Art von Ordnung gleich erklärungsbedürftig.

300. JEDE ERKLÄRUNG VON POLITIK IST EINE POLITISCHE INTERVENTION, ABER BEDARF JEDE POLITISCHE INTERVENTION EINER ERKLÄRUNG? Wer ein politisches Ereignis erklärt, liefert unweigerlich eine Intervention in den politischen Prozess, denn aus der Erklärung ergeben sich gewichtete Handlungsoptionen. Vielleicht sind auch aus diesem

Grund so viele Erklärungen in den politischen Wissenschaften vorhersehbar, wenn man die politischen Überzeugungen der Erklärenden kennt.[12] Aber umgekehrt bedarf nicht jede politische Aktion einer Erklärung der politischen Lage. Muss man wissen, warum es zu einer politischen Entwicklung gekommen ist, um sich gegen sie politisch zur Wehr zu setzen? Diese Vorstellung wirkt deswegen unpolitisch, weil ein politischer Umgang mit Politik die Motive der Beteiligten nicht wegerklären kann, sich aber auch nicht an ihnen orientieren muss (→ 298). Solche Motivforschung wirkt zudem dann unwissenschaftlich, wenn nicht mehr klar ist, ob es bei den Beschriebenen nur um Forschungsobjekte oder vielleicht auch um einen politischen Gegner gehen könnte, den man dadurch, dass man die Ursachen seiner Überzeugungen kennt, besser bekehren kann. Sehr viel empirische Politikwissenschaft unterstellt zu wissen, was politisch richtig ist, ohne es explizit zu machen, geschweige denn zu begründen. Die schlechte Ironie eines solchen Ansatzes könnte darin liegen, dass sich in ihm fehlende Anerkennung des politischen Gegners, der nur als Wirkung seiner sozialen Umstände betrachtet wird, mit der eigenen politischen Hilflosigkeit verbindet, einem Mangel an politischen Mitteln, nämlich solche Ursachen abzustellen.

4.2 Politische Lager – eine Orientierung

301. POLITISCHE LAGER MANIFESTIEREN SICH IN IHREM VERHÄLTNIS ZUR ÄNDERBARKEIT DER SOZIALEN WELT. Mit der Behauptung der Änderbarkeit der sozialen Welt beginnt die moderne Politik und damit die Unterscheidung zwischen politischen Lagern. Soll und kann etwas verändert werden? Bestehen Spielräume und sollte die Gemeinschaft sie nutzen? Mit der Unterstellung von Änderbarkeit ist das Projekt der Politik selbst im Ansatz nicht politisch neutral, denn der Anspruch, einen politischen Zugriff auf gesellschaftliche Verhältnisse zu haben, ist potenziell links. Konservative Politik ist dann im Ansatz ein Widerspruch in sich, sie muss sich, um die Ecke denkend, mit Formeln wie der einer »Politik der Bewahrung« ihre prekäre Existenz bestätigen.[13] Zugleich scheint die Welt an Änderbarkeit zu gewinnen. Es gibt mehr Politik, weil mehr veränderbar ist (→ 53). Wenn mehr veränderbar ist, wandelt sich auch die Bedeutung politischer Zeitorientierungen und damit von Begriffen wie konservativ oder progressiv.

302. KONSERVATIV: DIE, DIE ETWAS AUS DER VERGANGENHEIT ZU VERLIEREN HABEN. PROGRESSIV: DIE, DIE ETWAS IN DER ZUKUNFT ZU GEWINNEN HABEN? »Wenn wir wollen, dass alles bleibt, wie es ist, ist es nötig, dass sich alles ändert.« Dieser Satz des Neffen des Fürsten aus dem *Gattopardo* wird viel zitiert, zumal von Konservativen als Mantra für die Möglichkeit, Konservativismus und Modernisierung miteinander zu verbinden. Freilich lautet der Satz davor: »Wenn wir nicht mitmachen, bescheren sie uns die Republik.«[14] Für den Fürsten, der dies sagt, soll die konstitutionelle Monarchie der Kompromiss sein, um die Republik aufzuhalten. Aber die

konstitutionelle Monarchie war auch eine wirtschaftsliberale Ordnung, und soweit der Feudalismus in ihm überleben konnte, konnte er es auch in der Republik mit der Verbindung aus fortgeführtem, nun informellem sozialem Adelsstatus und geschütztem privatem Grundeigentum. Doch verliert der Adel in der konstitutionellen Monarchie seine politische Funktion, und damit wird das bewahrende Anliegen eines *politischen* Konservativismus aussichtslos.[15] Das konservative Projekt beschränkt sich dann darauf, die zu schützen, die etwas haben, mit der Begründung, dass dies für alle am besten sei, und mit der Maßgabe, dass dieser Schutz nur durch Veränderung bewerkstelligt werden könne. Der politische Konservatismus sieht schließlich seinem Ende entgegen, wenn diejenigen, die in diesem Sinn etwas zu verlieren haben, sich vom politischen System abwenden. Dann wird aus dem privaten Imperativ der Bewahrung der politische des Umsturzes. Deutet sich eine solche Entwicklung wieder an? Das Versprechen auf eine Zukunft mit so viel Wohlstand wie in der Vergangenheit ist nicht mehr notwendig ein Versprechen auf den Bestand der politischen Ordnung. Politische Zukunft und Fortsetzung der sozialen Vergangenheit fallen auseinander. Aus dem Konservativen würde dann entweder das Reaktionär-Revolutionäre – oder das Rechtsliberale.

303. DIE VERGANGENHEIT, NACH DER SICH DER KONSERVATISMUS SEHNT, IST EBENSO ERDACHT WIE DIE ZUKUNFT, NACH WELCHER DER PROGRESSIVISMUS STREBT. Ein permanentes Umschreiben der Geschichte hin auf das eigene politische Projekt gehört zu konservativer Politik. Dass diese Geschichte ausgedacht ist, kann man hinnehmen. Aus einem permanenten Umschreiben der Vergangenheit besteht selbst seriöse Historiografie. Wenn eine politisch inspirierte Vergangenheitssehnsucht wissenschaftlichen Standards nicht

genügt, muss man ihr das nicht vorwerfen. Dies gilt umso mehr, weil die Vergangenheit des Konservativen nicht ungewisser sein kann als die Zukunft der Progressiven.[16] Das eigentliche Problem konservativer Politik liegt darin, dass die Motive solcher Umschreibungen sich nie wirklich als konservative verstehen lassen. Auch konservative Politik muss als Politik Bindungen ändern und anpassen, und auf die Frage, warum dies getan werden muss, wird sich keine Antwort finden, die man als konservativ einordnen kann. Auch aus diesem Grund geht Lampedusas berühmter Satz nicht auf (→ 302).

304. »FORTSCHRITT« GIBT ES NUR REFORMISTISCH. Fortschritt ist ein Konzept, das sich die Linke beim Liberalismus abschauen musste.[17] Fortschritt beschreibt zumeist die Anpassung der Verhältnisse an Standards, die sich bereits durchgesetzt haben: Rechte müssen allen zugutekommen, ein technisches Niveau muss überall erreicht, ein Versorgungsstandard allgemein garantiert werden. Fortschritt besteht oft in der Verallgemeinerung und Durchsetzung von grundsätzlich anerkannten Freiheiten. Eine Revolution lässt sich nicht als Fortschritt beschreiben, sie wäre nicht revolutionär, wenn sie ihre Maßstabe aus der vorrevolutionären in die nachrevolutionäre Zeit mitnehmen könnte. Wir mögen uns noch mit dem 19. Jahrhundert vergleichen können, aber nicht mehr mit der vorrevolutionären Zeit, weil es dazu an einem gemeinsamen Normbestand fehlt. Das marxsche Denken, das Revolutionen als Form des Fortschritts behauptete, war erst nach der Revolution möglich. Darum hat der Glaube an den Fortschritt, dies zeigt sich im politischen Liberalismus, auch etwas den Wandel Beschränkendes.

305. FORTSCHRITTSGESCHICHTEN WERDEN WIR NICHT LOS. Niemand glaubt, dass die Verhältnisse immer besser würden, aber jeder weiß für sich, wie Zustände aussähen, die besser wären. Die Hoffnung auf eine solche Verbesserung lässt sich nicht abschütteln. Fortschrittsglaube ist eine selektive Wahrnehmung, die die Dinge hervorhebt, die als Verbesserung verbucht werden. Das klingt nach Selbsttäuschung, aber wenn Wahrnehmung im Allgemeinen und die der allgemeinen politischen Entwicklung im Besonderen ohnehin selektiv ist, dann mag es nicht unklug sein, sich auf bestimmte Formen der Selbsttäuschung einzulassen – so wie Optimismus nicht einfach irrational sein muss, sondern eine Freiheit ermöglichende politische Haltung sein kann.[18] Dies gilt umso mehr, wenn die Alternative ein Regressivismus ist, der überall Verfall sehen will oder, wenn dieser sich beim besten Willen nicht ausmachen lässt, dessen baldiges Aufkommen. So kann Fortschrittsoptimismus ermächtigend wirken, indem er zu politischem Handeln einlädt, das sich aus Gründen nicht herleiten lässt (→ 126, 130). Er kann aber auch quietistisch wirken, wenn er eigene politische Handlungen ersetzen soll. Die Zukunft kann nur in der Gegenwart erfunden werden.

306. DIE GEGENWART ALS PRAGMATISCHE OPTION DES LIBERALISMUS? Wenn Zukunft als Ideologie und Vergangenheit als Nostalgie erscheint, warum kann sich der politische Prozess nicht einfach der Sachfragen annehmen und sie lösen? Jenseits aller genuin politischen Einwände – namentlich dem, wer definiert, was das Problem ist (→ 133) – stellt sich hier eine Frage der Verzeitlichung. Denn die Bestimmung eines Problems verweist immer auf eine Konstruktion von Vergangenheit und das Angebot einer Lösung immer auf einen Entwurf von Zukunft. Beide Entwürfe mögen im

konkreten Fall routiniert oder unbestritten sein, aber die grundlegenden erkenntniskritischen Einwände gegen Politiken der Vergangenheit oder der Zukunft werden sie nicht los. Der Tendenz des Liberalismus, sich auch zeitpolitisch in die Mitte zu setzen, entspricht systematisch seine Vorliebe zum Unpolitischen im Allgemeinen (→ 17). Liberal ist es dann, sich einerseits für Veränderung auszusprechen, diese aber andererseits nicht als politischen Eingriff, sondern entweder als Lösung von kurzer Reichweite oder als Ausdruck von Fortschritt zu verstehen: als Durchsetzung von Standards, die bereits anerkannt sind (→ 32, 304). Die politische Stärke der liberalen Fortschrittsidee gegenüber der sozialistischen bestand darin, dass sie nicht utopisch blieb, sondern sich auf den Zug einer ausdifferenzierten, nicht politisch behinderten technischen Entwicklung setzen und damit erleben konnte, wie die eigenen Träume in Erfüllung gingen. Die analytische Schwäche bestand folgerichtig darin, den Blick für die Politik hinter der Technik zu verlieren.

307. DAS VERMEINTLICHE RÄTSEL LINKER MEHRHEITSLOSIGKEIT. Warum kann ein politisches Lager, das sich für die Rechte von Mehrheiten einsetzt, keine Mehrheiten hinter sich sammeln?[19] Warum eignen sich die Wählerinnen der unteren Hälfte nicht einfach mit ihren Stimmen das Vermögen der oberen Hälfte an? Zunächst ist es nicht selbstverständlich, sich selbst in der unteren Hälfte der Gesellschaft anzusiedeln, wenn man nicht zu ihr gehören will. Eine Selbstbeschreibung, die sich als Teil einer diffusen Mitte versteht, durch die die Grenze zwischen oben und unten mittendurch verläuft, wirkt angenehmer. Eine solche Mitte zu unterstellen ist eine Möglichkeit, sich sicher innerhalb der Gemeinschaft zu situieren. Im Selbstverständnis als gesellschaftlicher Mitte geht die Analyse von Ungleichheit aber schnell verloren. Zudem

gibt es unterschiedlichste Kriterien dafür, die eigene soziale Position zu bestimmen, zwischen denen nicht ohne normative Voraannahmen gewählt werden kann. Weiterhin gehen politische Präferenzen über den eigenen aktuellen sozioökonomischen Status mindestens in zweierlei Hinsicht hinaus: zum einen, weil sie aspirativ sein können, sich also nicht an dem orientieren, was man ist, sondern an dem, was man sein will. Vor dem Porträt seines Vor-Vorgängers John F. Kennedy stehend, bemerkte Richard Nixon im Film: »Die Menschen schauen dich an und sehen, wer sie sein wollen. Sie schauen mich an und sehen, wer sie sind.«[20] Zum anderen gibt es andere als sozioökonomische Präferenzen, die für die politische Orientierung insgesamt wichtiger sein können. Für Linke, die aus einer materialistischen Tradition kommen, stellt es eine besondere Provokation dar, Politik zu beobachten, die gegen die eigenen ökonomischen Interessen verfolgt wird. Aber warum sollte das Absehen vom eigenen ökonomischen Vorteil ein Privileg der Wohlhabenden und Wohlerzogenen sein?[21] Anzunehmen, bestimmte Bevölkerungsschichten seien auf ihren materiellen Status zurückgeworfen, könnte sich als wohlmeinende Anmaßung erweisen. Schließlich dürfte es auch mit Risikoaversion zusammenhängen, wenn scharfe soziale Nivellierungen keine Mehrheiten finden. Ein erträglicher Grad an Ungerechtigkeitssicherheit könnte für Mehrheiten attraktiver sein als Gerechtigkeitsunsicherheit (→ 21). Die entscheidende Frage ist dann, was Linke mit diesem Befund machen. Bleiben sie dem demokratischen Verfahren treu oder setzen sie auf die Diktatur der vermeintlich depravierten Minderheit?[22]

308. DAS SCHEITERN DER SOZIALDEMOKRATIE AN IHREM ALTEN ERFOLGSREZEPT: DEM UNEINDEUTIGEN VERHÄLTNIS ZUM KAPITALISMUS. Ihr zugleich unermüdlicher und

niemals fundamentalistischer Reformismus, der den Arbeitnehmern eine Vielzahl von Gewinnen gebracht hat, die sich in keine dogmatisch marxistische Theorie einpassen lassen, war eine große Stärke der Sozialdemokratie. Im Dilemma, entweder eine Klasse zu organisieren oder eine breite Wählerschaft anzusprechen, entschieden sich die europäischen Sozialdemokraten für Letzteres.[23] Heute wählen andere, vermutlich kleinere Teile einer anders zusammengesetzten Gesellschaft sozialdemokratische Parteien.[24] Aus dieser Not wird die Empfehlung hergeleitet, sich eindeutig für oder gegen den Kapitalismus zu positionieren. In Deutschland wird ein solches Bekenntnis oft an der Bewertung der schröderschen Reformen festgemacht. Nach einer eindeutigen Entscheidung wäre die Partei aber keine sozialdemokratische mehr, sondern entweder eine wirklich linke oder eine linksliberale. Sich nicht zu entscheiden stellt sich umgekehrt heute nicht mehr als inklusiver Kompromiss, sondern als wenig überzeugende Unentschlossenheit dar. Der Kapitalismus produziert vielleicht nicht mehr Armut als früher, aber sicherlich mehr Unbehagen, mehr Internationalität und mehr symbolische Exklusion. So wird es schwieriger, ihn als halblinke Partei zu rechtfertigen. Der Kapitalismus ist weiterhin so wichtig, dass es für eine Partei des Zentrums unmöglich ist, ihn grundsätzlich aufzugeben. An diesen Zusammenhängen, nicht an falschem Personal könnte sich die Sozialdemokratie auflösen.

309. WARUM SOLLTE DAS SCHICKSAL DER CHRISTDEMOKRATIE ANDERS AUSSEHEN ALS DAS DER SOZIALDEMOKRATIE? Der konservative Zentrismus scheint langsamer, aber mit ähnlicher Konsequenz im Niedergang begriffen wie die Sozialdemokratie. Sein relativer Erfolg liegt auch daran, dass christdemokratische Politik die kapitalistische Ordnung mit weniger Ambivalenz bejahen kann, selbst wenn sie

diese vorsichtig zu reformieren sucht. In dieser Bejahung liegt die politische Chance der Christdemokratie, soweit Wählerinnen, die etwas zu verlieren haben, sich nicht in der konkreten Gefahr wähnen, dies auch wirklich zu verlieren (→ 24).

310. DER ORT DES LIBERALISMUS IN DER PARTEIENLANDSCHAFT. Mitunter wird in Deutschland die Schwäche des politischen Liberalismus bedauert, aber liberale Parteien haben in den meisten demokratischen Ordnungen seit Beginn des 20. Jahrhunderts nur noch eine geringe Bedeutung – und das ist aus dem unpolitischen Selbstverständnis des Liberalismus heraus auch konsequent (→ 52). Das liberale Projekt ist in den Flügeln anderer Parteien aufgehoben und dort in manchen Konstellationen einflussreicher als in einer eigenen Kleinpartei. Liberale haben sich seit Längerem auf die Parteienlandschaft verteilt, so wie einst Keynes die englischen Liberalen aufforderte, die Konservativen mit Personal und die Linken mit Ideen zu versorgen.[25] Darum wäre es ein Fehler des Liberalismus, sich jenseits von rechts und links zu positionieren. Wenn es Liberalismus nur als Rechts- oder als Linksliberalismus gibt (→ 31), dann mag es empfehlenswert sein, sich in rechts und links aufspaltend beide Seiten zu besetzen und den Raum möglicher Politik als im Ganzen liberalen zu verstehen.

311. LINKSLIBERALE HALTEN UNGLEICHHEIT FÜR EINE URSACHE VON UNFREIHEIT, RECHTSLIBERALE HALTEN UNGLEICHHEIT FÜR EINE WIRKUNG VON FREIHEIT. Beiden geht es um Freiheit. Beiden geht es weder um Ungleichheit als Selbstzweck wie im alten Konservativismus noch um Gleichheit als Selbstzweck wie im Sozialismus. Dennoch scheinen beide politisch schwer miteinander vereinbar zu

sein. Es gehört zu den Grundproblemen des politischen Liberalismus, dass Leitunterscheidungen wie die zwischen rechts oder links oft effektiver trennen, als die Gemeinsamkeiten des liberalen Weltbildes zu vereinen.[26] Es ist zugleich gefährlich für den politischen Liberalismus, wenn diese Gemeinsamkeiten dazu führen, ein eigenes liberales Lager zu gründen (→ 310).

312. ÜBER GRÜNE PARTEIEN ALS ERBINNEN DES LIBERALISMUS. Grüne Parteien sind in zweierlei Hinsicht Erbinnen des Liberalismus: darin, dass sie sich jenseits der Unterscheidung zwischen Rechts und Links zu situieren suchen, nicht zuletzt mit ihrer charakteristischen Kombination aus großer Fortschrittshoffnung und Freude am regulatorischen Detail, und darin, dass sie als bürgerliche Milieuparteien funktionieren. Wenn »Liberalismus« heute als Gegnerbeschreibung des Rechtsautoritarismus dient, so wird keine politische Richtung damit eindeutiger gemeint sein als grüne Parteien – wie umgekehrt Überschneidungen und Wählerwanderungen zu rechtsautoritären Parteien bei keiner Partei seltener sein dürften. So kann man jedenfalls die deutschen Grünen auch als Form bürgerlicher Selbstabschließung verstehen. Sollte die Geschichte des 19. Jahrhunderts hier eine Lehre bereithalten, dann wäre damit auch die Grenze ihrer Erfolgsmöglichkeiten bezeichnet.

313. MÖGLICHKEITEN UND GRENZEN DES LINKSLIBERALISMUS. Für die systemaffirmative Seite des linken Lagers stehen linksliberale Parteien zur Verfügung. Ihre Schwäche und ihre Stärke liegen möglicherweise darin, auf ein Milieu zurückgreifen zu können, das niemals mehrheitsfähig werden dürfte, aber bis auf Weiteres so gefestigt ist, dass das linksliberale Projekt je nach Wahlsystem einen beträchtli-

chen Einfluss entwickeln kann. Dieser Einfluss ist umso größer, als das linksliberale Milieu relativ wohlhabend, artikuliert und sozial überrepräsentiert sein dürfte. Das Projekt dieses Linksliberalismus ist strukturell unpolitisch. Dabei fehlt es nicht am Sinn für die soziale Frage, sie wird nur anders als bei den Sozialdemokraten nicht als solche der eigenen Klientele behandelt, sondern als die der anderen. Eine unpolitische Partei kann politisch sehr erfolgreich sein, wenn sie programmatisch und personal gefestigt ist.

314. LIBERALE WIE MACRON HABEN DEN ZERFALL DER UNTERSCHEIDUNG ZWISCHEN RECHTS UND LINKS NICHT ZU VERANTWORTEN. Sie haben nur etwas getan, für das man angesichts der verbleibenden Alternativen dankbar sein kann und das sich erstaunlich glatt in die Begriffsgeschichte des Liberalismus fügt: eine Bewegung gegründet, die die Unterscheidung zurückweist, zugleich umschließt und sich darin als liberal versteht. Dass die verbliebenen Linken diese Bewegung als rechts, die verbliebenen Rechten sie als links bezeichnen, ist unvermeidlich. Dass es politisch wünschenswert wäre, nur noch die Wahl zwischen Liberalen und den Autoritären zu haben, kann man dennoch nicht behaupten, aber besser erscheint es doch, zumindest diese Wahl zu haben.

315. DIE STUNDE DES NATIONAL-KULTURALISTISCHEN LAGERS. National-kulturalistische Politik ist sich in so unterschiedlichen Ordnungen und Systemen wie denen der USA, Ungarns, Indiens, Brasiliens und Japans erstaunlich ähnlich (→ 35): ein mit kulturellen und religiös anmutenden Argumenten gefüllter Nationalismus, der legalitätsskeptisch, xenophob und vermeintlich antielitär operiert, der einerseits den Primat einer demokratischen Politik hervorhebt, sich aber

andererseits nicht auf einen offenen politischen Prozess einlassen will – und der sich ausdrücklich gegen verschiedenste Formen von »Liberalismus« wendet.

Wie weit das Projekt trägt, hängt davon ab, wie geschickt es mit seinen internen Widersprüchen umgehen kann. Der erste Widerspruch liegt wie bei den Sozialdemokraten im ungewissen Verhältnis zum Kapitalismus. Offene Skepsis findet sich ebenso wie harte Liberalisierungspolitik. In manchen Ländern bleibt diese Frage intern umstritten, in anderen wird sie eindeutig gelöst, wenn auch nicht in allen gleich. Eine Entscheidung zugunsten des Kapitalismus ist auch eine zugunsten des Internationalismus, eine Entscheidung dagegen wäre ökonomisch riskant. Der zweite Widerspruch besteht darin, dass sich heute auch Nationalismus nur international politisch organisieren lässt (→ 282, 289). Statt alter Idole zeigen sich permanent ins Ausland reisende Parteieliten, die sich über Grenzen hinweg verbünden. Damit lässt sich auf Dauer aber nur ein international sozialreaktionäres, kein wirklich nationalistisches Projekt darstellen. Der dritte Widerspruch besteht darin, dass sich nicht alle Formen der Modernisierung gleichzeitig bekämpfen lassen. Jedenfalls in westlichen Gesellschaften kann eine Partei schwerlich gleichzeitig gegen Freihandel, Homosexualität und Frauenemanzipation eintreten. Man muss sich die Kämpfe aussuchen, ohne beliebig zu wirken, und gleichzeitig Kompromisslosigkeit und ideologische Geschlossenheit behaupten. Aus diesem Grund zeigen sich die Grenzen des Nationalkulturalismus dort am besten, wo er mit abnehmendem demokratischem Mandat herrscht wie in Russland. Hier bewegt sich nichts mehr, und die Kosten der Repression steigen. Politische Macht muss suggestiv außenpolitisch präsentiert werden (→ 292), aber auch das stößt an Grenzen, wenn die Altersvorsorge zu finanzieren ist. So werden sich diese Bewegungen schlimmstenfalls zu Tode siegen. Vielleicht muss man den neuen Nationalismus von seinem Ende her denken.

316. DER NEUE ANTILIBERALISMUS UND DER ALTE LIBERALISMUS. Der gegenwärtige Autoritarismus bedarf keiner neuen Ideen, um politisch erfolgreich zu sein (→ 35). Zugleich gibt es einen neuen technisch-ökonomischen Antiliberalismus, der Verhalten vorhersieht, vorwegnimmt und damit Offenheit und Abweichung auszuschließen sucht (→ 80). Dieser neue Antiliberalismus kann sich mit dem alten Antiliberalismus verbinden, indem sozialkonservative Gesellschaftsmodelle mit moderner Technik verfugt werden, wie es sich in China beobachten lässt.[27] Nun taugte China nie als Modell einer liberalen Ordnung. Bedenklicher als die Verbindung mit autoritärer antiliberaler Politik ist darum vielleicht die Verbindung einer bestimmten Form kapitalistischen Wirtschaftens mit einer altliberalen politischen Semantik, die diesem zu sehr vertraut. Dann bestünde die zentrale Bedrohung für die Freiheit heute weniger in autoritärer Politik als darin, dass sich die alte, begrifflich nicht notwendige, aber politisch solide Gemeinschaft von Liberalismus und Kapitalismus (→ 274ff.) zu einer Gemeinschaft von altem Liberalismus und neuem Antiliberalismus fortschreibt.

317. DIE GEFAHR DER LIBERALEN ENDSCHLACHT. Teilen wir die Welt in drei große politische Lager auf: das nationalkulturalistische, das links-antikapitalistische und das moderat-zentristische, im weiteren Sinne liberale Lager. Diese Lager können sich durch bestimmte politische Parteien oder als Flügel innerhalb einer Partei zeigen. In dieser Einteilung gehören Sozialdemokraten, Christdemokraten, linksliberale Grüne und Teile des Wirtschaftsliberalismus zum dritten Lager. Die politische Auseinandersetzung in Westeuropa spiel-

te sich für einige Zeit innerhalb dieses Lagers ab. Heute sehen wir an Großen Koalitionen auch in der EU, dass aus diesen Parteien ein Lager und vielleicht sogar aus dem Lager eine Partei werden kann. Das ist bedrohlich, weil das System sich aus seinen internen politischen Konflikten rechtfertigte. Wenn aus alten politischen Gegnern eine großkoalitionäre Partei wird, dann operieren politische Alternativen nicht mehr innerhalb dieser Ordnung, sondern zwischen der liberalen Ordnung und ihren Gegnern.[28] Die Aufteilung der politischen Welt in Liberale und Autoritäre ist ein Schritt zur Abschaffung einer liberalen politischen Ordnung.

318. SOZIALLIBERALISMUS ALS LINKSLIBERALISMUS? Die Überlegungen im vorliegenden Buch verstehen sich in einem begrifflichen Sinn als sozialliberal (→ Zur Lektüre), aber sind sie auch in einem politischen Sinn linksliberal, insbesondere vor dem Hintergrund der Behauptung, politischer Liberalismus sei immer links- oder rechtsliberal? Nicht notwendig, wenn es hier mehr um eine Beobachtung als um ein Programm geht. Immerhin: Das Misstrauen in die Formalisierung von gleicher Freiheit und gegen einen naturalisierten Begriff von Individualität, die Überzeugung, dass Politik Freiheit auch konstituiert, sowie die Vermutung, dass der Kapitalismus eine effiziente, nicht notwendig eine freiheitliche Praxis darstellt, lassen sich als links einordnen. Die Kategorie der Freiheitsgrade selbst, der Respekt vor willkürlichen Entscheidungen, die Einsicht in die auch freiheitsstiftende Wirkung effizienter Güterverteilung, aber auch der milde Blick auf Identitätspolitik entstammen jedoch anderen liberalen Traditionen.

4.3 Exkurs über liberale Ökologie

319. LIBERALE ÖKOLOGIE? Für den modernen politischen Liberalismus stellt die ökologische Frage schon deswegen eine Herausforderung dar, weil sie Gesellschaften naturalistisch entgegentritt. Sie lässt sich nicht in Kategorien von Freiheit, Fremdbestimmung, Individuum und Kollektiv fassen, keinem individuellen oder politischen Subjekt zuordnen, und auch Kategorien des Fortschritts passen nicht. Die moderne Theorie des Liberalismus hat dafür Lösungen entwickelt: Weil sie mit konstruierten Subjekten operiert, kann sie diese auch in die Zukunft verlegen, also etwa mit zukünftigen Generationen argumentieren.[29] Für den politischen Liberalismus ist dies schwieriger, weil diese Generationen eben nur eine Recheneinheit, keine wirklichen Akteure sind. Doch gibt es Möglichkeiten, eine liberale Politik ökologisch zu rekonstruieren:[30] Neue subjektive Rechte werden verteilt, Märkte entdeckt und das Potenzial technischer Lösungen ausgelotet. So kann das Problem recht nahtlos aus den Händen sozialer Bewegungen in einen technokratienahen Modus politischer Problemlösung übergehen, ohne dadurch genuin politische Fragen der Risiko- und Kostenverteilung zu lösen. Gelingt dieser Übergang, bedarf es keiner Erweiterung des politischen Spektrums: Ökologische Parteien wären aus dieser Sicht so funktionslos wie Digital- oder Bauernparteien. Der Erfolg grüner Parteien ergibt sich deswegen erst aus der Nachfrage nach einem modernisierten schichtenspezifischen Liberalismus, der sich auch für andere Themen interessiert (→ 18, 312). Freilich wird dieses Bild durch die Klimakrise und das Artensterben infrage gestellt. Diese Herausforderungen scheinen einer fundamentaleren Variante des Ökologismus recht zu geben und werfen die offene Frage auf, ob eine Poli-

tik, die ökologisch denkt, nicht ganz anders organisiert sein müsste.[31]

320. KLIMAKRISE UND FREIHEIT. Nicht erst mit der Erfahrung der Pandemie erscheint es seltsam, öffentliche Regulierungen zum Aufhalten der Erderwärmung als bloße Freiheitsbeschränkungen zu verstehen. Denn um Freiheit geht es offensichtlich auch bei der Lösung der Klimakrise, die ein unüberschaubares Maß an Unfreiheit zu bringen droht. Man könnte eine Klimapolitik, die Rechte einschränkt, auch als Entscheidung für eine kontrollierte und gegen eine unkontrollierte Beschränkung von Freiheit verstehen.

Damit geht es um das theoretisch triviale, aber praktisch schwierige Problem der Verzeitlichung von Politik (→ 159ff.). Weil sich der Schleier des Nichtwissens über den Folgen der Klimakrise nur abstrakt lüftet, erscheint diese vielen immer noch weniger bedrohlich als konkrete Maßnahmen gegen sie. Dass sich das Langfristige gegenüber dem Kurzfristigen durchsetzen muss, weil sonst die Folgen zwar ungewiss, aber mit einer soliden Wahrscheinlichkeit dramatisch und irreversibel sind, bedeutet jedoch nicht, alle politischen Vermittlungsprozesse fallen zu lassen, wenn man es denn könnte (→ 144). Es verpflichtet freilich dazu, die in solchen Vermittlungsprozessen getroffenen Entscheidungen ernst zu nehmen. Aus diesem Grund wirkt die Debatte um die Umsetzung bereits ausgehandelter Klimaziele so unheimlich: Unter modernen Bedingungen gibt es keine »richtige« Antwort auf die Klimakrise jenseits politischer Prozesse, aber wenn man sich einmal politisch zu einer Antwort verpflichtet hat, ist es politisch willensschwach (→ 48), sich an diese im Namen einer Logik der Politik nicht zu halten. Ebenso wenig schlüssig ist es, den politischen Konflikt einfach juristisch zu reformulieren: Dass die protestierenden Schülerinnen durch die Schulpflicht gebunden sind, während die Klimaziele nicht völkerrechtlich verpflichten, mag sein, bleibt aber politisch ohne Bedeutung. Es zeigt nur einmal mehr, dass Freiheit nicht vollständig in einer Rechtsordnung aufgehen kann (→ 45, 244). Die engere Verkopplung von nationaler Politik mit internationaler Konsensbildung ist auch hier eine Möglichkeit, politische Handlungsfähigkeit zu gewinnen. Die Pandemieerfahrung ist doppelt lehrreich, sie illustriert die freiheitlichen Kosten ignorierter Gefahren und verweigerter internationaler Kooperation.

321. POLITISCHE LAGER. Es ist nicht einfach, Klimapolitik in politische Lager einzuordnen. Sie als humanitäre Menschheitsfrage zu sehen könnte jeder Lösung die nötige politische Energie nehmen. Nichts wird passieren, wenn es durch Klimapolitik nicht auch etwas zu gewinnen gibt, und sei es nur symbolisch. Man könnte meinen, dass ihr umstürzlerisches und kapitalismuskritisches Potenzial für Linke attraktiv wäre,[32] aber zwischen Mehrheits- und Minderheitenpolitik zerrissen, lässt sich diese Attraktivität nicht politisch ummünzen. Zudem ist durchaus nicht ausgemacht, dass sich der Klimaschutz gegen den Kapitalismus durchsetzen kann oder soll – nicht nur wegen dessen politischer Macht, sondern auch wegen seiner Effizienz und Innovationskraft. Für Konservative liegt im Interventionismus ohnehin ein Problem – und so mag sich die Klimakrise auch als politische Hoffnung für ein linksliberales politisches Projekt verstehen lassen. Das potenziell Unpolitische einer globalen Krise dieser Art mag politischen Treibstoff für die potenziell unpolitische Politik des grünen Liberalismus liefern.

322. LIBERALE VERTEILUNGSGERECHTIGKEIT ODER POLITISCHES PROJEKT? Zur liberalen Tradition gehört ein rei-

cher Schatz an Gerechtigkeitstheorien, die Verteilung als moralisches oder mathematisches, nicht als politisches Problem behandeln wollen. An der Klimakrise finden sie ein neues Objekt. Werden Emissionsmengen pro Person berechnet oder auf deren Produktivität zugeschnitten, werden die historischen Emissionen den Staaten zugerechnet, die früher industrialisiert wurden? Solche Überlegungen haben einen Sinn, soweit sie mit Akzeptabilität auch Durchsetzbarkeit ermöglichen, doch erscheinen sie zugleich bemerkenswert neben der Sache. Sie zerschellen an dem unerhört schlichten utilitaristischen Kalkül einer globalen Krise. Je ungewisser die Lage ist, desto näher liegt es, die Folgen des Klimawandels als globale zu verstehen, also nicht zu sehr darauf zu achten, an welchen Orten der Welt die Folgen stärker, an welchen sie schwächer sein werden. Unter dieser Voraussetzung schadet schlicht jede Emission allen, namentlich auch den Emittenten. So setzt die Krise eine bestimmte Logik der Verursachungszurechnung außer Kraft, weil jeder Beitrag zu Erderwärmung zwar nicht allen gleich, aber doch allen zugleich schadet. Die Klimakrise dürfte sich daher als Vollzug einer möglichst gerechten Verteilung von Emissionen nicht lösen lassen. Solche Modelle geben eine Orientierung, aber sie haben auch einen entmächtigenden Effekt, der uns aus der Politik des Liberalismus nicht ganz fremd ist (→ 131). Lösen lassen wird sich die Krise nur als positives politisches Projekt, das eine Motivation für kollektive Akteure stiftet, mehr zu tun, als eine vielleicht gerechte Regel erfordert.

4.4 Freiheitsgrade in der Pandemie

323. LIBERALISMUS ZWISCHEN IDEALISMUS UND UTILITARISMUS. Dass »das Leben der Güter höchstes *nicht*« ist[33] oder dass erst die frei werden, die ihre Angst vor dem Tod überwinden,[34] sind Einsichten, die nicht nur einen systematischen Wert beanspruchen, sondern in der Gegenwart ihre Spuren hinterlassen haben, in Deutschland etwa im Text des Grundgesetzes.[35] Dennoch sind sie für moderne Gesellschaften praktisch nur begrenzt durchzuhalten, vermutlich auch, weil Aufrufe zur Opferbereitschaft erfahrungsgemäß immer an andere adressiert werden. Umgekehrt ist ein konsequent auf einen Zweck zugeschnittener Utilitarismus, der sich selten in so reiner Form beobachten ließ wie in der Bekämpfung der Seuche, gesellschaftlich nicht einfacher zu bewältigen, nicht zuletzt, weil er so unproduktiv ist, dass er die materiellen Grundlagen der Gemeinschaft bedroht. Liberalismus erweist sich auch hier als die große graue Zone zwischen todesmutigem Freiheitsidealismus und lebensrettendem Utilitarismus, in der Freiheit als Instrument betrachtet wird, dessen funktionaler Nutzen groß, aber nicht unbegrenzt ist, dessen vermeintlich absoluter Wert sich dagegen der politischen Praxis entzieht und nur für Helden und Heilige Bedeutung gewinnen kann.

Dass Ausdifferenzierung eine Form von Freiheit ist, obwohl beide Kategorien in der Theorie zu selten zusammengebracht werden (→ 50), hat sich in der Krise bestätigt, deren Unfreiheit eben Resultat einer entdifferenzierenden Unterwerfung unter einen Zweck war. Auch wurde anschaulich, dass der Gebrauch von Freiheit ein unlösbares Problem der Verzeitlichung hat: Wer seine Freiheit in der Gegenwart nutzt, kann größere Unfreiheit in der Zukunft produzieren, aber das ändert nichts daran, dass Freiheit, die in einem Moment nicht genutzt wird, unwiederbringlich verloren ist. Gegenwärtige Freiheit mag sich zugunsten zukünftiger Freiheit verschieben lassen, nachholen kann man die so verschobene Freiheit nicht.

324. FORMALISIERTE UND INFORMELLE FREIHEIT. Die Relativierung individueller Freiheit durch die Krise ist dabei nicht einfach ein Werk politischer Herrschaft. Diese formalisiert nur den ungeheuren Umstand, dass jedwede körperliche Nähe als Bedrohung verstanden werden kann, die sowohl individuell als auch systemisch wirkt. Aus diesem Grund wird man die – nie ganz falsche, aber deswegen häufig triviale (→ 68) – Feststellung relativieren müssen, dass die Reaktion auf den Virus nicht sachlich erzwungen, sondern »politisch« ist. Sie ist zutreffend, weil wir es mit über die Herrschaftsorganisation vermittelten und in eine Form gebrachten Maßnahmen zu tun haben, die immer auch anders gestaltet sein könnten. Sie ist unzutreffend, weil es nicht um Gestaltung geht, sondern um den Schutz des bedrohten Status der öffentlichen Gesundheit durch eine Bürokratie, die so nur unter der Bedingung eines großen informalen Konsenses operieren kann (→ 45). Die politischen Spielräume, die diese Bedrohung lässt, das zeigt der Vergleich der Maßnahmen in verschiedenen Ländern, erscheinen gering, die eintretenden sozialen Folgen dagegen sehr unterschiedlich. Diese Unterschiede sind freilich ihrerseits das Ergebnis unterbliebener politischer Gestaltung, namentlich des Gesundheitswesens, aber allgemein des Umgangs mit sozialer Ungleichheit vor der Krise. Hier bestätigt sich, dass die beträchtlichen Gefahren präventiven Handelns für die Freiheit freier Gesellschaften (→ 80) auch nicht überschätzt werden dürfen, weil der Mangel an Prävention maximale Unfreiheit stiften kann (→ 161).

Zugleich funktionierten die Regeln, die zur Bekämpfung der Seuche gewählt wurden, so lange besonders gut, wie sie streng formell keine Ausnahmen kannten. Obwohl die Maßnahmen nie alle gleich trafen, schuf die Form der allgemeinen Regel in der Gemeinsamkeit der Unfreiheit ein kurzlebiges substanzielles politisches Band (→ 249). Als diese Regeln auf Möbelhäuser nicht mehr, auf Kindergärten aber weiterhin Anwendung fanden, wechselten sie für alle ihre Bedeutung. Die Zwangssolidarität der Betroffenheit verflüchtigte sich.

Diese Zwangssolidarität ist ohnehin nur die sichtbare Seite der vielfach unsichtbaren Ungleichheit, die durch die Krise verschärft wurde. Dass eine Logik der formalisierten Abwägung von Rechten diese nicht beheben kann, wurde durch die Krise sehr deutlich. Wer über Mittel oder Status verfügte, konnte diese auch gegen staatliche Eingriffe geltend machen: Unternehmen, Religionsgemeinschaften oder Versammlungsleiterinnen bekamen in Deutschland zumindest eine detaillierte gerichtliche Kontrolle. Wer auf Unterstützung des Staates angewiesen war, hatte sozial und juridisch einen schwächeren Status, eben keinen Anspruch auf Öffnung von Kindergärten oder auf Unterstützung beim Erwerb von Gesichtsmasken, aber auch keinen sichtbaren Stand in der politischen oder juridischen Abwägung, die sich hier weniger voneinander unterschieden, als zumindest den Verfassungsrechtlern lieb sein konnte.

Der in Deutschland gewählte Weg der Entscheidung über die Eindämmungsmaßnahmen war relativ informell. Die Regierungschefs von Bund und Ländern berieten unter Ausschluss der Öffentlichkeit, Entscheidungen wurden dann in die Form von Verordnungen gebracht, verkündet und in Pressekonferenzen erläutert. Kein Verfahren der Rechtsetzung, keine formalisierte Begründung begleitete die Beratungen.

Was diskutiert wurde, blieb Gegenstand von Spekulationen. Das Gesetzgebungsverfahren fiel aus, die Parlamente zogen sich zurück. Man muss in diesem Vorgehen keine autoritäre Machtergreifung erkennen, um es für verstörend zu halten. Die Einhaltung von rechtlichen Formen ist eben auch eine Art, sich das Vertrauen der Betroffenen zu verdienen (→ 229). Dass eine informierte Technokratie Freiheit sichern könnte, ist schon jetzt eine der Lektionen der Krise, die mit Blick auf die Klimakrise hoffentlich nicht vergessen wird. Diese Möglichkeit ist freilich nicht mit einer pauschalen Rechtfertigung aller Entscheidungen zu verwechseln und sicherlich kein Grund für Regierungen, wenn es spät oder zu spät ist, Sonderbefugnisse für sich in Anspruch zu nehmen. Exekutive Bürokratien haben auch in dieser Krise nicht die Geschwindigkeit entwickelt, die es gestattet, sie gegen Parlamente auszuspielen.

325. RATIONALE UND WILLKÜRLICHE FREIHEIT. Die Geschichte des Liberalismus ist auch eine der Entkörperlichung des Freiheitsbegriffs, gipfelnd in modernen liberalen Theorien rationaler Politik, die für physisch angeleitetes Streben keinen Sinn haben. Die Seuche hat diese Zusammenhänge auf bemerkenswerte Art und Weise umgedreht. Die Regeln wurden natürlich auch aus Furcht, aber eben auch aus verständiger Einsicht befolgt, um durch andere Körper bedrohte Körper vor einer Krankheit zu bewahren. Aber diese Einsicht erschien nicht als Freiheit, sondern als Unfreiheit. Wesen, die diese Regel ohne Widerstand befolgt hätten, wären der Freiheit wohl gar nicht fähig. Wesen, die ihrem Bedürfnis gefolgt und wider bessere Einsicht andere Körper aufgesucht haben, erwiesen sich darin vielleicht als unvernünftig, aber doch keineswegs als unfrei. Die körperliche Unfreiheit aus Enge, physischer Einsamkeit, Ausgeliefertsein an körper-

liche Gewalt und Mangel an Berührung wird durch die Einsicht in ihre Rechtfertigung nicht aufgehoben.

326. INDIVIDUELLE UND GEMEINSCHAFTLICHE FREIHEIT. War die Bekämpfung der Pandemie insoweit nicht ein Gemeinschaftsprojekt der Bürgerinnen, in denen der Staat nur als eine Art Regel- und Durchsetzungsmoderator einer freien Vereinbarung der Bürgerinnen fungierte? Ist sie deswegen nicht auch ein Produkt gemeinschaftlicher Freiheit, deswegen auch eine andere Art der Bekämpfung gewesen als in China, selbst wenn sich die Maßnahmen im Ergebnis ähnelten? Dem ist so. Angesichts einer schwachen – und im deutschen Fall wohl verfassungswidrigen – Beteiligung von Parlamenten kann man diesen Unterschied aber vor allem an der öffentlichen Debatte festmachen. Demokratisch waren die Maßnahmen nur wegen der Äußerungen derer, die nicht an sie glaubten, legitim, weil es Stimmen, darunter nicht wenige einigermaßen wahnsinnig anmutende, gab, die die Legitimität des Projekts in Abrede stellten. Ohne sie wäre das Ganze bloße Konsequenz eines rechtlich eher notdürftig formalisierten sozialen Zwangs gewesen.

Die Gemeinschaften, die hier handelten, waren überwiegend nationale Gemeinschaften. Es fiel auf, wie relevant föderale und kommunale Gliederungen wurden, in manchen Fällen, etwa in der Stadt und im US-Bundesstaat New York, waren sie womöglich entscheidend, während zentralisierte Strukturen praktisch größere Probleme zu haben schienen. Das ändert aber wenig daran, dass die Lösung auch in der Bundesrepublik, in der die bundesstaatliche Struktur eine so große Rolle spielte, im Ergebnis als nationales politisches Ereignis wahrgenommen wurde. Der kosmopolitische Traum, dass eine globale Krise ein ebensolches Zugehörigkeitsgefühl schaffen könnte, hat sich einmal mehr nicht bestätigt.

Identifikation hat eben mehr mit Organisation zu tun als mit der vermeintlichen Gemeinsamkeit der Betroffenheit. In Europa wurde viel über ein vermeintliches Versagen der Europäischen Union geklagt, wobei man ein solches Urteil nur treffen könnte, hätte man vorab geklärt, was in einer solchen Situation von der EU zu erwarten wäre. Dass die Union zentral Mittel zur Pandemiebekämpfung bereithält oder Gesundheitsämter steuert, erscheint dabei wenig erstrebenswert. Durch die Krise haben die Mitgliedstaaten erfahren, wie unterschiedlich sie sind, wenn diese Unterschiede auch nicht entlang gewohnter Bruchlinien verliefen. Dass die Unterschiede ein Skandal sind, kann man nur annehmen, wenn man für die EU ein besonderes Maß an Gleichheit annimmt. Dass diese Unterschiede das Werk der EU seien, ist nicht anzunehmen. Die global beobachteten Statistiken über die Pandemie und ihre Opfer reproduzierten zudem eine nationale Rekonstruktion des Geschehens. Sie widerlegten freilich zugleich die seltsame, aber nicht seltene Vorstellung, die vergleichende Quantifizierung staatlichen Handelns stehe stets im Dienst neoliberaler Agenden.

Für die Achse von politischer und individueller Freiheit schien die Krise eine sozialliberale Sicht zu bestätigen, die die auch individuell ermöglichende Wirkung politischer Freiheit hervorhebt. Das hat aber weniger mit einer Umwertung zu tun, in der Gesellschaften mit einem Mal erfahren, was wirklich wichtig ist, als mit Ungleichheitserfahrungen oder zumindest Ungleichheitsbedrohungen, die für viele greifbar wurden. Neu war nicht, dass Menschen überleben wollen. Deutlich wurde nur, dass der Preis für den Abbau einer öffentlichen Infrastruktur mehr Menschen betreffen könnte, als man sich allgemein vorgestellt hatte. Hierin manifestierte sich die erste Krise der liberalen Gleichheitsidee (→ 21).

4.5 *Maximen für liberal-demokratische Partisanen*

327. DIE RADIKALITÄT DES LIBERALISMUS ERNST NEHMEN. Freiheit ist ein anspruchsvolles Konzept, weil es zu jeder Praxis der Freiheit gehört, sich über ihren Begriff nicht einig zu werden, und weil es großer Sensibilität bedarf, Unfreiheit zu erkennen, die selten in eindeutiger Form daherkommt.[36] Darum kann man sich nicht an festen Begriffen von Freiheit festklammern, die durch neue Unfreiheiten überholt werden. Anders als in der Philosophie gehört es zu einem politischen Verständnis von Freiheit, dass auch legitimierte Einschränkungen als Freiheitsverluste anerkannt werden (→ 45).[37] Ebenso gehört zu einem politischen Freiheitsverständnis, dass überlieferte Maßstäbe und Formen von Freiheit im Namen der Freiheit infrage gestellt werden.

328. SICH VON UNPOLITISCHEN INSTITUTIONEN NICHT IN SICHERHEIT WIEGEN LASSEN. Die politische Ordnung, deine Freiheit, beruht nicht einfach auf den Wissenschaften, der kompetenten, wohlwollenden und unbestechlichen Administration, der freien Presse und einer unabhängigen Justiz.[38] Genauso gut gilt umgekehrt: Ohne Mehrheiten, denen etwas an solchen Institutionen liegt oder die sie zumindest nicht bekämpfen, können diese Institutionen nicht arbeiten. Wer solche Institutionen will, muss sie politisch pflegen und darf sie nicht zum Anlass nehmen, Politik zu meiden. Politisch bedeutsame Institutionen, die zugleich auf Dauer von politischem Einfluss isoliert sind – das ist ein gesichertes Gesetz der politischen Mechanik –, gibt es nicht. Dies gilt für Gerichte wie für Zentralbanken. Gegen Politik hilft nur Politik.

329. IN KOALITIONEN DENKEN. Politische Solidarität wird – wie Multilateralismus – nur dann zu einem haltbaren politischen Projekt, wenn sie sich auf Eigeninteressen zurückführen lässt. Es geht darum, aus politischen Gründen Verbündete zu finden. Politische Koalitionen in und zwischen Staaten entstanden für eine glückliche, aber vergangene Epoche quasi von unsichtbarer Hand in sozialdemokratischen und christdemokratischen Parteifamilien. Wenn dies nicht mehr von selbst funktioniert, bedarf es mehr Kommunikation und Reflexion darüber, wie sich Präferenzen in Koalitionen einfügen. Seine eigenen Interessen zu kleinteilig zu definieren oder sich dabei zu eng an das eigene Milieu anzulehnen[39] könnte sich als falscher Weg erweisen, sie zu verfolgen.

330. SEINE INTERESSEN VERFOLGEN, ABER NICHT ZU SICHER SEIN, WORIN SIE LIEGEN. Nichts ist dagegen zu sagen, wenn jemand sich im eigenen Interesse politisch engagiert, nur ist nicht immer einfach zu sagen, worin dieses liegt. Es gibt eine Tendenz, die eigenen Interessen sozial zu hoch anzusetzen, also für Belange einzutreten, die gar nicht die eigenen sind, sondern die man gern als eigene hätte. In jedem Fall ist es schwierig, ein treffendes Bild von der eigenen Lage zu bekommen. Deswegen kann es nicht schaden, einen Blick in die sozialen Sphären zu werfen, die vermeintlich unter den eigenen liegen.[40] Vielleicht sind die Übereinstimmungen größer, als man denkt – und vielleicht ist der Blick nach unten auch ein Blick in die Zukunft, an dem man nicht einfach verzweifeln sollte (→ 24).

331. AM EIGENEN VERDIENST ZWEIFELN KÖNNEN. Für viele ist dies keine abschreckende Maxime, sie haben wenig, und ihre Fähigkeiten werden nicht entwickelt und aner-

kannt. Für privilegierte Schichten ist es eine Herausforderung. Verdienst ist eine notwendige liberale Konstruktion – sich von ihr distanzieren zu können, ist aber eine liberale Tugend (→ 22). Das Gefühl, etwas verdient zu haben, steigt mit dem persönlichen Erfolg (→ 23). Politisch ist das ein ungünstiger Zusammenhang, liefert er doch Begünstigten sozialer Ungleichheit eine Illusion der Rechtfertigung ihres privilegierten Status. Am eigenen Verdienst zweifeln zu können bedeutet, sich für eine politisch angemessene Zurechnung gesellschaftlicher Zustände zu öffnen und eigenen Erfolg als die Konsequenz politischer und sozialer Umstände zu begreifen, der er unvermeidlich auch ist.

332. ENTSCHEIDEN, WOVOR ES SICH ZU FÜRCHTEN LOHNT. Wer sich vor allem fürchtet, fürchtet sich insgesamt zu viel, doch zu wenig vor dem wirklich Furchterregenden. Ängste gehören zu jeder politischen Existenz, Angstfreiheit kann auch ein Indiz dafür sein, dass die politischen Zustände zu stark verdrängt wurden. Aber auch Ängste müssen priorisiert werden, sonst ist die Energie, die sie produzieren, vergeudet.

333. DER UNPOLITISCHEN VERSUCHUNG ENTGEHEN, INTENSIVE SOZIALE BÄNDER ZU ÜBERSCHÄTZEN. Man könnte denken, an viele Bindungen käme der politische Prozess nicht heran. Schließlich leben die meisten in einer Familie und unter Freunden. Aber die Suggestion der starken Bindungen wurde oft widerlegt. Familien werden zerrissen, weil sie politisch in unterschiedlichen Lagern stehen, in den frühen dreißiger Jahren die einen in der SPD, die anderen im rechten Lager.[41] Um die Bedeutung von Politik angemessen anzuerkennen, muss man sehen, dass es keine Ausnahme ist, dass sie in die tiefsten persönlichen Beziehungen hinein-

reicht und diese zerstört. Hier sieht Schmitts Begriff des Politischen mehr als die liberalen politischen Theorien.

334. ENGAGEMENT NICHT MIT POLITIK VERWECHSELN. Einen Kindergarten zu gründen, den Baumbestand zu schützen oder Flüchtlingen etwas beizubringen sind enorm nützliche Tätigkeiten, die aber nicht mit Politik verwechselt werden sollten. Dass Politik »projektförmig« gedacht werden sollte, ist ein Mantra privater Stiftungen, das Politik auf portionierbare Sachfragen reduziert, die sich ohne Externalitäten lösen lassen (→ 107). Das Aufgehen in der Lösung konkreter Probleme, so befriedigend es sein mag, individualisiert diese, reißt sie aus dem Zusammenhang mit anderen Problemen und leugnet damit ihre politische Bedeutung.[42] Das kann eine richtige Strategie sein, hierin liegt ein Reiz der Kommunalpolitik. Doch im Ganzen bleibt es eine Form politischer Selbstentmächtigung.[43] Wenn Handlungen indirekte Wirkungen entfalten, bemerkt Dewey, beginnt ein Staat, Formen anzunehmen.[44]

335. SICH IN DEN FORMEN ENGAGIEREN, IN DENEN MAN POLITISCH ORGANISIERT SEIN WILL. Zu den seltsamsten Ritualen liberaler Demokratien gehört das Lob der eigenen Ordnung außerhalb ihrer Formate. Den demokratischen Rechtsstaat auf Empfängen von Wissenschaftlern oder in Aufrufen von Schriftstellern zu preisen verfehlt den politischen Prozess. Die politische Verteidigung einer bestimmten Ordnung funktioniert nur innerhalb der Formen, in denen in dieser Ordnung politisch gehandelt wird, in Parteien oder Gemeinderäten. Es hat für eine politische Ordnung keinen Nutzen, wenn man sie von außen verteidigt, während sie von innen bekämpft oder ignoriert wird.

336. VERSTEHEN, WAS ES BEDEUTET, IN DER POLITIK ZU MORALISIEREN. Es gibt keine völlig moralfreien politischen Argumente, es wäre mit ihnen auch nichts gewonnen.[45] Moralische Überzeugungen sind ein wichtiger Antrieb politischer Bewegungen. Entscheidend ist es zu verstehen, was passiert, wenn man in der Politik auf moralisierende Argumente setzt. Gegenmeinungen werden aus dem Raum legitimierter Debatten ausgeschlossen. Das kann der richtige Weg sein, aber er ist ressourcenintensiv, er beansprucht Überzeugungskraft, er verkürzt den Raum der Auseinandersetzung und er verbraucht sich schnell in seinem hohen Anspruch.

337. IN INSTITUTIONEN DENKEN. Politische Institutionen lassen sich nicht aus individuellen Tugenden konstruieren.[46] Es muss sich vielmehr lohnen, die Institution zu bewahren, nicht nur den politischen Vorteil in ihr. Solche Motivationen können sich aus moralischen Bindungen oder dem Bedürfnis ergeben, in die Geschichte einzugehen. Doch hat jeder politische Prozess die Tendenz, die institutionellen Voraussetzungen zu gefährden, unter denen er operiert, weil politischer und systemischer Vorteil nie deckungsgleich sind. Dabei ist Institutionenpolitik nicht mit guter oder auch nur gewaltengeteilter Politik zu verwechseln. Das Thema ist nur die immanente Funktionalität eines Systems. Machiavellis Einsicht, dass gute Einrichtungen Glück bringen,[47] ist eine Werbung für Institutionen, in denen es Anreize für institutionenschonendes Verhalten gibt.

338. NICHT DIE VERACHTEN, DIE DIE MACHT LIEBEN. Die Ehrgeizige ist nicht schlimmer als der Privatist. Die Vorstellung entspannter und freundlicher Politik wird der Bedeutung von Politik nicht gerecht. Niemand sollte regieren, der es nicht wirklich will, und man kann nur hoffen, dass freund-

liche Politiker in der Lage sind, sich zu verstellen. Dabei geht es nicht um ein Lob von Härte oder Unbedingtheit, sondern um die Bedeutung allgemeiner Angelegenheiten unter der Bedingung widersprüchlicher Interessen. Wenn man ernst nimmt, was einem anvertraut wurde, wird man jede Leichtigkeit aufgeben müssen, es sei denn, man hat schon einmal in den Abgrund geschaut. Churchill war ein abgehalfterter, mehrfach gescheiterter Politiker, als er Premierminister wurde, Adenauer hatte im inneren Exil auf den Tod gewartet, Roosevelt sah, frisch in den Rollstuhl gekommen, aus seinem Garten, wie die nächste Politikergeneration an ihm vorbeizog. Ihre Kaltblütigkeit verdankten sie der Tatsache, dass sie wiederauferstanden waren. Wem das nicht gelingt, der oder die muss sich politische Qualitäten woanders holen.

339. KONFLIKTE NICHT VERMEIDEN. Je mehr Konflikte in einer frühen Phase, in Schulen und Kindergärten, reguliert, entsorgt und pathologisiert werden, desto höher wird später die Schwelle zu politischem Widerspruch. Die konfliktfreie Schule ist die Schule der Unterdrückung, an deren Endpunkt gar nicht mehr vorstellbar ist, sich abweichend zu verhalten. Der zeitgemäße Autoritarismus wird über zwanglose Anpassung funktionieren. Solange das Kind schreit, hat es noch Hoffnung.[48]

340. POLITISCHEN UMGANG VERSTEHEN. Politische Beziehungen sind weder freundlich noch feindlich, sie sind weder aufrichtig noch verlogen, sie sind weder moralisch noch völlig instrumentell. Der Halbschatten, in dem sich politische Auseinandersetzungen abspielen, ist eine zivilisatorische Errungenschaft.[49] Sie basiert auf einem strategischen Umgang miteinander, der eine gemeinsame institutionelle Basis akzeptiert. Wegen seiner Halbheit zwischen Moral und Feind-

seligkeit ist diese Art Umgang einfach zu kritisieren oder zu entlarven. Einen anderen Umgang in politischen Institutionen wird es aber nicht geben.

341. DEN ZIRKEL AUS ERWARTUNG, ENTTÄUSCHUNG UND ZYNISMUS VERMEIDEN. Ein junger Mensch kommt voller moralischer Ideale in die Hauptstadt. Dort lernt er den Zynismus der Macht kennen und droht, selbst zu einem Zyniker zu werden. Sein Idealismus ist stärker und setzt sich schließlich nicht nur in seinem Charakter, sondern auch politisch durch. Der Film ist eine Komödie, nur aus diesem Grund endet er gut.[50] Sein Narrativ ist bis heute verbreitet, aber liefert es eine zutreffende Beschreibung? Das Maß an Enttäuschung ist eine Funktion der Erwartung. Der beklagte Zynismus in der Politik ist nicht einfach Folge fehlender normativer Orientierung der Beteiligten, sondern Konsequenz des Zusammentreffens verschiedener Interessen und Präferenzen. Was wie Zynismus wirkt, ist die Relativierung normativer Ansprüche im Angesicht ihrer konkurrierenden Vielfalt. Diese Relativierung gehört zu jeder Form von Politik, die sich darauf einlässt, dass es mehr als eine legitime normative Orientierung geben kann. Sich dieser Relativierung zu entziehen, um die eigenen Positionen unberührt zu lassen, ist seinerseits anfechtbar.[51] Der beklagte Zynismus ist auch Produkt einer Einstellung, die sich auf politische Prozesse nicht einlassen will. Dass es in politischen Zusammenhängen darüber hinaus wie in allen organisierten Strukturen Routine und Zynismus gibt, bleibt trivial, aber deswegen kann man auf politische Politik nicht verzichten. Macron steht zu diesem Element: »Ich denke, wir haben die Pflicht, keines unserer Ideale aufzugeben, aber so pragmatisch wie die Extremisten zu sein. Dies ist eine Schlacht. Und selbst wenn Du mit guten Prinzipien stirbst, stirbst Du.«[52]

342. SICH SEIN UNWISSEN SELBST ANEIGNEN. An einem Frühstückstisch in Niederbayern hörte ich als Kommentar zur politischen Lage den Satz: »Vieles wissen wir gar nicht.« So ist es. Aber was folgt daraus? Die Äußerung schien auf eine Verschwörung wissender Herrscher hinzuweisen. Aber lag ihr auch eine Vorstellung davon zugrunde, was mit dem Wissen anzustellen wäre, hätte man es? Die Verteilung von Informationen ist ein politisches Problem, aber zugleich muss man sich eine eigene Vorstellung auch von Fragen machen, über die man zu wenig weiß. Die eigene Unwissenheit ist nicht mit der Allmacht politischer Herrschaft zu verwechseln, die ihrerseits oft eher zu wenig als zu viel weiß oder ihr Wissen so abgelegt hat, dass nichts damit zu machen ist. In der Coronakrise hatte man bei keiner Entscheidung den Eindruck eines substanziellen Wissensvorsprungs des politischen Prozesses. Alles lag offen. Ganz im Verborgenen kann ohnehin nur machtlose Herrschaft operieren. Zugleich ist kein Wissensbestand politisch hinreichend, es gibt immer mehr an Einschlägigem zu wissen, und es ist kaum zu bestimmen, wann eine vernünftige Sättigung an Wissen eingetreten ist. Aus diesem Grund besteht die entscheidende Leistung nicht darin, genug zu wissen, sondern sich aus dem, was man weiß, ein Urteil zu bilden oder sich eines solchen aufgrund dünner Datenlage zu enthalten.[53] Auf diese Fähigkeiten verzichtet, wer an allgemeines Nichtwissen und politisch verstecktes Universalwissen glaubt, wer also den eigenen Wissensbestand unter- und den des politischen Apparats überschätzt. Das Problem an Verschwörungstheorien ist nicht, dass sie notwendig falsch wären, natürlich gibt es Verschwörungen in der Politik, sondern dass sie es erlauben, die Verantwortung für den eigenen Wissensstand abzugeben.

343. NACH POSITIVEN POLITISCHEN GEFÜHLEN SUCHEN. Gefühle sind keine elementare Rohmasse, aus denen eine bestimmte Politik folgt. Sie sind auch das Produkt politischer Prozesse. Man suche also nach einer freundlichen Zuneigung zur politischen Gemeinschaft und zu politischen Prozessen. Wer sein Land liebt, kann sich auf dessen Mängel einlassen – anders als der nationalistische Streber, der denkt, sein Land verdiene als das Beste einen Vorrang vor anderen.

344. LOB DER STAMMWÄHLER. Stammwähler wählen stets eine Partei. Sie wählen in einem emphatischen Sinne gar nicht oder nur einmal für immer. In ein Modell demokratischer Selbstbestimmung durch freie informierte Entscheidungen scheint das nicht zu passen. Doch steht es allen frei, die Partei zu wählen, die habituell passt, und sich dadurch von kurzfristiger politischer Veränderung zu distanzieren. In der Praxis der Stammwähler kann ein abgeklärtes Verhältnis zur politischen Ordnung zum Ausdruck kommen, die sich das Wahlsystem zu eigen macht, ohne es an sich reißen zu wollen. Deswegen verstehen Parteisoldaten viel von gehegter Politik. Dies ist für Massendemokratien, in denen die eigene politische Beteiligungsmöglichkeit entweder relativ klein oder durch Ungleichheit privilegiert ist, ein stimmiger Ansatz. Umgekehrt bedeutet der Niedergang des Stammwählerwesens nicht notwendig ein Mehr an Freiheit. Wähler können sich aus Milieus und Familienabhängigkeiten befreien, um eine Stimme abzugeben, die sie endlich für ihre eigene halten. Aber zum einen ist die Unterscheidung zwischen Stamm- und Wechselwähler kein sicheres Indiz für diese Befreiung. Es kann auch fremdbestimmte Wechselwähler geben, Leute, die jedem Trend hinterherwählen. Zum anderen ist zweifelhaft, ob der politische Gestaltungsspielraum durch Wechselwähler zunimmt. Wenn mit der Individualisierung der Stimm-

abgabe auch die Ansprüche an die Bedeutung der eigenen Stimme steigen, kann die Kompromissfähigkeit der so gewählten Parteien und damit die politische Handlungsfähigkeit abnehmen. Dies wäre im Ergebnis ein Verlust an politischer Freiheit.

345. DER ERKLÄRUNG »PROTESTWAHL« MISSTRAUEN. Nach Wahlen, bei denen extreme Parteien gut abgeschnitten haben, wird oft versichert, unter ihren Unterstützern seien viele »Protestwähler«, also Wähler, die nicht wirklich vom Programm der Partei überzeugt sind, sondern sich pauschal gegen die politischen Verhältnisse wenden.[54] Viele Wähler rechter Parteien in Weimar wollten kein völkisches Regime, sie wollten nur das Ende der Weimarer Republik. Was sollte daraus folgen? Methodisch setzt eine solche Aussage voraus, dass es ein normales Maß an Identifikation von Wählern mit einer gewählten Partei gibt, das Protestwähler unterbieten. Selbst wenn dem so wäre, folgte daraus politisch nichts. Manche Wählerinnen kennen sich aus, manche nicht. Manche wählen Personen, manche Programme. Manche wählen spontan, manche überlegt. Manche sind für, manche gegen etwas. Aus dieser Vielfalt eine Klasse herauszugreifen, um mit ihrer Hilfe die Bedeutung des Ergebnisses zu relativieren, bleibt willkürlich, schon weil die politische Bedeutung des Gewollten allein in der Wahl zum Ausdruck kommen kann. Es ist auch unklar, warum ein negatives politisches Projekt weniger gefährlich sein sollte. So beruhigt der Hinweis auf Protestwähler dort, wo es nichts zu beruhigen gibt.

346. NICHT VON »MENSCHEN« SPRECHEN, SONDERN VON BÜRGERINNEN. Wenn im deutschen politischen Diskurs von »Menschen« die Rede ist, klingt es so mitleidig, als gäbe es von den Angesprochenen nichts Besseres mitzuteilen als ihre

unvermeidliche Gattungszugehörigkeit. Etwas für die Menschen zu tun heißt auch, den politischen Gehalt einer Maßnahme zu leugnen, die als eine politische nicht für alle gleich gemeint sein kann und die ausdrücklich darauf verzichtet, den Status als Bürgerin anzusprechen.[55] Eine Ansprache unter Gleichen klingt anders. Umgekehrt stellt sich dann nicht nur die Frage, wer diejenigen sind, die über die »Menschen« reden, sondern auch, wer oder was die sind, für die eine Politik für »Menschen« *nicht* ist: keine Menschen?[56] Der Hinweis auf »Menschen« transportiert eine Form der Renaturalisierung von Politik, die hinter das zurückfällt, was die liberale Tradition konstruiert hat, die auch Nichtbürger als Rechtssubjekte, nicht als Objekte von Humanität versteht. Im Deutschen verbietet sich der Hinweis eigentlich schon aus Gründen des moralischen Geschmacks, aber wenn selbst Himmler und Mielke nicht hinreichten, diesen zu schulen, ist wenig zu machen.[57] Die Kritik am Begriff ist auch nicht mit Antihumanismus zu verwechseln. Die kreatürlich-körperliche Seite von Politik ist nicht zu leugnen, doch ist Politik eben als Politik auszuweisen. Kategorien des Menschlichen wie Menschenwürde oder Empathie sind moralisch zu diskutieren, aber politisch im wörtlichen Sinne indiskutabel. Sie setzen alle berechtigte politische Kritik an ihnen von vornherein ins Unrecht.

347. DER APOKALYPSE INS AUGE SCHAUEN.[58] Für manche Fragen bräuchte eine Gemeinschaft die Fähigkeit, apokalyptisch zu denken. Was wäre, wenn sich eine Bedrohung als so gewaltig erweist, dass sie alle anderen in den Schatten stellt? Was wäre, wenn sich ihre Größe nur mithilfe einer starken Imagination verstehen ließe, die uns vor Augen bringen könnte, wie die Welt aussähe, wenn sie nicht abgewehrt würde? An diesem Punkt sind wir auf gefährlichem Terrain, denn

die Geschichte der Politik ist gepflastert mit überschätzten oder aufgebauschten Problemen und ihrem autoritären Missbrauch. Das ändert nichts daran, dass es solcherart Bedrohungen geben kann – und dass eine Gemeinschaft, die keine Utopien denken kann, sich auch keine Apokalypsen vorzustellen vermag. Auf manche Herausforderungen gibt es keine pragmatische Reaktion. Churchill war kein Pragmatiker, als er den Kampf gegen Deutschland aufnahm. Immerhin hatte er einen Gegner, an dem er sich entzünden konnte. Wie aber gehen wir mit Phänomenen um, die keinen eindeutigen Verursacher kennen, sondern die Gemeinschaft nur wieder auf sich selbst verweisen? Vielleicht wären Gesellschaften, die auf eschatologische Szenarien eingerichtet sind und ernsthaft an einen Weltuntergang glauben, für den Umgang mit der Erderwärmung besser geeignet, weil sie Untergangsszenarien in ihrer Totalität ernst nehmen und nicht pragmatisch in Häppchen teilen, deren Bearbeitung letztlich wenig bewirkt.

348. TUGENDEN DER ERGEBNISOFFENHEIT. Keine Tugendlehre kann Politik ersetzen und sie sollte es aus liberaler Sicht auch gar nicht. Trotzdem können sich aus einem liberalen Verständnis von Politik Tugenden ergeben, die mit der Ergebnisoffenheit liberaler Strukturen zusammenhängen: Freude an Überraschungen und Pointen, Humor, Distanz zu den eigenen Positionen, Neugierde. Solche Tugenden sind nicht einfach da. Es sind wenig zufällig dezidiert bürgerliche Tugenden – und dann auch wieder nicht: »Humor bleibt stets irgendwie bürgerlich, obwohl der echte Bürger unfähig ist, ihn zu verstehen.«[59] Es ist eine Auswahl bürgerlicher Tugenden, der man andere ebenso bürgerliche entgegenstellen könnte, nicht zuletzt Sicherheitsbedürfnis und Status-quo-Orientierung. Vielleicht bedarf es eines bürgerlichen Bewusstseins,

um liberal sein zu können, das wäre schade, aber sicherlich reicht ein bürgerliches Bewusstsein als solches dazu nicht hin.

349. FREIHEIT VON SICH SELBST. Liberalismus produziert alle Arten von Identitätspolitik, weil man im Gebrauch der Freiheit ausdrücklich machen muss, wer diese Freiheit beansprucht. Zugleich – das ist viel beschrieben – werden Subjekte schnell Sklaven ihrer vermeintlich eigenen Identität, darauf zurückgeworfen oder davon abhängig, wer sie eigentlich zu sein beanspruchen. Dies gilt für Nationalismen, für sexuelle Orientierungen oder für professionellen Ehrgeiz. Die Freiheit vor der Identität muss deswegen nicht zu einer unpolitischen Therapeutik führen, sie ist auch Teil eines liberalen politischen Projekts, das so selbstbewusst ist, sich nicht an eine fixierte Selbstbeschreibung zu verlieren, sondern fantasievoll genug, sich auch die eigene Freiheit, individuell und kollektiv, als die Freiheit von jemand anderem vorstellen zu können, um sich in dieser Freiheit die Welt zu eigen zu machen.[60] »Alle unsere Eigenschaften sind ungewiss und zweifelhaft im Guten wie im Schlechten und sie verdanken sich fast immer guten Gelegenheiten.«[61]

Anmerkungen

Einführung

1 Vgl. zu den selbstverstärkenden Effekten der Demokratiekrisendiagnosen: Philip Manow, *(Ent-)Demokratisierung der Demokratie. Ein Essay*, 2020, S. 142ff. Zu Problemen dieses Genres auch: Adam Tooze, »Democracy and its discontents«, in: *The New York Review of Books* (6. Juni 2019), online verfügbar unter: {https://www.nybooks.com/articles/2019/06/06/democracy-and-its-discontents/} (alle URL Stand Mai 2020).

2 Benito Mussolini, *Die politische und soziale Doktrin des Faschismus*, 1933 [1932], S. 29.

3 Aus diesem Grund ist die Renaissance des Denkens von Judith Shklar, bei allem Respekt vor ihrem gewaltigen Scharfsinn, politisch keine gute Nachricht, wird in ihrem Projekt doch letztlich ein defensives und negatives Modell von Liberalismus verfolgt.

4 Am Anfang des Neoliberalismus steht in den späten Dreißigern auch die Forderung, den Liberalismus gegen die Autoritarismen der Zeit zu erneuern, siehe zur Gründung: Serge Audier/Jurgen Reinhoudt, *Neoliberalismus. Wie alles anfing: Das Walter Lippmann Kolloquium*, 2019; die Forderung nach einer Erneuerung des Liberalismus findet sich bereits im Eröffnungsstatement von Walter Lippmann, ebd., S. 134ff. Umfassend zum Kontext und den Folgen des Treffens: Serge Audier, *Néo-libéralisme(s). Une archéologie intellectuelle*, 2012.

5 Aus der neueren Literatur Jan-Werner Müller, *Furcht und Freiheit. Für einen anderen Liberalismus*, 2019; Lisa Herzog, *Freiheit gehört nicht nur den Reichen. Plädoyer für einen zeitgemäßen Liberalismus*, 2015; Wolfgang Kersting, *Verteidigung des Liberalismus*, 2009. Vergleichsweise defensiv und mit wenig Sinn für interne Widersprüche des Liberalismus: Stephen Holmes, *Die Anatomie des Antiliberalismus*, 1995.

6 Beispielhaft: Jeremy Waldron, »Theoretical foundations of liberalism«, in: *The Philosophical Quarterly* 37/147 (1987), S. 127-150, S. 127.

7 Beispielhaft: Helena Rosenblatt, *The Lost History of Liberalism: From Ancient Rome to the Twenty-First Century*, 2018; kritisch dazu: Jeffrey R. Collins, »The lost historiography of liberalism«, in: *The Review of Politics* 81/4 (2019), S. 673-688.

8 Duncan Bell, »What is liberalism?«, in: *Political Theory* 42/6 (2014), S. 682-715.

9 Alan Ryan, *The Making of Modern Liberalism*, 2012, S. 91ff. Die Einzeluntersuchungen dort fügen sich nicht zufällig kaum zu einer Summe und lassen die Abgrenzung von liberalen zu kommunitaristischen Positionen aus guten Gründen verschwimmen.

10 Siehe nur Leo Strauss, *Liberalism Ancient and Modern*, 1968, S. v ff. Der zentrale politische Konflikt innerhalb des Westens wird dort entlang der Unterscheidung zwischen liberal und konservativ ausgemacht.

11 So ist in den letzten Jahren in den Vereinigten Staaten eine ganze Literatur entstanden, in der Akademiker andere Akademiker daran erinnern, dass der Liberalismus vielleicht doch nicht so schlimm ist; vgl. dazu z.B. Amanda Anderson, *Bleak Liberalism*, 2016.

12 Deutlich: Leonard T. Hobhouse, »Liberalism« [1911], in: ders., *Liberalism and Other Writings*, hg. von James Meadowcroft, 1994, S. 1-120.

13 John Dewey, *Liberalism and Social Action*, 1999 [1935]; zum werkbiografischen Kontext dieses wichtigen Texts: Jay Martin, *The Education of John Dewey. A Biography*, 2002, S. 387ff., S. 394ff. Zur Systematik: Robert B. Westbrook, *John Dewey and American Democracy*, 1991, S. 430ff.

14 Michael Walzer, »Liberalism and the art of separation«, in: *Political Theory* 12/3 (1984), S. 315-330, S. 323. Walzer greift damit ein im 19. Jahrhundert nicht seltenes Motiv der Verwandtschaft von Liberalismus und Sozialismus auf. Zu diesem Motiv auch Jan-Werner Müller, *Furcht und Freiheit*, a.a.O., S. 80f. Vgl. auch Ira Katznelson, *Liberalism's Crooked Circle. Letters to Adam Michnik*, 1996, S. 5ff., S. 42ff.

15 Zu einem daran anschließenden Entwurf, der den vorliegenden in vielem geprägt hat: Michael Walzer, *Vernunft, Politik und Leidenschaft. Defizite liberaler Theorien*, 1999, S. 7ff.

16 Symptomatisch für Rekonstruktionen, die sich in der »Mitte« situieren, aber doch recht eindeutig einem der beiden Lager zuzuordnen sind, ist einerseits die linksliberale Rehabilitierung bei Adam Gopnik, *A Thousand Small Sanities. The Moral Adventure of Liberalism*, 2019, S. 23ff., und andererseits die rechtsliberale Rechtfertigung bei Mario Vargas Llosa, *Der Ruf der Horde*, 2019 [2018], die beide das Problem des Verhältnisses von Liberalismus und Politik letztlich ignorieren, worin wiederum – gut liberal – ihre wesentliche politische Gemeinsamkeit besteht. Anders als Gopnik und Vargas

Llosa, aber gerade deshalb anregend Edmund Fawcett, *Liberalism. The Life of an Idea*, [2]2018, S. 454ff. Fawcett bilanziert mit erkennbarer Sympathie, dem Liberalismus sei es durchgehend um den Primat der Politik gegangen.

17 So zumindest viele Vertreter der ersten neoliberalen Generation, dazu nochmals die Dokumentation bei Serge Audier/Jurgen Reinhoudt, *Neoliberalismus*, a.a.O.

18 So bei Rawls, dazu Katrina Forrester, *In the Shadow of Justice. Postwar Liberalism and the Remaking of Political Philosophy*, 2019, S. 29f.

19 Christoph Möllers, »Wir, die Bürger(lichen)«, in: *Merkur* 71/818 (2017), S. 5-16.

20 Christoph Möllers, *Demokratie. Zumutungen und Versprechen*, 2008.

21 Zur Rehabilitierung des politischen Mechanikers Hobbes: Steven Shapin/Simon Schaffer, *Leviathan and the Air Pump. Hobbes, Boyle, and the Experimental Life*, Neuausgabe 2011 [1985], S. 110ff.

22 Niklas Luhmann, *Organisation und Entscheidung*, 2000, S. 109.

23 Es ließe sich auch von Kulturen sprechen, die es nahelegen, Entscheidungen zu treffen: Barbara Stollberg-Rilinger, *Cultures of Decision-Making*, 2016, S. 16ff.

24 Zu diesem Gedanken: Christoph Möllers, »Willensfreiheit durch Verfassungsrecht«, in: Ernst-Joachim Lampe/Michael Pauen/Gerhard Roth (Hg.), *Willensfreiheit und rechtliche Ordnung*, 2008, S. 250-275.

25 Zu dieser wichtigen Annahme Hannah Arendts: Hauke Brunkhorst, *Hannah Arendt*, 1999, S. 119f.

26 Luhmann bestimmt den von ihm sehr häufig verwendeten Begriff der Kontingenz in Anschluss an Aristoteles, ohne wirklich klarzumachen, woran man solche Kontingenzen empirisch erkennen kann. Dazu aber – u.a. mit Anwendungen auf Ereignisse der Französischen Revolution – Ivan Ermakof, »The structure of contingency«, in: *American Journal of Sociology* 121/1 (2015), S. 64-125, S. 88ff.

27 Timur Kuran, »The inevitability of future revolutionary surprises«, in: *The American Journal of Sociology* 100/6 (1995), S. 1528-1551. Zum Problem auch anregend: Oliver Weber, »Elipsen und Pfeile. Empirische Politikwissenschaft«, in: *Merkur* 74/852 (2020), S. 83-91, S. 87ff.

28 Was nicht bedeutet, dass sie nicht soziologisch unterlaufen werden könnte, wenn man Gemeinsamkeiten etwa in Lebensstilen zwischen politisch unterschiedlichen Liberalismen beobachtet. Zu solchen

Gemeinsamkeiten im Liberalismus Andreas Reckwitz, *Das Ende der Illusionen. Politik, Ökonomie und Kultur in der Spätmoderne*, 2019, S. 261ff. Die von Nancy Fraser formulierte, auch ideengeschichtlich wenig plausible Unterstellung, Linksliberalismus sei notwendig »neoliberal«, teilt Reckwitz explizit nicht (ebd., S. 262).

1. Symptome des Liberalen

1 Differenziert und mit einem Sinn für die Verschiedenheit liberaler Traditionen: Richard Bellamy, *Liberalism and Modern Society*, 1992, S. 217ff. Pauschaler: Raymond Geuss, *Philosophy and Real Politics*, 2008.

2 Eine konkrete Form von Realitätsmangel besteht in der Unfähigkeit, den Begriff der Macht in die eigene politische Theorie einzubauen, dazu anschaulich für den britischen Liberalismus: Michael Freeden, *Liberalism Divided. A Study in British Political Thought 1914-1939*, 1986, S. 285ff., S. 318f.

3 Friedrich Schiller, Brief an Herzog Friedrich Christian von Augustenburg, 13.17.1793, zitiert nach Rudolf Vierhaus, »Liberalismus«, in: Otto Brunner/Werner Conze/Reinhart Koselleck (Hg.), *Geschichtliche Grundbegriffe*, Bd. 3, 2004, S. 741-785, S. 747.

4 Vgl. aber als neuere politische Ratgeberliteratur etwa Timothy Snyder, *Über Tyrannei. Zwanzig Lektionen für den Widerstand*, 2017. Vor diesem Hintergrund wären aber auch vormoderne und keinesfalls liberale Autoren wie Gracián neu zu entdecken.

5 Dies ist die wichtige Beobachtung bei Bernard Williams, »The liberalism of fear«, in: ders., *In the Beginning was the Deed*, hg. von Geoffrey Hawthorn, 2005, S. 52-61, S. 56ff.; vgl. zur Geschichte der Konstitutionalisierung des liberalen Diskurses Katrina Forrester, *In the Shadow of Justice. Postwar Liberalism and the Remaking of Political Philosophy*, a.a.O., Kap. 4. Diese Art von philosophischer Selbstkritik findet sich bei verschiedenen Autoren, die, das ist wichtig zu erwähnen, allesamt zur weit verstandenen liberalen Tradition zählen, so bei Richard Rorty, »Der Vorrang der Demokratie vor der Philosophie«, in: ders., *Solidarität oder Objektivität. Drei philosophische Essays*, 1988, S. 82-125; Michael Walzer, »Philosophy and democracy«, in: *Political Theory* 9/3 (1981), S. 379-399. Das Thema wird bereits aufgegriffen bei Christoph Möllers, *Demokratie*, a.a.O., S. 11f.

6 Vergleichend Jörg Leonhard, »Europäische Liberalismen: Zur kom-

parativen Differenzierung eines Phänomens«, in: *Zeitschrift für Rechtsgeschichte* (Germanistische Abteilung) CXXI (2004), S. 313-349, S. 318ff.; Pierre Manent, *Histoire intellectuelle du libéralisme*, 1987, S. 173ff.; Rudolf Vierhaus, »Liberalismus«, a. a. O., S. 751ff.; Reinhart Koselleck, »Liberales Geschichtsdenken«, in: *Vom Sinn und Unsinn der Geschichte*, 2010, S. 198-227, S. 206f.

7 Duncan Bell, »What is liberalism?«, a. a. O., S. 692ff.

8 John G. A. Pocock, »The myth of John Locke and the obsession with liberalism«, in: ders., *John Locke. Papers Read at a Clark Library Seminar*, hg. von Richard Ashcraft, 1980, S. 3-24, S. 20ff. Eine gegengerichtete Analyse zum Versuch, aus Adam Smith einen Kapitalisten zu machen, der diese moderne Lesart rechtfertigt, ist: Glory M. Liu, »Rethinking the ›Chicago Smith‹ problem: Adam Smith and the Chicago School 1929-1980«, in: *Modern Intellectual History* (April 2019), online verfügbar unter {https://doi.org/10.1017/S1479244319000009X}.

9 Reinhart Koselleck, »Liberales Geschichtsdenken«, a. a. O., S. 204.

10 Siehe die frühe und kritische Analyse bei Carl J. Friedrich, »The political thought of neo-liberalism«, in: *The American Political Science Review* 49/2 (1955), S. 509-525; Friedrich beleuchtet auch die Folgen für die wirtschaftspolitische Debatte der frühen Bundesrepublik.

11 Duncan Bell, »What is liberalism?«, a. a. O., S. 698ff.

12 Ludwig von Mises, *Liberalismus*, 1927, S. 2. Zum Zusammenhang von Sozialismus und Liberalismus im Großbritannien dieser Zeit: Michael Freeden, *Liberalism Divided*, a. a. O., S. 294ff. Zum italienischen Liberalsozialismus siehe die Einleitung von Serge Audier in Carlo Rosselli, *Socialisme Libéral*, 2009, S. 259ff. Zu dieser Richtung auch Otto Kallscheuer, »Noberto Bobbio und die Tradition des liberalen Sozialismus in Italien«, in: Richard Faber (Hg.), *Liberalismus in Geschichte und Gegenwart*, 2000, S. 163-177, S. 165ff.

13 Herbert Marcuse, »Der Kampf gegen den Liberalismus in der totalitären Staatsauffassung« [1934], in: *Schriften*, Bd. 3, 1979, S. 7-44, S. 13.

14 Dazu Marcus Llanque, »Friedrich Naumann und das Problem des nationalen Sozialliberalismus«, in: Richard Faber (Hg.), *Liberalismus in Geschichte und Gegenwart*, a. a. O., S. 131-150, S. 132f.

15 Freilich kommt im Liberalismus erst die Politik, dann die Theorie. Dies gilt auch für die Vereinigten Staaten: John G. Gunnell, »The archaeology of American liberalism«, in: *Journal of Political Ideologies* 6/2 (2001), S. 125-145, S. 131ff.

16 Beispielhaft einerseits die Historisierung von Rawls' Theorie bei

Katrina Forrester, *In the Shadow of Justice*, a. a. O., andererseits die etwas leeren politischen Folgerungen in: dies., »The crisis of liberalism: Why centrist politics can no longer explain the world«, in: *The Guardian* (18. November 2019), online verfügbar unter {https://www.theguardian.com/books/2019/nov/18/crisis-in-liberalism-katrina-forrester}.

17 Dies kann sich als tödlicher Irrtum erweisen, wenn in einem Roman bundesrepublikanischer Altliberalismus auf kalifornischen Superkapitalismus stößt, so jedenfalls bei Jonas Lüscher, *Kraft*, 2017.

18 John Dewey, *Liberalism and Social Action*, a. a. O., S. 40f.

19 Zum Problem nur Michael Freeden, *Liberalism. A Very Short Introduction*, 2015, S. 7ff. Das Folgende verdankt viel den Überlegungen bei Stephan Holmes, *Passions and Constraints. On the Theory of Liberal Democracy*, 1995; auch dort werden allerdings die Widersprüche innerhalb der Vielfalt liberaler Konzepte unterschätzt.

20 Umfassend: Katrina Forrester, *In the Shadow of Justice*, a. a. O.

21 Ebd., S. 214ff.

22 Viel gelobt, aber auch nach zwei Scotch noch ohne Schwierigkeiten zu verstehen: Roger Scruton, *The Meaning of Conservativism*, 1980.

23 Michel Foucault, *Die Geburt der Biopolitik. Geschichte der Gouvernementalität II*, 2006 [1978/79], S. 99.

24 Spinoza, Brief an Schuller, Nr. 58, S. 236 Z. 10-33.

25 Thomas Hobbes, »Of liberty and necessity«, in: *The English Works of Thomas Hobbes of Malmesbury*, Bd. 4, hg. von William Molesworth, 1840, S. 229-278, S. 255: »[W]hen it is determined, that one thing shall be chosen before another, it is determined also for what *cause* it shall so be chosen, which cause, for the most part, is *deliberation* or *consultation*, and therefore consultation is not in vain.« Alle Übersetzungen sind, sofern nicht anders angegeben, solche des Autors.

26 Benjamin Constant, »De la liberté des anciens comparée à celles des modernes« [1819], in: ders., *Écrits politiques*, hg. von Marcel Gauchet, 1997, S. 589-619. Zur langen Vorgeschichte dieser Unterscheidungen: Wilfried Nippel, *Antike und moderne Freiheit. Die Begründung der Demokratie in Athen und in der Neuzeit*, 2008; dort (S. 332f.) auch zur auffälligen Überschätzung Isaiah Berlins.

27 Charles de Montesquieu, *De l'esprit des lois*, hg. von Laurent Versini, 1995 [1748], S. 111 (11/III).

28 Hegels Feststellung, der liberale Individualismus sei unfähig, eine politische Organisation hervorzubringen, hat freilich wenig von ihrer Aktualität verloren: Georg Wilhelm Friedrich Hegel, *Vorlesun-*

gen über die Philosophie der Geschichte, *Werke*, Bd. 12, 1986, S. 534f. Dagegen sah Adorno den Grund für Hegels Autoritarismus gerade in seinem Liberalismus: Theodor W. Adorno, *Minima Moralia. Reflexionen aus dem beschädigten Leben*, 1985 [1951], S. 9.

29 Von Arendts Gegenüberstellung von Politischem und Sozialem, die aus einem emphatischen Begriff der Freiheit geschöpft ist, haben liberale Theorien natürlich etwas zu lernen, weniger aber von ihrer Weigerung, freiheitliche Politik auch als Problemlösung zu verstehen, die im Modus des Verwaltens erfolgen kann. Ähnlich wie hier Blake Emerson, *The Public's Law. Origins and Architecture of Progressive Democracy*, 2019, S. 6f.

30 Für die hier vertretene Lesart: Christoph Horn, *Nichtideale Normativität. Ein neuer Blick auf Kants politische Philosophie*, 2014, S. 68ff., S. 300ff.

31 Dazu etwa Samuel Freeman, »Capitalism in the classical and high liberal traditions«, in: *Social Philosophy and Policy* 28/2 (2011), S. 19-55.

32 Für handliche Begriffsbildungen John Rawls, *Geschichte der politischen Philosophie*, 2008, §§ 3, 4.

33 Das gilt selbst bei einem Nutzenkalkül, das die Verschlechterung individueller Positionen eigentlich ausschließt. Formalisiert ist diese Kritik der Pareto-Effizienz bei Amartya Sen, »The impossibility of a paretian liberal«, in: *Journal of Political Economy* 78:1 (1970), S. 152-157.

34 John Stuart Mill, *Utilitarianism*, hg. von Roger Crisp, 1998 [1863], S. 70, Kap. 2, § 18.

35 David Hume, *A Treatise of Human Nature*, hg. von David F. Norton/Mary J. Norton, 2007 [1739], 2.3.3., S. 265ff.; vgl. auch schon Thomas Hobbes, *On the Citizen*, hg. von Richard Tuck, 1998 [1647], Kap. 1/9, S. 27.

36 Auch wenn sie durch Nützlichkeitsreize gelenkt werden können: David Hume, *An Enquiry Concerning the Principles of Morals*, hg. von Tom L. Beauchamp, 1998 [1772], S. 119ff., sec. 6. Die Idee rational nicht hinterfragbarer Präferenzen findet sich aber auch in ausdrücklich antiliberalen Modellen. Dort wird sie freilich zu Kollektiven wie Volk oder Staat hochgezont, deren »Willen« als Gegebenes behandelt wird. Was, auf den Einzelnen angewendet, Inbegriff eines liberalen Freiheitsverständnisses ist, gerät kollektiviert zum Kern eines Modells autoritärer Herrschaft.

37 Immanuel Kant, »Grundlegung zur Metaphysik der Sitten« [1786], in: ders., *Werke*, Bd. 7, hg. von Wilhelm Weischedel, 1983, S. 9-102,

S. 18 ff.; John Stuart Mill, *Utilitarianism*, a. a. O., S. 70. Die kategorialen Unterschiede, wie dies bei beiden gerechtfertigt werden kann, müssen hier außen vor bleiben.

38 So dezidiert Dieter Langewiesche, *Liberalismus in Deutschland*, 1988, S. 7.

39 Vgl. etwa Habermas' Bekenntnis zu Kant: Jürgen Habermas, *Faktizität und Geltung*, 1998, S. 9. Zu einem von Mill inspirierten Modell: Cass Sunstein, *Democracy and the Problem of Free Speech*, 1995, S. 241 ff.

40 Für die Wiederentdeckung vieler Dimensionen des smithschen Werkes, namentlich seiner Einsicht in die Notwendigkeit staatlicher Regulierung und seiner differenzierten Modelle der menschlichen Gefühle: Donald Winch, *Adam Smith's Politics: An Essay in Historiographic Revision*, 1978; Emma Rothschild, *Economic Sentiments: Adam Smith, Condorcet, and the Enlightenment*, 2001; siehe aber zur Smith-Rezeption auch oben: Anmerkung 8 in diesem Teil. Lange Zeit wurden Bezüge auf die affektive Dimension von Politik zurückgedrängt. Utilitaristische Modelle formalisierten Gefühlszustände und ermöglichten so eine einfachere Modellierung menschlicher Handlungen, in der Bedürfnisse als fixe, nicht änderbare Größe gelten. Zu Ende formalisiert bei George J. Stigler/Gary S. Becker, »De gustibus non est disputandum«, in: *The American Economic Review* 67/2 (1977), S. 76-90. Andere Affekte werden in dieser Bedürfnisstruktur aufgefangen und ihr systematisch untergeordnet. Zwingend ist diese Enthaltsamkeit für liberale Theorien nicht. Dies ändert sich in der dominanten Ökonomie namentlich mit der Verhaltensökonomie.

41 David Hume, *An Enquiry Concerning the Principles of Morals*, a. a. O., Kap. 5, S. 104 ff.

42 Thomas Hobbes, *Leviathan*, hg. von Richard Tuck, 1996 [1651], Kap. 13, S. 89.

43 Judith N. Shklar, *Der Liberalismus der Furcht*, 2013, S. 40 ff.

44 Später freilich interessiert sie sich für die Furcht vor der Furcht, die sich aus jeder Art von Bedrohung ergeben kann, dazu instruktiv Hannes Bajohr, »Judith N. Shklar und die Quellen liberaler Normativität«, in: Karsten Fischer/Sebastian Huhnholz (Hg.), *Liberalismus. Traditionsbestände und Gegenwartskontroversen*, 2019, S. 71-97, S. 90.

45 Vgl. ohne Rekurs auf Gefühle auch Adam Przeworski, *Democracy and the Limits of Self-Government*, 2010, S. 127, S. 154; vgl. dort auch die Hinweise auf *Federalist Papers*, Nr. 51, und John Dunn.

46 Gerhard Casper, *Separating Power. Essays on the Founding Period*, 1997.

47 Ein zuverlässiges Kriterium für das Vorliegen eines liberalen Weltbilds könnte man darin vermuten, dass sich Liberale anders als die Jakobiner nicht vor Gerichten fürchten, vgl. Marcel Gauchet, *La révolution des pouvoirs*, 1995, S. 168-186. Aber auch diese Vermutung kennt ihre Widerlegung im Werk Jeremy Benthams, dazu Gerald Postema, *Bentham and the Common Law Tradition*, [2]2019.

48 Robert Nozick, *Anarchie Staat Utopia*, 2006 [1974], S. 32-84.

49 Zu einer viel früher ansetzenden, aber systematisch interessanten Beobachtung, die politische Herrschaft als Funktion der Verteilung von Eigentumsrechten rekonstruiert: Michael Mann, *The Sources of Social Power*, Bd. 1: *A History of Power from the Beginning to 1760*, [17]2010, S. 82ff.

50 Für Deutschland: Dieter Langewiesche, *Liberalismus in Deutschland*, a. a. O., S. 85ff.; vergleichend bilanzierend: Richard Evans, *Das europäische Jahrhundert. Ein Kontinent im Umbruch 1815-1914*, 2018 [2017], S. 773ff.; zum britischen liberalen Imperialismus die begrifflich genauen Überlegungen bei Duncan Bell, *Reordering the World*, 2016, S. 104ff.; Alan Ryan, *The Making of Modern Liberalism*, a. a. O., S. 107ff.; vgl. auch die Bemerkung bei Michel Foucault, *Die Geburt der Biopolitik*, a. a. O., S. 102f.

51 Vgl. zur berechtigten postkolonialen Kritik, die aber letztlich auch als liberale Selbstkritik verstanden werden kann: Rudrangshu Mukherjee, *Twilight Falls on Liberalism*, 2018. Zur Ideengeschichte von Liberalismus und Kolonialismus speziell mit Blick auf Mill: Uday Singh Mehta, *Liberalism and Empire. A Study in Nineteenth Century British Liberal Thought*, 1999, S. 97ff.

52 Roman Schnur, *Individualismus und Absolutismus: Zur politischen Theorie vor Thomas Hobbes (1600-1640)*, 1997.

53 Vgl. die Bemerkungen (eingehender als in der deutschen Version) in Hannah Arendt, *On Revolution*, 2006 [1963], S. 142f., sowie Stephen Holmes, »Precommitment and the paradox of democracy«, in: ders., *Passions and Constraints*, 1995, S. 134-177, S. 164ff., und Adam Przeworski, *Democracy and the Limits of Self-Government*, a. a. O., S. 136ff.

54 So die Tendenz bei Stephen Holmes, »The liberal idea«, in: ders., *Passions and Constraints*, a. a. O., S. 31ff.

55 Und sie ist bis heute nicht selbstverständlich, siehe etwa für die jüngere türkische Geschichte: Murat Borovali, »Turkey's ›liberal‹ liberals«, in: *Philosophy and Social Criticism*, in: 43/4-5 (2017), S. 406-416.

56 Wilhelm von Humboldt, *Ideen zu einem Versuch, die Grenzen der Wirksamkeit des Staates zu bestimmen*, 1948 [1851], S. 60f.

57 Alan S. Kahan, *Aristocratic Liberalism. The Social and Political Thought of Jacob Burckhardt, John Stuart Mill and Alexis de Tocqueville*, Neuausgabe 2001 [1992]; ders., *Liberalism in Nineteenth-Century Europe: The Political Culture of Limited Suffrage*, 2003.

58 Quinn Slobodian, *Globalisten. Das Ende der Imperien und die Geburt des Neoliberalismus*, 2019, S. 211ff.

59 Philip Manow, »Ordoliberalismus als ökonomische Ordnungstheologie«, in: *Leviathan* 29/2 (2001), S. 179-198.

60 Zitat: Michel Foucault, *Sicherheit, Territorium, Bevölkerung. Geschichte der Gouvernementalität I*, 2006 [1977/78], S. 77. Grundsätzlich: ders., *Die Geburt der Biopolitik*, a.a.O., S. 49ff. Oft wird Foucault für Analysen des Liberalismus angeführt, die sich so schon in der liberalen Theorie selbst finden. Auch die Unterscheidung zwischen Macht und organisierter staatlicher Herrschaft ist natürlich viel älter als seine Theorie. Zu Foucaults Verhältnis zum Liberalismus, die nicht auf Ablehnung reduziert werden kann, sehr differenziert: Serge Audier, *Penser le »néolibéralisme«. Le moment néolibéral, Foucault et la crise du socialisme*, 2015, S. 28ff., S. 287ff.

61 François Guizot, *Des moyens de gouvernement et d'opposition dans l'état actuel de la France*, 1821, S. 128f.; vgl. zum Kontext: Pierre Rosanvallon, *Le moment Guizot*, 1985, S. 107-120, zur weiteren Deutung: Christoph Möllers, *Die Möglichkeit der Normen. Über eine Praxis jenseits von Moralität und Kausalität*, 2018, S. 85ff.

62 Loi Le Chapelier, dazu Spiros Simitis, »Die Loi le Chapelier: Bemerkungen zur Geschichte und möglichen Wiederentdeckung des Individuums«, in: *Kritische Justiz* 22/2 (1989), S. 157-175.

63 Robert Putnam, *Bowling Alone. The Collapse and Revival of American Community*, 2000, S. 48ff., S. 336ff.

64 Dass es unter den Liberalen Jakobiner gibt, ist keine neue Einsicht: Rudolf Vierhaus, »Liberalismus«, a.a.O., S. 758.

65 Aber auch diese Begrenzung wird nicht immer durchgehalten, wenn etwa im Kolonialismus private Gesellschaften Hoheitsgewalt ausüben; vgl. etwa zu Indien in der frühen Neuzeit Philip J. Stern, *The Company-State: Corporate Sovereignty and the Early Modern Foundations of the British Empire in India*, 2011.

66 Es ist kein Zufall, dass dieses Problem holistisch, nicht methodenindividualistisch argumentierenden Theoretikern aufgefallen ist: Georg Wilhelm Friedrich Hegel, *Phänomenologie des Geistes*, *Werke*, Bd. 3, 1986 [1807], S. 312ff.; Niklas Luhmann, »Die gesellschaft-

liche Differenzierung und das Individuum«, in: ders., *Soziologische Aufklärung 6. Die Soziologie und der Mensch*, [4]2018, S. 119-136; John Dewey, *Liberalism and Social Action*, a. a. O., S. 53 ff.

67 John Stuart Mill, *On Liberty*, 1989 [1859], Kap. 3, S. 56 ff.

68 John Stuart Mill, *Utilitarianism*, a. a. O., S. 70, Kap. 2, § 18.

69 John Dewey, *Liberalism and Social Action*, a. a. O., S. 29 ff.

70 Judith N. Shklar, »Der Liberalismus der Furcht«, a. a. O., S. 62.

71 Für die Frühneuzeit: Richard Tuck, *Natural Rights Theories. Their Origin and Development*, 1979, S. 3 f. Für spätere Wertmodelle: Hans Joas, *Die Sakralität der Person. Eine neue Genealogie der Menschenrechte*, 2011.

72 Hauke Brunkhorst, »Autoritärer Liberalismus«, in: Karsten Fischer/Sebastian Huhnholz (Hg.), *Liberalismus: Traditionsbestände und Gegenwartskontroversen*, a. a. O., S. 291-314, S. 291, Hervorhebung dort; vgl. auch Herbert Marcuse, »Der Kampf gegen den Liberalismus in der totalitären Staatsauffassung«, a. a. O., S. 7; vgl. u. a. zur »feudal-kapitalistischen Kreuzung« des Nationalsozialismus, »Autoritärer Liberalismus?« [1933], in: *Gesammelte Schriften*, Bd. 2, [2]1992, S. 643-653, S. 650. Der bei Heller im Raum stehende Vorwurf sozialer Vermachtung durch Oligopole wurde freilich zur gleichen Zeit von den späteren Neoliberalen formuliert, vgl. etwa Franz Böhm, »Das Problem der privaten Macht: Ein Beitrag zur Monopolfrage«, in: *Die Justiz* III (1927/28), S. 324-345, S. 325 f.

73 Dazu eingehend Jörn Leonhardt, »›1789 fait la ligne de démarcation‹. Von den napoleonischen *idées libérales* zum ideologischen Richtungsbegriff *libéralisme* in Frankreich bis 1850«, in: *Jahrbuch der Liberalismus-Forschung* 11 (1999), S. 67-105, S. 71 ff.; Rudolf Vierhaus, »Liberalismus«, a. a. O., S. 748 ff.; Guillaume de Bertier de Sauvigny, »Liberalism, nationalism and socialism: The birth of three words«, in: *The Review of Politics* 32/2 (1970), S. 147-166, S. 151 f.

74 Vgl. die berüchtigte Feststellung Ludwig von Mises' über die Verdienste des Faschismus im Umgang mit dem Sozialismus (*Liberalismus*, a. a. O., S. 45).

75 Eine entsprechende Analyse etwa bei Jonathan White, *Politics of Last Resort: Governing by Emergency in the European Union*, 2019. Diese lässt aber die parlamentarische Legitimation des Handelns der nördlichen Länder ebenso außer Acht wie die Frage, wie eine demokratische Einnahmestruktur aufgebaut werden kann und inwieweit es auch um ein Problem sozialer Ungleichheit innerhalb der Südländer geht.

76 Christoph Möllers, »Krisenzurechnung und Legitimationsproble-

matik in der Europäischen Integration«, in: *Leviathan* 43/3 (2015), S. 339-364.

77 Thomas Hobbes, *Leviathan*, a. a. O., Kap. 14, S. 91; Immanuel Kant, »Die Metaphysik der Sitten« [1797], in: ders., *Werke*, Bd. 8., hg. von Wilhelm Weischedel, 1983, S. 303-634, S. 339ff. (AB 36ff.); Friedrich August von Hayek, *Recht, Gesetzgebung und Freiheit*, Bd. 1: *Regeln und Ordnung*, 1980, S. 178ff. Auch bei Hayek ist für die Setzung dieser Regeln gerade kein politisches Verfahren erwünscht.

78 Als kanonischer Text für den Versuch einer liberalen Überwindung liberaler Regelhaftigkeit: Ronald Dworkin, »The model of rules«, in: *The University of Chicago Law Review* 35/1 (1967), S. 14-46.

79 Zur Kritik an den freiheitsrechtlichen Voraussetzungen dieses Ansatzes: Francisco J. Urbina, *A Critique of Proportionality and Balancing*, 2017, S. 131ff.

80 Für Kant ist »Billigkeit« daher nichts, was sich einfach in eine Rechtsordnung übersetzen ließe: Immanuel Kant, »Die Metaphysik der Sitten«, a. a. O., S. 341f. (AB 39f.).

81 Eine zentrale Inspiration dafür ist natürlich Edmund Burke, »Reflections on the Revolution in France« [1790], in: ders., *Reflections on the Revolution in France. A Critical Edition*, hg. von J. C. D. Clark, 2001, S. 183ff. Für einen recht affirmativen Rückblick auch mit Blick auf die deutsche Privatrechtstradition des 19. Jahrhunderts: Gonçalo de Almeida Ribeiro, *The Decline of Private Law. A Philosophical History of Liberal Legalism*, 2019, S. 119ff.

82 Roberto Gargarella, »The majoritarian reading of the rule of law«, in: José Maria Maravall/Adam Przeworski (Hg.), *Democracy and the Rule of Law*, 2003, S. 147-167.

83 Pierre Manent, *Histoire intellectuelle du libéralisme*, a. a. O., S. 17ff.

84 Dies auch gegen das von Böckenförde vorgetragene Diktum in Ernst-Wolfgang Böckenförde, »Die Entstehung des Staates als Vorgang der Säkularisierung«, in: Sergius Buve (Hg.), *Säkularisation und Utopie. Festschrift für Ernst Forsthoff*, 1967, S. 75-94, S. 75. Viel vom Charme des Böckenförde-Diktums scheint darin zu liegen, dass er diesen historischen Umstand ignoriert. Der religiös neutrale absolutistische Staat, der dort unterstellt wird, findet sich auf der europäischen Landkarte erst viel später.

85 Thomas Hobbes, *Leviathan*, a. a. O., Kap. 32 und 34.

86 John Locke, »A letter concerning toleration« [1689], in: ders., *A Letter Concerning Toleration and Other Writings*, hg. von Mark Goldie, 2010, S. 50ff.

87 Jean-Jacques Rousseau, »Du contrat social« [1759], in: ders., *Œu-*

vres complètes, Bd. 3, hg. von Bernard Gagnebin/Marcel Raymond, 1964, IV/8, S. 460ff.

88 Vgl. Friedrich-Wilhelm Graf, *Theonomie. Fallstudien zum Integrationsanspruch neuzeitlicher Theologie*, 1987, etwa S. 160ff. zu theonomen Zivilreligionen.

89 Georg Wilhelm Friedrich Hegel, *Vorlesungen über die Philosophie der Geschichte*, a. a. O., S. 535.

90 Manuel Borutta, »Genealogie der Säkularisierungstheorie«, in: *Geschichte und Gesellschaft* 36 (2010), S. 347-376.

91 Dass der »Protestantismus seinem Wesen nach ein kirchlicher und religiöser Liberalismus ist«, lesen wir schon in seiner ersten deutschen (durchaus affirmativen) Geschichte: Wilhelm Traugott Krug, *Geschichtliche Darstellung des Liberalismus aus alter und neuer Zeit*, 1823, S. 134.

92 David Blackbourn, *The Marpingen Visions. Rationalism, Religion and the Rise of Modern Germany*, 1993, S. 296f.

93 Elisabeth Anderson, *Private Regierung*, 2019, S. 79ff.

94 Ein unverdächtiger Zeuge dafür ist Jürgen Habermas, *Strukturwandel der Öffentlichkeit*, 1990 [1962], S. 12ff., 195ff.

95 Lisa Herzog, *Inventing the Market: Smith, Hegel, and Political Theory*, 2013; Albert Hirschman, *Leidenschaften und Interessen. Politische Begründungen des Kapitalismus vor seinem Sieg*, 1987, S. 39ff.; Stephen Holmes, »The secret history of self-interest«, in: ders., *Passions and Constraints*, a. a. O., S. 42-68.

96 Leonard T. Hobhouse, »Liberalism«, a. a. O., S. 81ff.

97 Zur gemeinsamen Entstehung dreier postrevolutionärer Leitideologien im 19. Jahrhundert: Guillaume de Bertier de Sauvigny, »Liberalism, nationalism and socialism: The birth of three words«, a. a. O., S. 147. Zu den besonderen Beziehungen des amerikanischen Liberalismus zum Sozialismus: Gary Gerstle, »The protean character of American liberalism«, in: *American Historical Review* 99/4 (1994), S. 1043-1073, S. 1045.

98 Späte Spuren dieser Rekonstruktion bei Hans Michael Heinig, *Der Sozialstaat im Dienst der Freiheit. Zur Formel vom »sozialen« Staat in Art. 20 Abs. 1 GG*, 2008.

99 So die zu Tode zitierte Feststellung bei Karl Polanyi, *The Great Transformation. Politische und ökonomische Ursprünge von Gesellschaften und Wirtschaftssystemen*, 1973 [1944].

100 Jonathan Sheehan/Dror Wahrman (*Invisible Hands. Self-Organization and the Eighteenth Century*, 2015, S. 271ff., S. 276f.) zeigen, wie sich das Argument der unsichtbaren Hand, die individuell fal-

sches in kollektiv nützliches Verhalten verwandeln soll, historisch zur Rechtfertigung aller möglichen, selbst revolutionären (!) politischen Projekte verwenden ließ.

101 David Hume, *A Treatise of Human Nature*, a.a.O., 2.3.2.5., S. 331 ff. Als moderne Weiterentwicklung David K. Lewis, *Conventions. A Philosophical Study*, 1969 (zum Begriff der Konvention: ebd. S. 42).

102 Für ein extremes Beispiel aus der jüngeren Literatur: Richard A. Epstein, *Simple Rules for a Complex World*, 1996, S. 53 ff.

103 So Joseph Görres' abfällige Feststellung, zitiert nach Rudolf Vierhaus, »Liberalismus«, a.a.O., S. 758 f.

104 Christof Dejung/David Motadel/Jürgen Osterhammel (Hg.), *The Global Bourgeoisie. The Rise of the Middle Classes in the Age of Empire*, 2019.

105 Dafür gute Gründe bei Panajotis Kondylis, *Der Niedergang der bürgerlichen Denk- und Lebensform. Die liberale Moderne und die massendemokratische Postmoderne*, 2012, S. 169 ff.

106 Carl Schmitt, *Die geistesgeschichtliche Lage des heutigen Parlamentarismus*, [10]2017 [1926], S. 13 ff.

107 Das sieht ein wichtiger Strang der Ideengeschichte freilich anders: ebd., S. 5 ff.; Quentin Skinner, »Meaning and understanding in the history of ideas«, in: *History and Theory* 8/1 (1969), S. 3-53. Zur Kritik an dieser Form des Kontextualismus Ian Shapiro, »Realism in the study of the history of ideas«, in: *History of Political Thought* III/3 (1982), S. 535-578. Zu der unvermeidlichen Konsequenz, eigene politische Projekte mit der Historisierung zu verfolgen, etwa Jeffrey C. Collins, »Quentin Skinner's Hobbes and the neo-republican project«, in: *Modern Intellectual History* 6/2 (2009), S. 343-367.

108 Polemisch, aber nicht völlig unzutreffend in den Beobachtungen: Andreas Speit, *Die Entkultivierung des Bürgerlichen*, 2019.

109 Andreas Reckwitz, *Die Gesellschaft der Singularitäten. Zum Strukturwandel der Moderne*, 2017, S. 9 f., S. 303 ff.; Ulrich Bröckling, *Das unternehmerische Selbst. Soziologie einer Subjektivierungsform*, 2007, S. 236 ff. und passim.

110 Emmanuel Joseph Sieyès, *Essai sur les privileges*, 1789.

111 Vgl. beschreibend Harrison C. White, *Identity and Control. How Social Formations Emerge*, [2]2008, S. 257, und die Erläuterung bei Marco Schmitt/Jan Fuhse, *Zur Aktualität von Harrison C. White: Einführung in sein Werk*, 2015, S. 127.

112 Stephen Holmes, »The liberal idea«, a.a.O., S. 19.

113 John Dewey, *Liberalism and Social Action*, a.a.O., S. 39ff.

114 Vgl. den teilweise aber nur schwach historisierenden Überblick bei Thomas Piketty, *Kapital und Ideologie*, 2020, der sich dem systematischen Problem der Rechtfertigung von Ungleichheit nicht stellt.

115 Richard G. Wilkinson/Kate E. Pickett, »Income inequality and social dysfunction«, in: *Annual Review of Sociology* 35 (2009), S. 493-511.

116 Für Deutschland etwa Markus M. Grabka/Jan Goebel/Stefan Liebig, »Wiederanstieg der Einkommensungleichheit – aber auch deutlich steigende Realeinkommen«, *DIW Wochenbericht* 19/2010, online verfügbar unter: {https://www.diw.de/documents/publikationen/73/diw_01.c.620814.de/19-19-3.pdf}.

117 Für die Vereinigten Staaten: Michèle Lamont, »From ›having‹ to ›being‹: Self-worth and the current crisis of the American society«, in: *British Journal of Sociology* 70/3 (2019), S. 660-707, S. 668ff.

118 Dass diese auch ein Faktor der Rechfertigung jeder politischen Ordnung ist, wird selten ausdrücklich formuliert, zu Unverzichbarkeit des Kriteriums und Problemen: David Beetham, *The Legitimation of Power*, ²2013, S. 80ff.

119 Der Begriff der Meritokratie war von seinem Schöpfer satirisch gemeint und hatte weniger mit individueller Selbstbestimmung als mit einer Optimierung der Wirtschaftsordnung in einer Klassengesellschaft zu tun: Michael Young, *The Rise of the Meritocracy*, 1958. Rawls kann sich deswegen noch klar vom Begriff absetzen: John Rawls, *Eine Theorie der Gerechtigkeit*, 1975 [1971], §§ 14, 17. Vgl. zur Vorgeschichte insbesondere die wichtige Kritik an Konzepten der Chancengleichheit in dem einflussreichen Buch von Richard Henry Tawney, *Equality*, 1931; vgl. auch Michael Freeden, *Liberalism Divided*, a.a.O., S. 317ff.

120 Daniel Markovits, *The Meritocracy Trap*, 2019, S. 258ff. und passim.

121 Dass Marktmechanismen keinen in diesem Sinne rechtfertigenden Wert haben, hat schon der Vater der Chicago School deutlich herausgearbeitet: Frank Knight, »The ethics of competition« [1923], in: ders., *The Ethics of Competition and other Essays*, 1935, S. 41-75, S. 54ff. Er ist viel dafür kritisiert worden, dass er damit ethische Fragen aus der Ökonomie herausgezogen hat (wie zur gleichen Zeit Kelsen aus der Jurisprudenz), aber der analytische wie auch der ideologiekritische Wert dieser Überlegungen angesichts von Praktiken, die Gewinn Verdienst unterstellen, ist frisch geblieben. Die Vereinheitlichung von Verdienst durch Geldwert hat auch eine das Individuum befreiende Wirkung, weil sie Schulden und Leis-

tungen abstrahiert und damit Individuen mehr Spielräume lässt; Georg Simmel, *Philosophie des Geldes*, 2000 [1901], S. 375ff.

122 Ich danke Nils Weinberg für diesen Hinweis.

123 Hier schließt natürlich die große Diskussion um Vermögenserträge an, die schneller wachsen als die Wirtschaften im Ganzen und damit Ungleichheit verstärken, vgl. etwa Òscar Jordà/Katharina Knoll/Dmitry Kuvshinov/Moritz Schularick/Alan M. Taylor, »The rate of return on everything, 1870-2015«, in: *The Quarterly Journal of Economics* 134/3 (2019), S. 1225-1298.

124 Siehe bereits Richard Henry Tawney, *Equality*, a. a. O. Daher die Erweiterung auf eine »faire« Chancengleichheit, die Maßnahmen zur Angleichung von Ressourcen ausdrücklich nicht ausschließt, siehe John Rawls, *Eine Theorie der Gerechtigkeit*, a. a. O., § 14. Weil das Prinzip dem Schutz der Grundrechte nachrangig ist, stellen sich hier weitere Fragen. Problematisch erscheint weniger die unvermeidliche Unsicherheit als der vernachlässigte Platz des politischen Prozesses für deren Lösung.

125 Vgl. auch die Bemerkung Branko Milanovićs, dass ein egalitärer Kapitalismus mit wenig Staat zunächst starke politische Interventionen voraussetzt (*Kapitalismus Global. Über die Zukunft des Systems, das die Welt beherrscht*, 2020, S. 73). Vgl. für eine Variante, Gleichheit als Entwicklung von Fähigkeiten zu konzipieren, die im Ansatz liberal weit über das hinausgeht, was heute politisch möglich ist: Amartya Sen, *Commodities and Capabilities*, 1985. Eine radikalegalitäre Kritik findet sich bei Gerald A. Cohen, »Equality of what? On welfare, goods, and capabilities«, in: *Louvain Economic Review* 56/3/4 (1990), S. 357-382.

126 Vgl. etwa für eine differenzierte vergleichende Betrachtung von Sozialausgaben in der Eurokrise zwischen 2010 und 2012: Kees van Kersbergen/Barbara Vis/Anton Hemerijck, »The Great Recession and welfare state reform: Is retrenchment really the only game left in town?«, in: *Social Policy & Administration* 48/7 (2014), S. 883-904; übergreifender Silja Häusermann/Matthias Enggist/Michael Pinggera, »Sozialpolitik in Hard Times«, in: Herbert Obinger/Manfred G. Schmidt (Hg.), *Handbuch Sozialpolitik*, 2019, S. 33-54, S. 46ff.

127 Das erscheint etwa als Problem bei Domenico Losurdo, *Liberalism. A Counter-History*, 2005. Dagegen findet sich eine genauere Zurechnung bestimmter Zirkel, wie der Mont Pèlerin Society oder des deutschen Ordoliberalismus, zu bestimmten wirtschaftspolitischen Konzepten bei Serge Audier, *Néo-libéralisme(s). Une archéo-*

logie intellectuelle, a.a.O., S. 590ff., und Stephan Pühringer, »Think tank networks of German neoliberalism: Power structures in economics and economic policies in postwar Germany«, in: Philip Mirowski/Dieter Plehwe/Quinn Slobodian (Hg.), *Nine Lives of Neoliberalism*, 2020, S. 283-307, S. 289ff.

128 Vgl. etwa Charles Taylor, »What's wrong with negative liberty?«, in: *Philosophy and the Human Sciences. Philosophical Papers 2*, 1985 [1979], S. 211-229.

129 Michael Walzer, »Die kommunitaristische Kritik am Liberalismus« [1990], in: Axel Honneth (Hg.), *Kommunitarismus. Eine Debatte über moralische Grundlagen moderner Gesellschaften*, 1993, S. 157-180.

130 Zum legitimen Bedarf nach weniger Gemeinschaft Helmuth Plessner, *Grenzen der Gemeinschaft*, 2001 [1924], S. 42ff. Plessners letztlich anthropologische Argumentation steht freilich methodisch bestimmten Formen des Kommunitarismus näher als dem Liberalismus.

131 Dazu vorzüglich Stephen Holmes, »Differenzierung und Arbeitsteilung im Denken des Liberalismus«, in: Niklas Luhmann (Hg.), *Soziale Differenzierung. Zur Geschichte einer Idee*, 1985, S. 9-41, mit vielen der hier im Einzelnen dargestellten Differenzierungen.

132 Rainer Forst, *Toleranz im Konflikt. Geschichte, Gehalt und Gegenwart eines umstrittenen Begriffs*, 2004, S. 476ff.

133 Niklas Luhmann, *Funktionen und Folgen formaler Organisation*, 1964, S. 304ff.

134 Hartmann Tyrell, »Anfragen an die Theorie der gesellschaftlichen Differenzierung«, in: *Zeitschrift für Soziologie* 7/2 (1978), S. 175-193, S. 183.

135 Thomas Bauer, *Die Vereindeutigung der Welt. Über den Verlust an Mehrdeutigkeit und Vielfalt*, 2018, S. 82ff. Einen grundsätzlichen Entwurf in diese Richtung bietet Richard Rorty, *Kontingenz, Ironie und Solidarität*, 1991 [1989].

136 Ludwig Wittgenstein, *Philosophische Untersuchungen*, 2003 [1953], § 217, S. 139f.

137 John Dunn, »Rights and political conflict«, in: ders., *Interpreting Political Responsibility. Essays 1981-1989*, 1990, S. 45-60, S. 58: »The intellectual and political appeal of claims of right is that of powerful and authoritative simplification.«

138 Paradigmatisch und für die Epoche sehr überzeugend: Francis Fukuyama, *Das Ende der Geschichte. Wo stehen wir?*, 1992.

139 Vgl. zu diesem Begriff, ausdrücklich nicht auf individuelle Entschei-

dungen beschränkt: Harrison C. White, *Identity and Control*, a. a. O., S. 279ff.

140 Für ein Gegenmodell zu dieser Annahme: Jean-François Lyotard, *Der Widerstreit*, 1987.

141 Was nicht bedeutet, dass sie sich nicht um ihre eigene Legitimität kümmern müssen: Johannes Gerschewski, »The three of stability: legitimation, repression, and co-optation in autocratic regimes«, in: *Democratization* 20/1 (2013), S. 13-38, S. 18ff.

142 Vgl. affirmativ: Perry Anderson, *Considerations on Western Marxism*, 1979, S. 75ff., distanziert: Leszek Kołakowski, *Die Hauptströmungen des Marxismus*, Bd. 3, 1981, S. 530ff.

143 Francis Fukuyama, *Das Ende der Geschichte*, a. a. O., exemplarisch S. 75ff.

144 Sehr gut historisch rekonstruiert bei Gerald Stourzh, *Die moderne Isonomie*, 2015, Kap. 4.

145 Fareed Zakaria, »The rise of illiberal democracy«, in: *Foreign Affairs* 76/6 (1997), S. 22-43.

146 Auch autoritäre Systeme kennen unabhängige Gerichte für bestimmte Arten von Konflikten und bestimmte Klassen von Klägerinnen.

147 Branko Milanović, *Kapitalismus Global*, a. a. O., Kap. 3.

148 Brian Doherty, *Inside the White Cube. The Ideology of the Gallery Space*, 1976.

149 Ein charakteristisches Dokument ist in dieser Hinsicht: Herbert Marcuse, »Der Kampf gegen den Liberalismus in der totalitären Staatsauffassung«, a. a. O., insbes. 10ff. Marcuse versucht im Jahr nach der Machtergreifung darzulegen, warum sich der Nationalsozialismus mit dem Liberalismus gerade den falschen, nämlich einen ihm ähnlichen Gegner ausgesucht habe. Als typisch für liberales Denken gilt Marcuse Ludwig von Mises, freilich werden in seinem Text auch nur deutschsprachige Autoren zitiert.

150 Judith N. Shklar, »Jean-Jacques Rousseau and equality«, in: Stanley Hoffmann (Hg.), *Political Thought and Political Thinkers*, 1998, S. 276-293, S. 282.

151 Ludwig Wittgenstein, *Philosophische Untersuchungen*, a. a. O., §§ 66f., S. 56ff.

152 Ein Versuch, hieraus eine Morphologie zu basteln, findet sich bei Michael Freeden, *Liberalism Divided*, a. a. O., S. 37ff. Dieser erscheint aus meiner Sicht aber zu eng gefasst, wenn er beispielsweise das vieldeutige Verhältnis liberaler Theorien zum Staat nicht behandelt.

153 Gegen die Übernahme von Gegnerbeschreibungen aber Duncan Bell, »What is liberalism?«, a.a.O., S. 689f.

154 Herbert Balke, *Einführung in die Technische Mechanik. Kinetik*, [3]2011, S. 107.

155 Diese wichtige Beobachtung bei Michael Walzer, *Vernunft, Politik und Leidenschaft*, a.a.O., S. 30ff.

156 Kanonisiert: Isaiah Berlin, »Zwei Freiheitsbegriffe« [1958], in: *Deutsche Zeitschrift für Philosophie* 41/4 (1993), S. 741-775. Differenzierter: Wolfgang Kersting, *Verteidigung des Liberalismus*, a.a.O., S. 57ff.

157 Willkür kann hier nicht wertend als Entscheidung ohne eigene Rechtfertigung verstanden werden, zum Begriff etwa Horst Dreier, »Recht und Willkür«, in: Christian Starck (Hg.), *Recht und Willkür*, 2012, S. 1-25.

158 Ansätze für das Projekt eines liberalen Dezisionismus bei Hermann Lübbe, »Zur Theorie der Entscheidung«, in: ders., *Theorie und Entscheidung. Studien zum Primat der praktischen Vernunft*, 1968, S. 7-31, S. 21f. Dort auch der Hinweis, dass eine Entscheidung sich niemals aus rationalen Bestimmungsgründen allein ergeben kann, aber deswegen nicht irrational sein muss. Lübbe geht es nicht um die Verherrlichung der einen Entscheidung wie Schmitt, dessen politische Theorie schon keine Pluralität von Entscheidungen kennt, sondern um eine Bedingung einer freiheitlichen politischen Praxis.

159 Zum Vergleich der beiden Kapitalismen: Branko Milanović, *Kapitalismus Global*, a.a.O.

160 Zum Paradox des Rechtsmissbrauchs als Entfaltung einer allgemeinen Regel für einen nicht vorgesehenen Fall: Frederick Schauer, »Can rights be abused?«, in: *The Philosophical Quarterly* 31 (1981), S. 225-230.

161 Immanuel Kant, »Die Metaphysik der Sitten«, a.a.O., S. 354ff. (AB 57ff.).

162 Viel aufgegriffen in der Kritik der Rechte. Grundlegend: Karl Marx, »Zur Judenfrage«, a.a.O., S. 347-377, S. 366. Neuere Variationen: Christoph Menke, *Kritik der Rechte*, 2015; Daniel Loick, *Juridismus. Konturen einer kritischen Theorie des Rechts*, 2017.

163 John Stuart Mill, *On Liberty*, a.a.O., Kap. 4, S. 75ff.

164 Dazu Bernard Williams, »From freedom to liberty: The construction of a political value«, in: ders., *In the Beginning was the Deed*, hg. von Geoffrey Hawthorn, 2005, S. 75-96, S. 83ff.

165 Christoph Möllers, *Die Möglichkeit der Normen*, a.a.O., S. 30ff.

166 Adam Przeworski, *Democracy and the Limits of Self-Government*, a.a.O., S. 157.

167 Niklas Luhmann, »Die Knappheit der Zeit und die Vordringlichkeit des Befristeten«, in: ders., *Politische Planung*, 1971, S. 143-164, S. 144.

168 Von der philosophischen Willensschwäche unterscheidet sich diese darin, dass es nicht darum geht, gegen rationale Einsicht zu handeln, sondern darum, seiner eigenen geschehenen Handlung nicht zu widersprechen.

169 Für die erkenntnisgewinnende Seite des Zufalls: Robert K. Merton/Elinor Barber, *The Travels and Adventures of Serendipity. A Study in Sociological Semantics and the Sociology of Science*, 2006, S. 261 u.ö.

170 Dies ist für manche Verfahren, politische Wahlen etwa oder Gerichtsverfahren, selbstverständlich, wenn nicht unvermeidlich, für andere, wissenschaftliche Experimente, nicht. Für Letztere wird ein solches Vorgehen angesichts der Schwierigkeiten, Experimente zu replizieren, aber mehr und mehr empfohlen. Zum Problem etwa Dominique Pestre, *À contre-science. Politiques et savoirs des sociétés contemporaines*, 2013, S. 43 ff.

171 Hannah Arendt, *Vita activa oder Vom tätigen Leben*, [7]2008 [1958], S. 47ff.

172 Zu Hegel als Vorläufer einer Theorie sozialer Differenzierung: Horst Folkerts, »Die Neutralität gesellschaftlicher Gewalt und die Wahrheit der Unterscheidung: Zur Geschichte der Differenzierung von Moral und Legalität bei Kant und zum Ursprung gesellschaftlicher Differenzierung bei Hegel«, in: Niklas Luhmann (Hg.), *Soziale Differenzierung*, a.a.O., S. 42-67, S. 56ff.

173 Dies gilt natürlich namentlich für Karl Poppers historisch nachvollziehbare, aber systematisch viel zu einfache Kritik an Hegel in *Die offene Gesellschaft und ihre Feinde*, Bd. 2, *Falsche Propheten: Hegel, Marx und die Folgen*, [7]1992. Zum Liberalismus auch des späten Hegel in Bezug auf seine Schrift *Über die englische Reformbill* (1831) und ihre zeitgenössische Rezeption: Klaus Vieweg, *Hegel. Der Philosoph der Freiheit*, 2019, S. 667ff.

2. Mechanismen der Politik

1 Für eine Studie, die sich an Praktiken orientiert: Dror Wahrman, *The Making of the Modern Self: Identity and Culture in the Eigh-*

teenth-Century England, 2004. Philosophiehistorisch: Charles Taylor, *Quellen des Selbst. Die Entstehung der neuzeitlichen Identität*, [10]2018 [1989].

2 Alle lassen sich als Formen sozialer Differenzierung respektive deren Theoretisierung verstehen.

3 Namentlich Raymond Geuss, *Philosophy and Real Politics*, a. a. O., S. 90 ff.

4 Es ist interessant, dass die Eigenlogik von Politik selbst in den politischen Wissenschaften eigens eingefordert werden muss, weil der methodische Individualismus so dominant ist: Roland Sturm, *Wie funktioniert Politik? Die Beweggründe des Politischen in Nationalstaaten und der EU*, 2018, S. 29 ff.

5 Vgl. in diesem Sinne bereits die Kritik am Begriff der institutionellen Logik, der innerhalb einer Institution zu viel Ordnung und Geschlossenheit unterstellt, bei Neil Fligstein/Doug McAdam, *A Theory of Fields*, 2012, S. 10f.

6 Vgl. auch die Bemerkung zur Demokratie als Idee der Vergemeinschaftung selbst bei John Dewey, *Die Öffentlichkeit und ihre Probleme*, 2001 [1927], S. 129.

7 Jacob Burckhardt, »Geschichte des Revolutionszeitalters« [1859], in: *Kritische Gesamtausgabe*, Bd. 28, hg. von Wolfgang Hardtwig u. a., 2009, S. 1-26, S. 19 (Interpunktion dort).

8 Hannah Arendt, *Was ist Politik?*, hg. von Ursula Ludz, 1993, S. 35 ff.

9 Zum Rätsel, dass Natürlichkeit ein hervorgehobener normativer Status zugewiesen wird: Lorraine Daston, *Against Nature*, 2019.

10 Christian Meier, *Cäsar*, 1986, S. 438 ff.

11 William E. Leuchtenburg, *Franklin D. Roosevelt and the New Deal*, 1963, S. 8.

12 Franklin D. Roosevelt, Rede zur Annahme der Präsidentschaftskandidatur auf der Democratic National Convention in Chicago, 2. Juli 1932.

13 Stanley Cavell, »Aesthetic problems of modern philosophy« [1965], in: ders., *Must We Mean What We Say?*, 2000, S. 73-96.

14 In der Sprache der Systemtheorie geht es um kollektiv *verbindliche* Entscheidungen, zum Begriff Armin Nassehi, *Der soziologische Diskurs der Moderne*, 2009, S. 322 ff. Dort die Pointe, dass dieser Modus Sichtbarkeit und Zurechenbarkeit des Kollektivs schafft, nicht notwendig die Durchsetzung der Entscheidungen garantiert. Das erscheint angemessener als die Formulierung kollektiv *bindender* Entscheidungen, wie bei Niklas Luhmann, *Systemtheorie der Gesellschaft*, hg. von Johannes Schmidt/André Kieserling unter Mitar-

beit von Christoph Gesigora, 2017 [1975], S. 398ff. Das Problem ist, dass Letztere eine tatsächliche Wirkung der politischen Entscheidung vorauszusetzen scheint.

15 Vgl. die Formulierung zum Verhältnis der eigenen Sache des Individuums zum Allgemeinen bei Georg Wilhelm Friedrich Hegel, *Grundlinien der Philosophie des Rechts*, *Werke*, Bd. 7, 1988 [1821], § 261, S. 409; vgl. auch Ernst-Wolfgang Böckenförde, »Demokratie als Verfassungsprinzip«, in: Josef Isensee/Paul Kirchhof (Hg.), *Handbuch des Staatsrechts*, ³2004, § 24 Rn. 78.

16 Vgl. als Deutung von Deweys Begriff des Öffentlichen: Noortje Marres, »Issues spark a public into being. A key but often forgotten point oft he Lippmann-Dewey Debate«, in: Bruno Latour/Peter Weibel (Hg.), *Making Things Public. Athmospheres of Democracy*, 2005, S. 208-217, S. 212ff.

17 Carl Schmitt, *Der Begriff des Politischen*, ⁹2015 [1932], S. 26.

18 Thomas Hobbes, *Leviathan*, a.a.O., Kap. 18.

19 Zu diesem Gedanken ohne direkten Bezug auf Politik, sondern als rein soziales Phänomen: Harrison C. White, *Identity and Control*, a.a.O., S. 250f.

20 Dies hat schon Hegel genau gesehen: Georg Wilhelm Friedrich Hegel, *Vorlesungen über die Philosophie der Geschichte*, a.a.O., S. 525ff. Vgl. auch Stephen Holmes, »The liberal idea«, a.a.O., S. 13-41, S. 18ff.

21 Dieses Problem teilt der Fortschritt mit der Revolution: John Dunn, »Revolution«, in: ders., *Interpreting Political Responsibility. Essays 1981-1989*, 1990, S. 85-99, S. 97.

22 So wohl bei Hannah Arendt, *Vita Activa oder Vom tätigen Leben*, a.a.O., für die griechische Antike.

23 John Dewey beklagt zu Recht, wie sehr die politische Theorie am festen Begriffsgerüst der Philosophie leidet (*Die Öffentlickeit und ihre Probleme*, a.a.O., S. 163f.).

24 Ein vergleichbarer Begriff von Repräsentation als Form der Identifikation der Repräsentierten mit den Repräsentanten bei Monica Brito Vieira/David Runciman, *Representation*, 2008, S. 80ff.

25 Auch nicht durch rechtliche Formen, zu deren Grenzen: ebd., S. 125.

26 Hanna F. Pitkin, *The Concept of Representation*, 1967, S. 151.

27 So war für manche englische Liberale des 19. Jahrhunderts das allgemeine Wahlrecht deswegen gerade nicht repräsentativ, weil es die wahre Bedeutung des Bürgertums nicht angemessen abbilden konnte. Gregory Conti, *Parliament the Mirror of the Nation. Representation, Deliberation, and Democracy in Victorian Britain*, 2019.

28 Thomas Hobbes, *Leviathan*, a. a. O., Kap. 16.

29 Monica Brito Vieira/David Runciman, *Representation*, a. a. O., S. 15.

30 Darum bringt die Forderung, Repräsentation möglichst inklusiv auszugestalten, wenig: Howard Schweber, »The limits of political representation«, in: *American Political Science Review* 110/2 (2016), S. 382-396.

31 Lisa Suckert, »Der Brexit und die ökonomische Identität Großbritanniens. Zwischen globalem Freihandel und ökonomischem Nationalismus«, *Max Planck Institut für Gesellschaftsforschung, Discussion Paper* 4 (2019). Ein linkes Programm, das alle konstitutionellen Sicherungen gegenüber Mehrheitsentscheidungen als konservativ einordnet, bei Richard Tuck, *The Left Case for Brexit. Reflections on the Current Crisis*, 2020.

32 Robert Musil, »Skizze der Erkenntnis des Dichters« [1918], in: ders., *Gesammelte Werke*, Bd. 3, 2000, S. 1025-1030, S. 1026 ff.

33 Jan Mukařovský, »Der Standort der ästhetischen Funktion unter den übrigen Funktionen« [1942], in: *Kapitel aus der Ästhetik*, 1970, S. 113-137, S. 113-116.

34 Dazu beispielhaft Steffen Martus, *Werkpolitik: Zur Literaturgeschichte kritischer Kommunikation vom 17. bis ins 20. Jahrhundert mit Studien zu Klopstock, Tieck, Goethe und George*, 2007.

35 Für die Analyse eines Ausschnitts des Prozesses, mit dem die Bischofswahl unter päpstliche Kontrolle geriet: Andreas Thier, *Hierarchie und Autonomie. Regelungstraditionen der Bischofsbestellung in der Geschichte des kirchlichen Wahlrechts bis 1140*, 2011, S. 308 ff.

36 Zum Ausdruck: Hans Hübner, »›Hermeneutik des Verdachts‹ bei Friedrich Nietzsche«, in: *New Testament Studies* 54/1 (2008), S. 115-138.

37 Vgl. Hanno Rauterberg, *Wie frei ist die Kunst? Der neue Kulturkampf und die Krise des Liberalismus*, 2018. Rauterberg argumentiert freilich vor einer historischen Folie freier Kunst, die nicht ausgeführt wird.

38 Martin Warnke, *Der Hofkünstler. Zur Frühgeschichte des modernen Künstlers*, ^{2}1996 [1985], S. 12.

39 Pierre Bourdieu, *Die feinen Unterschiede. Kritik der gesellschaftlichen Urteilskraft*, 1987 [1979]. Die beschriebenen Mechanismen erscheinen freilich sehr spezifisch für Frankreich.

3. Politischer Liberalismus

1 Zur Dominanz von Kontaktmetaphern und deren Problemen: John Levi Martin, »What is field theory?«, in: *American Journal of Sociology* 109/1 (2003), S. 1-49.

2 Vgl. die interessante Vermutung Carl Schmitts, die auf das Individuum bezogene rationale Staatslehre erkläre sich ursprünglich gar nicht liberal daraus, dass nur das Individuum eine Seele habe (*Die Diktatur. Von den Anfängen des modernen Souveränitätsgedankens bis zum proletarischen Klassenkampf*, [8]2015 [1921], S. 116f.).

3 Zugleich wird die körperliche Seite der Handlungsfähigkeit in der Sozialtheorie zumeist vernachlässigt, dagegen aber Hans Joas, *Die Kreativität des Handelns*, 1996, S. 245ff.

4 Hannah Pitkin, »Obligation and consent II«, in: *The American Political Science Review* 60/1 (1966), S. 39-52, S. 46.

5 Ludwig Wittgenstein, *Philosophische Untersuchungen*, a.a.O., § 243, S. 145f.

6 Die beiden dominanten Theoriestränge, für die diese Einsicht steht und die sich zunächst recht unabhängig voneinander entwickelt haben, sind einerseits Hegels Theorie des Selbstbewusstseins, andererseits George Herbert Mead, *Geist, Identität und Gesellschaft aus der Sicht des Sozialbehaviorismus*, 1973 [1934], III. Teil. Für eine moderne, allgemeinzugängliche empirische Darstellung, die nur spätere sozialpsychologische Forschung rezipiert: Steven Sloman/Philip Fernbach, *The Knowledge Illusion, Why We Never Think Alone*, 2017, S. 69ff. Einer der seltenen philosophischen Versuche, das mit einem methodenindividualistischen, aber nicht atomistischen Konzept aufzuarbeiten: Philip Pettit, *The Common Mind. An Essay on Psychology, Society, and Politics*, 1996. Zum Verhältnis von Individualismus und Holismus, Liberalismus und Kommunitarismus bei Hegel präzise: Michael Quante, *Die Wirklichkeit des Geistes. Studien zu Hegel*, 2011, S. 257ff., S. 261ff.

7 Zur evolutionären Entstehung von Individualität: Arunas L. Radzvilavicius/Neil W. Blackstone, »The evolution of individuality revisited«, in: *Biological Reviews* 93/3 (2018), S. 1620-1633.

8 Karl Marx, »Einleitung [zur Kritik der politischen Ökonomie]« [1859], in: ders./Friedrich Engels, *Werke*, Bd. 13, [7]1971, S. 615-642.

9 Insbesondere die Frage, wer als der Gemeinschaft zugehörig bestimmt wird und mit welchen Einflussmöglichkeiten, lässt sich nicht beschreiben, wenn die Gemeinschaft als Summe individueller Bei-

träge verstanden wird; eingehend Brian Epstein, *The Ant Trap. Rebuilding the Foundation of the Social Sciences*, 2015, S. 217ff.

10 Dass dies auch für ökonomisch relevante Bedürfnisse gilt, zeigt aus einer ökonomischen Sicht Frank Knight, »The ethics of competition«, a. a. O., S. 41-75, S. 47ff.

11 Grundlegend zum Recht, Teil einer politischen Gemeinschaft zu sein, als »Recht auf Rechte«: Hannah Arendt, »Es gibt ein einziges Menschenrecht«, in: *Die Wandlung* 4 (1949), S. 754-770.

12 Christoph Möllers, *Die drei Gewalten. Legitimation der Gewaltengliederung in Verfassungsstaat, Europäischer Integration und Internationalisierung*, 2008, S. 71ff.

13 Man wagt den Begriff schon wegen seiner schwierigen Geschichte kaum in den Mund zu nehmen, kann es deswegen aber auch schwer lassen, in jedem Fall hat er eine hier auch interessierende körperliche Bedeutung: Silvia Bovenschen, *Über-Empfindlichkeit. Spielformen der Idiosynkrasie*, 2007, S. 159ff.

14 Zu dem politischen Problem, auf diese Kategorie zu verzichten: Hannah Arendt, *Das Leben des Geistes. Das Wollen*, 1998 [1978], S. 421ff.

15 Dazu mit Sachverhalt die Entscheidung des niederländischen Hoge Raad v. 23.4.2020, ECLI:NL:HR:2020:712.

16 Vgl. auch die Bemerkung Charles Taylors gegen Hobbes, die den Begriff der Freiheitsgrade ablehnend aufnimmt (»What's wrong with negative liberty?«, a. a. O., S. 218f.).

17 Diese wichtige Einsicht ebd., S. 223.

18 Zur historischen Entstehung einer solchen Reflexion am Beispiel von Lockes Theorie: Charles Taylor, *Quellen des Selbst. Die Entstehung der neuzeitlichen Identität*, [10]2018 [1989], S. 288ff., S. 304f.

19 So auch Hannah Arendt, *Von der Menschlichkeit in finsteren Zeiten: Rede über Lessing*, 1960, S. 15f. Die dort vorgetragene Überlegung zur Bewegungsfreiheit als ursprünglicher Freiheit wird aber wiederum relativiert bei Hannah Arendt, *Was ist Politik?*, a. a. O., S. 44.

20 Christoph Möllers, *Die Möglichkeit der Normen*, a. a. O., S. 31ff.

21 John W. Meyer/Ronald L. Jepperson, »The ›actors‹ of modern society: The cultural construction of social agency«, in: *Sociological Theory* 18/1 (2000), S. 100-120, S. 108ff.

22 Der Begriff ist noch nicht einmal in westlichen Ordnungen einheitlich oder auch nur durchgehend gebräuchlich, vgl. zur Vielfalt nur Luc Heuschling, *État de droit, Rechtsstaat, rule of law*, 2002. Gemeint ist hier ein Verständnis, das Rechtlichkeit mit Gesetzlichkeit identifiziert.

23 Dazu kritisch Janine Barbot/Nicolas Dodier, »Rethinking the role of victims in criminal proceedings. The normative repertoire of lawyers in France and the United States«, in: *Revue française de science politique (English edition)* 64/3 (2014), S. 407-433.

24 Christoph Möllers, *Die Möglichkeit der Normen*, a.a.O., S. 470ff.

25 Revolutionär, weil es dann nur noch Normalität gibt und kein Recht, das diese herbeiführen will, in Umkehrung von: Gunnar Hindrichs, *Philosophie der Revolution*, 2017, S. 61ff.

26 Dies wird heute technisch als *impossibility structure* diskutiert.

27 Jeremy Waldron, »A right to do wrong«, in: *Ethics* 92/1 (1981), S. 21-39.

28 Ein altes Thema der Soziologie seit Durkheim, vgl. nur Robert K. Merton, *Social Theory and Social Structure*, [2]1968, S. 236.

29 Christoph Möllers, *Die Möglichkeit der Normen*, a.a.O., S. 182ff.

30 Immanuel Kant, »Grundlegung zur Metaphysik der Sitten«, a.a.O., S. 68f.

31 Zu den Wurzeln der Debatte Katrina Forrester, *In the Shadow of Justice*, a.a.O., S. 224f.

32 In Elizabeth Andersons Aufsatz »What's the point of equality?« (in: *Ethics* 109/2 (1999), S. 287-337, S. 308ff.) erscheint beides identisch. Freilich wirft dies die Frage auf, ob wir die dortige Konzeption von Gleichheit auf Angehörige der politischen Gemeinschaft beschränken sollen oder ob wir die politische Gemeinschaft kosmopolitisch entgrenzen.

33 Dazu konkret auch die Überlegungen des Bundesverfassungsgerichts zum Wahlrecht von Betreuten, BVerfG, Beschluss des Zweiten Senats vom 29. Januar 2019 – 2 BvC 62/14 –, Rn. 91ff.

34 Der Kern des Arguments kommt natürlich aus Karl Marx, »Zur Judenfrage« [1843], in: ders./Friedrich Engels, *Werke*, Bd. 1, 1976, S. 347-377.

35 Ausdruck bei Martin Hochhuth, *Relativitätstheorie des Öffentlichen Rechts*, 2000.

36 Ein solcher auf das Allgemeine bezogene Begriff politischer Parteien findet sich bei Jonathan White/Lea Ypi, *The Meaning of Partisanship*, 2016. Er läuft von einem Kantischen Gemeinwohlkonzept schnurstracks in ein Einparteiensystem.

37 Vgl. im Ergebnis auch Jan-Werner Müller, *Furcht und Freiheit*, a.a.O., S. 93f.

38 Zu Mechanismen der Übernahme von Zuschreibungen durch Klassifikationen und Verletzungen: Carolin Emcke, *Kollektive Identitäten. Sozialphilosophische Grundlagen*, 2018 [2000], S. 182ff., S. 189ff.

39 Michèle Lamont, »From ›having‹ to ›being‹: Self-worth and the current crisis of the American society«, a.a.O., S. 660-707, S. 684ff. Hier ist auch das Problem zu konstatieren, dass es zu wenige Theorieangebote gibt, die systematisch mit einer Pluralität normativer Wertigkeiten zu argumentieren bereit sind. Ausnahmen sind etwa Luc Boltanski/Laurent Thévenot, *Über die Rechtfertigung. Eine Soziologie der kritischen Urteilskraft*, 2007 [1991], oder Michael Walzer, *Sphären der Gerechtigkeit*, 1992 [1983].

40 Zur kognitiven Funktion von Vielfalt in Organisationen: David Stark, *The Sense of Dissonance: Accounts of Worth in Economic Life*, 2009. Hier sind wir freilich mit dem Problem konfrontiert, dass die Vielfalt der Eigenschaften eben durch einen Wert gerechtfertigt wird: ökonomischen Erfolg der vielfältigen Organisation.

41 Vgl. etwa mit juristischer Subtilität: Ulrike Lembke/Doris Liebscher, »Postkategoriales Antidiskriminierungsrecht? Oder: Wie kommen Konzepte der Intersektionalität in die Rechtsdogmatik?«, in: Simone Philipp u.a. (Hg.), *Intersektionelle Benachteiligung und Diskriminierung*, 2014, S. 261-289, S. 264ff.

42 Karl Marx, »Zur Judenfrage«, a.a.O., S. 347.

43 Vgl. etwa Will Kymlicka, *Multicultural Citizenship: A Liberal Theory of Minority Rights*, 1995.

44 Vgl. dazu Michael Mousa Karayanni, »Multiculturalism as covering: On the accommodation of minority religions in Israel«, in: *The American Journal of Comparative Law* 66/4 (2018), S. 831-875.

45 Zu Indiens Personal Laws: Flavia Agnes, »Personal laws«, in: Sujit Choudry/Madhav Khosla/Pratab Bahnu Mehta (Hg.), *The Oxford Handbook of the Indian Constitution*, 2016, Kap. 50.

46 Anders Jean-Jacques Rousseau, »Du contrat social«, a.a.O., S. 364: Wer der »volonté générale« nicht gehorcht, muss gezwungen werden, frei zu sein. Zu einer spieltheoretischen Rechtfertigung dieses Anspruchs: Walter Runciman/Amartya Sen, »Games, justice and the general will«, in: *Mind* 74 (1965), S. 554-562, S. 555f.

47 Ganz selbstverständlich unterstellt bei Judith N. Shklar, *Der Liberalismus der Furcht*, a.a.O., S. 33f.

48 Aurel Kolnai, *Ekel, Hochmut, Haß. Zur Phänomenologie feindlicher Gefühle*, 2007, S. 66ff.

49 Noch weitergehende – und mit der Feststellung erhöhter Devianz aus Gier: Paul K. Piff/Daniel M. Stancato/Stéphane Côté/Rodolfo Mendoza-Denton/Dacher Keltner, »Higher social class predicts increased unethical behavior«, in: *Proceedings of the National Acad-*

emy of Sciences of the United States of America 109/11 (2012), S. 4086-4091.

50 Dazu etwa Dieter Thomä, *Puer robustus. Eine Philosophie des Störenfrieds*, 2016, S. 108 ff.

51 Silvia Bovenschen, *Über-Empfindlichkeit*, a. a. O., S. 17 ff.

52 Das ist das systemische Argument für Individualität bei John Stuart Mill, *On Liberty*, a. a. O., Kap. 4.

53 Vgl. als methodenindividualistische Rekonstruktion: Christian List/Philip Pettit, *Group Agency: The Possibility, Design, and Status of Corporate Agents*, 2013. Kritisch zu dieser Voraussetzung aber Brian Epstein, *The Ant Trap*, a. a. O.

54 Verwunderung darüber kommt zum Ausdruck in John W. Meyer/Ronald L. Jepperson, »The ›actors‹ of modern society: The cultural construction of social agency«, a. a. O., S. 111 f.

55 Zur differenzierten Kritik des Konstruktivismus: Ian Hacking, *Was heißt ›soziale Konstruktion‹? Zur Konjunktur einer Kampfvokabel in den Wissenschaften*, 2002 [2000].

56 Von einer »unnatural nation« spricht Ramachandra Guha, *India after Gandhi. The History of the World's Largest Democracy*, 2008, S. XI ff. So beeindruckend dies angesichts der unfassbaren Diversität Indiens ist, gilt doch, dass alle Nationen als politische Projekte unnatürlich sein müssen (→ 97).

57 Brian Epstein, *The Ant Trap*, a. a. O., S. 190 ff. u. ö.

58 In Deutschland verbunden mit der Unterscheidung bei Ferdinand Tönnies, *Gemeinschaft und Gesellschaft. Grundbegriffe der reinen Soziologie*, ²1912; vgl. zur Einordnung René König, *Soziologie in Deutschland*, 1987, S. 154 ff.

59 Auf diesen Überschuss reagieren Theorien des Politischen, die in Anschluss an Spinoza oder Schmitt zwischen Politik und Politischem unterscheiden, um das Eigentliche der Politik außerhalb der Organisation zu finden und diese mit radikaldemokratischen Versprechen zu materialisieren. Dies erscheint freilich unter modernen Bedingungen kaum möglich. Siehe zu solchen Modellen Uwe Hebekus/Jan Völker, *Neue Philosophien des Politischen zur Einführung*, 2012. Zur institutionellen Ignoranz dieser Beiträge treffend Philip Manow, *(Ent-)Demokratisierung der Demokratie*, a. a. O., S. 172 ff.

60 Zu politischen Organisationen ebd., S. 57 ff.

61 Albert O. Hirschman, »Exit, voice and the state« [1978], in: ders., *The Essential Hirschman*, hg. von Jeremy Adelman, 2013, S. 309-330; dort auch Überlegungen zur Möglichkeit, Exit als eine Form der Kontrolle autoritärer Herrschaft zu verstehen.

62 Christoph Schönberger/Sophie Schönberger (Hg.), *Die Reichsbürger. Verfassungsfeinde zwischen Staatsverweigerung und Verschwörungstheorie*, 2019.

63 Evan Osnos, »Doomsday prep for the super-rich«, in: *The New Yorker* (30. Januar 2017).

64 Vgl. aber in Anschluss an Rousseau zu einer Pflicht, in der Not die Gemeinschaft nicht zu verlassen: Michael Walzer, *Vernunft, Politik und Leidenschaft*, a.a.O., S. 23 f., sowie zu einer Pflicht zu politischem Protest: ebd., S. 26 ff.

65 Der gleiche Mechanismus wie in der Arbeitswelt: Niklas Luhmann, *Der neue Chef*, 2016.

66 Die wichtigen Überlegungen bei Niklas Luhmann, *Die Gesellschaft der Gesellschaft*, 1997, S. 630 ff.

67 Überlegungen zu einer Differenzierungstheorie des Autoritarismus bei Anna L. Ahlers/Rudolf Stichweh, »The bipolarity of democracy and authoritarianism«, *FIW Working Paper* 9 (2017), S. 18 ff.; Rudolf Stichweh, »Politische Demokratie und die funktionale Differenzierung der Gesellschaft«, *FIW Working Paper* 3 (2016), S. 25 f.

68 Vgl. auch die auf René Girard zurückgeführte These, zu viel Ähnlichkeit in einer Gemeinschaft mache diese gewalttätig, bei Kristin Dombek, *Die Selbstsucht der anderen. Ein Essay über Narzissmus*, 2016, S. 207.

69 Grundlegend: Jean Cohen/Andrew Arato, *Civil Society and Political Theory*, 1992. Zu Entstehung und Verwendung des Begriffs nur: Klaus von Beyme, »Zivilgesellschaft – Karriere und Leistung eines Modebegriffs«, in: Manfred Hildermeier u.a. (Hg.), *Europäische Zivilgesellschaft in Ost und West: Begriff, Geschichte, Chancen*, 2000, S. 41-55.

70 Alexis de Tocqueville, »De la démocratie en Amérique II« [1840], in: *Œuvres*, Bd. 2, hg. von André Jardin, 1990, II/4, 5, 7, S. 616 ff., S. 620 ff., S. 629 ff. Dazu vergleichend und im Ergebnis angesichts einer allgemeinen nationalistischen Politisierung des Vereinswesens skeptisch: Stefan-Ludwig Hoffmann, *Geselligkeit und Demokratie. Vereine und zivile Gesellschaft im transnationalen Vergleich 1750-1914*, 2003.

71 Zu den Bedingungen, unter denen interne Probleme zu »gesellschaftlichen« werden: Jeffrey C. Alexander, »The societalization of social problems: Church pedophilia, phone hacking and the financial crisis«, in: *American Sociological Review* 83/6 (2018), S. 1049-1078. Irritierend ist auch hier die Abwesenheit von Politik.

72 Zu den depolitisierenden und entdemokratisierenden Effekten des

Zivilgesellschaftsdiskurses: Niklas Plaetzer, »Civil society as domestication: Egyption and Tunisian uprisings beyond liberal transitology«, in: *Journal of International Affairs* 68/1 (2014), S. 255-265.

73 Christoph Möllers, »Wir, die Bürger(lichen)«, a. a. O., S. 5-16, S. 12f.

74 Dabei ließe sich noch einmal zwischen der Zuordnung des Objekts und der Zuordnung seines Wertes unterscheiden, ein Unterschied, der sich charakteristischerweise im liberalen Privatrecht verschleift: Bernard Rudden, »Things as thing and things as wealth«, in: *Oxford Journal of Legal Studies* 14/1 (1994), S. 81-97.

75 In der wichtigen Diskussion von Nancy Fraser und Axel Honneth (*Umverteilung oder Anerkennung?*, 2003) hieße das, den anerkennenden Gehalt von Umverteilung hervorzuheben, wobei der Begriff der »Umverteilung« für das mit ihm vertretene Anliegen denkbar schlecht gewählt ist (→ 112).

76 Vgl. auch zur Notwendigkeit, Steuern zu erheben, um Rechte wie Eigentum zu ermöglichen: Stephen Holmes/Cass R. Sunstein, *The Cost of Rights. How Liberty Depends on Taxes*, 2013.

77 Thomas Hobbes, *Leviathan*, a. a. O., S. 63.

78 Technisch gesehen, geht es etwa um die Regulierung von Medienmärkten.

79 Vgl. aber zu den Grenzen dieses Konzepts angesichts eines legitimen Bedarfs an Statik: Adam Swift, »Would perfect mobility be perfect?«, in: *European Sociological Review* 20/1 (2004), S. 1-11, S. 8ff.

80 Dadurch wird die gesamte an Marx anschließende Kritik der Rechte einigermaßen unbrauchbar.

81 Jens Beckert, »Erbschaft und Leistungsprinzip: Dilemmata liberalen Denkens«, in: ders., *Erben in der Leistungsgesellschaft*, 2013, S. 41-64; Daniel Halliday, *The Inheritance of Wealth. Justice, Equality and the Right to Bequeath*, 2018, S. 26ff. Siehe auch schon Walter Lippmanns Äußerung zur Erbschaftssteuer bei Serge Audier/Jurgen Reinhoudt, *Neoliberalismus*, a. a. O., S. 28.

82 Übersichtliche Kritik der ökonomischen Argumente gegen Erbschaftsbesteuerung bei Jens Beckert, »Wie viel Erbschaftssteuern?«, in: ders., *Erben in der Leistungsgesellschaft*, a. a. O., S. 153-178, S. 166ff.

83 Etwas anderes mag für Würde gelten.

84 Zu den sich kumulierenden Vorteilen großer Erbschaften, die über finanzielle Zuwendungen hinausgehen: Daniel Halliday, *The Inheritance of Wealth*, a. a. O., S. 122ff. Zu politischer Ungleichheit, die sich aus dem Erbrecht ergeben kann, für Deutschland: Anselm Hager/Hanno Hilbig, »Do inheritance customs affect political and social

inequality?«, in: *American Journal of Political Science* 63/4 (2019), S. 758-773, S. 763ff.

85 Vergleich bei Jens Beckert, »Die *longue durée* des Erbrechts: Diskurse und institutionelle Entwicklung in Frankreich, Deutschland und den Vereinigten Staaten seit 1800«, in: ders., *Erben in der Leistungsgesellschaft*, a.a.O., S. 87-127.

86 Knapp und dicht: Adam Przeworski, »Minimalist conception of democracy: A defense«, in: Ian Shapiro/Casiano Hacker-Cordón (Hg.), *Democracy's Value*, 1999, S. 23-55, S. 42f.

87 Thomas Stearns Eliot, *Four Quartets. The Dry Salvages*, 1979 [1944], S. 31.

88 Vgl. dazu schon Gunther Teubner, »Elektronische Agenten und große Menschenaffen. Zur Ausweitung des Akteursstatus in Recht und Politik«, in: Paolo Becchi u.a. (Hg.), *Interdisziplinäre Wege in der juristischen Grundlagenforschung*, 2007, S. 1-30.

89 Eingehender skizziert bei Christoph Möllers, »Herr, Knecht und Maschine in der künftigen Rechtsphilosophie«, in: Thomas Khurana u.a. (Hg.), *Negativität. Kunst, Recht und Politik*, 2018, S. 184-195.

90 Alan M. Turing, »Computing machinery and intelligence«, in: *Mind* 49 (1950), S. 433-460.

91 Wladimir Iljitsch Lenin, »Der Imperialismus als höchstes Stadium des Kapitalismus« [1917], *Werke*, Bd. 22, 1960, S. 189-309, S. 204.

92 Zu den Problemen, diesen Umstand auf eine Handlungsebene zu übersetzen: Timothy Morton, *Being Ecological*, 2018.

93 Hans Joas, *Die Sakralität der Person*, a.a.O.

94 Jürgen Habermas, »Wahrheitstheorien« [1972], in: ders., *Vorstudien und Ergänzungen zur Theorie des kommunikativen Handelns*, 1984, S. 127-183, S. 161.

95 Beobachten lässt sich in der Tat, dass Beteiligung an Verfahren Anerkennung schafft, daran lässt sich aber schwerlich eine bestimmte Form der Rechtfertigung anschließen: Tom R. Tyler, *Why People Obey the Law*, 1990.

96 Hermann Lübbe, »Zur Geschichte des Ideologie-Begriffs«, in: ders., *Theorie und Entscheidung. Studien zum Primat der praktischen Vernunft*, 1968, S. 159-181, S. 160f. Die Bestimmung bei Lübbe hängt freilich an einer handfesten konservativen Vorstellung von Politik, die nicht einfach dem Ideologieverdacht entgehen dürfte (ebd., S. 180).

97 Nach wie vor: Elisabeth Anscombe, »On brute facts«, in: *Analysis* 18/3 (1958), S. 69-72. Der Aufsatz kann als Klarstellung von Witt-

gensteins *Philosophischen Untersuchungen* (a.a.O.) gelesen werden. Vgl. aus historischer Sicht auch Lorraine Daston, »Hard facts«, in: Bruno Latour/Peter Weibel (Hg.), *Making Things Public. Atmospheres of Democracy*, 2005, S. 680-683.

98 Ein klassisches Beispiel aus der individualistischen Tradition des Liberalismus wäre Herbert Spencers nach zeitgenössischen Standards wissenschaftliche Kritik am Gesetzgeber. Für eine zeitgenössische Kritik: Lester F. Ward, »The political ethics of Herbert Spencer«, in: *The Annals of the American Academy of Political and Social Science* 4 (1894), S. 90-127.

99 John Levi Martin, »What is ideology?«, in: *Sociologia. Problemas e Práticas* 77 (2015), S. 9-31, S. 13ff.

100 Bernard Williams, »Realism and moralism in political argument«, in: ders., *In the Beginning was the Deed*, hg. von Geoffrey Hawthorn, 2005, S. 1-17, S. 12ff.

101 Vgl. aus einer umfangreichen Literatur nur: Hugo Mercier/Dan Sperber, *The Enigma of Reason. A New Theory of Human Understanding*, 2017, S. 180ff. Dort auch die These, Vernunft diene der Darstellung und Rechtfertigung der eigenen Positionen unabhängig von deren Gehalt; zu deren Funktionalität ebd., S. 262ff.

102 John Levi Martin, »What is ideology?«, a.a.O., S. 16ff.

103 Das kann dazu führen, dass die gleichen Äußerungen unterschiedlich bewertet werden, je nachdem, von wem sie kommen. Paul H.P. Panel/Uwe Wolfradt/Gregory R. Maio/Antony S.R. Manstead, »The source attribution effect: Demonstrating pernicious disagreement between ideological groups on non-divisive aphorisms«, in: *Journal of Experimental Psychology* 79 (2018), S. 51-63.

104 Dazu anregend: Dan Kahan, »The cognitive illiberal state«, in: *Stanford Law Review* 60/1 (2007), S. 101-140, S. 131ff.

105 Vgl. etwa die Überlegungen bei Rainer Forst, *Das Recht auf Rechtfertigung. Elemente einer konstruktivistischen Theorie der Gerechtigkeit*, 2007.

106 Grundlegend: Charles Tilly, *Why? What Happens When People Give Reasons … and Why*, 2006, S. 24ff.; daran anschließend Christoph Möllers, *Die Möglichkeit der Normen*, a.a.O., S. 54ff.

107 Zum Folgenden: Charlie Savage, *Power Wars. Inside Obama's Post-9/11 Presidency*, 2015, S. 245ff.; einordnend: Johannes Thimm, »Vom Ausnahmezustand zum Normalzustand. Die USA im Kampf gegen den Terrorismus«, *SWP-Studie* 16 (2018), S. 26ff.

108 Vgl. etwa Rainer Forst, »Die Herrschaft der Gründe. Drei Modelle deliberativer Demokratie«, in: ders., *Das Recht auf Rechtfertigung*.

Elemente einer konstruktivistischen Theorie der Gerechtigkeit, 2007, S. 224-269, S. 248 ff.; vgl. auch die Beiträge in Jon Elster (Hg.), *Deliberative Democracy*, 1998.

109 Niccolò Machiavelli, *Discorsi*, hg. von Rudolf Zorn, [3]2007 [1531], III/9, S. 326 ff.

110 Zur Fortuna bei Machiavelli vgl. Quentin Skinner, *Machiavelli*, 1990, S. 51 ff.; Herfried Münkler, *Machiavelli. Die Begründung des politischen Denkens der Neuzeit aus der Krise der Republik Florenz*, 1984, S. 302 ff.

111 Hermann Lübbe, »Zur Theorie der Entscheidung«, a. a. O.; Niklas Luhmann, »Die Paradoxie des Entscheidens«, in: *Verwaltungsarchiv* 84/3 (1993), S. 287-310. Zum Kontext bei Lübbe: Jens Hacke, *Philosophie der Bürgerlichkeit. Die liberalkonservative Begründung der Bundesrepublik*, [2]2008, S. 189 ff.

112 Vgl. Calvert W. Jones' Aufsatz »Adviser to the King, experts rationalization and legitimacy« (in: *World Politics* 71/1 [2019], S. 1-43) mit einem düsteren Bild der Expertenberatung von autoritären Monarchien am Persischen Golf, die vor allem fehlgeleitete Selbstsicherheit bei den Regierenden erzeugt. Zu den Gefahren für die Experten selbst Caspar Hirschi, *Skandalexperten – Expertenskandale. Zur Geschichte eines Gegenwartsproblems*, 2018.

113 Bernard Harcourt, »The systems fallacy: A genealogy and critique of public policy and cost-benefit analysis«, in: *Journal of Legal Studies* 47/2 (2018), S. 419-447.

114 Zu solchen Problemen Noortje Marres, *Digital Sociology. The Reinvention of Social Research*, 2016, S. 116 ff.

115 Zur Kritik dieser Vorstellung: Armin Nassehi, *Muster. Theorie der digitalen Gesellschaft*, 2019.

116 Honoré de Balzac, *Verlorene Illusionen*, 2014 [1837-1843].

117 Robert Penn Warren, *All the King's Men*, 1946.

118 Zur Beobachtung: Mark Fischer/Oliver Schlaudt, »Fakten, Fakten, Fakten. Über den Siegeszug des Positivismus im Kielwasser des Postfaktischen«, in: *Merkur* 73/841 (2019), S. 32-43, S. 40 ff. Solche Institutionen werden als demokratische Normalität zumindest der Nachkriegszeit gedeutet bei Jan-Werner Müller, *Das demokratische Zeitalter. Eine politische Ideengeschichte des 20. Jahrhunderts*, 2013.

119 Ein wichtiger Versuch, diesen Zusammenhang über literarische Vorstellungskraft wiederherzustellen: Lionel Trilling, *The Liberal Imagination. Essays on Literature and Society*, 1953.

120 Baruch de Spinoza, *Politischer Traktat*, hg. von Wolfgang Bartuschat, 1994 [1677], I/1, S. 7 f.

121 Ebd., V/2, S. 63f.

122 Helmut Schmidt, Abschiedsrede vor dem Deutschen Bundestag, 10. September 1986.

123 Das Problem wird klar gesehen bei Max Weber, »Politik als Beruf« [1919], in: *Gesammelte politische Schriften*, hg. von Johannes Winckelmann, [5]1988, S. 505-560, S. 551. Dagegen erscheint die Unterscheidung zwischen Tatsachenwahrheit und Vernunftwahrheit, mit der sie überzeugend die politische Gefährlichkeit falscher Tatsachenbehauptungen aufarbeitet, in Hannah Arendts *Wahrheit und Politik* (2016 [1972], S. 13ff.) vielleicht zu strikt gezogen und damit eine Kehrseite von Arendts Abneigung gegenüber instrumentalistischer Politik. Zum zivilisierenden Effekt von beziehungsschonenden Kommunikationsformen Matthias Köhler, »Höflichkeit, Strategie und Kommunikation. Friedensverhandlungen an der Wende vom 17. zum 18. Jahrhundert«, in: Gisela Engel u. a. (Hg.), *Konjunkturen der Höflichkeit in der Frühen Neuzeit*, 2009, S. 379-401. Köhlers Aufsatz kann auch als Gegenentwurf zu einer Vorstellung von Diplomatie als rationaler Deliberation im Anschluss an Habermas gelesen werden kann.

124 Zu solchen Mechanismen, durch die der schlechte Ruf von Politikern dazu führt, dass das System, insbesondere in jungen Demokratien, im Ganzen infrage gestellt wird: Milan W. Svolik, »Learning to love democracy: Electoral accountability and the success of democracy«, in: *American Journal of Political Science* 57/3 (2013), S. 685-702.

125 So die These bei Oliver Hahl/Minjae Kim/Ezra W. Zuckerman Sivan, »The authentic appeal of the lying demagogue: Proclaiming the deeper truth about political illegitimacy«, in: *American Sociological Review* 83/1 (2018), S. 1-33.

126 Zuletzt für den Versuch, auch im liberalen Kontext der Religion einen besonderen, von anderen ethischen Ansprüchen zu unterscheidenden Platz zuzuweisen, etwa Cécile Laborde, *Liberalism's Religion*, 2017.

127 Vgl. etwa die Diskussion in Frankreich zwischen Olivier Roy und Gilles Kepel um die Frage, ob sich islamischer Terrorismus als religionsspezifisches Phänomen verstehen lässt. Der Versuch einer Zurechnung gesellschaftlicher Probleme zu islamischen Mehrheitsgesellschaften aber bei Ruud Koopmans, *Das verfallene Haus des Islam. Die religiösen Ursachen von Unfreiheit, Stagnation und Gewalt*, 2019, S. 51ff.

128 Für zwei besonders in dieser Hinsicht notorische Religionen: Peter

Sewald, *Dogma im Wandel. Wie Glaubenslehren sich entwickeln*, 2018; Thomas Bauer, *Die Kultur der Ambiguität*, 2011.

129 Vgl. etwa Hans Michael Heinig, »Protestantismus und Demokratie«, in: *Zeitschrift für evangelisches Kirchenrecht* 60/3 (2015), S. 227-264, S. 230f.

130 Vgl. dazu Silvia Tellenbach, »Zur Änderung der Verfassung der Islamischen Republik Iran vom 28. Juli 1989«, in: *Orient* 31 (1990), S. 45-66, S. 47ff.

131 Insoweit kann man zwischen verschiedenen Arten von religiösen Gründen in unterschiedlichen Politikfeldern noch einmal unterscheiden, etwa zwischen Beiträgen in Sexual- und Sozialpolitik, so Andrew F. March, »Rethinking religious reasons in public justification«, in: *The American Political Science Review* 107/3 (2013), S. 523-539. Solche Unterscheidungen werden freilich politisch nicht konsensfähig und juristisch nicht durchsetzbar sein, weil der freie politische Prozess um seiner Freiheitlichkeit willen Argumente nicht entsprechend filtern kann.

132 Niccolò Machiavelli, *Discorsi*, a. a. O., I/11, 12, S. 43ff.

133 Thomas Hobbes, *On the Citizen*, a. a. O., Kap. 14/19, S. 163f.; John Locke, »A letter concerning toleration«, a. a. O., S. 52f.

134 Dazu John Dunn, »The concept of ›trust‹ in the politics of John Locke«, in: Richard Rorty/Jerome B. Schneewind/Quentin Skinner (Hg.), *Philosophy in History*, 1984, S. 279-301, S. 288, S. 291f.

135 Dazu nach wie vor sehr lesenswert: Eric Hoffer, *The True Believer. Thoughts on the Nature of Mass Movements*, 2017 [1951].

136 Carl Schmitt, *Volksentscheid und Volksbegehren*, 1927, S. 34f.

137 Knapp zum Stand der Forschung: Uwe Walter, *Politische Ordnung in der Römischen Republik*, 2017, S. 58ff., S. 195ff.

138 Insoweit gilt für Volkes Stimme auf der Versammlung dasselbe, was für die innere Stimme gilt: Jacques Derrida, *Die Stimme und das Phänomen*, 2003 [1967].

139 Das bestätigt sich auch in der Negation: Australien veränderte seine Grenzen, indem es einige Inseln nicht mehr als Teil des Staatsgebietes deklarierte, um dort ankommenden Personen keinen Flüchtlingsstatus zusprechen zu müssen, vgl. Leti Volpp, »Imaginings of space in immigration law«, in: *Law, Culture and the Humanities* 9 (2013), S. 456-474, S. 459.

140 Die Bedeutung nichtstaatlicher politischer Organisationen wird noch für das vermeintlich etatistische 19. Jahrhundert anschaulich in der Anlage der Darstellung bei Jürgen Osterhammel, *Die Ver-*

wandlung der Welt. Eine Geschichte des 19. Jahrhunderts, 2011, Kap. 8 und 11.

141 Vgl. etwa Carl Schmitt, *Der Nomos der Erde im Völkerrecht des Jus Publicum Europaeum*, [5]2011 [1950], S. 213 ff.

142 Wenn solche Pflichten angenommen werden, sind sie zumeist individuell begründet, siehe aber Liav Orgad, *The Cultural Defense of Nations: A Liberal Theory of Majority Rights*, 2015.

143 Christoph Möllers, *Demokratie*, a. a. O., S. 24 f.

144 Zu den vielfältigen sozialen Folgen auf beiden Seiten in Deutschland: Frank Wolff, *Die Mauergesellschaft. Kalter Krieg, Menschenrechte und die deutsch-deutsche Migration 1961-1989*, 2019.

145 Immanuel Kant, »Zum Ewigen Frieden« [1795], in: ders., *Werke*, Bd. 9, hg. von Wilhelm Weischedel, 1983, S. 191-259, S. 225 f. Anders als oben weitergedacht, naturalisiert Kant aber die Aufgliederung in Staaten als durch Sprache und Religion vorgegeben.

146 Zur Diskussion anders, freilich ohne konsistenten Begriff der »Größe«: Dirk Jörke, *Die Größe der Demokratie. Über die räumliche Dimension von Herrschaft und Partizipation*, 2019, S. 81 ff.; vgl. auch Jacob T. Levy, »Beyond publius: Montesquieu, liberal republicanism, and the small-republic thesis«, in: *History of Political Thought* 27/1 (2006), S. 50-90.

147 David Hume, »Idea of a perfect Commonwealth« [1752], in: ders., *Political Essays*, hg. von Knud Haakonssen, 1994, S. 221-233, S. 232; siehe auch *Federalist Papers*, Nr. 10 (Madison).

148 Jacob Burckhardt, »Geschichte des Revolutionszeitalters«, a. a. O., S. 1-26, S. 19 (Interpunktion dort).

149 Zu verschiedenen zeitlichen Strukturen und entsprechenden politischen Ideologemen unterschiedlicher Grundrechte: Tim Wihl, *Aufhebungsrechte. Form, Zeitlichkeit und Gleichheit der Grund- und Menschenrechte*, 2019, S. 129 ff.

150 Deutlich bei Friedrich August von Hayek, *Recht, Gesetzgebung und Freiheit*, Bd. 1: *Regeln und Ordnung*, a. a. O., S. 169 ff. Bei Hayek sollen sich politische Regeln auf das Recht der Staatsorganisation beschränken.

151 Christoph Möllers, *The Three Branches. A Comparative Model of Separation of Powers*, 2013, S. 84 ff.

152 Vgl. zu einer solchen Unterscheidung Daniel Kahneman, *Schnelles Denken, Langsames Denken*, 2011.

153 Für die Pandemieplanung schon legendär in der Bundestagsdrucksache 17/12051 (2013), S. 5 und 55 ff.

154 Vgl. für eine verwandte zeitlich relevante Unterscheidung, nämlich

zwischen Präferenzen für konsumptive und investive Staatsausgaben: Silja Häusermann/Michael Pinggera/Macarena Ares/Matthias Enggist, »The limits of solidarity. Changing welfare coalitions in a transforming European party system«, *Papier für die Jahrestagung der Schweizerischen Vereinigung für Politische Wissenschaft 2020*, online verfügbar unter: {http://welfarepriorities.eu/wp-content/uploads/2020/01/LimitsofSolid_Haeusermannetal_SVPW20.pdf}.

155 Zu den konstruktiven Problemen solcher Anfänge Albrecht Koschorke, »Zur Logik kultureller Gründungserzählungen«, in: *Zeitschrift für Ideengeschichte* 1/2 (2007), S. 5-12.

156 Zu dessen schmaler Erinnerungskultur: Christian Waldhoff, *Das andere Grundgesetz*, 2019.

157 Beispielhaft Zeynep Tufekci, *Twitter and Tear Gas. The Power and Fragility of Network Protest*, 2017, S. 46, S. 67f.

158 Alexis de Tocqueville, »L'ancien régime et la révolution« [1856], in: *Œuvres*, Bd. 3, hg. von François Furet/Françoise Mélonio, 2004, I/2, S. 41-242, S. 80ff.

159 Bertolt Brecht, *Geschichten vom Herrn Keuner*, 1984 [1958], S. 9.

160 Reinhart Koselleck, »›Neuzeit‹. Zur Semantik moderner Bewegungsbegriffe«, in: ders., *Vergangene Zukunft*, 1979, S. 300-348, S. 330ff.

161 Max Weber, »Parlament und Regierung im neugeordneten Deutschland« [1918], in: *Gesammelte politische Schriften*, hg. von Johannes Winckelmann, [5]1988, S. 306-443, S. 332.

162 Zu diesem Problem im Umgang mit Geschichte: François Hartog, *Régimes d'historicité. Présentisme et expériences du temps*, 2012, S. 257ff.

163 Vgl. auch die Überlegungen zum individuellen Gedächtnis als zunächst körperlichem Faktor bei Andrew Abbott, »The historicality of individuals«, in: ders., *Processual Sociology*, 2016, S. 3-15, S. 5f.

164 Christian Meier, *Das Gebot zu vergessen und die Unabweisbarkeit des Erinnerns*, 2010, S. 46ff., S. 68f. Recht harmonistisch aufgehoben als konstruktives Vergessen bei Aleida Assmann, *Formen des Vergessens*, 2016, S. 57-63. Tatsächlich sind die Vorgänge, die einen solchen konstruktiven Effekt haben können, aber keineswegs so gemeint – und sie sind, wie die Geschichte der deutschen Vergangenheitspolitik zeigt, auch nur im Konflikt zu überwinden. Das Gebot, konstruktives von komplizitärem Schweigen zu unterscheiden (ebd., S. 55, zu Meier und Hermann Lübbe), ist dann nur das Einziehen einer schlichten moralischen Unterscheidung, die den funktionalen Zusammenhang zwischen beiden ausblendet.

165 Vgl. dazu die interessanten Überlegungen bei Robert Stockhammer, *Ruanda. Über einen anderen Genozid schreiben*, 2005.

166 Zitiert bei Katrina Forrester, *In the Shadow of Justice*, a. a. O., S. 23.

167 Zu diesem Konzept bei Rawls: ebd., S. 16f.

168 Zu Letzterem Tim Wihl, *Aufhebungsrechte*, a. a. O.

169 Nach der ähnlichen Formulierung in Abrams v. United States, 250 U.S. 616 (1919), abweichende Meinung des Richters Holmes. Zur Kritik an der Metapher: Bernard Williams, *Truth and Truthfulness. An Essay in Genealogy*, 2002, S. 213ff.

170 Zum Schwanken der Liberalen, die öffentliche Meinung als Bedrohung oder als Leistung zu sehen: Jürgen Habermas, *Strukturwandel der Öffentlichkeit. Untersuchungen zu einer Kategorie der bürgerlichen Gesellschaft*, a. a. O., S. 214f.

171 Vgl. auch die Beobachtungen zum Ziel politischer Debatten bei Michael Walzer, *Vernunft, Politik und Leidenschaft*, a. a. O., S. 61ff.

172 Carl Schmitt, *Die geistesgeschichtliche Lage des heutigen Parlamentarismus*, a. a. O.

173 Vgl. ähnlich und mit der berechtigten Klage über altliberale Idealisierungen Niklas Luhmann, *Politische Soziologie*, 2010, S. 433.

174 Das ungehobene liberale Gegenmodell, das von Gesellschaften begrenzter Reichweite ausgeht, innerhalb derer die Entwicklung der Gemeinschaft sich entfalten kann, ist Friedrich Schleiermacher, »Versuch einer Theorie des geselligen Betragens« [1799], in: *Schriften*, hg. von Andreas Arndt, 1996, S. 65-91, S. 73ff.

175 Betrachtet man eine lange kanonisierte These der deutschen Soziologie, nämlich dass politische Parteien aus »sozialmoralischen Milieus« hervorgegangen sind, so stellt sich die Frage, was genau an der Blasenbildung neu sein soll (→ 186): M. Rainer Lepsius, »Parteiensystem und Sozialstruktur. Zum Problem der Demokratisierung der deutschen Gesellschaft«, in: ders., *Demokratie in Deutschland. Soziologisch-historische Konstellationsanalysen*, 1993, S. 25-50, S. 37ff.

176 Liest man vor diesem Hintergrund nochmal – die zwischenzeitlich im Vorwort von 1990 widerrufene – Verfallsdiagnose in Jürgen Habermas' *Strukturwandel der Öffentlichkeit* (a. a. O., S. 269ff.), so fällt auf, wie sehr Intermediäre hier nur als Problem, die Unterscheidbarkeit einer idealen Öffentlichkeit als Lösung angeboten wird. Dass dieser Verfall für Habermas mit dem Aufkommen der Massendemokratie zusammenzufallen scheint, macht die Diagnose zu etwas, was sie sicher nicht sein will: altliberal.

177 Stefan-Ludwig Hoffmann, *Geselligkeit und Demokratie*, a. a. O., S. 56ff.

178 Christoph Möllers, *Demokratie*, a. a. O., S. 37.
179 Jeffrey Green, *The Eyes of the People. Democracy in an Age of Spectatorship*, 2011, S. 178ff.
180 Niccolò Machiavelli, *Discorsi*, a. a. O., I/8, S. 32ff.
181 Robert Aumann, »Agreeing to disagree«, in: *The Annals of Statistics* 4/6 (1976), S. 1236-1239.
182 »When they go low, we go high«, lautet die berühmte Stelle in Obamas Rede auf der Democratic National Convention in Philadelphia am 25. Juli 2016; ein Transkript ist online verfügbar unter: {https://www.washingtonpost.com/news/post-politics/wp/2016/07/26/transcript-read-michelle-obamas-full-speech-from-the-2016-dnc/}.
183 Thomas Hobbes, »Six lessons to the professors of mathematics«, in: *The English works of Thomas Hobbes of Malmesbury*, Bd. 7, hg. von William Molesworth, 1845, S. 181-356, S. 356: »[I]t is uncivill to give bad language first, but civill and lawful to return it.« Diesen Hinweis verdanke ich Steven Shapin/Simon Schaffer, *Leviathan and the Air Pump*, a. a. O., S. 106. Siehe auch Thomas Hobbes, *Leviathan*, a. a. O., Kap. 11.
184 Nach Christoph Möllers, »Raum für Eindeutigkeiten. 20 Tweets zu Peter Strohschneiders Essay ›POTUS als Twitterer‹«, in: *Zeitschrift für Ideengeschichte* 13/1 (2019), S. 125-127.
185 Vgl. auch die Analyse zu den Vereinigten Staaten von Yochai Benkler/Robert Faris/Hal Roberts, *Network Propaganda: Manipulation, Disinformation, and Radicalization in American Politics*, 2018.
186 Die Forschungslage ist uferlos. Für ein Beispiel polarisierter Kommunikation, die sich aber nicht auf das Medium zurückführen lässt: Pablo Barberá, »Birds of the same feather tweet together: Bayesian ideal point estimation using Twitter«, in: *Political Analysis* 23/1 (2015), S. 76-91, S. 86ff.
187 Skeptisch zur Technologiefixiertheit der Debatte auch Jan-Werner Müller, »Democracy and a changing public sphere«, in: Nadia Urbinati (Hg.), *Thinking Democracy Now*, 2019, S. 23.
188 Miller McPherson/Lynn Smith-Lovin/James M Cook, »Birds of a feather: Homophily in social networks«, in: *Annual Review of Sociology* 27 (2001), S. 415-444.
189 M. Rainer Lepsius, »Parteiensystem und Sozialstruktur. Zum Problem der Demokratisierung der deutschen Gesellschaft«, a. a. O.
190 »Le peuple Anglois pense être libre; il se trompe fort, il ne l'est que durant l'élection des membres du Parlement; si-tôt qu'ils sont élus, il est esclave, il n'est rien.« (»Das englische Volk glaubt frei zu sein, es täuscht sich gewaltig, es ist nur frei während der Wahl der Parla-

mentsmitglieder; sobald diese gewählt sind, ist es Sklave, ist es nichts.«): Jean-Jacques Rousseau, »Du contrat social«, a. a. O., III/15, S. 430.

191 Zu dieser Entwicklung Richard Tuck, *Philosophy and Government 1572-1651*, 1993.

192 Solche Ambivalenz entdeckt bereits bei Francis Bacon und Thomas Hobbes: Richard Tuck, »Introduction«, in: Thomas Hobbes, *Leviathan*, a. a. O., S. xvi.

193 Siehe nochmals Helmuth Plessner, *Grenzen der Gemeinschaft*, a. a. O.

194 Vgl. die faszinierenden Überlegungen zu Frankreich bei Perry Anderson, *The New Old World*, 2011, S. 178f.

195 Wenn nicht Systemkritiker grundsätzlich die Möglichkeiten eines Systemwechsels höher einschätzen als Anhänger: Dominik Klein/Johannes Marx, »Wenn Du gehst, geh ich auch! Die Rolle von Informationskaskaden bei der Entstehung von Massenbewegungen«, in: *Politische Vierteljahresschrift* 58/4 (2017), S. 560-592, S. 584ff.

196 Dies könnte ein blinder Fleck in der an Gramsci anschließenden Theorie der Hegemonie sein.

197 An einem historischen Beispiel: Willibald Steinmetz, *Das Sagbare und das Machbare. Zum Wandel politischer Handlungsspielräume – England 1789-1867*, 1993.

198 Natürlich ist auch dieser Gebrauch des Begriffs Extremismus ein Kind des nachrevolutionären Zeitalters: Falko Schmieder, »Von Extrem zu Extrem. Stationen der Geschichte eines brisanten Begriffs«, in: *Archiv für Begriffsgeschichte* 58 (2016), S. 87-110, S. 89ff.

199 Joseph Ratzinger, *Einführung in das Christentum*, [3]2005 [1968], S. 160.

200 Andreas Voßkuhle, *Die Verfassung der Mitte*, 2016, Kap. 3, S. 27-49. Damit wird der Anspruch aber auch normativ prekär, wenn sich die Mitte aus der Mitte wegbewegt.

201 Rudolf Vierhaus, »Liberalismus«, a. a. O., S. 757ff. Stärker die Unterscheidung zwischen republikanischen Demokraten und eigentlich Liberalen hervorhebend: Dieter Langewiesche, *Liberalismus in Deutschland*, a. a. O., S. 20ff., S. 56ff.

202 Solche Modelle wurden für Mehrheitswahlsysteme entwickelt. Zur Kritik an ihnen angesichts der Tatsache, dass sich Politiker, wenn sie einmal gewählt sind, als weniger kompromissbereit erweisen: David S. Lee/Enrico Moretti/Matthew J. Butler, »Do voters affect or elect policies? Evidence from the US House«, in: *The Quarterly Journal of Economics* 119/3 (2004), S. 807-859.

203 Ein solcher Begriff von Polarisierung bei: Joan-Maria Esteban/Debraj Ray, »On the measurement of polarization«, in: *Econometrica* 62/4 (1994), S. 819-851, S. 824f., 833.

204 Ohne eine Gleichsetzung in der Sache zu unterstellen: nach 1968 von links, nach 2015 von rechts, in beiden Fällen global.

205 Vgl. die recht konstanten Zustimmungs- und Ablehnungswerte über Jahre hinweg: {https://d25d2506sfb94s.cloudfront.net/cumulus_uploads/document/3vw6vbc6ji/ImpactofBrexit_Results_171020.pdf} (2016-2017); {https://d25d2506sfb94s.cloudfront.net/cumulus_uploads/document/ojewuniikg/Internal_190401_BrexitTrackers_w.pdf} (2019).

206 »How unpopular is Donald Trump?«, online verfügbar unter: {https://projects.fivethirtyeight.com/trump-approval-ratings/?ex_cid=rrpromo}.

207 Es ist eine Verallgemeinerung der ebenso ambivalenten These, Gesellschaften würden durch Konflikte zusammengehalten, dazu differenziert: Albert O. Hirschman, »Social conflicts as pillars of democratic market society«, in: ders., *The Essential Hirschman*, a. a. O., S. 345-362, S. 350ff.

208 Für die Vereinigten Staaten beobachtet: Samara Klar/Yanna Krupnikov/John Barry Ryan, »Affective polarization or partisan disdain? Untangling a dislike for the opposing party from a dislike of partisanship«, in: *Public Opinion Quarterly* 82/2 (2018), S. 379-390.

209 Siehe schon die Beobachtungen zu Zwei-Parteien-Systemen bei Albert O. Hirschman, *Abwanderung und Widerspruch. Reaktionen auf Leistungsabfall bei Unternehmungen, Organisationen und Staaten*, 2004 [1970], S. 53ff.

210 Generell zur Entwicklung Philip Manow, *(Ent-)Demokratisierung der Demokratie*, a. a. O., S. 76ff.

211 Das Ergebnis, dass Verfahren, in denen Funktionäre an der Kandidatenwahl teilnehmen, für die Wähler repräsentativer sind, bei Dennis C. Spies/André Kaiser, »Does the mode of candidate selection affect the representativeness of parties?«, in: *Party Politics* 20/4 (2014), S. 576-590.

212 Beispielhaft aus der empirischen Forschung: Nicholas H. Wolfinger/Raymond E. Wolfinger, »Family structure and voter turnout«, in: *Social Forces* 86/4 (2008), S. 1513-1528.

213 Dazu Norberto Bobbio, *Rechts und links. Gründe und Bedeutungen einer politischen Unterscheidung*, 1994, S. 76ff.

214 Vgl. auch die Beobachtung, dass in Frankreich eine Mehrheit die

Unterscheidung ablehnt und sich zugleich eine Mehrheit mithilfe dieser Unterscheidung politisch selbst definiert: Adam Przeworski, *Crises of Democracy*, 2019, S. 97f.

215 Dazu die Beiträge in Pieter de Wilde u.a. (Hg.), *The Struggle over Borders. Cosmopolitanism and Communitarianism*, 2019.

216 Für viele: Torben Iversen/David Soskice, *Democracy and Prosperity. Reinventing Capitalism through a Turbulent Century*, 2019, S. 216ff.

217 Diese Einsicht verdanken wir Steven Lukes, *Power: A Radical View*, [2]2005, S. 29ff. Ein strukturierter Überblick über die unüberschaubare Diskussion bei Isaac Ariail Reed, »Power: Relational, discursive, and performative dimensions«, in: *Sociological Theory* 31/3 (2013), S. 193-218.

218 Verwunderung darüber ist selten, obwohl politische Ämter, die keiner haben will, häufiger werden. Vgl. aber Niklas Luhmann, *Macht*, [4]2012 [1975], S. 29.

219 Vgl. das Ranking der Länder nach ihrem Bruttoinlandsprodukt: Weltbank, »Gross domestic product 2018«, online verfügbar unter: {https://databank.worldbank.org/data/download/GDP.pdf}.

220 Hannah Arendt, *Macht und Gewalt*, 1970, S. 36ff.

221 Vgl. etwa für den Fall des Zusammenlebens von Hindus und Muslimen in Indien die anschauliche Darstellung bei Kapil S. Komireddi, *Malevolent Republic. A Short History of the New India*, 2019, S. 104ff.

222 Zur Kritik der These, hinter Gewaltexzessen würden sich herrschaftsfreie Räume verbergen: Wolfgang Knöbl, »Perspektiven der Gewaltforschung«, in: *Mittelweg* 36/3 (2014), S. 4-27, S. 12ff.

223 Im deutschen Recht deutlich an der selbst zwischen Gerichten umstrittenen Deutung des Nötigungsverbots. Im Mittelpunkt steht dabei in jüngerer Zeit die Frage, ob eine Sitzblockade den Tatbestand der Gewalt erfüllt. Vgl. den Überblick bei Dorothea Magnus, »Der Gewaltbegriff der Nötigung (§ 240 StGB) im Lichte der neuesten BVerfG-Rechtsprechung«, in: *Neue Zeitschrift für Strafrecht* 32/10 (2012), S. 538-543.

224 Ralf Poscher, »Verwaltungsakt und Verwaltungsrecht in der Vollstreckung. Zur Geschichte, Theorie und Dogmatik des Verwaltungsvollstreckungsrechts«, in: *Verwaltungsarchiv* 89 (1998), S. 111-136, S. 117f.

225 Niccolò Machiavelli, *Der Fürst*, hg. von Philipp Rippel, 1986 [1532], XVII, S. 17ff.

226 Thomas Hobbes, *Leviathan*, a.a.O., Kap. 19.

227 Zeynep Tufekci, *Twitter and Tear Gas*, a. a. O., S. 203.
228 Vgl. Anmerkung 8 in diesem Teil.
229 Aus diesem Grund sind »Erkennungsmerkmale« für autoritäre Bewegungen, wie sie Steven Levitsky und Daniel Ziblatt vorschlagen (*Wie Demokratien sterben*, 2018, S. 31 ff.), politisch eher nutzlos.
230 Zum Reichsbanner und der Frage des Gewaltmonopols: Karl Rohe, *Das Reichsbanner Schwarz Rot Gold. Ein Beitrag zur Geschichte und Struktur der politischen Kampfverbände zur Zeit der Weimarer Republik*, 1966, S. 192 ff.; Sebastian Elsbach, *Das Reichsbanner Schwarz-Rot-Gold. Republikschutz und Gewalt in der Weimarer Republik*, 2019.
231 Max Weber, *Wirtschaft und Gesellschaft*, [5]1972 [1921-1922], S. 544 f. Grundsätzlich zu Webers Nationalliberalismus und dessen Überwindung durch das Modell einer »plebiszitären Führerdemokratie«: Wolfgang J. Mommsen, *Max Weber und die deutsche Politik 1890-1920*, [2]1974 [1959], S. 5 ff., S. 419 ff.
232 So ausdrücklich Max Weber, *Wirtschaft und Gesellschaft*, a. a. O., S. 545, vorsichtiger, zwischen Herrschaft durch Verband und durch Verwaltung unterscheidend: ebd., S. 29. Die folgenden Überlegungen werden Herrschaft immer als politische Herrschaft verstehen, die damit auf einen Verband angewiesen ist. Dazu, freilich mit anderer kritischer Stoßrichtung: Stefan Breuer, »Max Webers Herrschaftssoziologie«, in *Zeitschrift für Soziologie* 17/5 (1988), S. 315-327, S. 321.
233 Christian Neumeier, *Kompetenz*, Diss. Jur. HU zu Berlin 2019.
234 Christoph Schönberger, *Das Parlament im Anstaltsstaat. Zur Theorie parlamentarischer Repräsentation in der Staatsrechtslehre des Kaiserreichs (1871-1918)*, 1997.
235 Ian Shapiro, *The Evolution of Rights in Liberal Theory*, 1986, S. 288 f.
236 Zu diesem vordemokratischen Bild siehe das Titelbild von Peter C. Caldwells *Popular Sovereignty and the Crisis of Weimar Constitutional Law. The Theory and Practice of Weimar Constitutionalism* (1993), eine zeitgenössische Karikatur, in der der »jüdische Schneider« Hugo Preuß vergeblich versucht, der deutschen Germania das Kleid der westlichen Verfassung anzupassen.
237 *Deutsches Wörterbuch von Jacob Grimm und Wilhelm Grimm*, Bd. 12, I. Abteilung, 1956, S. 313 (Lemma »Verfassung«).
238 Baruch de Spinoza, *Politischer Traktat*, a. a. O., X/9, S. 216 f.
239 Friedrich August von Hayek, *Recht, Gesetzgebung und Freiheit*, Bd. 1: *Regeln und Ordnung*, a. a. O., S. 173 ff.

240 Hannah Arendt, *Über die Revolution*, 1974 [1965], S. 194ff.

241 Vgl. nur mit Vorsicht: Giorgio Agamben, *Ausnahmezustand*, 2004.

242 »Auschwitz als *paradigm of everything*«, so die Formulierung bei Oliver Marchart, *Die politische Differenz*, 2010, S. 227.

243 So die nicht überholte Formulierung bei Carl Schmitt, *Die Diktatur*, a. a. O., S. xviii.

244 Vergleichend Anna-Bettina Kaiser, *Ausnahmeverfassungsrecht*, 2020, S. 253ff.; zur Rolle des deutschen Liberalismus bei der Regelung des Ausnahmezustands im deutschen 19. Jahrhundert: ebd., S. 91f.

245 Ebd., S. 140. Das eigentliche Problem lag im Zusammenspiel mit der Befugnis des Reichspräsidenten, den Reichstag aufzulösen.

246 Ira Katznelson, *Fear Itself. The New Deal and the Origins of Our Time*, 2014, S. 118f.

247 Niccolò Machiavelli, *Discorsi*, a. a. O., I/34, S. 98ff.

248 Theodor Mommsen, *Römisches Staatsrecht*, Bd. 2/1, [4]1952 [1874], S. 148f.

249 Dass der konsentierte Bruch der Form die Verfassung nutzlos werden lässt, bemerkt die liberale Theorie früh: Benjamin Constant, »Principes de politique« [1815], Annexe 7, in: ders., *Écrits politiques*, a. a. O., S. 303-588, S. 574: »Que le concours de tous le pouvoir ne rend pas légitime la violation des formes.« (»Die Mitwirkung aller legitimiert nicht die Verletzung der Form.«)

250 Dazu klassisch zur »Fusion« von Regierung und Parlament im parlamentarischen Regierungssystem Walter Bagehot, *The English Constitution*, 1966 [1867], S. 69. In Deutschland gilt dies auch, wurde aber wenig verstanden: Florian Meinel, *Vertrauensfrage*, 2019, S. 16ff.

251 Vgl. dazu, freilich in kritischer Absicht: Woodrow Wilson, *Congressional Government. A Study in American Politics*, 1901, S. 298-305.

252 Christoph Möllers, »Krisenzurechnung und Legitimationsproblematik in der Europäischen Integration«, a. a. O.

253 Zum Problem, Normen als Ursachen zu etablieren: Christoph Möllers, *Die Möglichkeit der Normen*, a. a. O., S. 436ff.

254 Michael Koß, »Die Ausgestaltung der parlamentarischen Agendamacht – Plädoyer für eine holistische Analyse von Parlamenten«, in: *Politische Vierteljahresschrift* 53/1 (2012), S. 29-52. Ein seltener Blick auf die kognitiven Fähigkeiten von Parlamenten auch bei Maxwell A. Cameron, *Strong Constitutions. Social-Cognitive Origins of the Separation of Powers*, 2013, S. 39ff.

255 John Dewey, *Liberalism and Social Action*, a. a. O., S. 59f.

256 Zum interessanten Weg, den der amerikanische Progressivismus, von Hegel und der deutschen Staatstheorie des 19. Jahrhunderts inspiriert, zu einem reformistischen Verständnis der Verwaltung genommen hat: Blake Emerson, *The Public's Law. Origins and Architecture of Progressive Democracy*, a. a. O., S. 61ff.

257 Zu dieser gehört auch die Frage, ob öffentliche Bürokratien als Instrument dienen können, die soziale Mobilität zu erhöhen, weil sich Talent aus allen Schichten in ihnen professionell entwickeln kann. Zu diesem Gedanken bei Mill: Alan Ryan, *The Making of Modern Liberalism*, a. a. O., S. 326ff.

258 Jens Kersten/Claudia Neu/Berthold Vogel, *Politik des Zusammenhalts. Über Demokratie und Bürokratie*, 2019, S. 21ff. Zur Geschichte dieses Diskurses Pascale Cancik, »Zuviel Staat? Die Institutionalisierung der ›Bürokratie‹-Kritik im 20. Jahrhundert«, in: *Der Staat* 56/1 (2017), S. 1-38.

259 »Bürokratieabbaubürokratie«: Ausdruck bei Jens Kersten/Claudia Neu/Berthold Vogel, *Politik des Zusammenhalts*, a. a. O., S. 53.

260 Zu administrativen Unterschieden im Grauen: Wolfgang Seibel, »The strength of perpetrators – the Holocaust in Western Europe, 1940-1944«, in: *Governance* 15/2 (2002), S. 211-240.

261 Vgl. die differenzierten Überlegungen Paul Tucker, *Unelected Power. The Quest for Legitimacy in Central Banking and the Regulatory State*, 2018, S. 391ff.

262 Christian Neumeier, *Kompetenz*, a. a. O.

263 Friedrich August von Hayek, *Recht, Gesetzgebung und Freiheit*, Bd. 1: *Regeln und Ordnung*, a. a. O., S. 184ff.

264 So bekanntlich Walter Benjamin, »Zur Kritik der Gewalt [1921]«, in: ders., *Gesammelte Schriften* II.1, hg. von Rolf Tiedemann und Hermann Schweppenhäuser, 1991, S. 179-203.

265 Nach Bettina Heintz, *Die Herrschaft der Regel. Zur Grundlagengeschichte des Computers*, 1993.

266 Darum verfehlen Principal-Agent-Modelle politische Repräsentation, indem sie aus dieser ein zivilrechtliches Auftragsverhältnis machen.

267 Christoph Möllers, *Der zweckfreie Zweck des Rechts*, Manuskript 2019; Ignacio Sánchez-Cuenca, »Power, rules and compliance«, in: José M. Maravall/Adam Przeworski (Hg.), *Democracy and the Rule of Law*, a. a. O., S. 62-93, S. 62f.

268 Was sich nicht zuletzt darin zeigt, dass sie auch als Mittel politischer Repression Verwendung finden können: Fiona Shen-Bayh, »Strate-

gies of repression. Judicial and extrajudicial methods of autocratic survival«, in: *World Politics* 70/3 (2018), S. 321-357, S. 330ff.

269 Das zeigt sich in Ordnungen, in denen sich die Gerichte selbst ergänzen wie in Frankreich, Rumänien oder Spanien.

270 Zu Begriff und Phänomenen Susan Rose-Ackerman/Bonnie J. Palifka, *Corruption and Government. Causes, Consequences, and Reform*, [2]2016, S. 7ff. Die dortige Definition von Korruption als eigennütziger Missbrauch einer anvertrauten Gewalt ist freilich entweder sehr von Formalisierung abhängig oder unbrauchbar. Wenn ich meinen Sohn nicht von der Schule abhole, sondern ins Kino gehe, bin ich dadurch vielerlei Schlechtes, aber nicht korrupt.

271 Vgl. zu den versteckten Hintergrundverständnissen solcher Indikatoren die Analyse bei Mila Versteeg/Tom Ginsburg, »Measuring the rule of law: A comparison of indicators«, in: *Law & Social Inquiry* 42/1 (2007), S. 100-137.

272 Pathologisierende Diagnosen im Anschluss an Marx bei vorsichtigem Rückzug von der naheliegenden Konsequenz, nämlich der Abschaffung subjektiver Rechte, bei Daniel Loick, *Juridismus. Konturen einer kritischen Theorie des Rechts*, 2017.

273 Nicht in seiner praktisch-politischen Bedeutung!

274 Dieser Punkt wird namentlich in Axel Honneths *Das Recht der Freiheit* (2011) gesehen, aber einerseits zu stark gemacht und andererseits in der Dialektik verkannt, die ich oben zu skizzieren versuche.

275 Steven Levitsky/Daniel Ziblatt, *Wie Demokratien sterben*, a. a. O., S. 125ff., genauere Bestimmung des Konzepts ebd., S. 249ff.

276 Christoph Möllers, *Der zweckfreie Zweck des Rechts*, a. a. O.

277 Kenneth O. May, »A set of independent necessary and sufficient conditions for simple majority decisions«, in: *Econometrica* 20/4 (1954), S. 680-684.

278 Dies schließt es auch aus, Regierung und Volkssouveränität einfach nebeneinanderzustellen, so dass sich Letztere bei Gelegenheit zu Wort melden und aus der Ordnung ausbrechen kann. Affirmative Geschichte dieser Idee von Hobbes zu Rousseau bei Richard Tuck, *The Sleeping Sovereign. The Invention of Modern Democracy*, 2015. Politisch zu Ende geführt bei Richard Tuck, »The left case for Brexit«, in: *Dissent* (6. Juni 2016), online verfügbar unter: {https://www.dissentmagazine.org/online_articles/left-case-brexit}. Zu sich daraus ergebenden Problemen → 57.

279 Alexis de Tocqueville, »De la démocratie en Amérique I«, in: *Œuvres*, Bd. 2, hg. von André Jardin, 1990, II/7, S. 1-506, S. 287ff. Vgl.

auch die anregenden Überlegungen in John Stuart Mills *On Liberty* (a. a. O., S. 8 ff.), der dort aber weniger eine formelle Mehrheit als einen diffusen sozialen Druck beschreibt, der Freiheit bedroht. In Auseinandersetzung mit Tocqueville macht Mill auch in typisch liberaler Art klar, dass das Problem für ihn nur entstehe, wenn die demokratische Repräsentation sich auf die Irrationalität des Volkes einlässt: John Stuart Mill, »De Tocqueville on Democracy in America [I]« [1835], in: ders., *Essays on Politics and Society*, hg. von John M. Robson, 1977, S. 47-90, S. 68 ff.,S. 71 f.

280 Zu komplexen Einzelheiten Wojciech Sadurski, *Equality and Legitimacy*, 2008, S. 85 ff.

281 Baruch de Spinoza, *Politischer Traktat*, a. a. O., VII/27, S. 125 f.; Niccolò Machiavelli, *Discorsi*, a. a. O., I/58, S. 155 ff.

282 Baruch de Spinoza, *Politischer Traktat*, a. a. O., II/17, S. 29. Dazu Gunnar Hindrichs, »Die Macht der Menge – der Grundgedanke in Spinozas politischer Philosophie«, in: ders. (Hg.), *Die Macht der Menge*, S. 13-40, S. 25 f.

283 Solche Effekte lassen sich empirisch nachweisen: Ruud Wouters/Stefaan Walgrave, »Demonstrating power: How protest persuades political representation«, in: *American Sociological Review* 82/2 (2017), S. 361-383.

284 Rede vom 3. November 1969 mit der Bitte um Unterstützung für den Vietnam-Krieg an die »great silent majority«.

285 Man könnte von einer Art politischer Verlustaversion sprechen: Richard H. Thaler/Amos Tversky/Daniel Kahneman/Alan Schwartz, »The effect of myopia and loss aversion on risk taking: An experimental test«, in: *The Quarterly Journal of Economics* 112/2 (1997), S. 647-661.

286 Eindrucksvoll beschrieben bei Zeynep Tufekci, *Twitter and Tear Gas*, a. a. O., S. 53 ff., S. 76 f., S. 83 ff.

287 Beispielhaft ebd., S. 83 ff.

288 Zur Geschichte: Wolfgang Jäger, »Opposition«, in: Otto Brunner/Werner Conze/Reinhart Koselleck (Hg.), *Geschichtliche Grundbegriffe*, Bd. 4, 2004, S. 469-517, S. 474 ff.

289 Adam Przeworski, »Minimalist conception of democracy«, a. a. O., S. 43 ff.; Hans Kelsen, *Vom Wesen und Wert der Demokratie*, [2]1929, dazu auch Markus Vašek, »Relativität und Revisibilität. Zur Begrenzung der Mehrheitsregel in der Demokratietheorie Hans Kelsens«, in: *Rechtstheorie* 41/4 (2010), S. 499-520.

290 Für Indien Steven Wilkinson, »Explaining changing patterns of party-voter linkages in India«, in: Herbert Kitschelt/Steven I. Wil-

kinson (Hg.), *Patrons, Clients or Politics: Patterns of Political Accountability and Competition*, 2007, S. 110-140; anschaulich zu solchen auch ermächtigenden Zusammenhängen: Katherine Boo, *Behind the Beautiful Forevers: Life, Death, and Hope in a Mumbai Undercity*, 2012.

291 Zu dieser Unterscheidung: Charles Taylor, »What's wrong with negative liberty?«, a. a. O., S. 213 f.

292 Der Ausdruck schon bei Franz Neumann, *Behemoth. Struktur und Praxis des Nationalsozialismus 1933-1944*, hg. von Alfons Söllner/Michael Wildt, Neuausgabe 2018 [1944], S. 71. Differenziert zum Konzept: Rüdiger Hachtmann, »Polykratie – Ein Schlüssel zur Analyse der NS-Herrschaftsstruktur?, Version: 1.0«, in: *Docupedia-Zeitgeschichte* (1. Juni 2018), online verfügbar unter: {http://docupedia.de/zg/Hachtmann_polykratie_v1_de_2018}.

293 Gleb Pavlosvky, »Russian politics under Putin«, in: *Foreign Affairs* 95/3 (2016), S. 10-17.

294 Baruch de Spinoza, *Politischer Traktat*, a. a. O., VI/5, S. 71 f.

295 Carl Schmitt, *Verfassungslehre*, 1927, S. 94 f.

296 So viel zitiert bei Ernst-Wolfgang Böckenförde, »Die Entstehung des Staates als Vorgang der Säkularisierung«, in: Sergius Buve (Hg.), *Säkularisation und Utopie. Festschrift für Ernst Forsthoff*, 1967, S. 75-94, S. 93. Als Titel: Horst Dreier/Christian Waldhoff (Hg.), *Das Wagnis der Demokratie. Eine Anatomie der Weimarer Reichsverfassung*, 2018.

297 Vgl. etwa World Justice Project, »Rule of law index«, online verfügbar unter: {https://worldjusticeproject.org/rule-of-law-index/global/2020/Singapore/ranking}.

298 Kevin YL Tan, *The Constitution of Singapore. A Contextual Analysis*, 2015, S. 58 ff.

299 Friedrich August von Hayek, *Der Weg zur Knechtschaft*, 2014 [1944], S. 94 ff.

300 Zuletzt Adam Przeworski, *Crises of Democracy*, a. a. O., S. 29 ff.; Torben Iversen/David Soskice, *Democracy and Prosperity*, a. a. O., S. 4.

301 Wirtschaftskraft und Erfahrung mit Demokratie scheinen die besten Vorhersagen über die Stabilität einer Demokratie zu erlauben: Adam Przeworski, *Crises of Democracy*, a. a. O., S. 29 ff. Zu Letzterem: Agnes Cornell/Jørgen Møller/Svend-Erik Skaaning, »The real lessons of the interwar years«, in: *Journal of Democracy* 28/3 (2017), S. 14-28.

302 Daron Acemoglu/Suresh Naidu/Pascual Restrepo/James A. Ro-

binson, »Democracy does cause growth«, in: *Journal of Political Economy* 127/1 (2019), S. 47-100.

303 Siehe Anmerkung 116 in Teil 2.

304 Für eine positive Bilanz: Robert Fogel, *The Escape from Hunger and Premature Death 1700-2100*, 2004.

305 Branko Milanović, *Die ungleiche Welt. Migration, das Eine Prozent und die Zukunft der Mittelschicht*, 2016, S. 17ff. und passim.

306 Das erkennt auch die kapitalismuskritische Literatur an: Nancy Fraser, »Behind Marx's hidden above«, in: *New Left Review* 86 (2014), S. 55-72, S. 59ff.

307 Beispielhaft aus der neueren Literatur: Branko Milanović *Kapitalismus Global*, a.a.O. Milanović geht davon aus, dass es eine politische Kontrolle des Wirtschaftens nur unter autoritären Bedingungen geben kann wie in China. Torben Iversen/David Soskice (*Democracy and Prosperity*, a.a.O.) sehen dagegen die jüngere Entwicklung des kapitalistischen Wirtschaftens dezidiert als Produkt politischer Mehrheitsentscheidungen.

308 Nochmals Adam Przeworski, »Minimalist conception of democracy: a defense«, a.a.O., S. 42f.

309 Vgl. aber Samuel Freeman, »Capitalism in the classical and high liberal traditions«, a.a.O., S. 27ff.

310 Selbst wenn starke Thesen über die Innovationskraft von Märkten mit Blick auf die staatliche Förderung der digitalen und ökologischen Wirtschaftssektoren mehr und mehr bezweifelt werden: Mariana Mazzucato, *Das Kapital des Staates: Eine andere Geschichte von Innovation und Wachstum*, 2014.

311 Vgl. neben Dewey gegen Ende des englischen Neuliberalismus Leonard T. Hobhouse, »Liberalism«, a.a.O., S. 81ff.

312 Vgl. etwa Aufteilung zwischen Eigentumsrechten, politischen Rechten und Bürgerrechten bei Sharun W. Mukand/Dani Rodrik, »The political economy of liberal democracy«, *NBER Working Paper* 21540 (2015). Freilich ist nicht recht zu sehen, wie sich die letzten beiden praktisch trennen, ja überzeugend analytisch unterscheiden ließen.

313 Aus seiner allokativen im Unterschied zu seiner distributiven Funktion. Die Frage ist, inwieweit sich beide praktisch trennen lassen. Zur Unterscheidung bei Mill und Rawls: Samuel Freeman, »Capitalism in the classical and high liberal traditions«, a.a.O., S. 35ff.

314 Beispiel für eine solche Argumentation als Kritik an Rawls: Gerald A. Cohen, »Justice, incentives, and selfishness«, in: ders., *If You're an Egalitarian How Come You're So Rich?*, 2000, S. 117-133, S. 120ff.

315 Georg Simmel, *Philosophie des Geldes*, a. a. O., S. 405 ff.

316 In der viel zitierten vergleichenden Typisierung von Gøsta Esping-Andersen (*The Three Worlds of Welfare Capitalism*, 1990) wird ein minimalistischer angelsächsischer Sozialstaat als »liberal« bezeichnet, einer, der auf Dekommodifizierung der sozialstaatlichen Angebote setzt, als »sozialdemokratisch«. Dies mag parteipolitisch etwas treffen, der zugrunde liegende Begriff von Liberalismus ist aber historisch kurzatmig und systematisch nicht zwingend.

317 Dazu nochmals Katrina Forrester, *In the Shadow of Justice*, a. a. O., S. 29f.

318 Horst Dreier, »Kontexte des Grundgesetzes«, in: *Deutsche Verwaltungsblätter* 114/10 (1999), S. 667-679.

319 Norbert Frei, *1968. Jugendrevolte und globaler Protest*, 2008, besonders S. 56f., S. 215-218.

320 Zu dieser idealistisch liberalen Seite Nina Deitelhoff/Michael Zürn, *Lehrbuch der internationalen Beziehungen*, 2016, S. 23 ff., zur technokratisch-liberalen Seite ebd., S. 64 ff.

321 Robert Keohane, *After Hegemony. Cooperation and Discord in the World Political Economy*, 1984.

322 Zu diesem Ansatz bei den klassischen Neoliberalen: Quinn Slobodian, *Globalisten*, a. a. O., S. 148 ff.

323 Zu den Ideologien der Versailler Welt: Jörn Leonhardt, *Der überforderte Frieden. Versailles und die Welt 1918-1923*, 2018, S. 132 ff.

324 Thomas C. Schelling, *The Strategy of Conflict*, 1990 [1960], S. 119 ff.

325 Vgl. zum Argument auch Christoph Möllers, *The Three Branches*, a. a. O., S. 150 ff.

326 Christoph Möllers/Linda Schneider, *Demokratiesicherung in der Europäischen Union*, 2019, S. 9 ff.

327 Dazu die brillante Übersicht bei Michael Howard, *War and the Liberal Conscience*, 2008.

328 Niccolò Machiavelli, *Discorsi*, a. a. O., II/10, S. 199

329 Zitiert nach Michael Howard, *War and the Liberal Conscience*, a. a. O., S. 50.

330 Ebd., S. 101 ff.

331 Dazu Helmut Aust, »Die Anerkennung von Regierungen: Völkerrechtliche Grundlagen und Grenzen im Lichte des Falls Venezuela«, in: *Zeitschrift für ausländisches öffentliches Recht und Völkerrecht* 80 (2020), S. 73-99.

332 Zitiert nach Michael Howard, *War and the Liberal Conscience*, a. a. O., S. 34.

333 Immanuel Kant, »Zum Ewigen Frieden« [1795], a.a.O., S. 208ff.

334 Für ein Argument, das im Anschluss an Kant kosmopolitisch egalitäre Politik mit staatlicher Handlungsfähigkeit verbindet: Lea Ypi, *Global Justice and Avant-Garde Political Agency*, 2017.

4. Praktische Ausblicke

1 Vgl. zu einem solchen Muster in der Philosophie: Hans Blumenberg, »Dies ist in Wirklichkeit nur jenes« [1988], in: ders., *Die Verführbarkeit des Philosophen*, 2005, S. 37-48.

2 Dass dies in den Politikwissenschaften keine Selbstverständlichkeit ist, zeigt etwa Roland Sturm, *Wie funktioniert Politik? Die Beweggründe des Politischen in Nationalstaaten und der EU*, 2018, S. 80ff.

3 John Levi Martin, »What is ideology?«, a.a.O., S. 20ff.

4 Vgl. etwa Philip Manow, *Die Politische Ökonomie des Populismus*, 2018.

5 Beispielhaft für vieles: Scott Eidelman/Christian S. Crandall/Jeffrey A. Goodman/John C. Blanchar, »Low-effort thought promotes conservatism«, in: *Personality and Social Psychology Bulletin* 38/6 (2012), S. 808-820. Siehe auch Linda J. Skitka/Elizabeth Mullen/Thomas Griffin/Susan Hutchinson/Brian Chamberlain, »Dispositions, scripts, or motivated correction? Understanding ideological differences in explanations for social problems«, in: *Journal of Personality and Social Psychology* 83/2 (2002), S. 470-487.

6 Vgl. zu Personen mit langfristigen politischen Überzeugungen, die erst nach der völkischen Wende der AfD diese als politisches Angebot nutzen konnten, Davide Cantoni/Felix Hagemeister/Mark Westcott, »Persistence and activation of right-wing political ideology«, *Rationality & Competition, Discussion Paper No. 143* (2019).

7 Zum Problem, einen methodischen Individualismus für selbstverständlich zu halten: Brian Epstein, *The Ant Trap*, a.a.O., S. 36ff. Vgl. auch John Dewey, *Die Öffentlichkeit und ihre Probleme*, a.a.O., S. 130ff.

8 Was Hannah Arendt (*Vita Activa oder Vom tätigen Leben*, a.a.O., S. 55f. u. ö.) zu statistischer Empirie in der Politik zu sagen hat, gilt auch für die wissenschaftliche Beschreibung von Politik. Ich danke Oliver Weber für den Hinweis.

9 Sensibel für das Problem: Oliver Weber, »Elipsen und Pfeile«, a.a.O.

10 Siehe für Deutschland etwa die Aufarbeitung der langen programmatischen Vorgeschichte des Rechtsautoritarismus bei Volker Weiß,

Die autoritäre Revolte. Die Neue Rechte und der Untergang des Abendlands, 2017.

11 Wilhelm Heitmeyer, *Autoritäre Versuchungen. Signaturen der Bedrohung I*, 2018, S. 351.

12 Ein Grund könnte auch in einem seit Max Weber verbreiteten Missverständnis darüber liegen, wie sich die Legitimität von Politik analysieren lässt, nämlich nicht als bloße Beschreibung der Überzeugung der Betroffenen, sondern nur in Anwendung von deren Maßstäben, also mit größerem normativen Aufwand: David Beetham, *The Legitimation of Power*, [2]2013, S. 7ff.

13 Martin Beckstein, »Political conservation, or how to prevent institutional decay«, in: *Constellations* 26/4 (2019), S. 623-637; ders., »The concept of a living tradition«, in: *European Journal of Social Theory* 20/4 (2017), S. 491-510.

14 Giuseppe Tomasi di Lampedusa, *Der Gattopardo*, übersetzt von Giò Waeckerlin Induni, 2004 [1959], S. 35. Im Original: *Il Gattopardo*, 1958, S. 32: »Si non si ciamo anche noi, quelli ti combinano la republicca. Se vogliamo che tutto rimanga come è, bisogna che tutto cambi.«

15 Auch das konservative Projekt, den Liberalismus durch eine Koalition aus Arbeiterschaft und Adel zu besiegen, konnte auf Dauer nicht gelingen: Richard Evans, *Das europäische Jahrhundert*, a. a. O., S. 727ff., 742ff.

16 Reinhart Koselleck, »Fiktion und geschichtliche Wirklichkeit«, in: ders., *Vom Sinn und Unsinn der Geschichte*, 2010, S. 80-95, S. 91; Ezra Blazer, »Interview«, in: Lisa Haliday, *Asymmetry*, 2018, S. 248.

17 Reinhart Koselleck, »Liberales Geschichtsdenken«, a. a. O., S. 213.

18 Antonio Gramsci, *Gefängnishefte*, Bd. 9, 1999 [1935], S. 2232 (Heft 28, § 11 a. E.): »Pessimismus des Verstandes, Optimismus des Willens.«

19 Dazu die knappen Erwägungen bei Adam Przeworski, »Minimalist conception of democracy: a defense«, a. a. O., S. 41; vgl. für eine selten eingehende konkrete Analyse des Scheiterns linker Politik unter Bedingungen, die ihr günstig sein sollten, George Orwell, *The Road to Wigan Pier*, 2001 [1937], 2. Teil.

20 Oliver Stone (Regie), *Nixon*, 1995: »People look at you and they see who they want to be. They look at me and they see what they are.«

21 Christoph Möllers, »Wir, die Bürger(lichen)«, a. a. O., S. 8f.

22 Konsequent im letzteren Sinne: Lea Ypi, »Democratic dictatorship: Political legitimacy in Marxist perspective«, in: *European Journal of Philosophy* 2020, S. 1-15. Ypi nimmt das alte republikanische Prinzip der Diktatur auf und wendet es auf das avantgardistische Wirken

einer kommunistischen Partei an. Freilich funktioniert die republikanische Diktatur nur innerhalb eines konstitutionellen Rahmens, nicht als Mittel zu deren Auswechslung.

23 Adam Przeworski, *Capitalism and Social Democracy*, 1985, Kap. 1 und 5.

24 Jane Gingrich/Silja Häusermann, »The decline of the working-class vote, the reconfiguration of the welfare support coalition and consequences for the welfare state«, in: *Journal of European Social Policy* 25/1 (2015), S. 50-75; Giacomo Benedetto/Simon Hix/Nicola Matrorocco, »The rise and fall of social democracy, 1918-2017«, in: *American Political Science Review* 2020 (im Erscheinen), zur Abhängigkeit des Wählerstamms vom Anteil von Industriearbeitern und öffentlichen Angestellten. Zur Vergeblichkeit des Projekts, Wählerinnen durch eine bestimmte Politik einfach zurückzuholen: Floris Biskamp, »Kein Kommunitarismus, nirgends. Eine Retraditionalisierung wird die Sozialdemokratie nicht retten. Replik auf Carsten Nickel«, in: *Leviathan* 48/1 (2020), S. 70-89.

25 Nach Michael Freeden, *Liberalism Divided. A Study in British Political Thought 1914-1939*, 1986, S. 16.

26 Anna Mayr/Robert Pausch, »Die Unerhörten«, in: *Die Zeit* (Nr. 22, 20. Mai 2020), online verfügbar unter {https://www.zeit.de/2020/22/fdp-christian-lindner-kritik-liberalismus}.

27 Kai Strittmatter, *Die Neuerfindung der Diktatur*, ²2018, S. 123ff., S. 180ff. Zur administrativen Seite Yuhua Wang/Carl Minzner, »The rise of the Chinese security state«, in: *The China Quarterly* 222 (2015), S. 339-359.

28 Dies ist lange beschrieben, vgl. etwa Giovanni Sartori, *Parties and Party Systems. A Framework for Analysis*, 1976, S. 131ff.

29 Für einen frühen Versuch aus der liberalen Tradition: Brian Barry, »Justice between generations«, in: Peter M. S. Hacker/Joseph Raz (Hg.), *Law, Morality and Society. Essays in Honour of H. L. A. Hart*, 1977, S. 268-284.

30 Vgl. programmatisch etwa Ralf Fücks, *Intelligent Wachsen. Die grüne Revolution*, 2013.

31 Für ein institutionelles Modell: Bruno Latour, *Das Parlament der Dinge*, 2009.

32 Adam Tooze, »How climate change has supercharged the left«, in: *Foreign Policy* (15. Januar 2010), online verfügbar unter {https://foreignpolicy.com/2020/01/15/climate-socialism-supercharged-left-green-new-deal/}.

33 Friedrich Schiller, »Die Braut von Messina oder Die feindlichen

Brüder« [1803], in: ders., *Sämtliche Werke*, Bd. 2, hg. von Peter-André Alt, 2004, V/10, S. 813-912, S. 912 (Hervorhebung im Original).

34 Georg Wilhelm Friedrich Hegel, *Phänomenologie des Geistes*, a. a. O., S. 152f.; Hannah Arendt, *Was ist Politik?*, a. a. O., S. 44f.

35 Vgl. Art. 2 Abs. 2 GG, der vorsieht, dass das Recht auf Leben eingeschränkt werden kann, vulgo staatliche Maßnahmen nicht deswegen verfassungswidrig sind, weil sie Menschenleben kosten. Eine solche Einschränkung kennt die Garantie der Menschenwürde nicht.

36 Ein konkretes Beispiel für eine Weiterentwicklung unserer Vorstellung von Unfreiheit könnte sich im Wettbewerbsrecht bei der Frage abzeichnen, wie sich die Marktmacht großer Digitalkonzerne bestimmen lässt. Für das amerikanische Recht: Lina M. Khan, »Amazon's antitrust paradox«, in: *Yale Law Journal* 126 (2017), S. 710-805, S. 746ff.

37 Bernard Williams, »From freedom to liberty: The construction of a political value«, a. a. O., S. 75-96, S. 87ff.

38 Deutlich ausgesprochen bei Masha Gessen, »Autocracy: Rules for survival«, in: *The New York Review of Books* (10. November 2016), online verfügbar unter {https://www.nybooks.com/daily/2016/11/10/trump-election-autocracy-rules-for-survival/}.

39 Vgl. zum Erfolg von Bewegungen, die sich jenseits örtlicher und sozialer Strukturen verbinden, Emily Erikson/Nicholas Occhiuto, »Social networks and macrosocial change«, in: *Annual Review of Sociology* 43 (2017), S. 229-248, S. 234.

40 Vgl. auch den Ratschlag, sich in ungewohnte soziale Umgebungen zu begeben, bei Timothy Snyder, *Über Tyrannei*, a. a. O., S. 83ff.

41 Beispielhaft: Philipp Heß, *Ein deutscher Amerikaner. Der kosmopolitische Demokrat Hans Simons 1893-1972*, 2018, S. 114f., S. 159f.

42 Ähnlich Jan-Werner Müller, *Furcht und Freiheit*, a. a. O., S. 61f.

43 Vgl. auch für die USA in dort üblicher Zuspitzung: Eitan Hersh, *Politics is for Power*, 2020.

44 John Dewey, *Die Öffentlickeit und ihre Probleme*, a. a. O., S. 27f.

45 Jan-Werner Müller, *Furcht und Freiheit*, a. a. O., S. 106ff.

46 Dazu nochmals Steven Levitsky/Daniel Ziblatt, *Wie Demokratien sterben*, a. a. O., S. 120ff.

47 Niccolò Machiavelli, *Discorsi*, a. a. O., I/11, S. 46.

48 Donald Winnicott, *Aggression*, 1988 [1933], S. 112ff.

49 Siehe auch die Bemerkung bei Steven Levitsky/Daniel Ziblatt, *Wie Demokratien sterben*, a. a. O., S. 118f.

50 Frank Capra (Regie), *Mr. Smith Goes to Washington*, 1939.

51 Das ist der politische Punkt der Figur der Verantwortungsethik:

Max Weber, »Politik als Beruf« [1919], in: *Gesammelte politische Schriften*, hg. von Johannes Winckelmann, [5]1988, S. 505-560, S. 551 ff.

52 Emanuel Macron, zitiert nach Lauren Collins, »Can Emanuel Macron stem the populist tide?«, in: *The New Yorker* (1. Juli 2019): »I think we have a duty not to abandon any of our idealism but to be as pragmatic as the extremists are. This is a battle. And, even if you die with good principles, you die.«

53 Dass dieses Urteil deswegen gänzlich aus dem Raum des Begründbaren herausfiele, wie Arendt annimmt, erscheint freilich als zu starke Zuspitzung, kritisch dazu Albrecht Wellmer, »Hannah Arendt on judgement: The unwritten doctrine of reason«, in: ders., *Endspiele: Die unversöhnliche Moderne. Essays und Vorträge*, 1993, S. 309-332; hier S. 314 ff.

54 Zur begrenzten Aussage des Begriffs und seinem rechtfertigenden Gehalt knapp Cas Mudde, *The Far Right Today*, 2019, S. 99 f.

55 Diese Kritik schon bei Hannah Arendt, zur Darstellung und Kritik: Hauke Brunkhorst, *Hannah Arendt*, a. a. O., S. 93 ff.

56 Reinhart Koselleck, »Zur historisch-politischen Semantik asymmetrischer Gegenbegriffe«, a. a. O., S. 244 ff.

57 Die Unterscheidung zwischen »Mensch und Untermensch« und der Hinweis auf »menschliche Schwächen« bei der Judenvernichtung findet sich bei: Heinrich Himmler, »Rede des Reichsführers SS bei der SS-Gruppenführertagung in Posen am 4. Oktober 1943«, in: Bradley F. Smith/Agnes F. Peterson (Hg.): *Heinrich Himmler. Geheimreden 1933-1945*, 1974, Nr. 84, zitiert nach {https://www.1000dokumente.de/pdf/dok_0008_pos_de.pdf}; »Ich liebe – Ich liebe doch alle – alle Menschen …« Erich Mielke vor der Volkskammer der DDR, 13. November 1989, online verfügbar unter: {https://www.podcast.de/episode/188145234/Momentaufnahme%253A%2BStaatsicherheitschef%2Berich%2Bmielke/}.

58 So vor Corona notiert.

59 Hermann Hesse, *Der Steppenwolf*, 1983 [1927], S. 46 f.

60 So überzeugend formuliert, wenn auch kaum in liberaler Absicht: Rahel Jaeggi, *Entfremdung. Zur Aktualität eines sozialphilosophischen Problems*, 2016, S. 243 ff., S. 255 ff.

61 François de La Rochefoucauld, »Réflexions ou sentences et maximes morales« [1665], in: ders., *Maximes et réflexions diverses*, hg. von Jean Lafond, 1976, S. 40-157, S. 120 (Nr. 470): »Toutes nos qualités sont incertaines et douteuses en bien comme en mal, et elles sont presque toutes à la merci des occasions.«

edition suhrkamp
Eine Auswahl

Bini Adamczak. Beziehungsweise Revolution. 1917, 1968 und kommende. es 2721. 313 Seiten

Giorgio Agamben et al. Demokratie? Eine Debatte. es 2611. 137 Seiten

Bruno Amable / Stefano Palombarini. Von Mitterrand zu Macron. Über den Kollaps des französischen Parteiensystems. es 2727. 255 Seiten

Perry Anderson. Hegemonie. Konjunkturen eines Begriffs. es 2724. 249 Seiten

Scott Anderson. Zerbrochene Länder. Wie die arabische Welt aus den Fugen geriet. es-Sonderdruck. 263 Seiten

Wolfgang Bauer
- Bruchzone. Krisenreportagen. es-Sonderdruck. 349 Seiten
- Über das Meer. Mit Syrern auf der Flucht nach Europa. es-Sonderdruck. 133 Seiten

Zygmunt Bauman
- Die Angst vor den anderen. Ein Essay über Migration und Panikmache. es-Sonderdruck. 124 Seiten
- Retrotopia. es-Sonderdruck. 220 Seiten

Michael Butter. »Nichts ist, wie es scheint«. Über Verschwörungstheorien. es-Sonderdruck. 270 Seiten

NF 383/1/8.20

Colin Crouch
- Gig Economy. Prekäre Arbeit im Zeitalter von Uber, Minijobs & Co. es 2742. 135 Seiten
- Postdemokratie. es 2540. 159 Seiten

Didier Eribon
- Gesellschaft als Urteil. Klassen, Identitäten, Wege. es-Sonderdruck. 264 Seiten
- Rückkehr nach Reims. es-Sonderdruck. 237 Seiten

Heiner Flassbeck / Paul Steinhardt. Gescheiterte Globalisierung. Ungleichheit, Geld und die Renaissance des Staates. es 2722. 410 Seiten

Heinrich Geiselberger (Hg.). Die große Regression. Eine internationale Debatte über die geistige Situation der Zeit. es-Sonderdruck. 318 Seiten

Masha Gessen. Leben mit Exil. Über Migration sprechen. 98 Seiten

Kristen R. Ghodsee. Warum Frauen im Sozialismus besseren Sex haben. Und andere Argumente für ökonomische Unabhängigkeit. es-Sonderdruck. 275 Seiten

Marius Goldhorn. Park. Roman. es 2764. 179 Seiten

Mark Greif. Bluescreen. Essays. es 2629. 231 Seiten

Jürgen Habermas. Im Sog der Technokratie. Kleine politische Schriften XII. es 2671. 193 Seiten

Lea Haller. Transithandel. Geld- und Warenströme im globalen Kapitalismus. es 2731. 512 Seiten

NF 383/2/8.20

David Harvey. Rebellische Städte. es 2657. 283 Seiten

Wilhelm Heitmeyer. Autoritäre Versuchungen. Signaturen der Bedrohung 1. es 2717. 394 Seiten

Axel Honneth. Vivisektionen eines Zeitalters. Porträts zur Ideengeschichte des 20. Jahrhunderts. es 2678. 307 Seiten

Eva Illouz. Israel. Soziologische Essays. es 2683. 228 Seiten

Dirk Jörke. Die Größe der Demokratie. Über die räumliche Dimension von Herrschaft und Partizipation. es 2739. 280 Seiten

François Jullien. Es gibt keine kulturelle Identität. es 2718. 95 Seiten

Ivan Krastev. Europadämmerung. Ein Essay. es 2712. 143 Seiten

Benjamin Kunkel. Utopie oder Untergang. Ein Wegweiser für die gegenwärtige Krise. es 2687. 245 Seiten

Bruno Latour. Das terrestrische Manifest. es-Sonderdruck. 136 Seiten

Philipp Lepenies. Die Macht der einen Zahl. Eine politische Geschichte des Bruttoinlandsprodukts. es 2673. 186 Seiten

Enis Maci. Eiscafé Europa. Essays. es 2726. 240 Seiten

Philip Manow
- Die Politische Ökonomie des Populismus. es 2728. 160 Seiten
- (Ent-)Demokratisierung der Demokratie. 160 Seiten

NF 383/3/8.20

Lorenzo Marsili/Niccolò Milanese. Wir heimatlosen Weltbürger. es 2736. 280 Seiten

Steffen Mau. Das metrische Wir. Über die Quantifizierung des Sozialen. es-Sonderdruck. 307 Seiten

Robert Misik. Die falschen Freunde der einfachen Leute. es 2741. 138 Seiten

Franco Moretti. Kurven, Karten, Stammbäume. Abstrakte Modelle für die Literaturgeschichte. es 2564. 138 Seiten

Chantal Mouffe. Für einen linken Populismus. es 2729. 111 Seiten

Jan-Werner Müller
- Furcht und Freiheit. Für einen anderen Liberalismus. es-Sonderdruck. 170 Seiten
- Was ist Populismus? Ein Essay. es-Sonderdruck. 159 Seiten

Oliver Nachtwey. Die Abstiegsgesellschaft. Über das Aufbegehren in der regressiven Moderne. es 2682. 263 Seiten

Miltiadis Oulios. Blackbox Abschiebung. Geschichte, Theorie und Praxis der deutschen Migrationspolitik. es-Sonderdruck. 483 Seiten

Volker Perthes. Das Ende des Nahen Ostens, wie wir ihn kennen. es-Sonderdruck. 143 Seiten

Heribert Prantl. Trotz alledem! Europa muss man einfach lieben. es-Sonderdruck. 93 Seiten

Paul B. Preciado. Ein Apartment auf dem Uranus. Chroniken eines Übergangs. es-Sonderdruck. 368 Seiten

NF 383/4/8.20

Adam Przeworski. Krisen der Demokratie. es 2751. Ca. 240 Seiten

Katharina Raabe/Manfred Sapper (Hg.). Testfall Ukraine. Europa und seine Werte. es-Sonderdruck. 256 Seiten

Hanno Rauterberg
- Die Kunst und das gute Leben. Über die Ethik der Ästhetik. es 2696. 205 Seiten
- Wie frei ist die Kunst? Der neue Kulturkampf und die Krise des Liberalismus. es 2725. 141 Seiten

Andreas Reckwitz. Das Ende der Illusionen. Politik, Ökonomie und Kultur in der Spätmoderne. es 2735. 305 Seiten

César Rendueles
- Kanaillen-Kapitalismus. Eine literarische Reise durch die Geschichte der freien Marktwirtschaft. es 2737. 300 Seiten
- Soziophobie. Politischer Wandel im Zeitalter der Utopie. es 2690. 262 Seiten

Ulrich Schmid. Technologien der Seele. Vom Verfertigen der Wahrheit in der russischen Gegenwartskultur. es 2702. 386 Seiten

Michel Serres. Was genau war früher besser? Ein optimistischer Wutanfall. es-Sonderdruck. 80 Seiten

Philipp Staab. Digitaler Kapitalismus. Markt und Herrschaft in der Ökonomie der Unknappheit. es-Sonderdruck. 345 Seiten

NF 383/5/8.20

Carlo Strenger
- Abenteuer Freiheit. Ein Wegweiser für unsichere Zeiten. es-Sonderdruck. 122 Seiten
- Diese verdammten liberalen Eliten. Wer sie sind und warum wir sie brauchen. es-Sonderdruck. 172 Seiten

Kate Tempest
- Brand New Ancients/Brandneue Klassiker. Lyrik. es 2733. 103 Seiten
- Let Them Eat Chaos. Sollen sie doch Chaos fressen. es 2754. 154 Seiten

Philipp Ther. Das andere Ende der Geschichte. Über die Große Transformation. es 2744. 199 Seiten

David Van Reybrouck. Zink. es-Sonderdruck. 86 Seiten

Raul Zelik. Wir Untoten des Kapitals. Über politische Monster und einen grünen Sozialismus. es 2746. 328 Seiten

Slavoj Žižek. Auf verlorenem Posten. es 2562. 319 Seiten

Gabriel Zucman. Steueroasen. Wo der Wohlstand der Nationen versteckt wird. es-Sonderdruck. 118 Seiten

NF 383/6/8.20